袁征 ◎ 主编

美国年鉴

2014 THE U.S. ALMANAC OF 2014

中国社会科学出版社

图书在版编目（CIP）数据

美国年鉴.2014 / 袁征主编 . —北京：中国社会科学出版社，2015.10
ISBN 978 – 7 – 5161 – 5726 – 8

Ⅰ.①美…　Ⅱ.①袁…　Ⅲ.①美国 – 2014 – 年鉴　Ⅳ.①Z571.2

中国版本图书馆 CIP 数据核字（2015）第 053113 号

出 版 人	赵剑英
责任编辑	任　明
特约编辑	乔继堂
责任校对	李　莉
责任印制	何　艳

出　　版	中国社会科学出版社
社　　址	北京鼓楼西大街甲 158 号
邮　　编	100720
网　　址	http://www.csspw.cn
发 行 部	010 – 84083685
门 市 部	010 – 84029450
经　　销	新华书店及其他书店

印刷装订	北京市兴怀印刷厂
版　　次	2015 年 10 月第 1 版
印　　次	2015 年 10 月第 1 次印刷

开　　本	710 × 1000　1/16
印　　张	31
插　　页	2
字　　数	524 千字
定　　价	95.00 元

前　言

1999—2006 年，中国社会科学院美国研究所连续 8 年编撰出版《美国年鉴》。后来，由于经费等客观原因暂停至今。摆在读者案头的是第 9 本《美国年鉴》。

与前 8 本相比，这本《美国年鉴 2014》有以下三个特点：

第一个特点是，《美国年鉴 2014》是在中国社会科学院创新工程的框架下完成的。为了贯彻落实党中央国务院对中国社科院"三个定位"的要求即成为马克思主义的坚强阵地、哲学社会科学研究的最高殿堂和党中央国务院的思想库和智囊团，中国社科院于 2011 年正式启动了创新工程。几年来，创新工程在中国社会科学院进展顺利，在美国研究所也同样获得了正能量，几年来成果丰硕，与实施创新工程之前相比，科研人员的精神面貌和写作数量与质量都发生了很大的变化。美国研究所外交研究室主任袁征教授为首席研究员率领的"美国综合国力变化与国际比较"创新项目组完成了预定的其他任务，此外，还率领和动员他的这个团队完成了这本《美国年鉴 2014》。由此，这本《美国年鉴 2014》主要由这个创新项目组的科研人员参与研究写作并完成的，是中国社科院美国研究所创新工程的成果之一，可以说，没有创新工程，就没有这本《美国年鉴 2014》。

第二个特点是，《美国年鉴 2014》突出美国综合国力数据资料的发掘与整理。在以往编撰的《美国年鉴》统计资料的板块基础上，又扩大了它的内容和范围，目前，本书的数据资料包括政治、经济、外交、军事、社会文化、科技教育和中美关系等，尤其是，由于这是创新工程"美国综合国力变化与国际比较"的研究项目，所以，本书主要扩充了经济方面的数据资料，包括宏观和微观等方面的数据，力求从"美国综合国力"的角度尽可能给出较为完整的时间序列数据，例如，搜集整理了半个世纪以来的国际收支情况，还有三百多个主要大型企业的营业收入和利润等。阅读这些数据并将其与前些年出版的《美国年鉴》的数据进行比对时，读者自然就会对眼下充斥网络媒体的"美国衰退"的各种讨论得出自己的判断，对这个延续了长达十几年、在英语世界和其他语言文献中的热议不衰的话题具有更加知性的了解。

最后一个特点是，《美国年鉴 2014》的内容体例和编排格式稍有变化。这几年来，美国研究所每年编写出版一本《美国研究报告（蓝皮书）》，这是一本年度发展报告，也是院里纳入创新工程的一个重要学术平台。为了避免重复，《美国年鉴》中原来设计的最后那个板块"发展报告"就不得不做出重大调整。从这个角度看，《美国年鉴》可以视为《美国研究报告》的姊妹书，它们相互补充，相得益彰，各有千秋。《美国研究报告（蓝皮书）》是年度出版物，从 2011—2014 年已经出版了 4 本；由于一些客观原因，《美国年鉴》是不定期编撰出版；读者可将二者结合起来阅读。此外，美国研究所自建立以来就编辑出版学术期刊《美国研究》（双月刊）。作为国内美国研究领域里的重要学术刊物，如果说《美国研究》杂志是中文世界里美国研究的象牙塔，那么，《美国年鉴》就是一部了解美国基本情况的工具书，而《美国研究报告（蓝皮书）》正好位居其间，承上启下，这三种出版物成为当今中国美国研究领域里具有代表性的三个园地。

在编撰过程中，创新项目组的同志们恪守实用性、学术性、权威性的原则，着重在"全""新""准"上下功夫，无论在内容栏目的设计上，还是在资料数据的采集上，对资料数据的筛选、搜集、整理、加工等各个环节上都力求做到一丝不苟，精益求精，且尽量做到信息量大，书稿初稿排版超过 700 页。

毋庸讳言，编撰这样一部内容庞大的工具书是非常不容易的，与广大读者的需求和要求相比，肯定还存在许多不足和不妥之处，甚至有可能存在个别谬误之处，敬请读者提出批评和建设性意见。

郑秉文

中国社会科学院美国研究所所长

2014 年 11 月 5 日

编　撰　说　明

在中国社会科学院推进创新工程的大背景下，美国研究所决定恢复《美国年鉴》的编撰工作，由"美国综合国力变化与国际比较"创新项目组承担该书的编撰工作，而首席研究员袁征具体负责协调与组织工作。

新版《美国年鉴》在原有的基础上，分类更为细致，内容更为充实。全书由七大部分的数据资料组成，分别是美国政治、美国经济、美国外交、美国军事、美国社会文化、美国科技教育和中美关系。附录部分则是上一年大事记及美国官方的重要讲话和文件。先前出版的《美国年鉴》包括了美国年度发展报告，而自2011年后美国研究所每年都发布《美国研究报告（蓝皮书)》，主要内容就是当年美国总体或某个领域的最新发展状况及趋势的研究报告。为避免内容重复，新版《美国年鉴》也就不再涵括这一部分。

本书的编撰是项目组集体合作的成果。作为主编，袁征负责全书编撰框架的设定和统稿工作，还具体负责"美国外交"部分、"2013年有关美国外交和中美关系的重要讲话和文件"的资料搜集与整理工作。张国庆、唐楠楠、刘得手、黄河、王玮和刘卫东分别负责"美国政治"、"美国经济"、"美国军事"、"美国社会文化"、"美国科技教育"和"中美关系"部分的资料搜集与整理工作。刘卫东与黄河还共同负责编写了"2013年美国政治与社会大事记"；王亚平负责编写了"2013年美国经济大事记"；李晓岗负责编撰了"2013年美国外交大事记"；王玮则负责编撰了"2013年美国科技教育大事记"。

本书的编撰得到了美国研究所各位领导的大力支持，郑秉文所长还欣然为本书撰写了前言。这里还要特别感谢美国研究所前副所长胡国成研究员对本书的编撰工作提供了大力帮助。本书的编撰借鉴了先前《美国年鉴》的编撰经验，胡国成研究员也毫无保留地提供了非常宝贵的建议。中国社会科学出版社的任明主任也为本书的出版提供了帮助，在此一并表示衷心感谢。

　　我们希望读者在使用本书的过程中对其编辑和内容提出宝贵的建议和意见，以便《美国年鉴》能够成为我国的美国问题研究工作者和众多对美国问题感兴趣的各界人士所喜爱的一部工具书。

编　者

2014 年 10 月 10 日

目　录

一　美国政治

美国联邦政府

美国宪法的制定者们在一种经过精心设计的制衡体系基础上创立了联邦政府，将权力分别赋予三个相互独立的部门，即立法、司法和行政部门。这三个部门的基本宗旨、组织结构、权限范围和运转方式在宪法的前三条中均有规定。尽管经过两个多世纪的演变，但联邦政府的结构却基本未变，依然是一个实行制衡原则的政府，一个由总统、参议院、众议院和高级法院组成的政府，一个联邦制的国家。

美国国会

美国国会行使立法权。议案一般经过提出、委员会审议、全院大会审议等程序。一院通过后，送交另一院，依次经过同样的程序。法案经两院通过后交总统签署；若总统不否决，或虽否决但经两院 2/3 议员重新通过，即正式成为法律。

美国宪法第一条指明了国会的结构、权力和运作方式。宪法规定国会具有立法、代表选民发言、监督、公众教育、调解冲突等任务，其中立法和代表权是最重要的两个法定职责。宪法还规定众议员的任期为两年，每两年全部改选一次，而参议员任期是六年（比美国总统的任期还长两年），每两年改选三分之一的议员。在总统选举年的两年之后进行的国会选举称为中期选举。

美国第 113 届国会

美国第 113 届国会成员任期从 2013 年 1 月 3 日开始，至 2015 年 1 月结束。

参议院

美国国会的上议院即参议院，由 100 名议员组成，每州 2 名。当选条件是：年满 30 岁，取得美国公民资格满 9 年。

美国宪法规定，参议长由副总统兼任。按照规定，除非参、众两院召开联席会议，听取总统国情咨文或到访的外国元首、政府首脑向国会参、众两院发表演讲，或为打破投票僵局，副总统不莅临参议院，参加会议。

议长：约瑟夫·拜登（Joseph Biden）

临时议长：帕特里克·莱希（Patrick Leahy）

多数党领袖：哈里·里德（Harry Reid）

多数党督导：迪克·德宾（Dick Durbin）

少数党领袖：米奇·麦康奈尔（Mitch McConnell）

少数党督导：约翰·科宁（John Cornyn）

参议员名单

（本届国会参议院共 100 名参议员，其中，民主党议员 52 人，共和党议员 46 人，无党派独立人士 2 人）

州属	姓名	党派	任职日期	出生日期
亚拉巴马	理查德·谢尔比（Richard Shelby）	共和	1987 年 1 月 6 日	1934 年 5 月 6 日
	杰夫·赛辛斯（Jeff Sessions）	共和	1997 年 1 月 7 日	1946 年 12 月 24 日
阿拉斯加	丽莎·穆尔科斯基（Lisa Murkowski）	共和	2002 年 12 月 20 日	1957 年 5 月 22 日
	马克·贝吉奇（Mark Begich）	民主	2009 年 1 月 3 日	1962 年 3 月 30 日
亚利桑那	约翰·麦凯恩（John McCain）	共和	1987 年 1 月 6 日	1936 年 8 月 29 日
	乔·凯尔（Jon Kyl）	共和	1995 年 1 月 4 日	1942 年 4 月 25 日
阿肯色	马克·普莱尔（Mark Pryor）	民主	2003 年 1 月 7 日	1963 年 1 月 10 日
	约翰·博兹曼（John Boozman）	共和	2011 年 1 月 3 日	1950 年 12 月 10 日
加利福尼亚	黛安娜·范斯坦（Dianne Feinstein）	民主	1992 年 11 月 10 日	1933 年 6 月 22 日
	芭芭拉·柏克瑟（Barbara Boxer）	民主	1993 年 1 月 3 日	1940 年 11 月 11 日
科罗拉多	马克·尤德尔（Mark Udall）	民主	2009 年 1 月 3 日	1950 年 7 月 18 日
	麦克·班尼（Michael Bennet）	民主	2009 年 1 月 22 日	1964 年 11 月 28 日

续表

州属	姓名	党派	任职日期	出生日期
康涅狄格	理查德·布鲁门萨尔 （Richard Blumenthal）	民主	2011 年 1 月 5 日	1946 年 2 月 13 日
	克里斯·墨菲 （Chris Murphy）	民主	2013 年 1 月 3 日	1973 年 8 月 3 日
特拉华	托马斯·卡帕 （Thomas Carper）	民主	2001 年 1 月 3 日	1947 年 1 月 23 日
	克里斯·康斯 （Chris Coons）	民主	2010 年 11 月 15 日	1963 年 9 月 9 日
佛罗里达	比尔·纳尔逊 （Bill Nelson）	民主	2001 年 1 月 3 日	1949 年 9 月 29 日
	马克罗·鲁比奥 （Marco Rubio）	共和	2011 年 1 月 4 日	1971 年 5 月 28 日
佐治亚	萨克斯比·钱布利斯 （Saxby Chambliss）	共和	2003 年 1 月 3 日	1943 年 11 月 10 日
	强尼·艾萨克森 （Johnny Isakson）	共和	2005 年 1 月 3 日	1944 年 12 月 28 日
夏威夷	布莱恩·夏兹 （Brian Schatz）	民主	2012 年 12 月 27 日	1972 年 10 月 20 日
	广野庆子 （Mazie Hirono）	民主	2013 年 1 月 3 日	1947 年 11 月 3 日
爱达荷	麦克·柯瑞柏 （Mike Crapo）	共和	1999 年 1 月 3 日	1951 年 5 月 20 日
	吉姆·里施 （Jim Risch）	共和	2009 年 1 月 3 日	1949 年 5 月 3 日
伊利诺伊	迪克·德宾 （Dick Durbin）	民主	1997 年 1 月 3 日	1944 年 11 月 21 日
	马克·科克 （Mark Kirk）	共和	2010 年 11 月 29 日	1959 年 9 月 15 日
印第安纳	丹·科茨 （Dan Coats）	共和	2011 年 1 月 3 日	1943 年 5 月 16 日
	乔·唐纳利 （Joe Donnelly）	民主	2013 年 1 月 3 日	1955 年 9 月 29 日
艾奥瓦	查克·格雷斯利 （Chuck Grassley）	共和	1981 年 1 月 3 日	1933 年 9 月 17 日
	汤姆·哈金 （Thomas Harkin）	民主	1985 年 1 月 3 日	1939 年 11 月 19 日
堪萨斯	帕特·罗伯兹 （Pat Roberts）	共和	1997 年 1 月 3 日	1936 年 4 月 20 日
	杰里·莫兰 （Jerry Moran）	共和	2011 年 1 月 3 日	1954 年 5 月 29 日
肯塔基	米奇·麦康奈尔 （Mitch McConnell）	共和	1985 年 1 月 3 日	1942 年 2 月 20 日
	兰德·保罗 （Rand Paul）	共和	2011 年 1 月 3 日	1963 年 1 月 7 日

州属	姓名	党派	任职日期	出生日期
路易斯安那	玛丽·兰德鲁 （Mary Landrieu）	民主	1997 年 1 月 3 日	1955 年 11 月 23 日
	大卫·维特 （David Vitter）	共和	2005 年 1 月 3 日	1961 年 5 月 3 日
缅因	苏珊·柯林斯 （Suzanne Collins）	共和	1997 年 1 月 3 日	1952 年 12 月 7 日
	安格斯·金 （Angus King）	无党派	2013 年 1 月 3 日	1944 年 3 月 31 日
马里兰	芭芭拉·米库斯基 （Barbara Mikulski）	民主	1987 年 1 月 3 日	1936 年 7 月 20 日
	班·卡定 （Ben Cardin）	民主	2007 年 1 月 3 日	1943 年 10 月 5 日
马萨诸塞	伊丽莎白·华伦 （Elizabeth Warren）	民主	2013 年 1 月 3 日	1949 年 6 月 22 日
	埃德·马基 （Ed Markey）	民主	2013 年 7 月 16 日	1946 年 7 月 11 日
密歇根	卡尔·莱文 （Carl Levin）	民主	1979 年 1 月 3 日	1934 年 6 月 28 日
	黛比·史戴比拿 （Debbie Stabenow）	民主	2001 年 1 月 3 日	1950 年 4 月 29 日
明尼苏达	艾米·克罗布彻 （Amy Klobuchar）	民主	2007 年 1 月 3 日	1960 年 5 月 25 日
	艾尔·弗兰肯 （Alan Franken）	民主	2009 年 7 月 7 日	1951 年 5 月 21 日
密西西比	泰德·柯克兰 （Thad Cochran）	共和	1978 年 12 月 27 日	1937 年 12 月 7 日
	罗杰·威克 （Roger Wicker）	共和	2007 年 12 月 31 日	1951 年 7 月 5 日
密苏里	克蕾儿·麦卡斯基 （Claire McCaskill）	民主	2007 年 1 月 3 日	1953 年 7 月 24 日
	罗伊·布伦特 （Roy Blunt）	共和	2011 年 1 月 3 日	1950 年 1 月 10 日
蒙大拿	马克斯·鲍卡斯 （Max Baucus）	民主	1978 年 12 月 15 日	1941 年 12 月 11 日
	乔恩·泰斯特 （Jonathan Tester）	民主	2007 年 1 月 3 日	1956 年 8 月 21 日
内布拉斯加	迈克尔·约翰斯 （Michael Johanns）	共和	2009 年 1 月 3 日	1950 年 6 月 18 日
	黛比·菲希尔 （Deb Fischer）	共和	2013 年 1 月 3 日	1951 年 3 月 1 日
内华达	哈里·里德 （Harry Reid）	民主	1987 年 1 月 6 日	1939 年 12 月 2 日
	迪安·海勒 （Dean Heller）	共和	2011 年 5 月 9 日	1960 年 5 月 10 日

续表

州属	姓名	党派	任职日期	出生日期
新罕布什尔	珍妮·沙欣 （Jeanne Shaheen）	民主	2009 年 1 月 3 日	1947 年 1 月 28 日
	凯利·艾特 （Kelly Ayotte）	共和	2011 年 1 月 3 日	1968 年 6 月 27 日
新泽西	罗伯特·梅内德斯 （Robert Menendez）	民主	2006 年 1 月 17 日	1954 年 1 月 1 日
	科里·布克 （Cory Booker）	共和	2013 年 10 月 31 日	1969 年 4 月 27 日
新墨西哥	汤姆·尤德尔 （Tom Udall）	民主	2009 年 1 月 3 日	1948 年 5 月 18 日
	马丁·海因里希 （Martin Heinrich）	民主	2013 年 1 月 13 日	1971 年 10 月 17 日
纽约	查尔斯·舒默 （Charles Schumer）	民主	1999 年 1 月 3 日	1950 年 11 月 23 日
	陆天娜 （Kirsten Gillibrand）	民主	2009 年 1 月 26 日	1966 年 12 月 9 日
北卡罗来纳	理查德·波尔 （Richard Burr）	共和	2005 年 1 月 3 日	1955 年 11 月 30 日
	凯·黑根 （Kay Hagan）	民主	2009 年 1 月 3 日	1953 年 5 月 26 日
北达科他	约翰·霍文 （John Hoeven）	共和	2011 年 1 月 3 日	1957 年 3 月 13 日
	海迪·海特坎普 （Heidi Heitkamp）	民主	2013 年 1 月 3 日	1955 年 10 月 30 日
俄亥俄	谢罗德·布朗 （Sherrod Brown）	民主	2007 年 1 月 3 日	1952 年 11 月 9 日
	罗伯特·波特曼 （Robert Portman）	共和	2011 年 1 月 3 日	1955 年 12 月 19 日
俄克拉荷马	吉姆·英霍夫 （Jim Inhofe）	共和	1994 年 11 月 16 日	1934 年 11 月 17 日
	汤姆·科伯恩 （Tom Coburn）	共和	2005 年 1 月 3 日	1948 年 3 月 14 日
俄勒冈	罗恩·怀登 （Ron Wyden）	民主	1996 年 1 月 6 日	1949 年 5 月 3 日
	杰夫·默克利 （Jeff Merkley）	民主	2009 年 1 月 3 日	1956 年 10 月 24 日
宾夕法尼亚	鲍伯·凯西 （Bob Casey）	民主	2007 年 1 月 3 日	1960 年 4 月 13 日
	帕特·图米 （Pat Toomey）	共和	2011 年 1 月 3 日	1961 年 11 月 17 日
罗德岛	约翰·里德 （John Reed）	民主	1997 年 1 月 7 日	1949 年 11 月 12 日
	谢尔登·怀特豪斯 （Sheldon Whitehouse）	民主	2007 年 1 月 3 日	1955 年 10 月 20 日

续表

州属	姓名	党派	任职日期	出生日期
南卡罗来纳	林赛·格雷厄姆 （Lindsey Graham）	共和	2003 年 1 月 3 日	1955 年 7 月 9 日
	蒂姆·斯科特 （Tim Scott）	共和	2013 年 1 月 2 日	1965 年 9 月 19 日
南达科他	蒂姆·约翰逊 （Tim Johnson）	民主	1997 年 1 月 3 日	1946 年 12 月 28 日
	约翰·图恩 （John Thune）	共和	2005 年 1 月 3 日	1961 年 1 月 7 日
田纳西	拉马尔·亚历山大 （Lamar Alexander）	共和	2003 年 1 月 3 日	1940 年 7 月 3 日
	鲍伯·寇尔克 （Bob Corker）	共和	2007 年 1 月 3 日	1952 年 8 月 24 日
德克萨斯	约翰·科宁 （John Cornyn）	共和	2002 年 12 月 1 日	1952 年 2 月 2 日
	泰德·克鲁斯 （Ted Cruz）	共和	2013 年 1 月 3 日	1970 年 12 月 22 日
犹他	奥林·哈奇 （Orrin Hatch）	共和	1977 年 1 月 3 日	1934 年 3 月 22 日
	迈克·李 （Mike Lee）	共和	2011 年 1 月 3 日	1971 年 6 月 4 日
佛蒙特	帕特里克·莱希 （Patrick Leahy）	民主	1975 年 1 月 3 日	1940 年 3 月 31 日
	伯纳德·桑德斯 （Bernard Sanders）	无党派	2007 年 1 月 3 日	1941 年 9 月 8 日
弗吉尼亚	马克·沃纳 （Mark Warner）	民主	2009 年 1 月 3 日	1954 年 12 月 15 日
	蒂姆·凯恩 （Tim Kaine）	民主	2013 年 1 月 3 日	1958 年 2 月 26 日
华盛顿	帕蒂·穆瑞 （Patty Murray）	民主	1993 年 1 月 3 日	1950 年 10 月 11 日
	玛丽亚·坎特威尔 （Maria Cantwell）	民主	2001 年 1 月 3 日	1958 年 10 月 13 日
西弗吉尼亚	约翰·洛克菲勒 （John Rockefeller）	民主	1985 年 1 月 15 日	1937 年 6 月 18 日
	乔·曼钦 （Joe Manchin）	民主	2010 年 11 月 15 日	1947 年 8 月 24 日
威斯康星	罗恩·约翰逊 （Ron Johnson）	共和	2011 年 1 月 3 日	1955 年 4 月 8 日
	塔米·鲍德温 （Tammy Baldwin）	民主	2013 年 1 月 3 日	1962 年 2 月 11 日
怀俄明	迈克尔·恩齐 （Mike Enzi）	共和	1997 年 1 月 3 日	1944 年 2 月 1 日
	约翰·巴拉索 （John Barrasso）	共和	2007 年 6 月 25 日	1952 年 7 月 21 日

美国第113届参议院之最

最年长的参议员：黛安娜·范斯坦（1933年6月22日生）

任期最长的参议员：帕特里克·莱希（1975年1月3日至今）

第一位亚裔女性获选为联邦参议员：广野庆子（2013年1月3日）

第一位信奉社会主义的参议员：伯纳德·桑德斯

参议院常设委员会

拨款委员会

主席：芭芭拉·米库斯基（Barbara Mikulski）

财政委员会

主席：马克斯·鲍卡斯（Max Baucus）

预算委员会

主席：帕蒂·穆瑞（Patty Murray）

银行、住房和城市事务委员会

主席：蒂姆·约翰逊（Tim Johnson）

商业、科学和运输委员会

主席：约翰·洛克菲勒（John Rockefeller）

农业、营养和林业委员会

主席：黛比·史戴比拿（Debbie Stabenow）

能源与自然资源委员会

主席：罗恩·怀登（Ron Wyden）

环境与公共工程委员会

主席：芭芭拉·柏克瑟（Barbara Boxer）

小企业委员会

主席：玛丽·兰德鲁（Mary Landrieu）

卫生、教育、劳工和退休金委员会

主席：汤姆·哈金（Thomas Harkin）

对外关系委员会

主席：罗伯特·梅内德斯（Robert Menendez）

军事委员会

主席：卡尔·莱文（Carl Levin）

退伍军人委员会

主席：伯纳德·桑德斯（Bernard Sanders）

国土安全和政府事务委员会

主席：托马斯·卡帕（Thomas Carper）

司法委员会

主席：帕特里克·莱希（Patrick Leahy）

规则与管理委员会

主席：查尔斯·舒默（Charles Schumer）

参议院特别委员会

印第安事务委员会

主席：玛丽亚·坎特威尔（Maria Cantwell）

情报委员会

主席：黛安娜·范斯坦（Dianne Feinstein）

老龄问题委员会

主席：比尔·纳尔逊（Bill Nelson）

道德委员会

主席：芭芭拉·柏克瑟（Barbara Boxer）

众议院

美国宪法规定，众议长由全体众议员选举产生。虽然美国宪法未作具体规定，但众议长一般由赢得大选或中期选举的国会政党领袖担任，在每届国会开幕会上由全体众议员选举产生，众议长为众议院领袖，也是多数党的领袖，对外代表国会。

议长：约翰·博纳（John Boehner）

多数党领袖：埃里克·坎托（Eric Cantor）

多数党督导：凯文·麦卡锡（Kevin McCarthy）

少数党领袖：南希·佩洛西（Nancy Pelosi）

少数党督导：斯滕尼·霍耶（Steny Hoyer）

众议员名单

（本届国会众议院 435 名议员中，共和党占 235 席，民主党占 200 席，任期至 2015 年 1 月 3 日届满）

州属	选区	姓名	党派
亚拉巴马	1	乔 · 邦纳（Josiah Bonner）	共和
	2	玛莎 · 罗比（Martha Roby）	共和
	3	迈克 · 罗杰斯（Michael Rogers）	共和
	4	罗伯特 · 艾德霍特（Robert B. Aderholt）	共和
	5	莫 · 布鲁克斯（Mo Brooks）	共和
	6	斯宾塞 · 巴屈斯（Spencer Bachus III）	共和
	7	特里 · 苏威尔（Terri Sewell）	民主
阿拉斯加	全州	唐纳德 · 杨（Donald Young）	共和
亚利桑那	1	安 · 柯克帕里克（Ann Kirkpatrick）	民主
	2	罗恩 · 巴博（Ron Barber）	民主
	3	劳尔 · 格里加瓦（Raul Grijalva）	民主
	4	保罗 · 高萨（Paul Gosar）	共和
	5	马特 · 萨蒙（Matt Salmon）	共和
	6	戴维 · 施卫克特（David Schweikert）	共和
	7	埃德 · 帕斯特（Edward Pastor）	民主
	8	特伦特 · 弗兰克斯（Trent Franks）	共和
	9	克里斯滕 · 希尼玛（Kyrsten Sinema）	民主
阿肯色	1	里克 · 克拉福德（Eric Crawford）	共和
	2	蒂姆 · 格里芬（Tim Griffin）	共和
	3	史蒂夫 · 沃马克（Steve Womack）	共和
	4	汤姆 · 戈登（Tom Cotton）	共和
加利福尼亚	1	道格 · 拉马法（Doug Lamalfa）	共和
	2	贾德 · 霍夫曼（Jared Huffman）	民主
	3	约翰 · 克拉门迪（John Garamendi）	民主
	4	汤姆 · 麦考林托克（Tom McClintock）	共和
	5	麦克 · 汤普森（Mike Thompson）	民主
	6	多丽丝 · 松井（Doris O. Matsui）	民主
	7	艾米 · 贝拉（Ami Bera）	民主
	8	保罗 · 库克（Paul Cook）	共和
	9	杰瑞 · 迈克纳尼（Jerry McNerney）	民主
	10	杰夫 · 德纳姆（Jeff Denham）	共和
	11	乔治 · 米勒（George Miller）	民主
	12	南希 · 佩洛西（Nancy Pelosi）	民主
	13	芭芭拉 · 李（Barbara Lee）	民主
	14	杰基 · 史碧亚（Jackie Speier）	民主
	15	艾瑞克 · 史瓦维尔（Eric Swalwell）	民主
	16	吉姆 · 科斯塔（Jim Costa）	民主
	17	麦克 · 本田（Mike Honda）	民主
	18	安娜 · 埃舒（Anna Eshoo）	民主
	19	佐伊 · 洛夫格伦（Zoe Lofgren）	民主
	20	萨姆 · 法尔（Sam Farr）	民主
	21	大卫 · 弗拉达奥（David Valadao）	共和

续表

州属	选区	姓名	党派
加利福尼亚	22	戴文·努尼斯（Devin Nunes）	共和
	23	凯文·麦卡锡（Kevin McCarthy）	共和
	24	洛伊丝·卡普斯（Lois Capps）	民主
	25	巴克·麦肯（Buck McKeon）	共和
	26	茱莉亚·布朗尼（Julia Brownley）	民主
	27	赵美心（Judy Chu）	民主
	28	亚当·希夫（Adam B Schiff）	民主
	29	托尼·卡德纳斯（Tony Cardenas）	民主
	30	布拉德·谢尔曼（Brad Sherman）	民主
	31	加里·米勒（Gary Miller）	共和
	32	格蕾丝·纳波利塔诺（Grace Napolitano）	民主
	33	亨利·韦克斯曼（Henry Waxman）	民主
	34	泽维尔·贝塞拉（Xavier Becerra）	民主
	35	格洛亚·麦克里德（Gloria Negrete McLeod）	民主
	36	劳尔·鲁伊斯（Raul Ruiz）	民主
	37	卡伦·贝斯（Karen Bass）	民主
	38	琳达·桑切斯（Linda Sanchez）	民主
	39	爱德·罗伊斯（Ed Royce）	共和
	40	露西尔·艾拉德（Lucille Roybal-Allard）	民主
	41	马克·高野（Mark Takano）	民主
	42	肯·卡尔沃特（Ken Calvert）	共和
	43	马克辛·沃特斯（Maxine Waters）	民主
	44	韩珍妮（Janice Hahn）	民主
	45	约翰·坎贝尔（John Campbell III）	共和
	46	洛莱塔·桑切斯（Loretta Sanchez）	民主
	47	阿兰·鲁文索（Alan Lowenthal）	民主
	48	丹纳·罗拉巴切（Dana Rohrabacher）	共和
	49	达雷尔·伊萨（Darrell Issa）	共和
	50	邓肯·亨特（Duncan D. Hunter）	共和
	51	居安·瓦尔加斯（Juan Vargas）	民主
	52	斯考特·彼得斯（Scott Peters）	民主
	53	苏珊·戴维斯（Susan Davis）	民主
科罗拉多	1	戴安娜·德吉特（Diana Degette）	民主
	2	贾德·波利斯（Jared Polis）	民主
	3	斯科特·蒂普顿（Scott Tipton）	共和
	4	科利·加德纳（Cory Gardner）	共和
	5	道格·兰伯恩（Doug Lamborn）	共和
	6	麦克·考夫曼（Mike Coffman）	共和
	7	爱德华·珀柔马特（Ed Perlmutte）	民主
康涅狄格	1	约翰·拉森（John B. Larson）	民主
	2	乔·科特尼（Joe Courtney）	民主
	3	罗莎·德劳洛（Rosa L. DeLauro）	民主
	4	吉姆·海默斯（Jim Himes）	民主
	5	伊丽莎白·埃斯蒂（Elizabeth Esty）	民主
特拉华	全州	约翰·卡尼（John Carney）	民主

续表

州属	选区	姓名	党派
佛罗里达	1	杰夫·米勒（Jeff Miller）	共和
	2	斯蒂夫·萨瑟兰（Steve Southerland）	共和
	3	泰德·约霍（Ted Yoho）	共和
	4	安德·克伦肖（Ander Crenshaw）	共和
	5	科瑞恩·布朗（Corrine Brown）	民主
	6	罗恩·德桑德斯（Ron DeSantis）	共和
	7	约翰·迈卡（John Mica）	共和
	8	比尔·波西（Bill Posey）	共和
	9	艾伦·格雷森（Alan Grayson）	民主
	10	丹尼尔·韦伯斯特（Daniel Webster）	共和
	11	理查德·纳金特（Richard Nugent）	共和
	12	格斯·比尔拉克斯（Gus Bilirakis）	共和
	13	比尔·扬（Charles "Bill" Young）2013 年 10 月 18 日去世	共和
	14	凯茜·卡斯特（Kathy Castor）	民主
	15	丹尼斯·罗斯（Dennis Ross）	共和
	16	韦恩·布坎南（Vern Buchanan）	共和
	17	汤姆·鲁尼（Tom Rooney）	共和
	18	帕特里克·墨菲（Patrick Murphy）	民主
	19	特雷·拉德尔（Trey Radel）	共和
	20	阿尔塞·黑斯廷斯（Alcee Hastings）	民主
	21	特德·多伊奇（Ted Deutch）	民主
	22	罗伊斯·弗兰克尔（Lois Frankel）	民主
	23	黛比·舒尔茨（Debbie Wasserman Schultz）	民主
	24	弗雷德里卡·威尔逊（Frederica Wilson）	民主
	25	迪亚兹-巴拉特（Mario Diaz-Balart）	共和
	26	乔·加西亚（Joe Garcia）	民主
	27	罗斯·莱赫蒂宁（Ileana Ros-Lehtinen）	共和
佐治亚	1	杰克·金斯顿（John Kingston）	共和
	2	斯坦福·毕绍普（Sanford Bishop）	民主
	3	林恩·威斯特摩兰（Lynn Westmoreland）	共和
	4	小亨利·约翰逊（Henry Johnson）	民主
	5	约翰·刘易斯（John Lewis）	民主
	6	汤姆·普莱斯（Tom Price）	共和
	7	罗伯特·伍德尔（Robert Woodall）	共和
	8	奥斯丁·斯科特（Austin Scott）	共和
	9	道格·柯林斯（Doug Collins）	共和
	10	保罗·博恩（Paul Broun）	共和
	11	菲尔·金格瑞（Phil Gingrey）	共和
	12	约翰·巴罗（John Barrow）	民主
	13	戴维·斯科特（David Scott）	民主
	14	汤姆·格雷夫斯（Tom Graves）	共和
夏威夷	1	花房若子（Colleen Hanabusa）	民主
	2	图尔西·贾巴德（Tulsi Gabbard）	民主
爱达荷	1	劳尔·拉布拉多（Raul Labrador）	共和
	2	麦克·辛普森（Mike Simpson）	共和

续表

州属	选区	姓名	党派
伊利诺伊	1	鲍比·拉什（Bobby Rush）	民主
	2	罗宾·凯利（Robin Kelly）	民主
	3	丹尼尔·利平斯基（Daniel Lipinski）	民主
	4	刘易斯·古铁雷斯（Luis Gutierrez）	民主
	5	麦克·奎格里（Mike Quigley）	民主
	6	彼得·罗斯坎（Peter Roskam）	共和
	7	丹尼·戴维斯（Danny Davis）	民主
	8	塔米·达克沃斯（Tammy Duckworth）	民主
	9	珍·夏考斯基（Jan Schakowsky）	民主
	10	布拉德·施耐德（Brad Schneider）	民主
	11	比尔·福斯特（Bill Foster）	民主
	12	威廉·恩亚特（William Enyart）	民主
	13	罗德尼·戴维斯（Rodney Davis）	共和
	14	兰迪·海格润（Randy Hultgren）	共和
	15	约翰·施姆克斯（John Shimkus）	共和
	16	亚当·金辛格（Adam Kinzinger）	共和
	17	谢里·布斯托斯（Cheri Bustos）	民主
	18	亚伦·斯考克（Aaron Schock）	共和
印第安纳	1	彼得·威斯克罗斯基（Peter Visclosky）	民主
	2	扎克·瓦罗斯基（Jackie Walorski）	共和
	3	马林·施泰兹曼（Marlin Stutzman）	共和
	4	托德·罗基塔（Todd Rokita）	共和
	5	苏珊·布鲁克斯（Susan Brooks）	共和
	6	卢克·梅瑟（Luke Messer）	共和
	7	安德烈·卡森（Andre Carson）	民主
	8	拉里·巴克森（Larry Bucshon）	共和
	9	托德·杨（Todd Young）	共和
艾奥瓦	1	布鲁斯·布拉雷（Bruce Braley）	民主
	2	戴维·罗伊伯塞克（David Loebsack）	民主
	3	汤姆·莱瑟姆（Tom Latham）	共和
	4	斯蒂夫·金（Steve King）	共和
堪萨斯	1	蒂姆·休斯坎普（Tim Huelskamp）	共和
	2	林恩·詹金斯（Lynn Jenkins）	共和
	3	凯文·尤德尔（Kevin Yoder）	共和
	4	麦克·蓬佩奥（Mike Pompeo）	共和
肯塔基	1	埃德·惠特菲尔德（Ed Whitfield）	共和
	2	布拉特·高斯瑞（Brett Guthrie）	共和
	3	约翰·亚姆斯（John Yarmuth）	民主
	4	托马斯·马斯（Thomas Massie）	共和
	5	哈罗德·罗杰斯（Harold Rogers）	共和
	6	安迪·巴尔（Andy Barr）	共和
路易斯安那	1	史蒂文·斯凯利斯（Steve Scalise）	共和
	2	塞德里克·雷蒙德（Cedric Richmond）	民主
	3	查尔斯·布茨坦尼（Charles Boustany）	共和
	4	约翰·弗莱明（John Fleming）	共和
	5	凡斯·麦卡里特（Vance McAllister）	共和
	6	威廉·卡西迪（William Cassidy）	共和

续表

州属	选区	姓名	党派
缅因	1	切利·平格里（Chellie Pingree）	民主
	2	迈克尔·米肖（Michael Michaud）	民主
马里兰	1	安迪·哈里斯（Andy Harris）	共和
	2	丹斯·鲁珀斯伯格（Dutch Ruppersberger）	民主
	3	约翰·萨班斯（John Sarbanes）	民主
	4	多娜·爱德华兹（Donna Edwards）	民主
	5	斯滕尼·霍耶（Steny Hoyer）	民主
	6	约翰·狄兰尼（John Delaney）	民主
	7	伊莱贾·卡明斯（Elijah Cummings）	民主
	8	克里斯·范霍伦（Chris Van Hollen）	民主
马萨诸塞	1	理查德·尼尔（Richard Neal）	民主
	2	詹姆斯·麦戈文（James McGovern）	民主
	3	妮琪·桑格斯（Niki Tsongas）	民主
	4	约瑟夫·肯尼迪（Joseph Kennedy III）	民主
	5	凯瑟琳·克拉克（Katherine Clark）	民主
	6	约翰·蒂尔尼（John Tierney）	民主
	7	迈克尔·卡普阿诺（Michael Capuano）	民主
	8	斯蒂芬·林奇（Stephen Lynch）	民主
	9	威廉·基汀（William Keating）	民主
密歇根	1	丹·贝尼什克（Dan Benishek）	共和
	2	比尔·休伊曾加（Bill Huizenga）	共和
	3	贾斯汀·阿马什（Justin Amash）	共和
	4	大卫·坎普（Dave Camp）	共和
	5	戴尔·基尔迪（Dale Kildee）	民主
	6	弗莱德·厄普顿（Fred Upton）	共和
	7	蒂姆·沃尔伯格（Tim Walberg）	共和
	8	麦克·罗杰斯（Mike Rogers）	共和
	9	桑德·莱文（Sander Levin）	民主
	10	凯狄丝·米勒（Candice Miller）	共和
	11	凯利·班提法利欧（Kerry Bentivolio）	共和
	12	约翰·丁格尔（John Dingell）	民主
	13	小约翰·科尼尔斯（John Conyers）	民主
	14	加里·彼得斯（Gary Peters）	民主
明尼苏达	1	蒂姆·沃尔兹（Timothy Walz）	民主
	2	约翰·克莱恩（John Kline）	共和
	3	埃里克·保尔森（Erik Paulsen）	共和
	4	贝蒂·麦克伦（Betty McCollum）	民主
	5	凯斯·埃里森（Keith Ellison）	民主
	6	米雪·巴克曼（Michele Bachmann）	共和
	7	科林·彼得森（Collin Peterson）	民主
	8	里克·诺兰（Rick Nolan）	民主
密西西比	1	阿兰·努勒尼（Alan Nunnelee）	共和
	2	本尼·汤普森（Bennie Thompson）	民主
	3	格雷格·哈珀（Gregg Harper）	共和
	4	斯蒂文·帕拉佐（Steven Palazzo）	共和

续表

州属	选区	姓名	党派
密苏里	1	威廉·克莱（William Clay）	民主
	2	安·瓦格纳（Ann Wagner）	共和
	3	布莱恩·卢克麦尔（Blaine Luetkemeyer）	共和
	4	威基·哈兹勒（Vicky Hartzler）	共和
	5	伊曼纽尔·克莱弗尔（Emanuel Cleaver）	民主
	6	萨姆·格雷夫斯（Sam Graves）	共和
	7	比利·朗（Billy Long）	共和
	8	杰森·史密斯（Jason Smith）	共和
蒙大拿	全州	史蒂夫·戴恩斯（Steve Daines）	共和
内布拉斯加	1	杰夫·弗滕巴利（Jeff Fortenberry）	共和
	2	特里·里（Terry Lee）	共和
	3	阿德里安·史密斯（Adrian Smith）	共和
内华达	1	丹纳·泰塔斯（Dina Titus）	民主
	2	马克·埃莫迪（Mark Amodei）	共和
	3	乔·赫克（Joe Heck）	共和
	4	斯蒂文·霍斯福特（Steven Horsford）	民主
新罕布什尔	1	卡罗尔·波特（Carol Shea-Porter）	民主
	2	安·夸斯特（Ann Kuster）	民主
新泽西	1	罗伯特·安德鲁斯（Robert Andrews）	民主
	2	弗兰克·洛比昂多（Frank LoBiondo）	共和
	3	乔·瑞安（Jon Runyan）	共和
	4	克里斯·史密斯（Chris Smith）	共和
	5	斯科特·加勒特（Scott Garrett）	共和
	6	弗兰克·帕洛恩（Frank Pallone）	民主
	7	伦纳德·兰斯（Leonard Lance）	共和
	8	阿尔比奥·西尔斯（Albio Sires）	民主
	9	比尔·帕斯卡勒（Bill Pascrell）	民主
	10	唐纳德·佩恩（Donald Payne）	民主
	11	罗德尼·弗里林海森（Rodney Frelinghuysen）	共和
	12	拉什·霍尔特（Rush Holt）	民主
新墨西哥	1	米歇尔·格雷汉姆（Michelle Grisham）	民主
	2	史蒂夫·皮尔斯（Steve Pearce）	共和
	3	本·卢汉（Ben Lujan）	民主
纽约	1	蒂莫西·毕晓普（Timothy Bishop）	民主
	2	皮特·金（Pete King）	共和
	3	史蒂夫·伊斯雷尔（Steve Israel）	民主
	4	卡洛林·麦卡锡（Carolyn McCarthy）	民主
	5	格雷戈里·米克斯（Gregory W. Meeks）	民主
	6	孟昭文（Grace Meng）	民主
	7	尼迪亚·维拉兹奎兹（Nydia Velazquez）	民主
	8	哈卡姆·杰福瑞斯（Hakeem Jeffries）	民主
	9	伊薇特·克拉克（Yvette D. Clarke）	民主
	10	杰罗尔德·纳德勒（Jerrold Nadler）	民主

州属	选区	姓名	党派
纽约	11	迈克尔·格里姆（Michael Grimm）	共和
	12	卡罗琳·马洛尼（Carolyn Maloney）	民主
	13	查尔斯·兰格尔（Charles Rangel）	民主
	14	约瑟夫·克罗利（Joseph Crowley）	民主
	15	乔斯·塞拉诺（José E. Serrano）	民主
	16	埃利奥特·恩格尔（Eliot Engel）	民主
	17	尼塔·洛维（Nita Lowey）	民主
	18	森·马洛尼（Sean Patrick Maloney）	民主
	19	克里斯·吉布森（Chris Gibson）	共和
	20	保罗·托诺克（Paul Tonko）	民主
	21	比尔·欧文斯（Bill Owens）	民主
	22	理查德·汉纳（Richard Hanna）	共和
	23	汤姆·里德（Tom Reed）	共和
	24	丹尼尔·麦菲（Daniel Maffei）	民主
	25	路易丝·斯劳特（Louise Slaughter）	民主
	26	布莱恩·希金斯（Brian Higgins）	民主
	27	克里斯·柯林斯（Chris Collins）	共和
北卡罗来纳	1	G. K. 巴特菲尔德（G. K. Butterfield）	民主
	2	勒妮·埃默斯（Renee Ellmers）	共和
	3	小沃尔特·琼斯（Walter B. Jones）	共和
	4	戴维·普赖斯（David Price）	民主
	5	弗吉尼亚·福克斯（Virginia Foxx）	共和
	6	霍华德·科布尔（Howard Coble）	共和
	7	迈克·麦金太尔（Mike McIntyre）	民主
	8	理查德·哈德森（Richard Hudson）	共和
	9	罗伯特·平格（Robert Pittenger）	共和
	10	帕特里克·麦克亨利（Patrick McHenry）	共和
	11	马克·梅德斯（Mark Meadows）	共和
	12	梅尔·瓦特（Mel Watt）	民主
	13	乔治·侯丁（George Holding）	共和
北达科他	全州	凯文·克莱默（Kevin D. Cramer）	共和
俄亥俄	1	史蒂夫·查博特（steve chabot）	共和
	2	布拉德·文斯塔珀（Brad Wenstrup）	共和
	3	乔斯·贝特（Joyce Beatty）	民主
	4	吉姆·乔丹（Jim Jordan）	共和
	5	罗伯特·拉特（Robert Latta）	共和
	6	比尔·约翰逊（Bill Johnson）	共和
	7	鲍勃·吉布斯（Bob Gibbs）	共和
	8	约翰·博纳（John Boehner）	共和
	9	马西·卡普特尔（Marcy Kaptur）	民主
	10	迈克尔·特纳（Michael Turner）	共和
	11	玛西娅·福吉（Marcia Fudge）	民主
	12	帕特·蒂伯里（Pat Tiberi）	共和
	13	蒂姆·瑞安（Tim Ryan）	民主
	14	戴维·乔斯（David P. Joyce）	共和
	15	史蒂夫·斯蒂维斯（Steve Stivers）	共和
	16	吉姆·瑞纳奇（Jim Renacci）	共和

州属	选区	姓名	党派
俄克拉荷马	1	吉姆·布莱登斯坦（Rep. Jim Bridenstine）	共和
	2	马克维尼·穆林（Markwayne Mullin）	共和
	3	弗兰克·卢卡斯（Frank Lucas）	共和
	4	汤姆·科尔（Tom Cole）	共和
	5	詹姆斯·兰克福德（James Lankford）	共和
俄勒冈	1	苏珊·博纳米奇（Suzanne Bonamici）	民主
	2	格雷格·沃尔登（Greg Walden）	共和
	3	厄尔·布卢梅诺（Earl Blumenauer）	民主
	4	彼得·德法齐奥（Peter DeFazio）	民主
	5	库特·施拉德（Kurt Schrader）	民主
宾夕法尼亚	1	罗伯特·布雷迪（Robert Brady）	民主
	2	查卡·法塔赫（Chaka Fattah）	民主
	3	麦克·凯利（Mike Kelly）	共和
	4	斯考特·派瑞（Scott Perry）	共和
	5	葛来文·汤普森（Glenn Thompson）	共和
	6	吉姆·格拉赫（Jim Gerlach）	共和
	7	帕特·莫汉（Pat Meehan）	共和
	8	迈克尔·菲兹帕特里克（Michael G. Fitzpatrick）	共和
	9	比尔·舒斯特（Bill Shuster）	共和
	10	汤姆·马立诺（Tom Marino）	共和
	11	罗·巴莱塔（Lou Barletta）	共和
	12	凯斯·罗斯福斯（Keith Rothfus）	共和
	13	艾莉森·施瓦茨（Allyson Schwartz）	民主
	14	麦克·多伊尔（Mike Doyle）	民主
	15	查理·登特（Charles "Charlie" Dent）	共和
	16	约瑟夫·皮茨（Joseph Pitts）	共和
	17	马乔·卡特维特（Matthew Cartwright）	民主
	18	蒂姆·墨菲（Tim Murphy）	共和
罗德岛	1	戴维·西西里尼（David Cicilline）	民主
	2	吉姆·兰格温（Jim Langevin）	民主
南卡罗来纳	1	马克·桑福德（Mark Sanford）	共和
	2	乔·威尔逊（Joe Wilson）	共和
	3	杰夫·邓肯（Jeff Duncan）	共和
	4	特里·高迪（Trey Gowdy）	共和
	5	麦克·姆瓦尼（Mick Mulvaney）	共和
	6	吉姆·克莱伯恩（James Clyburn）	民主
	7	汤姆·赖斯（Tom Rice）	共和
南达科他	全州	克里斯蒂·诺伊姆（Kristi Noem）	共和
田纳西	1	菲尔·罗依（Phil Roe）	共和
	2	小约翰·邓肯（John J. Duncan）	共和
	3	查克·弗雷斯曼（Chuck Fleischmann）	共和
	4	斯科特·戴佳雷（Scott DesJarlais）	共和
	5	吉姆·库珀（Jim Cooper）	民主
	6	丹纳·布莱克（Diane Black）	共和
	7	玛莎·布莱克本（Marsha Blackburn）	共和
	8	斯蒂芬·费舍尔（Stephen Fincher）	共和
	9	斯蒂夫·科恩（Steve Cohen）	民主

续表

州属	选区	姓名	党派
德克萨斯	1	劳尔·高梅特（Louie Gohmert）	共和
	2	特德·坡（Ted Poe）	共和
	3	萨姆·约翰逊（Sam Johnson）	共和
	4	拉尔夫·黑尔（Ralph Hall）	共和
	5	杰布·亨萨林（Jeb Hensarling）	共和
	6	乔·巴顿（Joe Barton）	共和
	7	约翰·科波逊（John Culberson）	共和
	8	凯文·布拉迪（Kevin Brady）	共和
	9	艾尔·格林（AL Green）	民主
	10	迈克尔·麦考尔（Michael McCaul）	共和
	11	迈克尔·康纳威（K. Michael Conaway）	共和
	12	凯·格兰杰（Kay Granger）	共和
	13	威廉·索恩伯里（Mac Thornberry）	共和
	14	兰迪·韦伯（Randy Weber）	共和
	15	鲁宾·希诺约萨（Rubén Hinojosa）	民主
	16	波特·奥罗克（Beto O'Rourke）	民主
	17	比尔·弗洛雷斯（Bill Flores）	共和
	18	希拉·杰克逊-李（Sheila Jackson-Lee）	民主
	19	兰迪·诺伊格鲍尔（Randy Neugebauer）	共和
	20	华金·卡斯特罗（Joaquín Castro）	民主
	21	拉马尔·史密斯（Lamar Smith）	共和
	22	皮特·奥尔森（Pete Olson）	共和
	23	皮特·高格（Pete Gallego）	民主
	24	肯尼·马辛特（Kenny Marchant）	共和
	25	罗格·威廉斯（Roger Williams）	共和
	26	迈克尔·伯吉斯（Michael Burgess）	共和
	27	布莱克·法伦索尔德（Blake Farenthold）	共和
	28	亨利·库勒尔（Henry Cuellar）	民主
	29	基恩·格林（Gene Green）	民主
	30	艾迪·伯尼斯·约翰逊（Eddie Bernice Johnson）	民主
	31	约翰·卡特（John Carter）	共和
	32	皮特·塞辛斯（Pete Sessions）	共和
	33	马克·维萨（Marc Veasey）	民主
	34	弗莱蒙·维拉（Filemon Vela）	民主
	35	劳埃德·多盖特（Lloyd Doggett）	民主
	36	史蒂夫·斯托克曼（Steve Stockman）	共和
犹他	1	罗伯·毕晓普（Rob Bishop）	共和
	2	克里斯·斯图尔特（Chris Stewart）	共和
	3	杰森·查费兹（Jason Chaffetz）	共和
	4	吉姆·马特森（Jim Matheson）	民主
佛蒙特	全州	皮特·韦尔奇（Peter Welch）	民主
弗吉尼亚	1	罗伯特·魏特曼（Robert Wittman）	共和
	2	斯科特·瑞吉尔（Scott Rigell）	共和
	3	罗伯特·斯科特（Robert Scott）	民主
	4	兰迪·福布斯（Randy Forbes）	共和
	5	罗伯特·哈特（Robert Hurt）	共和
	6	鲍勃·古德拉特（Bob Goodlatte）	共和
	7	埃里克·坎托（Eric Cantor）	共和

续表

州属	选区	姓名	党派
弗吉尼亚	8	詹姆斯·莫兰（James Moran）	民主
	9	摩根·格里菲斯（Morgan Griffith）	共和
	10	弗兰克·沃尔夫（Frank Wolf）	共和
	11	盖利·康纳利（Gerald E. Connolly）	民主
华盛顿	1	苏珊·德尔贝恩（Suzan Delbene）	民主
	2	里克·拉森（Rick Larsen）	民主
	3	杰米·巴特勒（Jaime Herrera Beutler）	共和
	4	多克·黑斯廷斯（Doc Hastings）	共和
	5	凯茜·罗杰斯（Cathy McMorris Rodgers）	共和
	6	德里克·基尔默（Derek Kilmer）	民主
	7	吉姆·麦克德莫特（Jim McDermott）	民主
	8	戴维·莱切特（David Reichert）	共和
	9	亚当·史密斯（Adam Smith）	民主
	10	丹尼·哈克（Denny Heck）	民主
西弗吉尼亚	1	大卫·麦金利（David McKinley）	共和
	2	雪莉·卡皮托（Shelley Moore Capito）	共和
	3	尼克·拉霍尔（Nick Rahall）	共和
威斯康星	1	保罗·瑞安（Paul Ryan）	共和
	2	马克·波肯（Mark Pocan）	民主
	3	罗恩·凯因德（Ron Kind）	民主
	4	格温·穆尔（Gwen Moore）	民主
	5	詹姆斯·森森布伦纳（James Sensenbrenner）	共和
	6	托马斯·派瑞（Thomas Evert Petri）	共和
	7	森·达菲（Sean P. Duffy）	共和
	8	里德·里布尔（Reid Ribble）	共和
怀俄明	全州	赛琳娜·卢美思（Cynthia Lummis）	共和

注：艾琳娜·霍姆斯·诺顿（Eleanor Holmes Norton 代表哥伦比亚特区，民主党人）、马德琳·鲍德诺（Madeleine Bordallo，代表关岛，民主党人）、格里高利·萨布兰（Gregorio Kilili Sablan，代表北马里亚纳群岛，民主党人）、佩德罗·佩洛西（Pedro Pierluisi，代表波多黎各，民主党人）、唐娜·克里斯蒂安-克里斯唐森（Donna Christian-Christensen，代表维京群岛，民主党人）无表决权。

众议院常设委员会

预算委员会

主席：保罗·瑞安（Paul Ryan）

拨款委员会

主席：哈罗德·罗杰斯（Harold Rogers）

军事委员会

主席：巴克·麦肯（Buck McKeon）

筹款委员会

主席：大卫·坎普（Dave Camp）

金融服务委员会

主席：杰布·亨萨林（Jeb Hensarling）

小企业委员会

主席：萨姆·格雷夫斯（Sam Graves）

能源和商业委员会

主席：弗莱德·厄普顿（Fred Upton）

住房管理委员会

主席：凯狄丝·米勒（Candice Miller）

交通和基础设施委员会

主席：比尔·舒斯特（Bill Shuster）

资源委员会

主席：多克·黑斯廷斯（Doc Hastings）

科学、空间与技术委员会

主席：拉马尔·史密斯（Lamar Smith）

农业委员会

主席：弗兰克·卢卡斯（Frank Lucas）

外交委员会

主席：爱德·罗伊斯（Ed Royce）

国土安全委员会

主席：迈克尔·麦考尔（Michael McCaul）

退伍军人事务委员会

主席：杰夫·米勒（Jeff Miller）

司法委员会

主席：小约翰·科尼尔斯（John Conyers）

教育和劳动力委员会

主席：约翰·克莱恩（John Kline）

监督和政府改革委员会

主席：达雷尔·伊萨（Darrell Issa）

道德委员会

主席：迈克尔·康纳威（K. Michael Conaway）

规则委员会

主席：皮特·塞辛斯（Pete Sessions）

众议院特别委员会

情报委员会

主席：麦克·罗杰斯（Mike Rogers）

美国国会众议院历任议长

序号	姓名	党派	所在州	任期
1	弗雷德里克·米伦伯格	民主—共和	宾夕法尼亚	1789—1791
2	乔纳森·特朗斯布尔	联邦	康涅狄格	1791—1793
3	弗雷德里克·米伦伯格	民主—共和	宾夕法尼亚	1793—1795
4	乔纳森·戴顿	联邦	新泽西	1795—1797
5	乔治·登特	联邦	马里兰	1797—1799
6	西奥多·塞奇威克	联邦	马萨诸塞	1799—1801
7	纳撒尼尔·梅肯	民主—共和	北卡罗来纳	1801—1807
8	约瑟夫·瓦农	民主—共和	马萨诸塞	1807—1811
9	亨利·克莱	民主—共和	肯塔基	1811—1814
10	兰登·切夫斯	民主—共和	南卡罗来纳	1814—1815
11	亨利·克莱	民主—共和	肯塔基	1815—1820
12	约翰·泰勒	民主—共和	纽约	1820—1821
13	菲利普·巴伯	民主—共和	弗尼吉亚	1821—1823
14	亨利·克莱	民主—共和	肯塔基	1823—1825
15	约翰·泰勒	民主—共和	纽约	1825—1827
16	安德鲁·史蒂文森	民主	弗尼吉亚	1827—1834
17	约翰·贝尔	民主	田纳西	1834—1835
18	詹姆斯·波尔克	民主	田纳西	1835—1839
19	罗伯特·亨特	民主	弗尼吉亚	1839—1841
20	约翰·怀特	辉格	肯塔基	1841—1843
21	约翰·琼斯	民主	弗尼吉亚	1843—1845
22	约翰·戴维斯	民主	印第安纳	1845—1847
23	罗伯特·温斯普顿	辉格	马萨诸塞	1847—1849
24	豪厄尔·科布	民主	佐治亚	1849—1851
25	林·博伊德	民主	肯塔基	1851—1855
26	纳撒尼尔·班克斯	共和	马萨诸塞	1855—1857

续表

序号	姓名	党派	所在州	任期
27	詹姆斯·奥尔	民主	南卡罗来纳	1857—1859
28	威廉·彭宁顿	辉格	新泽西	1859—1861
29	加卢沙·格罗	共和	宾夕法尼亚	1861—1863
30	斯凯勒·科尔法克斯	共和	印第安纳	1863—1869
31	詹姆斯·布莱恩	共和	缅因	1869—1875
32	迈克尔·克尔	民主	印第安纳	1875—1876
33	塞缪尔·兰德尔	民主	宾夕法尼亚	1876—1881
34	J. 沃伦·凯弗	共和	俄亥俄	1881—1883
35	约翰·卡莱尔	民主	肯塔基	1883—1889
36	托马斯·里德	共和	缅因	1889—1891
37	查尔斯·克里斯普	民主	佐治亚	1891—1895
38	托马斯·里德	共和	缅因	1895—1899
39	戴维斯·亨德森	共和	艾奥瓦	1899—1903
40	约瑟夫·坎农	共和	伊利诺伊	1903—1911
41	钱普·克拉克	民主	密苏里	1911—1919
42	弗雷德里克·吉勒特	共和	马萨诸塞	1919—1925
43	尼古拉斯·朗沃思	共和	俄亥俄	1925—1931
44	约翰·加纳	民主	德克萨斯	1931—1933
45	亨利·雷尼	民主	伊利诺伊	1933—1935
46	约瑟夫·伯恩斯	民主	田纳西	1935—1936
47	威廉·班克黑德	民主	亚拉巴马	1936—1940
48	萨姆·雷伯恩	民主	德克萨斯	1940—1947
49	小约瑟夫·马丁	共和	马萨诸塞	1947—1949
50	萨姆·雷伯恩	民主	德克萨斯	1949—1953
51	小约瑟夫·马丁	共和	马萨诸塞	1953—1955
52	萨姆·雷伯恩	民主	德克萨斯	1955—1961
53	约翰·麦科马克	民主	马萨诸塞	1962—1971
54	卡尔·艾伯特	民主	俄克拉荷马	1971—1977
55	小托马斯·奥尼尔	民主	马萨诸塞	1977—1987
56	小詹姆斯·赖特	民主	田纳西	1987—1989
57	托马斯·弗利	民主	华盛顿	1989—1995
58	纽特·金里奇	共和	佐治亚	1995—1999
59	J. 丹尼斯·哈斯特尔特	共和	伊利诺伊	1999—2007
60	南希·佩洛西	民主	加利福尼亚	2007—2011
61	约翰·博纳	共和	俄亥俄	2011—

美国联邦政府行政部门

根据美国宪法，联邦政府的行政权被授予总统。辅助总统实施行政权的有副总统、总统行政办公机构、内阁行政各部、军事各部、政府公司及行政独立机构，它们构成了美国联邦政府三大部门之一的行政部门。

美国总统选举

四年一度的美国总统选举过程漫长而复杂，主要包括预选、各党召开全国代表大会确定总统候选人、总统候选人竞选、全国选举、选举人团投票表决和当选总统就职。

预选　也称初选，是美国总统选举的第一阶段，通常从大选年年初开始，至 6 月结束。在预选阶段，两党分别在全国 50 个州及首都华盛顿陆续选出参加本党全国代表大会的代表。预选结束后，两党分别在 8、9 月召开全国代表大会确定本党总统候选人。佛罗里达州最先于 1904 年开始采用总统预选制。

预选有两种形式，分别是政党基层会议和直接预选。前者是指两党在各州自下而上，从选举点、县、选区到州逐级召开代表会议，最终选出参加全国代表大会的代表，获得多数代表支持的竞选人就被认为赢得了该州预选。与政党基层会议不同，直接预选在形式上如同普选，一个州的两党选民同一天到投票站投票选出本党全国代表大会代表。美国大多数州都采用直接预选。

各州总统预选将产生本州参加全国代表大会的"承诺代表"，他们以预选结果为依据，承诺支持本党的某一竞选人。两党"承诺代表"的名额和分配机制有所不同。民主党一般根据预选中各竞选人的支持率来分配代表数额。共和党在一部分州按竞选人支持率来分配代表数额，在其他州则执行"胜者全得"的规定。除"承诺代表"外，参加党代会的还包括少数"未承诺代表"（民主党称"超级代表"）。他们主要是党内知名人士，如党的全国委员会成员、参议员或州长以及党派领导人等；他们并非经由初选表决推举，可以在党代会前不承诺支持某位候选人。

数十年来，艾奥瓦州和新罕布什尔州一直分别是美国大选年举行首个政党基层会议和首个直接预选的州。在预选阶段，一个州的面积大小和人口多寡与该州对整个选情的影响力并不成正比，而最重要的是预选日期。往往是，日期越早，影响越大。因此，尽管艾奥瓦和新罕布什尔都是小州，但对整个预选阶段具有"风向标"和"晴雨表"的作用，受到两党竞选人和媒体高度关注。

选举团人制度　根据美国宪法，美国总统选举实行选举人团制度，总统由各州议会选出的选举人团选举产生，而不是由选民直接选举产生。这一制度于 1788 年第一次实行。

根据选举人团制度，选民投票时，不仅要在总统候选人当中选择，而且要选出代表 50 个州和首都华盛顿哥伦比亚特区（简称华盛顿）的 538 名选举人，以组成选举人团。总统候选人获得超过半数的选举人票（270 张或以上）即可当选总统。

根据法律规定，全国选民投票在选举年 11 月第一个星期一的次日举行，也即"大选日"。所有美国选民都到指定地点进行投票，在两个总统候选人之间做出选择（在同一张选票上选出各州的总统"选举人"）。一个（党的）总统候选人在一个州的选举中获得多数取胜，他就拥有这个州的全部总统"选举人"票，这就是全州统选制。全国选民投票日也叫总统大选日。由于美国总统选举实行选举人团制度，因此总统大选日实际上是选举代表选民的"选举人"。

美国各州拥有的选举人票数目同该州在国会的参、众议员人数相等。参议院由各州选举两名议员组成，众议院议员人数则根据各州人口比例来确定。人口多的州众议员人数相应就多，同时在总统选举时拥有的选举人票也多。例如，美国人口最多的加利福尼亚州所拥有的选举人票多达 55 张，而人口较少的阿拉斯加州只有 3 张选举人票。鉴于这种情况，在历届美国总统选举中，人口众多的州都成为总统候选人争夺的重要目标。

选举人票的数量，体现州权平等原则，根据各州在国会的议员数量而定。例如，每个州都在国会有 2 名参议员和至少 1 名众议员，所以，任何州都至少有 3 票。但人口多的大州，除了这 3 票以外，众议员人数越多，选举人票数也就越多。1961 年，美国宪法修正案批准华盛顿哥伦比亚特区可以像州一样有总统选举人。这样，美国国会有 100 名参议员、435 名众议员，加上华盛顿哥伦比亚特区的 3 票，总统选举人票总共就是 538 票。

选举人团制度还规定，除了缅因和内布拉斯加两个州是按普选票得票比例分配选举人票外，其余 48 个州和华盛顿特区均实行"胜者全得"制度，即将其选举人票全部给予获得相对多数选民票的总统候选人。由于各州选举人票数量相差较大，这样就可能出现在全国投票中累计获得更多选民票的总统候选人不能赢得总统选举的情形。美国历史上曾数次发生这种情形，一些总统候选人虽然在大选中获得的选民票数少于对手，却因得到足够的选举人票数而当选。

美国宪法还规定，如果所有总统候选人都未获得半数以上的选举人票，由国会众议院从得票最多的前3名候选人中选出总统。1824年，约翰·昆西·亚当斯就是在这种情况下，经众议院投票表决被指定为总统的。

选举人团制度是美国共和制、联邦制和分权与制衡原则结合的产物，也是多种利益间妥协与协调的结果，存在其自身难以克服的缺陷与弊端。近年来，美国要求改革选举人团制度的呼声不断，但由于多种因素阻碍，改革始终无法进行。

副总统 是美国地位仅次于总统的国家行政长官，同时兼任国会参议院院长一职，但又由于宪法遵从权力制衡原则，参议院院长，也就是副总统，在平时的参议院投票中不具投票权，只有当投票双方票数相等（如50票支持，50票反对）时，副总统才可以投下关键一票，以打破僵局。但这种情况在美国历史上是鲜有的。同样根据宪法，当美国总统因故不能执行其权力时，副总统可以暂时代行总统的权力，直到进行临时大选。

副总统可能会被总统委任以其他权利，但美国宪法规定，副总统不得拥有行政实权，所以在这些时候，副总统仅仅是作为总统的代表人来行使相关权利。总之，副总统的象征意义远大于其实质意义。

在四年一度的美国总统竞选中，副总统候选人一般和总统候选人组成竞选搭档，进行各方面的组织和拉票活动，也将参与和其他副总统候选人的辩论等活动。在上任后，副总统也必须对国会和宪法宣誓效忠，并在任期内有义务接受最高法院的传唤。

宪法规定，担任美国副总统最基本的条件是必定要在美国出生的美国公民，而且至少35岁以上以及居住在美国14年。但与"当选担任总统职务不得超过两次"的规定不同的是，美国宪法第二十二条修正案没有限制副总统的连任次数。

总统继承顺序 根据1947年通过的《总统继承法》，美国总统一旦离开其职务，将由副总统、参众议会议长及内阁成员，依以下的顺序依序接替其职位（内阁的排名顺序基本上以内阁职务的成立时间为准）：参议院议长（副总统）、众议院议长、临时参议院议长、国务卿、财政部长、国防部长、司法部长、国土安全部长、内政部长、农业部长、商务部长、劳工部长、卫生与公众服务部长、住房与城市发展部长、交通部长、能源部长、教育部长、退伍军人事务部长。2003 年美国参众两院通过了美国总统继任法案修改法案，国土安全部部长位列总统继任顺序中的第 8 位，位列司法部长之后，内政部长之前。

美国历任总统

序号	姓名	党派	在任	所在州	生卒年代
1	乔治·华盛顿	联邦	1789—1797	弗吉尼亚	1732—1799
2	约翰·亚当斯	联邦	1797—1801	马萨诸塞	1735—1826
3	托马斯·杰斐逊	民—共	1801—1809	弗尼吉亚	1743—1826
4	詹姆斯·麦迪逊	民—共	1809—1817	弗尼吉亚	1751—1836
5	詹姆斯·门罗	民—共	1817—1825	弗尼吉亚	1758—1831
6	约翰·昆西·亚当斯	民—共	1825—1829	马萨诸塞	1767—1848
7	安德鲁·杰克逊	民主	1829—1837	南卡罗来纳	1767—1845
8	马丁·范·布伦	民主	1837—1841	纽约	1782—1862
9	威廉·哈里森	辉格	1841	弗尼吉亚	1773—1841
10	约翰·泰勒	辉格	1841—1845	弗尼吉亚	1790—1862
11	詹姆斯·波尔克	民主	1845—1849	北卡罗来纳	1795—1849
12	扎卡里·泰勒	辉格	1849—1850	弗尼吉亚	1784—1850
13	米勒德·菲尔莫尔	辉格	1850—1853	纽约	1800—1874
14	富兰克林·皮尔斯	民主	1853—1857	新罕布什尔	1804—1869
15	詹姆斯·布坎南	民主	1857—1861	宾夕法尼亚	1791—1868
16	亚伯拉罕·林肯	共和	1861—1865	肯塔基	1809—1865
17	安德鲁·约翰逊	民主	1865—1869	田纳西	1808—1875
18	尤利塞斯·格兰特	共和	1869—1877	俄亥俄	1822—1885
19	拉瑟福德·海斯	共和	1877—1881	俄亥俄	1822—1893
20	詹姆斯·加菲尔德	共和	1881	俄亥俄	1831—1881
21	切斯特·阿瑟	共和	1881—1885	佛蒙特	1892—1886
22	格罗弗·克利夫兰	民主	1885—1889	新泽西	1837—1908
23	本杰明·哈里森	共和	1889—1893	俄亥俄	1833—1901

续表

序号	姓名	党派	在任	所在州	生卒年代
24	格罗弗·克利夫兰	民主	1893—1897	新泽西	1837—1908
25	威廉·麦金莱	共和	1897—1901	俄亥俄	1843—1901
26	西奥多·罗斯福	共和	1901—1909	纽约	1858—1919
27	威廉·塔夫脱	共和	1909—1913	俄亥俄	1857—1930
28	伍德罗·威尔逊	民主	1913—1921	弗吉尼亚	1856—1924
29	沃伦·哈定	共和	1921—1923	俄亥俄	1865—1923
30	卡尔文·柯立芝	共和	1923—1929	佛蒙特	1872—1933
31	赫伯特·胡佛	共和	1929—1933	艾奥瓦	1874—1964
32	富兰克林·罗斯福	民主	1933—1945	纽约	1882—1945
33	哈里·杜鲁门	民主	1945—1953	密苏里	1884—1972
34	德怀特·艾森豪威尔	共和	1953—1961	德克萨斯	1890—1969
35	约翰·肯尼迪	民主	1961—1963	马萨诸塞	1917—1963
36	林登·约翰逊	民主	1963—1969	德克萨斯	1908—1973
37	理查德·尼克松	共和	1969—1974	加利福尼亚	1913—1994
38	杰拉尔德·福特	共和	1974—1977	内布拉斯加	1913—2006
39	吉米·卡特	民主	1977—1981	佐治亚	1924—
40	罗纳德·里根	共和	1981—1989	伊利诺伊	1911—2004
41	乔治·布什	共和	1989—1993	德克萨斯	1924—
42	比尔·克林顿	民主	1993—2001	阿肯色	1946—
43	乔治·W. 布什	共和	2001—2009	德克萨斯	1946—
44	贝拉克·奥巴马	民主	2009—	伊利诺伊	1961—

注：民—共，即民主—共和党。联邦，即联邦党。辉格，即辉格党。

美国历任副总统

序号	姓名	党派	在任	所在州	生卒年代
1	约翰·亚当斯	联邦	1789—1797	马萨诸塞	1735—1826
2	托马斯·杰斐逊	民—共	1797—1801	弗尼吉亚	1743—1826
3	艾伦·伯尔	民—共	1801—1805	纽约	1756—1863
4	乔治·克林顿	民—共	1805—1812	纽约	1739—1812
5	埃尔布里奇·格里	民—共	1813—1814	马萨诸塞	1744—1814
6	丹尼尔·汤普金斯	民—共	1817—1825	纽约	1774—1825
7	约翰·卡尔霍恩	民—共	1825—1832	南卡罗来纳	1782—1850

续表

序号	姓名	党派	在任	所在州	生卒年代
8	马丁·范·布伦	民主	1833—1837	纽约	1782—1862
9	理查德·约翰逊	民主	1837—1841	肯塔基	1780—1850
10	约翰·泰勒	辉格	1841	弗尼吉亚	1790—1862
11	乔治·达拉斯	民主	1845—1849	宾夕法尼亚	1792—1864
12	米勒德·菲尔莫尔	辉格	1849—1850	纽约	1800—1874
13	威廉·金	民主	1853	亚拉巴马	1786—1853
14	约翰·布里肯里奇	民主	1857—1861	肯塔基	1821—1875
15	汉尼巴尔·哈姆林	共和	1861—1865	缅因	1809—1891
16	安德鲁·约翰逊	民主	1865	田纳西	1808—1875
17	斯凯勒·科尔法克斯	共和	1869—1873	印第安纳	1823—1885
18	亨利·威尔逊	共和	1873—1875	马萨诸塞	1812—1875
19	威廉·惠勒	共和	1877—1881	纽约	1819—1887
20	切斯特·阿瑟	共和	1881	佛蒙特	1892—1886
21	托马斯·亨德里克斯	民主	1885	印第安纳	1819—1885
22	利瓦伊·莫顿	共和	1889—1893	纽约	1824—1920
23	艾德莱·史蒂文森	民主	1893—1897	伊利诺伊	1835—1914
24	加勒特·霍巴特	共和	1897—1899	新泽西	1844—1899
25	西奥多·罗斯福	共和	1901	纽约	1858—1919
26	查尔斯·费尔班斯克	共和	1905—1909	印第安纳	1852—1918
27	詹姆斯·谢尔曼	共和	1909—1912	纽约	1855—1912
28	托马斯·马歇尔	民主	1913—1921	印第安纳	1854—1925
29	卡尔文·柯立芝	共和	1921—1923	佛蒙特	1872—1933
30	查尔斯·道威斯	共和	1925—1929	伊利诺伊	1865—1951
31	查尔斯·柯蒂斯	共和	1929—1933	堪萨斯	1860—1936
32	约翰·加纳	民主	1933—1941	德克萨斯	1886—1967
33	亨利·华莱士	民主	1941—1945	艾奥瓦	1888—1965
34	哈里·杜鲁门	民主	1945	密苏里	1884—1972
35	艾尔本·巴克利	民主	1949—1953	肯塔基	1877—1956
36	理查德·尼克松	共和	1953—1961	加利福尼亚	1913—1994
37	林登·约翰逊	民主	1961—1963	德克萨斯	1908—1973
38	赫伯特·汉弗莱	民主	1965—1969	明尼苏达	1911—1978
39	斯皮罗·阿格纽	共和	1969—1973	马里兰	1918—1996

续表

序号	姓名	党派	在任	所在州	生卒年代
40	杰拉尔德·福特	共和	1973—1974	内布拉斯加	1913—2006
41	纳尔逊·洛克菲勒	共和	1974—1977	纽约	1908—1979
42	沃尔特·蒙代尔	民主	1977—1981	明尼苏达	1928—
43	乔治·布什	共和	1981—1989	德克萨斯	1924—
44	J. 单福思·奎尔	共和	1989—1993	印第安纳	1947—
45	小艾尔伯特·戈尔	民主	1993—2001	田纳西	1948—
46	理查德·切尼	共和	2001—2009	纽约	1941—
47	约瑟夫·拜登	民主	2009—	特拉华	1942—

注：第 4、5、13、18、21、24、27 任副总统均死于任内。第 40 任副总统杰拉尔德·福特，是在前任副总统斯皮罗·阿格纽被控在任马里兰州长和副总统期间受贿而辞职后，被当时的总统理查德·尼克松根据 1967 年生效的宪法第 25 条修正案提名为副总统的；尼克松因"水门事件"辞职后，杰拉尔德·福特继任总统，又提名纳尔逊·洛克菲勒为副总统。这是美国历史上第一次，也是迄今为止唯一一次出现未经大选的总统和副总统同时在任的情况。

奥巴马政府内阁官员

总统：贝拉克·奥巴马（Barack Hussein Obama）

副总统：约瑟夫·拜登（Joseph Biden）

国务卿：约翰·克里（John Forbes Kerry）

财政部长：贾克·卢（Jack Lew）

国防部长：查克·哈格尔（Chuck Hagel）

司法部长：埃里克·霍尔德（Eric Himpton Holder）

内政部长：肯·萨拉查（Ken Salazar）

农业部长：托马斯·维尔萨克（Thomas James Vilsack）

商务部长：里贝卡·布兰克（Rebecca Blank）

劳工部长：塞斯·哈里斯（Seth D. Harris）

卫生与公众服务部长：凯瑟琳·西贝利厄斯（Kathleen Sebelius）

教育部长：阿恩·邓肯（Arne Duncan）

住房与城市发展部长：肖恩·多诺万（Shaun L. S. Donovan）

运输部长：雷·拉胡德（Ray LaHood）

能源部长：欧内斯特·莫尼兹（Ernest Jeffrey Moniz）

退伍军人事务部长：艾力·新关（Eric Ken Shinseki）

国土安全部长：珍妮特·纳波利塔诺（Janet Napolitano）

其他内阁级官员

白宫办公厅主任：代尼斯·马克多诺（Denis Richard McDonough）

环境保护局长：莉萨·杰克逊（Lisa. P. Jackson）

美国贸易代表：罗恩·柯克（Ron Kirk）

白宫行政管理和预算局局长：西尔维娅·伯韦尔（Sylvia Burwell）

美国常驻联合国代表：萨曼莎·鲍尔（Samantha Power）

美国联邦司法部门

美国联邦政府的三大部门之一的司法部门即联邦法院。联邦法院系统由联邦最高法院、联邦上诉法院、联邦地区法院、美国领地法院、国际贸易法院、联邦索赔法院、军事上诉法院、税务法院、退伍军人上诉法院、联邦法院行政管理局、联邦司法中心及判决委员会组成，其中，前三类法院构成了联邦司法系统的主体。

美国联邦最高法院历任大法官

姓　　名	任职前所在州	任职年代	任期	生卒年代
约翰·杰伊（首）	纽约	1789—1795	6	1745—1829
约翰·拉特利奇	南卡罗来纳	1789—1791	2	1739—1800
威廉·库欣	马萨诸塞	1789—1810	21	1732—1810
詹姆斯·威尔逊	宾夕法尼亚	1789—1798	9	1742—1798
约翰·布莱尔	弗尼吉亚	1789—1796	7	1732—1800
詹姆斯·艾尔德尔	北卡罗来纳	1790—1799	9	1751—1799
托马斯·约翰逊	马里兰	1791—1793	2	1732—1919
威廉·佩特森	新泽西	1793—1806	13	1745—1806
塞缪尔·蔡斯	马里兰	1796—1811	15	1741—1811
奥利弗·埃尔斯沃思（首）	康涅尼格	1796—1800	4	1745—1807
布什罗德·华盛顿	弗尼吉亚	1798—1829	31	1762—1829
艾尔弗雷德·莫尔	北卡罗来纳	1799—1804	5	1755—1810
约翰·马歇尔（首）	弗尼吉亚	1801—1835	34	1755—1835
威廉·约翰逊	南卡罗来纳	1804—1834	30	1771—1834
亨利·利文斯顿	纽约	1806—1823	17	1757—1823
托马斯·托德	肯塔基	1807—1826	19	1765—1826
约瑟夫·斯托里	马萨诸塞	1811—1845	34	1779—1845

续表

姓　名	任职前所在州	任职年代	任期	生卒年代
加布里埃尔·杜瓦尔	马里兰	1811—1835	24	1752—1844
史密斯·汤普森	纽约	1823—1843	20	1768—1843
罗伯特·特林布尔	肯塔基	1826—1828	2	1777—1828
约翰·麦克莱恩	俄亥俄	1829—1861	32	1785—1861
亨利·鲍德温	宾夕法尼亚	1830—1844	14	1780—1844
詹姆斯·韦恩	佐治亚	1835—1867	32	1790—1867
罗杰·塔尼（首）	马里兰	1836—1864	28	1777—1864
菲利普·巴伯	弗尼吉亚	1836—1841	5	1783—1841
约翰·卡特伦	田纳西	1837—1865	28	1786—1865
约翰·麦金利	亚拉巴马	1837—1852	15	1780—1852
皮特·丹尼尔	弗尼吉亚	1841—1860	19	1784—1860
塞缪尔·纳尔逊	纽约	1845—1872	27	1792—1873
利瓦伊·伍德伯里	新罕布什尔	1845—1851	6	1789—1851
罗伯特·格里尔	宾夕法尼亚	1846—1870	24	1794—1870
本杰明·柯蒂斯	马萨诸塞	1851—1857	6	1809—1874
约翰·坎贝尔	亚拉巴马	1853—1861	8	1811—1889
内森·克利福德	缅因	1858—1881	23	1803—1881
诺亚·斯韦恩	俄亥俄	1862—1881	19	1804—1884
塞缪尔·米勒	艾奥瓦	1862—1890	28	1816—1890
戴维·戴维斯	伊利诺伊	1862—1877	15	1815—1886
斯蒂芬·菲尔德	加利福尼亚	1863—1897	34	1816—1899
萨蒙·蔡斯（首）	俄亥俄	1864—1873	9	1808—1873
威廉·斯特朗	宾夕法尼亚	1870—1880	10	1808—1895
约瑟夫·布雷德利	新泽西	1870—1892	22	1813—1892
沃德·亨特	纽约	1872—1882	10	1810—1886
莫里森·韦特（首）	俄亥俄	1874—1888	14	1816—1888
约翰·哈伦	肯塔基	1877—1911	34	1833—1911
威廉·伍兹	佐治亚	1880—1887	7	1824—1887
斯坦利·马修斯	俄亥俄	1881—1889	8	1824—1889
霍勒斯·格雷	马萨诸塞	1881—1902	21	1828—1902
塞缪尔·布莱奇福德	纽约	1882—1893	11	1820—1893
卢修斯·拉马尔	密西西比	1888—1893	5	1825—1893

续表

姓　名	任职前所在州	任职年代	任期	生卒年代
梅尔维尔·富勒（首）	伊利诺伊	1888—1910	22	1833—1910
戴维·布鲁尔	堪萨斯	1889—1910	21	1837—1910
亨利·布朗	密歇根	1890—1906	16	1836—1913
小乔治·希拉斯	宾夕法尼亚	1892—1903	11	1832—1924
豪厄尔·杰克逊	田纳西	1893—1895	2	1832—1895
爱德华·怀特	路易斯安那	1894—1910	16	1845—1921
鲁弗斯·佩卡姆	纽约	1895—1909	14	1838—1909
约瑟夫·麦克纳	加利福尼亚	1898—1925	27	1843—1926
奥利弗·霍尔姆斯	马萨诸塞	1902—1932	30	1841—1935
威廉·戴	俄亥俄	1903—1922	19	1849—1923
威廉·穆迪	马萨诸塞	1906—1910	4	1853—1917
霍勒斯·勒顿	田纳西	1909—1914	5	1844—1914
查尔斯·修斯	纽约	1910—1916	6	1862—1948
威利斯·范德万特	怀俄明	1910—1937	27	1859—1941
约瑟夫·拉马尔	佐治亚	1910—1916	6	1857—1916
爱德华·怀特（首）	路易斯安那	1910—1921	11	1845—1921
马伦·皮特尼	新泽西	1912—1922	10	1858—1924
詹姆斯·麦克雷诺兹	田纳西	1914—1941	27	1862—1942
路易斯·布兰代斯	马萨诸塞	1916—1939	23	1856—1941
约翰·克拉克	俄亥俄	1916—1922	6	1857—1945
威廉·塔夫特（首）	康涅狄格	1921—1930	9	1857—1930
乔治·萨瑟兰	犹他	1922—1938	16	1862—1942
皮尔斯·巴特勒	明尼苏达	1922—1939	17	1866—1939
爱德华·桑福德	田纳西	1923—1930	7	1865—1930
哈伦·斯通	纽约	1925—1941	16	1872—1946
查尔斯·休斯（首）	纽约	1930—1941	11	1862—1948
欧文·罗伯茨	宾夕法尼亚	1930—1945	15	1875—1955
本杰明·卡多佐	纽约	1932—1938	6	1870—1938
雨果·布莱克	亚拉巴马	1937—1971	34	1886—1971
斯坦利·里德	肯塔基	1938—1957	19	1884—1980
费利克斯·弗兰克福特	马萨诸塞	1939—1962	23	1882—1965
威廉·道格拉斯	康涅狄格	1939—1975	36	1898—1980

续表

姓　名	任职前所在州	任职年代	任期	生卒年代
弗兰克·墨菲	密歇根	1940—1949	9	1890—1949
哈伦·斯通（首）	纽约	1941—1946	5	1872—1946
詹姆斯·贝尔纳斯	南卡罗来纳	1941—1942	1	1879—1972
罗伯特·杰克逊	纽约	1941—1946	5	1872—1946
威利·拉特利奇	艾奥瓦	1943—1949	6	1894—1949
哈罗德·伯顿	俄亥俄	1945—1958	13	1888—1964
弗雷德·文森（首）	肯塔基	1946—1953	7	1890—1953
汤姆·克拉克	德克萨斯	1949—1967	18	1899—1977
谢尔曼·明顿	印第安纳	1949—1956	7	1890—1965
厄尔·沃伦（首）	加利福尼亚	1953—1969	16	1891—1974
约翰·哈伦	纽约	1955—1971	16	1899—1971
小威廉·布伦南	新泽西	1956—1990	34	1906—1990
查尔斯·惠特克	密苏里	1957—1962	5	1901—1973
波特·斯图尔特	俄亥俄	1958—1981	23	1915—1985
拜伦·怀特	科罗拉多	1962—1993	31	1917—2002
阿瑟·戈德堡	伊利诺伊	1962—1965	3	1908—1990
阿贝·福塔斯	田纳西	1965—1969	4	1910—1982
瑟古德·马歇尔	纽约	1967—1991	24	1908—1993
沃伦·伯格（首）	弗尼吉亚	1969—1986	17	1907—1995
哈里·布莱克门	明尼苏达	1970—1994	24	1908—1999
小刘易斯·鲍威尔	弗尼吉亚	1972—1987	15	1907—1998
威廉·伦奎斯特	亚利桑那	1972—1986	14	1924—2005
约翰·史蒂文斯	伊利诺伊	1975—2010	35	1920—
桑德拉·奥康纳	亚利桑那	1981—2005	24	1930—
威廉·伦奎斯特（首）	亚利桑那	1986—2005	19	1924—2005
安东宁·斯卡利亚	弗尼吉亚	1986—	在任	1936—
安东尼·肯尼迪	加利福尼亚	1987—	在任	1936—
戴维·苏特	新罕布什尔	1990—2009	19	1939—
克拉伦斯·托马斯	弗尼吉亚	1991—	在任	1948—
鲁思·金斯伯格	首都华盛顿	1993—	在任	1933—
斯蒂芬·布雷耶	马萨诸塞	1994—	在任	1945—
约翰·罗伯茨（首）	首都华盛顿	2005—	在任	1955—

续表

姓　名	任职前所在州	任职年代	任期	生卒年代
塞缪尔·阿利托	宾夕法尼亚	2006—	在任	1950—
索尼娅·索托马约尔	纽约	2009—	在任	1954—
艾蕾娜·卡根	（检察总长）	2010—	在任	1960—

　　注：表中人名后带有"（首）"字者为首席大法官，其任期系担任首席大法官的时间，如此前担任过联邦最高法院大法官，则在表中另行列出。

美国州政府主要官员

（截至 2014 年 5 月 5 日）

州名	州长	副州长	总检察长
亚拉巴马	罗伯特·本特利 （Robert Bentley）	凯·伊维尔 （Kay Ivey）	卢瑟·斯特兰奇 （Luther Strange）
阿拉斯加	肖恩·帕内尔 （Sean R. Parnell）	米德·崔德威 （Mead Treadwell）	迈克尔·杰拉蒂 （Michael Geraghty）
亚利桑那	珍·布鲁尔 （Jan Brewer）	空缺①	汤姆·霍恩 （Tom Horne）
阿肯色	迈克·毕比 （Mike Beebe）	马克·戴尔 （Mark Darr）	达斯丁·麦克唐纳 （Dustin McDaniel）
加利福尼亚	杰瑞·布朗 （Jerry Brown）	加文·纽森 （Gavin Newsom）	卡马拉·哈里斯 （Kamala Harris）
科罗拉多	约翰·希肯卢珀 （John Hickenlooper）	约瑟夫·加西亚 （Joseph A. Garcia）	约翰·萨瑟尔 （John Suthers）
康涅狄格	丹尼尔·莫里 （Dannel Malloy）	南希·威尔曼 （Nancy Wyman）	乔治·吉普森 （George Jepsen）
特拉华	杰克·马克尔 （Jack A. Markell）	马修·迪恩 （Matthew P. Denn）	博·拜登 （Beau Biden）
佛罗里达	理查·斯科特 （Rick Scott）	卡洛斯·坎特拉 （Carlos Cantera）	帕姆·邦迪 （Pam Bondi）
佐治亚	内森·迪尔 （Nathan Deal）	凯西·凯格尔 （Casey Cagle）	萨姆·欧文斯 （Sam Olens）
夏威夷	尼尔·阿伯克隆比 （Neil Abercrombie）	长筒井山 （Shan Tsutsui）	戴维·路易 （David M. Louie）
爱达荷	布茨·欧特 （Butch Otter）	布莱德·利托 （Brad little）	劳伦斯·瓦斯登 （Lawrence Wasden）
伊利诺伊	帕特·奎因 （Pat Quinn）	西拉·西蒙 （Sheila Simon）	利萨·麦迪根 （Lisa Madigan）

----

　　①　州务卿是州的二号人物：肯·博纳特（Ken Bennett）。

续表

州名	州长	副州长	总检察长
印第安纳	麦克·彭斯 (Mike Pence)	休·埃尔斯珀曼 (Sue Ellspermann)	格雷格·策勒 (Greg Zoeller)
艾奥瓦	特里·布兰斯塔德 (Terry E. Branstad)	金·雷诺兹 (Kim Reynolds)	托马斯·米勒 (Thomas Miller)
堪萨斯	山姆 布朗巴克 (Sam Brownback)	杰夫·柯耶尔 (Jeff Colyer)	德里克·施米特 (Derek Schmidt)
肯塔基	史蒂夫·贝希尔 (Steve Beshear)	杰瑞·阿布拉姆森 (Jerry Abramson)	杰克·康威 (Jack Conway)
路易斯安那	博比·金达尔 (Bobby Jindal)	杰·达尔德尼 (Jay Dardenne)	布迪·考德威尔 (Buddy Caldwell)
缅因	保罗·勒佩奇 (Paul Lepage)	空缺①	珍妮特·米尔斯 (Janet T. Mills)
马里兰	马丁·奥马利 (Martin O'Malley)	安东尼·布朗 (Anthony G. Brown)	道格·甘斯勒 (Doug Gansler)
马萨诸塞	德瓦尔·帕特里克 (Deval Patrick)	空缺②	玛莎·柯克莉 (Martha Coakley)
密歇根	里克·施耐德 (Rick Snyder)	布莱恩·卡利 (Brian Calley)	比尔·舒特 (Bill Schuette)
明尼苏达	马克·戴顿 (Mark Dayton)	伊冯·梭伦 (Yvonne Solon)	萝莉·斯旺森 (Lori Swanson)
密西西比	菲尔·布莱恩特 (Phil Bryant)	泰特·里夫斯 (Tate Reeves)	吉姆·胡德 (Jim Hood)
密苏里	杰伊·尼克松 (Jay Nixon)	彼得·金德尔 (Peter Kinder)	克里斯·科斯特 (Chris Koster)
蒙大拿	斯蒂夫·布洛克 (Steve Bullock)	约翰·沃尔什 (John Walsh)	蒂姆·福克斯 (Tim Fox)
内布拉斯加	戴夫·海涅曼 (Dave Heineman)	拉文·海德曼 (Lavon Heidemann)	乔恩·布鲁宁 (Jon Bruning)
内华达	布莱恩·桑多瓦尔 (Brlan Sandoval)	布莱恩 克洛里奇 (Brian Krolicki)	凯萨琳·玛斯托 (Catherine Masto)
新罕布什尔	玛吉·哈珊 (Maggie Hassan)	空缺③	约瑟夫·佛斯特 (Joseph Foster)
新泽西	克里斯·克里斯蒂 (Chris Christie)	金·瓜达妮奥 (Kim Guadagno)	约翰·考夫曼 (John Hoffman)
新墨西哥	苏珊娜·马丁内斯 (Susana Martinez)	约翰·桑切斯 (John Sanchez)	加里·金 (Gary King)
纽约	安德鲁·科莫 (Andrew Cuomo)	罗伯特·达菲 (Robert Duffy)	埃里克·施奈德曼 (eric schneiderman)

① 州务卿是州的二号人物：贾斯丁·阿尔弗雷德（Justin Alfond）。

② 州务卿是州的二号人物：威廉·盖文（William Galvin）。

③ 州务卿是州的二号人物：察克·摩斯（Chuck Morse）。

州名	州长	副州长	总检察长
北卡罗来纳	帕特·麦克罗伊 （Pat McCrory）	丹·佛斯特 （Dan Forest）	罗伊·库柏 （Roy Cooper）
北达科他	杰克·达尔林波 （Jack Dalrymple）	德鲁·里格利 （Drew Wrigley）	韦恩·斯特尼亚姆 （Wayne Stenehjem）
俄亥俄	约翰·卡西奇 （John Kasich）	玛丽·泰勒 （Mary Taylor）	麦克·德温 （Mike DeWine）
俄克拉荷马	玛丽·法林 （Mary Fallin）	托德·兰姆 （Todd Lamb）	斯科特·普鲁特 （Scott Pruitt）
俄勒冈	约翰·基察伯 （John Kitzhaber）	空缺①	艾伦·罗森布鲁姆 （Ellen Rosenblum）
宾夕法尼亚	汤姆·科贝特 （Tom Corbett）	吉姆. 考利 （Jim Cawley）	凯瑟琳·凯恩 （Kathleen Kane）
罗德岛	林肯·查菲 （Lincoln Chafee）	伊丽莎白·罗伯兹 （Elizabeth Roberts）	彼得·柯马丁 （Peter Kilmartin）
南卡罗来纳	妮基·黑利 （Nikki Haley）	格伦·麦康纳尔 （Glenn McConnell）	艾伦·威尔逊 （Alan Wilson）
南达科他	丹尼斯·达奥加特 （Dennis Daugaard）	马特·米歇尔斯 （Matt Michels）	马蒂·杰克利 （Marty Jackley）
田纳西	比尔·哈斯拉姆 （Bill Haslam）	罗恩·拉姆齐 （Ron Ramsey）	罗伯特·库珀 （Robert Cooper）
德克萨斯	里克·佩里 （Rick Perry）	大卫·杜赫斯特 （David Dewhurst）	格雷格·阿博特 （Greg Abbott）
犹他	加里·赫伯特 （Gary Herbert）	斯宾塞·考克斯 （Spencer Cox）	肖恩·雷耶斯 （Sean Reyes）
佛蒙特	彼得·舒姆林 （Peter Shumlin）	菲尔·斯科特 （Phil Scott）	威廉·索瑞尔 （William Sorrell）
弗吉尼亚	特里·麦考利夫 （Terry McAuliffe）	拉尔夫·诺瑟姆 （Ralph Northam）	马克·海瑞恩 （Mark Herring）
华盛顿	杰伊·英斯利 （Jay Inslee）	布拉德·欧文 （Brad Owen）	鲍勃·弗格森 （Bob Ferguson）
西弗吉尼亚	厄尔·唐布林 （Earl Tomblin）	杰夫·卡斯勒 （Jeff Kessler）	帕特里克·莫瑞斯 （Patrick Morrisey）
威斯康星	斯科特·沃克 （Scott Walker）	瑞贝卡·克里弗斯 （Rebecca Kleefisch）	J. B. 范浩伦 （J. B. Van Hollen）
怀俄明	马特·米德 （Matt Mead）	空缺②	彼得·迈克尔 （Peter Michael）

---

① 州务卿是州的二号人物：凯特·布朗（Kate Brown）。

② 州务卿是州的二号人物：马克斯·马克斯菲尔德（Max Maxfield）。

二　美国经济

联邦政府财政及就业情况

1997—2013 年联邦预算收支

（单位：百万美元）

	1997 财政年度①	1998 财政年度	1999 财政年度	2000 财政年度	2001 财政年度	2002 财政年度
预算收入						
个人所得税	737466	828586	879480	1004462	994339	858345
公司所得税	182293	188677	184680	207289	151075	148044
社会保障税						
老年及遗属（鳏寡）保险	336729	358784	383559	411677	434057	440541
伤残保险	55261	57015	60909	68907	73462	74780
医疗保险	110710	119863	132268	135529	149651	149049
铁路退休基金	2440	2583	2629	2688	2658	2525
铁路社会保障等值的账户	1611	1769	1515	1650	1614	1652
就业税总计	506751	540014	580880	620451	661442	668547
失业保险	28202	27484	26480	27640	27812	27619
其他保险及退休金						
联邦雇员退休金	4344	4259	4400	4691	4647	4533
非联邦雇员退休金	74	74	73	70	66	61
社会保障税总计	539371	571831	611833	652852	693967	700760
消费税	56924	57673	70414	68865	66232	66989
遗产与赠予税	19845	24076	27782	29010	28400	26507
关税	17928	18297	18336	19914	19369	18602
联邦制储备银行收益存款	19636	24540	25917	32293	26124	23683
其他杂项收入	5769	8048	9010	10506	11576	10206
预算收入	1579232	1721728	1827452	2025191	1991082	1853136

① 联邦财政年度于 10 月 1 日开始，截止到第二年的 9 月 30 日。

续表

	1997 财政年度	1998 财政年度	1999 财政年度	2000 财政年度	2001 财政年度	2002 财政年度
预算支出						
立法部门	2348	2572	2592	2871	2959	3187
司法部门	3259	3459	3789	4057	4381	4828
农业部	52393	53800	62690	75071	68071	68622
商务部	3782	4036	5020	7788	5003	5312
国防部——军事	258262	255793	261196	281028	290185	331845
教育部	30009	31294	31285	33476	35523	46373
能源部	14458	14414	15879	14971	16319	17669
卫生和公众服务部	339514	350341	359429	382311	425885	465326
国土安全部	10533	10617	13321	13159	14980	17570
住房及城市发展部	27527	30181	32693	30781	33865	31788
内政部	6763	7222	7783	7998	7743	9739
司法部	13076	14045	16181	16846	18443	21178
劳工部	31088	30580	32995	31873	39707	64686
国务院	6029	5396	6554	6687	7487	9327
交通部	36072	35554	37672	41555	49231	56252
财政部	377491	389005	385045	390524	388268	371187
退伍军人事务部	39253	41724	43125	47044	45012	50868
陆军工兵部队——土建工程	3598	3775	3934	4229	4640	4727
其他国防民用项目	30279	31204	31987	32801	34131	35136
环保署	6164	6269	6733	7223	7367	7451
总统行政部门	221	237	417	283	246	451
总务管理局	882	826	−413	74	−309	−684
国际援助项目	10075	8886	10070	12087	11804	13289
国家航空和航天局	14360	14194	13636	13428	14092	14405
国家科学基金会	3093	3143	3246	3448	3662	4155
人事管理局	45404	46297	47519	48655	50894	52540
小企业局	333	−77	57	−421	−570	493
社会保障署	392681	407610	419233	441290	461264	487826
其他独立机构	−2862	11095	7210	10832	13688	16054
坐支收入余额	−154969	−161034	−159036	−173019	−191125	−200706

续表

	1997 财政年度	1998 财政年度	1999 财政年度	2000 财政年度	2001 财政年度	2002 财政年度
预算支出	1601116	1652458	1701842	1788950	1862846	2010894
预算收入	1579232	1721728	1827452	2025191	1991082	1853136
赤字（-）或盈余（+）	-21884	69270	125610	236241	128236	-157758

	2003 财政年度	2004 财政年度	2005 财政年度	2006 财政年度	2007 财政年度	2008 财政年度
预算收入						
个人所得税	793699	808959	927222	1043908	1163472	1145747
公司所得税	131778	189371	278282	353915	370243	304346
社会保障税						
老年及遗保险	447806	457120	493646	520069	542901	562519
伤残保险	76036	77625	83830	88313	92188	95527
医疗保险	147186	150589	166068	177429	184908	193980
铁路退休基金	2333	2297	2284	2338	2309	2404
铁路社会保障等值的账户	1620	1729	1836	1894	1952	2029
就业税总计	674981	689360	747664	790043	824258	856459
失业保险	33366	39453	42002	43420	41091	39527
其他保险及退休金						
联邦雇员退休金	4578	4543	4409	4308	4207	4125
非联邦雇员退休金	53	51	50	50	51	44
社会保障税总计	712978	733407	794125	837821	869607	900155
消费税	67524	69855	73094	73961	65069	67334
遗产与赠予税	21959	24831	24764	27877	26044	28844
关税	19862	21083	23379	24810	26010	27568
联邦制储备银行收益存款	21878	19652	19297	29945	32043	33598
其他杂项收入	12636	12956	13448	14632	15497	16399
预算收入	1782314	1880114	2153611	2406869	2567985	2523991
预算支出						
立法部门	3396	3890	3984	4101	4294	4408
司法部门	5127	5389	5547	5823	6006	6347
农业部	72737	71560	85308	93533	84427	90795
商务部	5665	5829	6147	6372	6475	7721

续表

	2003 财政年度	2004 财政年度	2005 财政年度	2006 财政年度	2007 财政年度	2008 财政年度
国防部——军事	388686	437034	474354	499344	528578	594662
教育部	57145	62780	72858	93368	66372	65963
能源部	19379	19892	21271	19649	20116	21400
卫生和公众服务部	504922	542982	581390	614274	671982	700442
国土安全部	31970	26575	38697	69025	39156	40676
住房及城市发展部	37410	44984	42453	42435	45561	49088
内政部	9193	8606	9292	9037	10469	9817
司法部	20790	29601	22361	23324	23349	26545
劳工部	69563	56687	46949	43138	47544	58838
国务院	9343	10915	12748	12953	13737	17493
交通部	50764	54879	56596	60139	61697	64944
财政部	368256	375844	410240	464675	490589	548797
退伍军人事务部	56921	59554	69815	69777	72792	84749
陆军工兵部队——土建工程	4682	4728	4719	6944	3918	5075
其他国防民用项目	39874	41726	43481	44435	47112	45785
环保署	8041	8328	7913	8321	8259	7939
总统行政部门	386	3349	7686	5379	2956	1173
总务管理局	589	−451	20	24	27	343
国际援助项目	13449	13639	15024	13917	12752	11359
国家航空和航天局	14610	15152	15602	15125	15861	17833
国家科学基金会	4690	5092	5403	5510	5488	5785
人事管理局	54135	56547	59500	62400	58431	64393
小企业局	1558	4075	2502	905	1175	528
社会保障署	507733	530208	561335	585743	621763	657799
其他独立机构	9334	5973	14975	12928	18006	49638
坐支收入余额	−210449	−212526	−226213	−237548	−260206	−277791
预算支出	2159899	2292841	2471957	2655050	2728686	2982544
预算收入	1782314	1880114	2153611	2406869	2567985	2523991
赤字（−）或盈余（＋）	−377585	−412727	−318346	−248181	−160701	−458553

续表

	2009 财政年度	2010 财政年度	2011 财政年度	2012 财政年度	2013 财政年度	
预算收入						
个人所得税	915308	898549	1091473	1132206	1316405	
公司所得税	138229	191437	181085	242289	273506	
社会保障税						
老年及遗属保险	559067	539996	483683	486783	575555	
伤残保险	94942	91691	82105	82718	97719	
医疗保险	190663	180068	188490	201143	209270	
铁路退休基金	2301	2285	2415	2519	2719	
铁路社会保障等值的账户	1912	1854	1823	1764	2110	
就业税总计	848885	815894	758516	774927	887445	
失业保险	37889	44823	56241	66647	56811	
其他保险及退休金						
联邦雇员退休金	4105	4062	4005	3712	3538	
非联邦雇员退休金	38	35	30	28	26	
社会保障税总计	890917	864814	818792	845314	947820	
消费税	62483	66909	72381	79061	84007	
遗产与赠予税	23482	18885	7399	13973	18912	
关税	22453	25298	29519	30307	31815	
联邦制储备银行收益存款	34318	75845	82546	81957	75767	
其他杂项收入	17799	20969	20271	25057	26871	
预算收入	2104989	2162706	2303466	2450164	2775103	
预算支出						
立法部门	4704	5839	4582	4440	4334	
司法部门	6645	7181	7296	7227	7063	
农业部	114440	129459	139397	139717	155872	
商务部	10718	13236	9930	10273	9140	
国防部——军事	636775	666715	678074	650867	607800	
教育部	53389	93743	65484	57249	40910	
能源部	23683	30778	31371	32484	24670	
卫生和公众服务部	796267	854059	891247	848056	886291	
国土安全部	51719	44457	45741	47422	57217	

续表

	2009 财政年度	2010 财政年度	2011 财政年度	2012 财政年度	2013 财政年度	
住房及城市发展部	61019	60141	57004	49600	56577	
内政部	11775	13164	13519	12891	9607	
司法部	27711	29556	30519	31159	29745	
劳工部	138157	173053	131975	104588	80307	
国务院	21427	23802	24354	26947	25928	
交通部	73004	77750	77302	75149	76322	
财政部	701775	444338	538707	464714	399068	
退伍军人事务部	95457	108274	126918	124124	138464	
陆军工兵部队——土建工程	6842	9876	10138	7777	6299	
其他国防民用项目	57276	54032	54775	77313	56811	
环保署	8070	11007	10772	12796	9484	
总统行政部门	743	582	484	405	380	
总务管理局	319	861	1889	1753	-368	
国际援助项目	14797	20041	20583	20009	19740	
国家航空和航天局	19168	18906	17618	17190	16975	
国家科学基金会	5958	6719	7146	7255	7417	
人事管理局	72302	69915	74090	79457	83867	
小企业局	2246	6128	6163	2936	477	
社会保障署	727549	754178	784194	821144	867391	
其他独立机构	47935	-2825	18265	32867	26267	
坐支收入余额	-274193	-267886	-276478	-230682	-249450	
预算支出	3517677	3457079	3603059	3537127	3454605	
预算收入	2104989	2162706	2303466	2450164	2775103	
赤字（-）或盈余（+）	-1412688	-1294373	-1299593	-1086963	-679502	

Source：U. S. Government Printing Office，*Historical Tables*，*Budget of the United States Government*，*Fiscal Year* 2015，see Table 2. 1，Table 2. 4，Table 2. 5，Table 4. 1.

1997—2013 年联邦预算授权（按职能划分）

（单位：百万美元）

	1997 财政年度	1998 财政年度	1999 财政年度	2000 财政年度	2001 财政年度	2002 财政年度
国防						
国防部——军事						
军事人员	70341	69822	70649	73838	76889	86956
作战和维护	92298	97150	104911	108724	125187	133212
采购	42961	44818	51113	54972	62608	62739
研发、测试和评估	36400	37086	38286	38704	41591	48713
军用建筑	5718	5463	5406	5107	5424	6631
家庭住宅	4132	3829	3591	3544	3682	4048
其他	6094	82	4448	5419	3270	2579
国防部——军事小计	257944	258250	278404	290308	318651	344878
原子能防卫活动	11348	11697	12440	12420	14298	15225
国防相关活动	1071	1089	1392	1276	1756	1904
国防总计	270363	271036	292236	304004	334705	362007
国际事务						
国际发展和人道援助	5954	7174	8974	6739	8124	7712
国际安全援助	5159	5372	5869	7763	6659	6927
开展外交事务	3890	3842	5889	5614	6411	7213
国外信息和交换行动	1117	1223	1209	770	898	969
国际金融项目	−1549	−2897	15930	1756	−1930	2287
国际事务总计	14571	14714	37871	22642	20162	25108
普通科学和基础研究	4184	5627	6356	6707	7662	8077
太空飞行、研究和资助行动	12456	12321	12460	12541	13327	13901
普通科学、太空和科技总计	16640	17948	18816	19248	20989	21978
能源						
能源供应	978	−739	−36	−2302	−1100	−958
能源维护	533	584	619	737	807	896
紧急能源准备	−11	208	160	158	149	179
能源信息，政策和管理	195	243	236	222	261	282
能源总计	1695	296	979	−1185	117	399

	1997 财政年度	1998 财政年度	1999 财政年度	2000 财政年度	2001 财政年度	2002 财政年度
自然资源和环境						
水资源	5157	5053	4710	4800	5362	5883
维护和土地管理	6079	6259	6485	6604	8858	9797
再生资源	2238	2955	2472	2719	2930	3022
污染控制和治理	6627	7192	7422	7483	7740	7995
其他自然资源	2822	2885	3314	3397	4067	4401
自然资源和环境总计	22923	24344	24403	25003	28957	31098
农业						
稳定农业收入	8585	9845	21029	30227	24991	19497
农业研究和服务	2723	2737	2904	3301	3895	4061
农业总计	11308	12582	23933	33528	28886	23558
商业和住房信用						
抵押信用	148	− 1465	792	1000	1937	− 384
邮政服务	3851	6445	5636	3812	4332	3754
存款保险	− 25	− 33	1	—	− 125	− 4
其他商业发展	4083	9376	7916	10617	6194	7874
商业和住房信用总计	8057	14323	14345	15429	12338	11240
交通						
地面交通	27402	31099	35856	38609	44011	45863
空中交通	9827	10394	11368	12006	18543	17304
水上交通	3499	3637	4139	4527	4560	5444
其他交通工具	344	207	222	233	240	238
交通总计	41072	45337	51585	55375	67354	68849
社区与区域发展						
社区发展	5187	5492	5486	5395	6553	8066
地区和区域发展	2920	2575	2705	2836	3314	3458
救灾和保险	5458	2557	3097	3028	4658	11497
社区与区域发展总计	13565	10624	11288	11259	14525	23021
教育、培训、就业和社会服务						
初等、中等和职业教育	17044	18794	16859	17136	26037	32927
高等教育	13521	13829	13679	11877	10472	19543

续表

	1997 财政年度	1998 财政年度	1999 财政年度	2000 财政年度	2001 财政年度	2002 财政年度
研究和普通教育援助	2350	2244	2602	2645	3106	2852
培训和就业	7620	8382	8732	4862	7797	7623
其他劳务	1007	1041	1128	1242	1441	1531
社会服务	12073	12387	12491	11715	14656	15406
教育、培训、就业和社会服务总计	53615	56677	55491	49477	63509	79882
卫生						
卫生保健服务	114741	118709	123638	140537	157657	178787
健康研究和培训	13392	14270	16305	18563	21488	24377
消费者和职业健康安全	2040	2112	2230	2370	2531	2866
卫生总计	130173	135091	142173	161470	181676	206030
医疗	189999	193667	190625	200588	217096	234428
收入保障						
普通退休和残疾保险（社会保险除外）	5950	5841	2573	6128	6869	6738
联邦雇员退休和残疾	72743	75233	76783	79010	82531	85180
失业赔偿	22968	22130	23725	23023	32694	53551
住房援助	11877	17643	20593	18351	25357	27192
食品和营养补助	41019	37840	35552	35925	35030	38880
其他收入保障	77522	77370	84417	87324	91025	98367
收入保障总计	232079	236057	243643	249761	273506	309908
社会保障	366050	380464	391098	412032	440370	461930
退伍军人福利和服务						
退伍军人的收入保障	20688	21544	22965	22677	24469	27153
退伍军人教育、培训和康复	1135	1125	938	1255	1608	1938
退伍军人就医和医疗服务	17375	17959	18032	19584	20931	22327
退伍军人住房	−276	1161	1107	796	−901	−878
其他退伍军人福利和服务	984	963	1058	1108	1406	1500
退伍军人福利和服务总计	39906	42752	44100	45420	47513	52040
司法行政						
联邦执法活动	9748	11206	11895	12161	13763	17219
联邦司法活动	6528	6772	7445	7844	8492	9279

续表

	1997 财政年度	1998 财政年度	1999 财政年度	2000 财政年度	2001 财政年度	2002 财政年度
联邦惩教活动	3183	3097	3299	3667	4304	4615
刑法司法援助	4796	5354	5423	3752	5351	5943
司法行政总计	24255	26429	28062	27424	31910	37056
政府部门						
立法部门	2006	2073	2345	2240	2725	2927
行政领导和管理	227	437	491	448	583	565
中央财政运作	7426	10873	9739	8466	9330	9827
普通财产和记录管理	578	34	528	−70	501	530
中央人事管理	150	149	154	161	170	180
一般用途的财政援助	2192	2192	2033	2058	2473	2555
其他政府部门	1412	980	2294	2105	2077	2153
抵消收益扣减	−1497	−855	−884	−2383	−1754	−812
政府部门总计	12494	15883	16700	13025	16105	17925
净利息	243986	241122	229757	222951	206164	170947
坐支收入余额	−49973	−47194	−40445	−42581	−47011	−47392
预算授权总计	1642778	1692152	1776660	1824870	1958871	2090012

	2003 财政年度	2004 财政年度	2005 财政年度	2006 财政年度	2007 财政年度	2008 财政年度
国防						
国防部——军事						
军事人员	109060	116112	121279	128485	131754	139031
作战和维护	178318	189759	179210	213534	240243	256217
采购	78495	83073	96613	105370	133776	164992
研发、测试和评估	58103	64643	68826	72855	77549	79568
军用建筑	6706	6135	7260	9530	13974	22064
家庭住宅	4181	3827	4101	4427	4005	2917
其他	2817	7370	6557	−1299	1649	9902
国防部——军事小计	437680	470919	483846	532902	602950	674691
原子能防卫活动	16339	16802	17865	17433	17181	16630
国防相关活动	1964	2805	4029	5931	5692	4912
国防总计	455983	490526	505740	556266	625823	696233

续表

	2003 财政年度	2004 财政年度	2005 财政年度	2006 财政年度	2007 财政年度	2008 财政年度
国际事务						
国际发展和人道援助	15108	30495	13449	14533	16269	17652
国际安全援助	10058	7680	8502	9067	10581	10549
开展外交事务	7208	8437	9703	9827	9537	12073
国外信息和交换行动	1006	999	1087	1261	1266	1256
国际金融项目	－1691	－2476	106	－1976	30727	6380
国际事务总计	31689	45135	32847	32712	68380	47910
普通科学和基础研究	8626	9046	9086	9260	9799	10213
太空飞行、研究和资助行动	14386	14321	15243	15765	15581	16580
普通科学、太空和科技总计	23012	23367	24329	25025	25380	26793
能源						
能源供应	－732	1864	－98	－948	－803	2218
能源维护	881	868	859	781	828	1233
紧急能源准备	180	176	175	155	169	199
能源信息，政策和管理	245	295	373	316	460	578
能源总计	574	3203	1309	304	654	4228
自然资源和环境						
水资源	5653	5632	7003	13309	7971	10912
维护和土地管理	10638	10846	9727	8585	9343	9587
再生资源	2903	2969	3009	3010	3109	3352
污染控制和治理	8072	8545	8103	7777	7690	7547
其他自然资源	4505	4853	5158	5382	5619	5758
自然资源和环境总计	31771	32845	33000	38063	33732	37156
农业						
稳定农业收入	20029	28432	24637	20893	18305	12841
农业研究和服务	4608	4297	4598	4731	4479	4608
农业总计	24637	32729	29235	25624	22784	17449
商业和住房信用						
抵押信用	－286	17	－490	207	－2629	198423
邮政服务	5462	2117	1573	3797	645	4186
存款保险	－60	1	423	401	406	1222

	2003 财政年度	2004 财政年度	2005 财政年度	2006 财政年度	2007 财政年度	2008 财政年度
其他商业发展	9731	12000	12721	9896	11612	14402
商业和住房信用总计	14847	14135	14227	14301	10034	218233
交通						
地面交通	40333	45229	49507	49625	50598	52574
空中交通	21478	18330	18971	18105	19399	19771
水上交通	6624	7200	7384	7608	8315	8788
其他交通工具	295	301	373	353	370	357
交通总计	68730	71060	76235	75691	78682	81490
社区与区域发展						
社区发展	5718	5780	5724	21641	4722	18502
地区和区域发展	2956	2535	2636	2474	2390	3119
救灾和保险	8025	9821	76135	6985	10529	19890
社区与区域发展总计	16699	18136	84495	31100	17641	41511
教育、培训、就业和社会服务						
初等、中等和职业教育	36396	38254	38845	39688	38109	37218
高等教育	23573	25602	32294	57011	26718	24626
研究和普通教育援助	2962	3085	3213	3178	3164	3342
培训和就业	7385	7255	7432	7210	7320	7310
其他劳务	1587	1610	1634	1636	1650	1534
社会服务	15749	16210	16560	17079	16675	17314
教育、培训、就业和社会服务总计	87652	92016	99978	125802	93636	91344
卫生						
卫生保健服务	200807	219528	219113	262668	210534	251630
健康研究和培训	28052	28932	29562	29343	30174	30199
消费者和职业健康安全	2793	2941	3071	3154	3520	3435
卫生总计	231652	251401	251746	295165	244228	285264
医疗	249947	271656	303410	365371	385008	406561
收入保障						
普通退休和残疾保险（社会保险除外）	6449	6480	5303	7229	7418	7545
联邦雇员退休和残疾	86830	90556	95116	100764	106092	110902

续表

	2003 财政年度	2004 财政年度	2005 财政年度	2006 财政年度	2007 财政年度	2008 财政年度
失业赔偿	57464	45596	35150	33791	35298	45630
住房援助	28986	29804	30120	31489	34008	35295
食品和营养补助	43349	48582	53428	60249	58382	60791
其他收入保障	106602	113350	129923	117572	126828	166009
收入保障总计	329680	334368	349040	351094	368026	426172
社会保障	476571	496047	531657	552225	588962	619667
退伍军人福利和服务						
退伍军人的收入保障	30053	30925	33464	34992	39684	42305
退伍军人教育、培训和康复	2040	2412	2653	2997	2523	2824
退伍军人就医和医疗服务	24754	27453	30400	31242	35038	39056
退伍军人住房	520	− 1944	892	− 1218	− 886	− 414
其他退伍军人福利和服务	1666	1601	1792	2958	3194	4540
退伍军人福利和服务总计	59033	60447	69201	70971	79553	88311
司法行政						
联邦执法活动	18108	19725	20561	21826	24716	27786
联邦司法活动	9164	9525	10029	10914	11665	11891
联邦惩教活动	5256	5609	5834	6093	6670	6741
刑法司法援助	7076	10814	4150	3836	3973	3516
司法行政总计	39604	45673	40574	42669	47024	49934
政府部门						
立法部门	3149	3173	3280	3438	3548	3639
行政领导和管理	537	569	620	530	533	508
中央财政运作	11692	9903	10171	10675	10651	11438
普通财产和记录管理	913	810	625	1097	486	701
中央人事管理	212	207	237	210	203	195
一般用途的财政援助	7676	7702	3419	3930	3847	4050
其他政府部门	2774	2495	1357	1141	1699	1463
抵消收益扣减	− 1745	− 1068	− 2841	− 1359	− 2346	− 462
政府部门总计	25208	23791	16868	19662	18621	21532
净利息	153150	160177	183974	226603	237138	252729
坐支收入余额	− 54382	− 58537	− 65224	− 68250	− 82238	− 86242
预算授权总计	2266057	2408175	2582641	2780398	2863068	3326275

续表

	2009 财政年度	2010 财政年度	2011 财政年度	2012 财政年度	2013 财政年度
国防					
国防部——军事					
军事人员	149290	157102	158389	158352	153531
作战和维护	271562	293632	305237	286775	258277
采购	135439	135822	131899	118321	97757
研发、测试和评估	80004	80232	76688	72033	63347
军用建筑	26814	22578	15991	11368	8069
家庭住宅	3853	2268	1832	1690	1483
其他	552	4012	1435	6858	2775
国防部——军事小计	667514	695646	691471	655397	585239
原子能防卫活动	22985	18228	18529	18305	17424
国防相关活动	7063	7314	7035	7721	7433
国防总计	697562	721188	717035	681423	610096
国际事务					
国际发展和人道援助	25262	25222	21658	22312	23625
国际安全援助	11162	14095	12466	14124	12598
开展外交事务	14352	15820	14029	16303	15118
国外信息和交换行动	1431	1580	1552	1546	1445
国际金融项目	11169	3878	3884	39059	− 12233
国际事务总计	63376	60595	53589	93344	40553
普通科学和基础研究	15969	11860	11740	12027	11614
太空飞行、研究和资助行动	18134	18228	17913	17200	16350
普通科学、太空和科技总计	34103	30088	29653	29227	27964
能源					
能源供应	18216	5776	5908	7739	7747
能源维护	23678	1105	232	− 183	96
紧急能源准备	215	255	135	− 297	100
能源信息，政策和管理	696	601	437	486	502
能源总计	42805	7737	6712	7745	8445
自然资源和环境					
水资源	19065	6813	6146	7939	11087

续表

	2009 财政年度	2010 财政年度	2011 财政年度	2012 财政年度	2013 财政年度
维护和土地管理	12075	11933	10926	10505	10639
再生资源	4226	3809	3550	3476	3824
污染控制和治理	14955	10473	8548	8647	8499
其他自然资源	7071	6629	6186	6392	6989
自然资源和环境总计	57392	39657	35356	36959	41038
农业					
稳定农业收入	19170	14308	17059	16267	23144
农业研究和服务	4966	5539	4451	4593	4292
农业总计	24136	19847	21510	20860	27436
商业和住房信用					
抵押信用	197364	− 22500	− 5043	− 28078	− 38596
邮政服务	5296	− 681	1097	2329	74
存款保险	23449	− 8255	− 6600	51	183
其他商业发展	225560	− 87556	− 43664	38104	1834
商业和住房信用总计	451669	− 118992	− 54210	12406	− 36505
交通					
地面交通	91430	67858	53692	56266	66815
空中交通	23370	21693	21901	21998	20744
水上交通	9793	10142	10527	9958	9886
其他交通工具	402	396	391	406	415
交通总计	124995	100089	86511	88628	97860
社区与区域发展					
社区发展	8289	6121	5888	4652	19543
地区和区域发展	8061	3156	2760	3149	2343
救灾和保险	7599	11937	6607	10703	29180
社区与区域发展总计	23949	21214	15255	18504	51066
教育、培训、就业和社会服务					
初等、中等和职业教育	115195	50520	39889	39421	38189
高等教育	12092	12558	5939	20383	2464
研究和普通教育援助	3899	3812	3567	3511	3349
培训和就业	11840	8528	7307	8110	7331

续表

	2009 财政年度	2010 财政年度	2011 财政年度	2012 财政年度	2013 财政年度
其他劳务	1749	1872	1896	1918	1813
社会服务	22780	17865	17941	18310	18024
教育、培训、就业和社会服务总计	167555	95155	76539	91653	71170
卫生					
卫生保健服务	327095	369259	322458	324586	303786
健康研究和培训	42496	32268	32797	32655	31116
消费者和职业健康安全	4025	4685	4468	4656	4072
卫生总计	373616	406212	359723	361897	338974
医疗	436987	452618	502275	484282	507813
收入保障					
普通退休和残疾保险（社会保险除外）	14583	7921	7988	8061	8521
联邦雇员退休和残疾	119515	122102	122868	128418	133610
失业赔偿	127635	166191	119282	93602	70817
住房援助	106393	53778	44166	40128	39503
食品和营养补助	83561	95415	105049	115139	112049
其他收入保障	158884	178635	184319	163512	169129
收入保障总计	610571	624042	583672	548860	533629
社会保障	689801	706829	731730	777604	816453
退伍军人福利和服务					
退伍军人的收入保障	44747	62282	55019	52256	62524
退伍军人教育、培训和康复	3766	8593	10396	12195	11274
退伍军人就医和医疗服务	43683	47057	50343	52553	54629
退伍军人住房	-556	570	1285	1414	1336
其他退伍军人福利和服务	5308	5942	6081	6106	6789
退伍军人福利和服务总计	96948	124444	123124	124524	136552
司法行政					
联邦执法活动	29257	30436	28380	27734	27217
联邦司法活动	12890	13467	13549	16096	14930
联邦惩教活动	7526	7651	7897	8178	6525
刑法司法援助	7863	4601	3753	3319	2987
司法行政总计	57536	56155	53579	55327	51659

续表

政府部门	2009 财政 年度	2010 财政 年度	2011 财政 年度	2012 财政 年度	2013 财政 年度
立法部门	4102	4237	4108	3953	3708
行政领导和管理	559	590	530	489	471
中央财政运作	12400	12697	12583	12430	11771
普通财产和记录管理	6518	698	−612	−471	−871
中央人事管理	188	203	198	199	194
一般用途的财政援助	4100	5224	7657	7908	7807
其他政府部门	3354	1717	2839	4043	5613
抵消收益扣减	−1012	−1721	−1479	−2011	−2692
政府部门总计	30209	23645	25824	26540	26001
净利息	186904	196193	230471	219921	220895
坐支收入余额	−92639	−82116	−88467	−103536	−92785
预算授权总计	4077475	3484600	3509881	3576168	3478314

Source：U. S. Government Printing Office, *Historical Tables*, *Budget of the United States Government*, *Fiscal Year* 2015, see Table 5. 1.

1936—2013 年收入、支出及预算盈余或赤字

（单位：百万美元）

财政 年度①	收入	支出	盈余（＋）或 赤字（−）②	财政年度②	收入	支出	盈余（＋）或 赤字（−）
1936	3923	8228	−4304	1944	43747	91304	−47557
1937	5387	7580	−2193	1945	45159	92712	−47553
1938	6751	6840	−89	1946	39296	55232	−15936
1939	6295	9141	−2846	1947	38514	34496	4018
1940	6548	9468	−2920	1948	41560	29764	11796
1941	8712	13653	−4941	1949	39415	38835	580
1942	14634	35137	−20503	1950	39443	42562	−3119
1943	24001	78555	−54554	1951	51616	45514	6102

---

① 1936—1976 财政年度截至 6 月 30 日。1976 年以后的财政年度截至 9 月 30 日。

② 由于四舍五入，可能与表中数字之差不等。

财政年度	收入	支出	盈余（＋）或赤字（－）	财政年度	收入	支出	盈余（＋）或赤字（－）
1952	66167	67686	－1519	1983	600562	808364	－207802
1953	69608	76101	－6493	1984	666438	851805	－185367
1954	69701	70855	－1154	1985	734037	946344	－212308
1955	65451	68444	－2993	1986	769155	990382	－221227
1956	74587	70640	3947	1987	854288	1004017	－149730
1957	79990	76578	3412	1988	909238	1064416	－155178
1958	79636	82405	－2769	1989	991105	1143744	－152639
1959	79249	92098	－12849	1990	1031958	1252994	－221036
1960	92492	92191	301	1991	1054988	1324226	－269238
1961	94388	97723	－3335	1992	1091208	1381529	－290321
1962	99676	106821	－7146	1993	1154335	1409386	－255051
1963	106560	111316	－4756	1994	1258566	1461753	－203186
1964	112613	118528	－5915	1995	1351790	1515742	－163952
1965	116817	118228	－1411	1996	1453053	1560484	－107431
1966	130835	134532	－3698	1997	1579232	1601116	－21884
1967	148822	157464	－8643	1998	1721728	1652458	69270
1968	152973	178134	－25161	1999	1827452	1701842	125610
1969	186882	183640	3242	2000	2025191	1788950	236241
1970	192807	195649	－2842	2001	1991082	1862846	128236
1971	187139	210172	－23033	2002	1853136	2010894	－157758
1972	207309	230681	－23373	2003	1782314	2159899	－377585
1973	230799	245707	－14908	2004	1880114	2292841	－412727
1974	263224	269359	－6135	2005	2153611	2471957	－318346
1975	279090	332332	－53242	2006	2406869	2655050	－248181
1976	298060	371792	－73732	2007	2567985	2728686	－160701
过渡季度①	81232	95975	－14744	2008	2523991	2982544	－458553
1977	355559	409218	－53659	2009	2104989	3517677	－1412688
1978	399561	458746	－59185	2010	2162706	3457079	－1294373
1979	463302	504028	－40726	2011	2303466	3603059	－1299593
1980	517112	590941	－73830	2012	2450164	3537127	－1086963
1981	599272	678241	－78968	2013	2775103	3454605	－679502
1982	617766	745743	－127977				

Source：U. S. Government Printing Office, *Historical Tables*, *Budget of the United States Government*, *Fiscal Year* 2015, see Table 1. 1.

———————

① 过渡季度指 1976 年 7 月 1 日至 9 月 30 日。

1940—2013 年美国联邦债务

财政年度	（单位：百万美元）					占 GDP 百分比				
	联邦债务总额	减：联邦政府持有的债务	公众持有的债务			联邦债务总额	减：联邦政府持有的债务	公众持有的债务		
			总数	联邦储备体系	其他			总数	联邦储备体系	其他
1940	50696	7924	42772	2458	40314	52.4	8.2	44.2	2.5	41.6
1941	57531	9308	48223	2180	46043	50.4	8.2	42.3	1.9	40.4
1942	79200	11447	67753	2640	65113	54.9	7.9	47.0	1.8	45.1
1943	142648	14882	127766	7149	120617	79.1	8.3	70.9	4.0	66.9
1944	204079	19283	184796	14899	169897	97.6	9.2	88.3	7.1	81.2
1945	260123	24941	235182	21792	213390	117.5	11.3	106.2	9.8	96.4
1946	270991	29130	241861	23783	218078	121.7	13.1	108.7	10.7	98.0
1947	257149	32810	224339	21872	202467	110.3	14.1	96.2	9.4	86.8
1948	252031	35761	216270	21366	194904	98.2	13.9	84.3	8.3	76.0
1949	252610	38288	214322	19343	194979	93.1	14.1	79.0	7.1	71.9
1950	256853	37830	219023	18331	200692	94.1	13.9	80.2	6.7	73.5
1951	255288	40962	214326	22982	191344	79.7	12.8	66.9	7.2	59.8
1952	259097	44339	214758	22906	191852	74.3	12.7	61.6	6.6	55.0
1953	265963	47580	218383	24746	193637	71.4	12.8	58.6	6.6	52.0
1954	270812	46313	224499	25037	199462	71.8	12.3	59.5	6.6	52.9
1955	274366	47751	226616	23607	203009	69.3	12.1	57.2	6.0	51.3
1956	272693	50537	222156	23758	198398	63.9	11.8	52.0	5.6	46.5
1957	272252	52931	219320	23035	196285	60.4	11.7	48.6	5.1	43.5
1958	279666	53329	226336	25438	200898	60.8	11.6	49.2	5.5	43.7
1959	287465	52764	234701	26044	208657	58.6	10.8	47.9	5.3	42.6
1960	290525	53686	236840	26523	210317	56.0	10.3	45.6	5.1	40.5
1961	292648	54291	238357	27253	211104	55.2	10.2	45.0	5.1	39.8
1962	302928	54918	248010	29663	218347	53.4	9.7	43.7	5.2	38.5
1963	310324	56345	253978	32027	221951	51.8	9.4	42.4	5.3	37.0
1964	316059	59210	256849	34794	222055	49.3	9.2	40.0	5.4	34.6
1965	322318	61540	260778	39100	221678	46.9	9.0	37.9	5.7	32.2
1966	328498	64784	263714	42169	221545	43.5	8.6	34.9	5.6	29.3

续表

财政年度	（单位：百万美元）					占 GDP 百分比				
	联邦债务总额	减：联邦政府持有的债务	公众持有的债务			联邦债务总额	减：联邦政府持有的债务	公众持有的债务		
			总数	联邦储备体系	其他			总数	联邦储备体系	其他
1967	340445	73819	266626	46719	219907	42.0	9.1	32.9	5.8	27.1
1968	368685	79140	289545	52230	237315	42.5	9.1	33.3	6.0	27.3
1969	365769	87661	278108	54095	224013	38.6	9.2	29.3	5.7	23.6
1970	380921	97723	283198	57714	225484	37.6	9.6	28.0	5.7	22.3
1971	408176	105140	303037	65518	237519	37.8	9.7	28.1	6.1	22.0
1972	435936	113559	322377	71426	250951	37.1	9.7	27.4	6.1	21.3
1973	466291	125381	340910	75181	265729	35.6	9.6	26.0	5.7	20.3
1974	483893	140194	343699	80648	263051	33.6	9.7	23.9	5.6	18.3
1975	541925	147225	394700	84993	309707	34.7	9.4	25.3	5.4	19.9
1976	628970	151566	477404	94714	382690	36.2	8.7	27.5	5.4	22.0
过渡季度	643561	148052	495509	96702	398807	35.0	8.1	27.0	5.3	21.7
1977	706398	157294	549104	105004	444100	35.8	8.0	27.8	5.3	22.5
1978	776602	169476	607126	115480	491646	35.0	7.6	27.4	5.2	22.2
1979	829467	189161	640306	115594	524712	33.2	7.6	25.6	4.6	21.0
1980	909041	197118	711923	120846	591077	33.4	7.2	26.1	4.4	21.7
1981	994828	205418	789410	124466	664944	32.5	6.7	25.8	4.1	21.8
1982	1137315	212740	924575	134497	790078	35.3	6.6	28.7	4.2	24.5
1983	1371660	234392	1137268	155527	981741	39.9	6.8	33.1	4.5	28.5
1984	1564586	257611	1306975	155122	1151853	40.7	6.7	34.0	4.0	30.0
1985	1817423	310163	1507260	169806	1337454	43.8	7.5	36.4	4.1	32.3
1986	2120501	379878	1740623	190855	1549767	48.2	8.6	39.5	4.3	35.2
1987	2345956	456203	1889753	212040	1677713	50.4	9.8	40.6	4.6	36.1
1988	2601104	549487	2051616	229218	1822398	51.9	11.0	41.0	4.6	36.4
1989	2867800	677084	2190716	220088	1970628	53.1	12.5	40.6	4.1	36.5
1990	3206290	794733	2411558	234410	2177147	55.9	13.9	42.1	4.1	38.0
1991	3598178	909179	2688999	258591	2430408	60.7	15.3	45.3	4.4	41.0
1992	4001787	1002050	2999737	296397	2703341	64.1	16.1	48.1	4.7	43.3
1993	4351044	1102647	3248396	325653	2922744	66.1	16.7	49.3	4.9	44.4
1994	4643307	1210242	3433065	355150	3077915	66.6	17.3	49.2	5.1	44.1

续表

财政年度	(单位：百万美元)					占 GDP 百分比				
	联邦债务总额	减：联邦政府持有的债务	公众持有的债务			联邦债务总额	减：联邦政府持有的债务	公众持有的债务		
			总数	联邦储备体系	其他			总数	联邦储备体系	其他
1995	4920586	1316208	3604378	374114	3230264	67.0	17.9	49.1	5.1	44.0
1996	5181465	1447392	3734073	390924	3343149	67.1	18.8	48.4	5.1	43.3
1997	5369206	1596862	3772344	424518	3347826	65.4	19.4	45.9	5.2	40.8
1998	5478189	1757090	3721099	458182	3262917	63.2	20.3	43.0	5.3	37.7
1999	5605523	1973160	3632363	496644	3135719	60.9	21.4	39.4	5.4	34.1
2000	5628700	2218896	3409804	511413	2898391	57.3	22.6	34.7	5.2	29.5
2001	5769881	2450266	3319615	534135	2785480	56.4	24.0	32.5	5.2	27.2
2002	6198401	2657974	3540427	604191	2936235	58.8	25.2	33.6	5.7	27.8
2003	6760014	2846570	3913443	656116	3257327	61.6	25.9	35.6	6.0	29.7
2004	7354657	3059113	4295544	700341	3595203	63.0	26.2	36.8	6.0	30.8
2005	7905300	3313088	4592212	736360	3855852	63.6	26.7	36.9	5.9	31.0
2006	8451350	3622378	4828972	768924	4060048	64.0	27.4	36.6	5.8	30.7
2007	8950744	3915615	5035129	779632	4255497	64.6	28.2	36.3	5.6	30.7
2008	9986082	4183032	5803050	491127	5311923	69.7	29.2	40.5	3.4	37.1
2009	11875851	4331144	7544707	769160	6775547	85.1	31.0	54.0	5.5	48.5
2010	13528807	4509926	9018882	811669	8207213	94.3	31.4	62.9	5.7	57.2
2011	14764222	4636035	10128187	1664660	8463527	98.9	31.1	67.8	11.2	56.7
2012	16050921	4769797	11281124	1645285	9635839	103.2	30.7	72.6	10.6	62.0
2013	16719434	4736856	11982577	2072283	9910294	100.6	28.5	72.1	12.5	59.6

Source：U. S. Government Printing Office, *Historical Tables*, *Budget of the United States Government*, *Fiscal Year* 2015, see Table 7. 1.

2012 年 9 月联邦政府部门雇员状况

	所有地区		美国		华盛顿统计区		海外	
	就业人数	薪水（千美元）	就业人数	薪水（千美元）	就业人数	薪水（千美元）	就业人数	薪水（千美元）
总数，所有机构	2760569	42437120	2675491	40743358	359271	7145047	85078	1693762
立法部门	29837	608860	29831	608668	28719	581592	6	192

续表

	所有地区		美国		华盛顿统计区		海外	
	就业人数	薪水（千美元）	就业人数	薪水（千美元）	就业人数	薪水（千美元）	就业人数	薪水（千美元）
国会	17118	313262	17118	313262	17118	313262	…	…
参议院	7030	125962	7030	125962	7030	125962	…	…
众议院	10088	187300	10088	187300	10088	187300	…	…
欧洲安全与合作委员会	15	369	15	369	15	369	…	…
国会大厦建筑局	2525	73895	2525	73895	2525	73895	…	…
植物园	66	1847	66	1847	66	1847	…	…
美国国际宗教自由委员会	13	293	13	293	13	293	…	…
国会预算局	243	8161	243	8161	243	8161	…	…
政府问责局	3191	85692	3191	85692	2308	62103	…	…
政府印刷局	2378	41646	2378	41646	2188	38808	…	…
约翰·C·斯坦尼斯公共发展中心	5	105	5	105	1	18	…	…
国会图书馆	3871	74100	3865	73908	3831	73395	6	192
医疗保险支付委员会	34	989	34	989	34	989	…	…
执法办公室	23	321	23	321	23	321	…	…
美中经济安全审查委员会	15	397	15	397	15	366	…	…
美国退伍军人权利上诉法院	106	2462	106	2462	106	2462	…	…
美国税务法院	234	5321	234	5321	233	5303	…	…
司法部门	33771	563548	33402	558163	2832	57244	369	5385
美国最高法院	500	7963	500	7963	500	7963	…	…
美国法院	33271	555585	32902	550200	2332	49281	369	5385
行政部门	2696961	41264712	2612258	39576527	327720	6506211	84703	1688185
总统行政机构	1880	43375	1869	43060	1869	43060	11	315
白宫办公厅	462	8146	462	8146	462	8146	…	…
副总统办公室	26	619	26	619	26	619	…	…
管理和预算局	540	14213	540	14213	540	14213	…	…
行政管理局	230	5184	230	5184	230	5184	…	…

续表

	所有地区		美国		华盛顿统计区		海外	
	就业人数	薪水（千美元）	就业人数	薪水（千美元）	就业人数	薪水（千美元）	就业人数	薪水（千美元）
经济顾问委员会	38	505	38	505	38	505	…	…
环境质量委员会	25	510	25	510	25	510	…	…
政策发展办公室	23	553	23	553	23	553	…	…
白宫官邸	95	1798	95	1798	95	1798	…	…
国家安全委员会	74	1780	74	1780	74	1780	…	…
国家药物控制政策办公室	95	2627	95	2627	95	2627	…	…
科技政策办公室	27	681	27	681	27	681	…	…
贸易代表办公室	245	6759	234	6444	234	6444	11	315
行政各部	1912997	26258842	1833810	24678973	263622	4955101	79187	1579869
国务院	41438	1056896	16820	86449	13914	84227	24618	970447
财政部	112461	2248870	111672	2235944	15061	452166	789	12926
国防部	729559	8202569	688215	7785975	66919	794921	41344	416594
国防部，军职	729558	7996705	688214	7580360	66919	787886	41344	416345
国防部，文职	24340	205864	24286	205615	885	7035	54	249
陆军部	256807	2404973	236824	2222691	16562	115101	19983	182282
陆军军职	256807	2199110	236824	2017077	16562	108066	19983	182033
陆军文职	24339	205863	24285	205614	885	7035	54	249
工程兵团	24141	204291	24087	204042	687	5463	54	249
公墓费用	198	1572	198	1572	198	1572	…	…
海军部	201149	2459077	193169	2360317	27989	347828	7980	98760
空军部	172236	2108760	166362	2037472	6090	69882	5874	71288
国防后勤部	25349	277011	24667	263469	2459	34227	682	13542
其他国防部门	74018	952748	67193	902026	13819	227883	6825	50722
司法部	117016	1221855	114824	1195479	25679	321163	2192	26376
内政部	76827	1136044	76448	1131650	8033	159868	379	4394
农业部	99503	1679250	98657	1663894	10728	243437	846	15356
商务部	44317	898767	43982	889453	23959	568786	335	9314
劳工部	17752	363476	17709	362677	6290	148302	43	799
卫生与公共服务部	74017	1541113	73565	1529532	32603	778652	452	11581

续表

	所有地区		美国		华盛顿统计区		海外	
	就业人数	薪水（千美元）	就业人数	薪水（千美元）	就业人数	薪水（千美元）	就业人数	薪水（千美元）
住房与城市发展部	8655	196691	8588	195268	3097	75890	67	1423
交通部	57036	1649038	56703	1640434	9864	306134	333	8604
能源部	15632	351721	15609	351185	5579	133080	23	536
教育部	4250	101678	4244	101564	3144	77217	6	114
退伍军人部	323208	2006698	319109	1983808	8250	81232	4099	22890
国土安全部	191326	3604176	187665	3525661	30502	730026	3661	78515
独立机构	782084	14962495	776579	14854494	62229	1508050	5505	108001
联储会	1873	40605	1873	40605	1873	40605	…	…
环境保护署	18055	431163	17942	429789	4516	121479	113	1374
平等就业机会委员会	2337	54395	2326	54176	478	13979	11	219
联邦通讯委员会	1759	50986	1757	50920	1503	44227	2	66
联邦储蓄保险公司	8314	259310	8292	258793	1928	73987	22	517
联邦贸易委员会	1131	25599	1131	25599	976	21861	…	…
总务局	12383	273552	12330	272564	4361	105790	53	988
国家航空航天管理局	18134	472590	18124	472291	4180	115706	10	299
国家艺术和人文科学基金会	408	9152	408	9152	406	9137	…	…
国家科学基金会	1465	38021	1460	37901	1451	37652	5	120
核管制委员会	3884	103780	3881	103694	2729	76254	3	86
人事管理局	5558	103229	5554	103154	1996	42675	4	75
和平队	1081	20517	701	13815	595	12246	380	6702
证券交易委员会	3907	136016	3907	136016	2324	79726	…	…
小企业管理局	4037	93352	4003	92530	1069	29764	34	822
史密森协会	5005	89173	4979	88540	4599	81418	26	633
社会保障署	65114	1086459	64672	1079656	1801	33334	442	6803
田纳西河流域管理局	12762	306110	12762	306110	5	146	…	…
美国邮政总局	592750	10893723	589983	10835666	12385	266056	2767	58057

注：…表示数据不可用

Source：U. S. Office of Personnel Management, *Employment and Trends - September* 2012, see Table 9.

劳动者就业及收入

1943—2013 年美国的就业与失业情况

（单位：千人）

年份	非集体户人口	平民劳动力								非劳动力
		总数	占人口的百分比	就业者			失业者			
				总数	占人口的百分比	农业	非农业产业	数量	占劳动力的百分比	
14 岁及以上										
1943	94640	55540	58.7	54470	57.6	9080	45390	1070	1.9	39100
1944	93220	54630	58.6	53960	57.9	8950	45010	670	1.2	38590
1945	94090	53860	57.2	52820	56.1	8580	44240	1040	1.9	40230
1946	103070	57520	55.8	55250	53.6	8320	46930	2270	3.9	45550
1947	106018	60168	56.8	57812	54.5	8256	49557	2356	3.9	45850
16 岁及以上										
1947	101827	59350	58.3	57038	56	7890	49148	2311	3.9	42477
1948	103068	60621	58.8	58343	56.6	7629	50714	2276	3.8	42447
1949	103994	61286	58.9	57651	55.4	7658	49993	3637	5.9	42708
1950	104995	62208	59.2	58918	56.1	7160	51758	3288	5.3	42787
1951	104621	62017	59.2	59961	57.3	6726	53235	2055	3.3	42604
1952	105231	62138	59	60250	57.3	6500	53749	1883	3	43093
1953	107056	63015	58.9	61179	57.1	6260	54919	1834	2.9	44041
1954	108321	63643	58.8	60109	55.5	6205	53904	3532	5.5	44678
1955	109683	65023	59.3	62170	56.7	6450	55722	2852	4.4	44660
1956	110954	66552	60	63799	57.5	6283	57514	2750	4.1	44402
1957	112265	66929	59.6	64071	57.1	5947	58123	2859	4.3	45336
1958	113727	67639	59.5	63036	55.4	5586	57450	4602	6.8	46088
1959	115329	68369	59.3	64630	56	5565	59065	3740	5.5	46960
1960	117245	69628	59.4	65778	56.1	5458	60318	3852	5.5	47617
1961	118771	70459	59.3	65746	55.4	5200	60546	4714	6.7	48312
1962	120153	70614	58.8	66702	55.5	4944	61759	3911	5.5	49539

年份	非集体户人口	平民劳动力								非劳动力
		总数	占人口的百分比	就业者			失业者			
				总数	占人口的百分比	农业	非农业产业	数量	占劳动力的百分比	
1963	122416	71833	58.7	67762	55.4	4687	63076	4070	5.7	50583
1964	124485	73091	58.7	69305	55.7	4523	64782	3786	5.2	51394
1965	126513	74455	58.9	71088	56.2	4361	66726	3366	4.5	52058
1966	128058	75770	59.2	72895	56.9	3979	68915	2875	3.8	52288
1967	129874	77347	59.6	74372	57.3	3844	70527	2975	3.8	52527
1968	132028	78737	59.6	75920	57.5	3817	72103	2817	3.6	53291
1969	134335	80734	60.1	77902	58	3606	74296	2832	3.5	53602
1970	137085	82771	60.4	78678	57.4	3463	75215	4093	4.9	54315
1971	140216	84382	60.2	79367	56.6	3394	75972	5016	5.9	55834
1972	144126	87034	60.4	82153	57	3484	78669	4882	5.6	57091
1973	147096	89429	60.8	85064	57.8	3470	81594	4365	4.9	57667
1974	150120	91949	61.3	86794	57.8	3515	83279	5156	5.6	58171
1975	153153	93775	61.2	85846	56.1	3408	82438	7929	8.5	59377
1976	156150	96158	61.6	88752	56.8	3331	85421	7406	7.7	59991
1977	159033	99009	62.3	92017	57.9	3283	88734	6991	7.1	60025
1978	161910	102251	63.2	96048	59.3	3387	92661	6202	6.1	59659
1979	164863	104962	63.7	98824	59.9	3347	95477	6137	5.8	59900
1980	167745	106940	63.8	99303	59.2	3364	95938	7637	7.1	60806
1981	170130	108670	63.9	100397	59	3368	97030	8273	7.6	61460
1982	172271	110204	64	99526	57.8	3401	96125	10678	9.7	62067
1983	174215	111550	64	100834	57.9	3383	97450	10717	9.6	62665
1984	176383	113544	64.4	105005	59.5	3321	101685	8539	7.5	62839
1985	178206	115461	64.8	107150	60.1	3179	103971	8312	7.2	62744
1986	180587	117834	65.3	109597	60.7	3163	106434	8237	7	62752
1987	182753	119865	65.6	112440	61.5	3208	109232	7425	6.2	62888
1988	184613	121669	65.9	114968	62.3	3169	111800	6701	5.5	62944
1989	186393	123869	66.5	117342	63	3199	114142	6528	5.3	62523
1990	189164	125840	66.5	118793	62.8	3223	115570	7047	5.6	63324

续表

年份	非集体户人口	平民劳动力								非劳动力
		总数	占人口的百分比	就业者			失业者			
				总数	占人口的百分比	农业	非农业产业	数量	占劳动力的百分比	
1991	190925	126346	66.2	117718	61.7	3269	114449	8628	6.8	64578
1992	192805	128105	66.4	118492	61.5	3247	115245	9613	7.5	64700
1993	194838	129200	66.3	120259	61.7	3115	117144	8940	6.9	65638
1994	196814	131056	66.6	123060	62.5	3409	119651	7996	6.1	65758
1995	198584	132304	66.6	124900	62.9	3440	121460	7404	5.6	66280
1996	200591	133943	66.8	126708	63.2	3443	123264	7236	5.4	66647
1997	203133	136297	67.1	129558	63.8	3399	126159	6739	4.9	66837
1998	205220	137673	67.1	131463	64.1	3378	128085	6210	4.5	67547
1999	207753	139368	67.1	133488	64.3	3281	130207	5880	4.2	68385
2000	212577	142583	67.1	136891	64.4	2464	134427	5692	4	69994
2001	215092	143734	66.8	136933	63.7	2299	134635	6801	4.7	71359
2002	217570	144863	66.6	136485	62.7	2311	134174	8378	5.8	72707
2003	221168	146510	66.2	137736	62.3	2275	135461	8774	6	74658
2004	223357	147401	66	139252	62.3	2232	137020	8149	5.5	75956
2005	226082	149320	66	141730	62.7	2197	139532	7591	5.1	76762
2006	228815	151428	66.2	144427	63.1	2206	142221	7001	4.6	77387
2007	231867	153124	66	146047	63	2095	143952	7078	4.6	78743
2008	233788	154287	66	145362	62.2	2168	143194	8924	5.8	79501
2009	235801	154142	65.4	139877	59.3	2103	137775	14265	9.3	81659
2010	237830	153889	64.7	139064	58.5	2206	136858	14825	9.6	83941
2011	239618	153617	64.1	139869	58.4	2254	137615	13747	8.9	86001
2012	243284	154975	63.7	142469	58.6	2186	140283	12506	8.1	88310
2013	245679	155389	63.2	143929	58.6	2130	141799	11460	7.4	90290

Source：U. S. Bureau of Labor Statistics, *The Current Population Survey Tables*, see Table Employment status of the civilian noninstitutional population, 1943 to date.

2011—2013 年美国全职工作人均周工资中位数（年平均值）

	劳动者数量（千人）			周工资中位数（美元）		
	2011	2012	2013	2011	2012	2013
性别及年龄						
总数，16 岁及以上	100457	102749	104262	756	768	776
男性，16 岁及以上	55971	57286	57994	832	854	860
16—24 岁	4951	5164	5207	455	468	479
25 岁及以上	51020	52122	52787	886	910	912
女性，16 岁及以上	44486	45462	46268	684	691	706
16—24 岁	3772	3866	4041	421	416	423
25 岁及以上	40714	41597	42228	718	727	740
种族						
白人	81336	81779	82672	775	792	802
男性	46360	46672	47053	856	879	884
女性	34976	35108	35619	703	710	722
黑人或非裔	11604	12230	12439	615	621	629
男性	5414	5756	5851	653	665	664
女性	6191	6474	6588	595	599	606
亚裔	5197	5790	6073	866	920	942
男性	2912	3231	3376	970	1055	1059
女性	2284	2560	2698	751	770	819
西班牙裔或拉丁裔	15147	16302	16859	549	568	578
男性	9448	9887	10325	571	592	594
女性	5700	6414	6534	518	521	541

Source：U. S. Bureau of Labor Statistics, *The Current Population Survey Tables*, see Table Median weekly earnings of full-time wage and salary workers by selected characteristics.

2013 年第 3 季度美国全职工作人均周工资中位数

（按年龄、种族和性别划分）

	总数		男性		女性	
	劳动者数量（千人）	周工资中位数（美元）	劳动者数量（千人）	周工资中位数（美元）	劳动者数量（千人）	周工资中位数（美元）
总数						
16 岁及以上	105459	771	58990	847	46469	698
16—24 岁	10056	430	5733	452	4324	414
16—19 岁	1422	369	824	381	598	352
20—24 岁	8634	454	4909	476	3726	425
25 岁及以上	95403	820	53257	904	42146	737
25—54 岁	74859	807	42089	885	32770	729
25—34 岁	25164	710	14284	756	10879	651
35—44 岁	24527	870	13948	947	10579	775
45—54 岁	25169	870	13857	970	11311	755
55 岁及以上	20544	879	11168	984	9376	765
55—64 岁	17030	893	9208	1001	7822	769
65 岁及以上	3514	804	1960	907	1554	736
白人						
16 岁及以上	83689	794	47897	868	35791	719
16—24 岁	7989	447	4689	475	3300	417
25 岁及以上	75700	845	43208	925	32492	755
25—54 岁	58643	829	33724	905	24920	746
55 岁及以上	17056	903	9484	1012	7572	785
黑人及非裔						
16 岁及以上	12571	630	5898	682	6672	594
16—24 岁	1277	382	623	378	654	388
25 岁及以上	11294	664	5275	719	6019	618
25—54 岁	9191	654	4345	704	4846	616
55 岁及以上	2103	728	931	819	1173	635

续表

	总数		男性		女性	
	劳动者 数量 （千人）	周工资中 位数 （美元）	劳动者 数量 （千人）	周工资 中位数 （美元）	劳动者 数量 （千人）	周工资 中位数 （美元）
亚裔						
16 岁及以上	6141	922	3473	1027	2668	795
16—24 岁	370	467	208	413	162	574
25 岁及以上	5771	953	3265	1083	2506	827
25—54 岁	4708	980	2675	1136	2032	853
55 岁及以上	1064	797	590	852	474	686
西班牙裔或拉丁裔						
16 岁及以上	17480	587	10593	609	6887	553
16—24 岁	2257	416	1381	421	876	410
25 岁及以上	15223	618	9211	658	6012	585
25—54 岁	13230	615	8047	656	5183	584
55 岁及以上	1993	639	1164	676	828	604

Source：U. S. Bureau of Labor Statistics, *Median usual weekly earnings of full-time wage and salary workers by age, race, Hispanic or Latino ethnicity, and sex, 3rd quarter 2013 averages, not seasonally adjusted.*

2013 年第 4 季度美国全职工作人均周工资中位数

（按年龄、种族和性别划分）

	总数		男性		女性	
	劳动者 数量 （千人）	周工资 中位数 （美元）	劳动者 数量 （千人）	周工资 中位数 （美元）	劳动者 数量 （千人）	周工资 中位数 （美元）
总数						
16 岁及以上	104791	786	57995	869	46796	713
16—24 岁	9121	474	5064	492	4058	449
16—19 岁	968	392	583	407	385	370
20—24 岁	8153	484	4480	502	3672	461
25 岁及以上	95669	835	52931	915	42738	746
25—54 岁	74790	815	41619	888	33170	739
25—34 岁	25296	701	14252	732	11044	668

续表

	总数		男性		女性	
	劳动者数量（千人）	周工资中位数（美元）	劳动者数量（千人）	周工资中位数（美元）	劳动者数量（千人）	周工资中位数（美元）
35—44 岁	24438	887	13793	975	10645	775
45—54 岁	25055	884	13574	987	11481	767
55 岁及以上	20880	916	11312	1036	9568	776
55—64 岁	17289	923	9260	1048	8028	789
65 岁及以上	3591	842	2051	965	1540	698
白人						
16 岁及以上	82953	813	46927	896	36026	728
16—24 岁	7340	482	4155	500	3185	459
25 岁及以上	75613	864	42772	945	32841	761
25—54 岁	58378	840	33210	909	25168	754
55 岁及以上	17235	949	9562	1094	7673	788
黑人及非裔						
16 岁及以上	12402	632	5846	646	6556	621
16—24 岁	997	391	479	400	518	384
25 岁及以上	11405	658	5367	674	6038	645
25—54 岁	9229	651	4372	669	4857	635
55 岁及以上	2176	715	995	728	1180	708
亚裔						
16 岁及以上	6206	916	3419	1019	2788	792
16—24 岁	403	500	239	567	164	430
25 岁及以上	5803	959	3180	1070	2623	835
25—54 岁	4746	991	2629	1120	2117	850
55 岁及以上	1057	863	551	914	506	778
西班牙裔或拉丁裔						
16 岁及以上	16949	576	10407	594	6542	531
16—24 岁	2103	419	1289	431	814	407
25 岁及以上	14845	602	9118	618	5728	574
25—54 岁	12886	598	7917	611	4968	575
55 岁及以上	1960	638	1201	698	759	542

Source：U. S. Bureau of Labor Statistics, *Median usual weekly earnings of full-time wage and salary workers by age, race, Hispanic or Latino ethnicity, and sex, 4th quarter 2013 averages, not seasonally adjusted.*

1938 年以来联邦每小时最低工资率

有效日期	1938 年法案	1961 年修正案	1966 年及随后的修正案	
			非农业工人	农业工人
1938 年 10 月 24 日	$ 0.25			
1939 年 10 月 24 日	$ 0.30			
1945 年 10 月 24 日	$ 0.40			
1950 年 1 月 25 日	$ 0.75			
1956 年 3 月 1 日	$ 1.00			
1961 年 9 月 3 日	$ 1.15	$ 1.00		
1963 年 9 月 3 日	$ 1.25			
1964 年 9 月 3 日		$ 1.15		
1965 年 9 月 3 日		$ 1.25		
1967 年 2 月 1 日	$ 1.40	$ 1.40	$ 1.00	$ 1.00
1968 年 2 月 1 日	$ 1.60	$ 1.60	$ 1.15	$ 1.15
1969 年 2 月 1 日			$ 1.30	$ 1.30
1970 年 2 月 1 日			$ 1.45	
1971 年 2 月 1 日			$ 1.60	
1974 年 5 月 1 日	$ 2.00	$ 2.00	$ 1.90	$ 1.60
1975 年 1 月 1 日	$ 2.10	$ 2.10	$ 2.00	$ 1.80
1976 年 1 月 1 日	$ 2.30	$ 2.30	$ 2.20	$ 2.00
1977 年 1 月 1 日			$ 2.30	$ 2.20
1978 年 1 月 1 日	$ 2.65			
1979 年 1 月 1 日	$ 2.90			
1980 年 1 月 1 日	$ 3.10			
1981 年 1 月 1 日	$ 3.35			
1990 年 4 月 1 日	$ 3.80			
1991 年 4 月 1 日	$ 4.25			
1996 年 10 月 1 日	$ 4.75			
1997 年 9 月 1 日	$ 5.15			
2007 年 7 月 24 日	$ 5.85			
2008 年 7 月 24 日	$ 6.55			
2009 年 7 月 24 日	$ 7.25			

Source: U. S. Department of Labor Wage and Hour Division, History of Federal Minimum Wage Rates under the Fair Labor Standards Act, 1938—2009.

1965—2013 年美国生产工人平均工时和工资

（年均数字，未经季节性调整）

年份	每周工时	每小时工资（美元）	每周工资（美元）
1965	38.60	2.63	101.52
1966	38.50	2.73	105.11
1967	37.90	2.85	108.02
1968	37.70	3.02	113.85
1969	37.50	3.22	120.75
1970	37.00	3.40	125.80
1971	36.80	3.63	133.58
1972	36.90	3.90	143.91
1973	36.90	4.14	152.77
1974	36.40	4.43	161.25
1975	36.00	4.73	170.28
1976	36.10	5.06	182.67
1977	35.90	5.44	195.30
1978	35.80	5.88	210.50
1979	35.60	6.34	225.70
1980	35.20	6.85	241.12
1981	35.20	7.44	261.89
1982	34.70	7.87	273.09
1983	34.90	8.20	286.18
1984	35.10	8.49	298.00
1985	34.90	8.74	305.03
1986	34.70	8.93	309.87
1987	34.70	9.14	317.16
1988	34.60	9.44	326.62
1989	34.50	9.80	338.10
1990	34.30	10.20	349.75
1991	34.10	10.52	358.51
1992	34.20	10.77	368.25
1993	34.30	11.05	378.91

续表

年份	每周工时	每小时工资（美元）	每周工资（美元）
1994	34.50	11.34	391.22
1995	34.30	11.65	400.07
1996	34.30	12.04	413.28
1997	34.50	12.51	431.86
1998	34.50	13.01	448.56
1999	34.30	13.49	463.15
2000	34.30	14.02	481.01
2001	34.00	14.54	493.79
2002	33.90	14.97	506.75
2003	33.70	15.37	518.06
2004	33.70	15.69	529.09
2005	33.80	16.13	544.33
2006	33.90	16.76	567.87
2007	33.90	17.43	590.04
2008	33.60	18.08	607.95
2009	33.10	18.63	617.18
2010	33.40	19.07	636.91
2011	33.59	19.45	653.36
2012	33.74	19.76	666.79
2013	33.68	20.15	678.66

Source：U. S. Bureau of Labor Statistics, *Employment & Earnings Online.*

备注：

生产工人包括矿业和制造业中的私营产业生产工人，建筑工人，服务、运输、公用事业、批发与零售业、金融、保险和房地产业中从事非监管性工作的人员。

国民收入、支出及贫富状况

1970—2013 年美国国内生产总值

（单位：十亿美元）

	1970	1980	1990	1995	1998	1999	2000
国内生产总值	1075.9	2862.5	5979.6	7664.0	9089.1	9665.7	10289.7
个人消费支出	647.7	1754.6	3825.6	4984.2	5903.0	6316.9	6801.6
商品	318.8	799.8	1491.3	1815.5	2108.7	2286.8	2452.9
耐用品	90.0	226.4	497.1	635.7	779.3	855.6	912.6
非耐用品	228.8	573.4	994.2	1179.8	1329.4	1431.2	1540.3
服务	328.9	954.8	2334.3	3168.6	3794.3	4030.1	4348.8
私人国内投资总额	170.1	530.1	993.5	1317.5	1735.3	1884.2	2033.8
固定投资	168.0	536.4	978.9	1286.3	1671.6	1823.4	1979.2
非住宅	124.6	406.9	739.2	962.2	1252.8	1361.6	1493.8
建筑	40.3	136.2	202.9	207.3	275.1	283.9	318.1
设备	66.4	216.4	371.9	528.1	660.0	713.6	766.1
知识产权产品	17.9	54.4	164.4	226.8	317.7	364.0	409.5
住宅	43.4	129.5	239.7	324.1	418.8	461.8	485.4
企业库存变化	2.0	−6.3	14.5	31.2	63.7	60.8	54.5
商品与服务净出口	4.0	−13.1	−77.9	−89.8	−162.7	−261.4	−380.1
出口	59.7	280.8	551.9	812.8	952.9	989.2	1094.3
商品	44.5	225.8	396.6	583.3	680.9	711.4	797.1
服务	15.2	55.0	155.2	229.5	272.1	277.7	297.2
进口	55.8	293.8	629.7	902.6	1115.7	1250.6	1474.4
商品	40.9	248.6	508.1	757.4	930.8	1050.3	1250.4
服务	14.9	45.3	121.7	145.1	184.9	200.3	224.0
政府支出与总投资	254.2	590.8	1238.4	1452.2	1613.5	1726.0	1834.4
联邦	132.7	272.4	560.0	575.4	584.1	610.4	632.4
国防	100.7	181.0	402.8	376.0	367.7	382.7	391.7
非国防	32.0	91.4	157.3	199.3	216.4	227.7	240.7
州和地方政府	121.4	318.5	678.3	876.8	1029.4	1115.6	1202.0

续表

	2001	2002	2003	2004	2005	2006	2007
国内生产总值	10625.3	10980.2	11512.2	12277.0	13095.4	13857.9	14480.3
个人消费支出	7106.9	7385.3	7764.4	8257.8	8790.3	9297.5	9744.4
商品	2525.2	2598.6	2721.6	2900.3	3080.3	3235.8	3361.6
耐用品	941.5	985.4	1017.5	1079.8	1127.2	1156.1	1184.6
非耐用品	1583.7	1613.2	1704.0	1820.4	1953.1	2079.7	2176.9
服务	4581.6	4786.7	5042.8	5357.5	5710.1	6061.7	6382.9
私人国内投资总额	1928.6	1925.0	2027.9	2276.7	2527.1	2680.6	2643.7
固定投资	1966.9	1906.5	2008.7	2212.8	2467.5	2613.7	2609.3
非住宅	1453.9	1348.9	1371.7	1463.1	1611.5	1776.3	1920.6
建筑	329.7	282.9	281.8	301.8	345.6	415.6	496.9
设备	711.5	659.6	669.0	719.2	790.7	856.1	885.8
知识产权产品	412.6	406.4	420.9	442.1	475.1	504.6	537.9
住宅	513.0	557.6	636.9	749.7	856.1	837.4	688.7
企业库存变化	-38.3	18.5	19.3	63.9	59.6	67.0	34.5
商品与服务净出口	-369.0	-425.0	-500.9	-614.8	-715.7	-762.4	-709.8
出口	1028.8	1004.7	1043.4	1183.1	1310.4	1478.5	1665.7
商品	743.7	712.6	740.8	832.8	925.3	1048.1	1165.3
服务	285.1	292.1	302.6	350.3	385.1	430.4	500.4
进口	1397.8	1429.7	1544.3	1797.9	2026.1	2240.9	2375.5
商品	1175.5	1198.1	1294.5	1508.9	1716.2	1896.5	2000.3
服务	222.3	231.6	249.8	289.0	309.9	344.5	375.3
政府支出与总投资	1958.8	2094.9	2220.8	2357.4	2493.7	2642.2	2801.9
联邦	669.2	740.6	824.8	892.4	946.3	1002.0	1049.8
国防	412.7	456.8	519.9	570.2	608.3	642.4	678.7
非国防	256.5	283.8	304.9	322.1	338.1	359.6	371.0
州和地方政府	1289.5	1354.3	1396.0	1465.0	1547.4	1640.2	1752.2

	2008	2009	2010	2011	2012	2013	
国内生产总值	14720.3	14417.9	14958.3	15533.8	16244.6	16799.7	
个人消费支出	10005.5	9842.9	10201.9	10711.8	11149.6	11501.5	
商品	3375.7	3198.4	3362.8	3602.7	3769.7	3885.9	
耐用品	1102.3	1023.3	1070.7	1129.9	1202.7	1263.0	
非耐用品	2273.4	2175.1	2292.1	2472.8	2567.0	2622.9	

续表

	2008	2009	2010	2011	2012	2013	
服务	6629.8	6644.5	6839.1	7109.1	7379.9	7615.7	
私人国内投资总额	2424.8	1878.1	2100.8	2232.1	2475.2	2670.0	
固定投资	2456.8	2025.7	2039.3	2195.6	2409.1	2564.0	
非住宅	1941.0	1633.4	1658.2	1809.9	1970.0	2047.1	
建筑	552.4	438.2	362.0	380.6	437.3	456.4	
设备	825.1	644.3	731.8	832.7	907.6	939.7	
知识产权产品	563.4	550.9	564.3	596.6	625.0	651.0	
住宅	515.9	392.2	381.1	385.8	439.2	516.9	
企业库存变化	-32.0	-147.6	61.5	36.4	66.1	106.1	
商品与服务净出口	-713.2	-392.2	-518.5	-568.7	-547.2	-497.3	
出口	1843.1	1583.8	1843.5	2101.2	2195.9	2259.9	
商品	1297.6	1064.7	1278.4	1473.6	1536.0	1567.0	
服务	545.5	519.1	565.1	627.6	659.9	692.9	
进口	2556.4	1976.0	2362.0	2669.9	2743.1	2757.2	
商品	2146.4	1587.3	1951.2	2234.6	2295.4	2296.0	
服务	410.0	388.7	410.8	435.3	447.7	461.2	
政府支出与总投资	3003.2	3089.1	3174.0	3158.7	3167.0	3125.5	
联邦	1155.6	1217.7	1303.9	1304.1	1295.7	1245.9	
国防	754.1	788.3	832.8	835.8	817.1	770.7	
非国防	401.5	429.4	471.1	468.2	478.6	475.1	
州和地方政府	1847.6	1871.4	1870.2	1854.7	1871.3	1879.6	

Source：U. S Bureau of Economic Analysis, *National Income and Product Accounts Tables*, See Section 1 Domestic Product and Income, Table 1. 1. 5.

美国国内生产总值、国民生产总值、
国民生产净值、国民收入和个人收入之间的关系

（单位：十亿美元）

	1970	1980	1990	2000	2005	2006	2007
国内生产总值	1075.9	2862.5	5979.6	10289.7	13095.4	13857.9	14480.3
加：本国公民在国外的收入	12.8	79.1	188.8	382.7	575.8	724.2	875.5
减：外国公民在本国的收入	6.4	44.9	154.2	345.7	482.3	655.7	749.1

续表

	1970	1980	1990	2000	2005	2006	2007
等于：国民生产总值	1082.3	2896.7	6014.3	10326.8	13189.0	13926.3	14606.8
减：固定资本消耗	136.8	426.0	886.8	1514.2	1982.0	2136.0	2264.4
等于：国民生产净值	945.5	2470.7	5127.4	8812.5	11207.0	11790.3	12342.4
减：统计误差	5.3	43.9	91.3	-94.5	-33.8	-215.3	20.2
等于：国民收入	940.1	2426.8	5036.1	8907.0	11240.8	12005.6	12322.3
减							
包括存货估值和资本消耗调整在内的公司利润	86.2	223.6	417.2	781.2	1477.7	1646.5	1529.0
产品和进口税减补贴	86.6	190.5	398.0	662.7	873.6	940.5	980.0
政府社会保险	46.4	166.2	410.1	705.8	873.3	922.6	961.4
净利息和各种资产杂项支出	40.5	186.2	450.1	565.0	496.8	580.9	663.4
企业当前转移支付（净值）	4.4	14.0	39.2	85.3	93.9	82.6	98.6
政府企业当前盈余	-1.2	-5.1	3.2	10.7	-6.4	-9.3	-16.4
加：个人各种资产收入	112.7	386.0	991.2	1453.5	1666.5	1938.4	2166.6
加：个人当前转移收入	74.7	279.5	594.9	1083.0	1512.0	1609.6	1722.8
等于：个人收入	864.6	2316.8	4904.5	8632.8	10610.3	11389.8	11995.7

	2008	2009	2010	2011	2012	2013	
国内生产总值	14720.3	14417.9	14958.3	15533.8	16244.6	16799.7	
加：本国公民在国外的收入	856.8	643.7	720.0	802.8	818.6	827.3	
减：外国公民在本国的收入	683.8	496.5	514.1	542.1	565.7	569.5	
等于：国民生产总值	14893.2	14565.1	15164.2	15794.6	16497.4	17057.5	
减：固定资本消耗	2363.4	2368.4	2381.6	2452.6	2542.9	2646.6	
等于：国民生产净值	12529.8	12196.7	12782.6	13342.0	13954.6	14410.9	
减：统计误差	99.0	72.2	43.1	-53.7	-17.0	-132.2	
等于：国民收入	12430.8	12124.5	12739.5	13395.7	13971.6	14543.1	

续表

	2008	2009	2010	2011	2012	2013	
减:							
包括存货估值和资本消耗调整在内的公司利润	1285.1	1392.6	1740.6	1877.7	2009.5	2102.1	
产品和进口税减补贴	989.4	967.8	1001.2	1037.2	1065.6	1088.0	
政府社会保险	988.2	964.4	984.1	918.2	950.7	1106.1	
净利息和各种资产杂项支出	693.4	563.1	489.4	456.9	439.6	469.2	
企业当前转移支付（净值）	116.4	127.2	128.5	129.6	106.9	124.4	
政府企业当前盈余	-21.2	-20.6	-22.9	-23.8	-27.7	-40.1	
加: 个人各种资产收入	2167.1	1811.8	1739.6	1884.6	1958.5	1997.7	
加: 个人当前转移收入	1884.0	2140.2	2276.9	2306.9	2358.3	2444.3	
等于: 个人收入	12430.6	12082.1	12435.2	13191.3	13743.8	14135.3	

Source: U. S Bureau of Economic Analysis, *National Income and Product Accounts Tables*, See Section 1 Domestic Product and Income, Table 1. 7. 5.

1998—2013 年美国国民收入（按行业划分）

（单位：十亿美元）

	1998	1999	2000	2001	2002	2003	2004	2005
未经资本消耗调整的国民收入	7776.3	8225.5	8817.5	9072.0	9253.3	9691.3	10392.5	11339.8
国内产业	7758.1	8198.4	8780.5	9020.2	9204.7	9623.2	10302.4	11246.3
私营产业	6818.3	7206.0	7729.4	7908.2	8020.8	8368.4	8977.8	9865.5
农、林、渔业、捕猎	74.3	69.2	73.8	73.9	68.8	84.5	104.3	94.0
采矿	72.7	70.9	90.7	102.6	87.1	108.8	129.2	175.0
电力	130.8	138.2	137.3	139.5	134.3	137.4	149.7	162.1
建筑	376.1	421.9	470.7	508.7	513.3	529.2	580.4	648.9
制造	1147.9	1189.7	1243.1	1113.3	1069.8	1105.5	1193.7	1326.7
耐用品	707.5	726.3	758.2	634.9	612.9	629.7	668.7	753.2
非耐用品	440.4	463.5	485.0	478.3	456.9	475.8	525.0	573.5
批发业	514.3	532.7	570.6	563.5	566.5	583.3	627.7	685.2

续表

	1998	1999	2000	2001	2002	2003	2004	2005
零售业	609.1	635.7	666.7	700.4	727.5	761.3	787.9	857.0
交通运输和公共事业	243.3	249.5	268.5	267.7	263.8	277.3	302.3	333.4
信息	284.1	308.5	306.8	305.1	310.3	327.3	371.1	423.0
金融、保险、房地产	1304.1	1351.5	1472.6	1624.1	1625.8	1681.8	1777.9	1969.1
专业和商业服务	920.8	1013.9	1115.7	1136.1	1173.7	1222.8	1296.6	1428.1
教育、健康和社会援助	606.7	647.2	689.4	751.5	820.6	870.8	934.1	988.4
艺术、娱乐、餐饮服务等	289.2	316.7	340.1	350.3	364.2	379.9	408.8	437.2
其他除政府外的服务	244.8	260.3	283.3	271.5	295.2	298.5	314.1	337.4
政府	939.8	992.4	1051.0	1112.0	1183.9	1254.9	1324.5	1380.8
国外	18.2	27.1	37.0	51.8	48.6	68.0	90.1	93.5

	2006	2007	2008	2009	2010	2011	2012	2013
未经资本消耗调整的国民收入	12124.4	12443.5	12368.5	12088.3	12662.6	13130.0	14016.0	14576.7
国内产业	12055.9	12317.0	12195.5	11941.1	12456.7	12869.2	13763.2	14318.9
私营产业	10616.5	10811.2	10619.6	10318.1	10776.9	11182.4	12070.5	12638.2
农、林、渔业、捕猎	97.2	108.4	114.6	104.4	120.9	150.1	159.4	219.3
采矿	209.1	204.9	260.1	149.2	185.3	233.0	254.5	253.9
电力	196.0	196.7	181.0	177.0	190.8	171.8	202.0	214.0
建筑	703.5	679.1	623.7	545.7	521.0	541.1	586.9	633.6
制造	1432.0	1454.2	1385.6	1216.5	1356.9	1412.0	1561.5	1584.9
耐用品	815.5	825.6	770.3	651.3	757.1	785.7	879.7	899.3
非耐用品	616.5	628.6	615.3	565.2	599.8	626.3	681.8	685.5
批发业	738.1	766.8	756.2	704.6	737.9	772.0	852.8	879.9
零售业	905.4	906.2	840.5	840.0	872.2	898.6	959.0	990.5
交通运输和公共事业	361.8	360.6	361.7	342.3	369.0	380.6	423.7	440.7
信息	440.6	463.0	455.5	436.7	443.3	442.8	487.2	502.9
金融、保险、房地产	2093.7	2097.4	1932.4	2135.5	2139.9	2176.4	2312.8	2477.6
专业和商业服务	1556.2	1613.3	1684.0	1591.0	1695.8	1779.1	1920.3	2008.7
教育、健康和社会援助	1055.6	1108.6	1185.9	1252.4	1292.5	1334.3	1396.9	1441.1
艺术、娱乐、餐饮服务等	465.7	483.0	478.2	463.0	483.3	508.9	554.5	581.3

续表

	2006	2007	2008	2009	2010	2011	2012	2013
其他除政府外的服务	361.5	368.7	360.1	359.8	368.0	381.8	399.0	410.8
政府	1439.4	1505.9	1575.9	1623.0	1679.8	1686.8	1692.7	1680.7
国外	68.4	126.5	173.0	147.2	206.0	260.8	252.8	257.8

Source：U. S Bureau of Economic Analysis, *National Income and Product Accounts Tables*, See Section 6 Income and Employment by Industry, Table 6. 1D.

1970—2013 年美国国民收入（按收入类型划分）

（单位：十亿美元）

	1970	1980	1990	2000	2005	2006	2007
国民收入	940.1	2426.8	5036.1	8907.0	11240.8	12005.6	12322.3
雇员报酬	625.1	1626.2	3342.7	5856.6	7087.8	7503.2	7899.1
工资和薪水	551.6	1373.4	2741.2	4825.9	5692.9	6058.2	6396.0
政府	117.2	261.5	519.0	779.8	991.5	1035.0	1088.8
其他	434.3	1112.0	2222.2	4046.1	4701.4	5023.3	5307.2
工资和薪水以外的补贴	73.6	252.8	601.5	1030.7	1394.8	1444.9	1503.1
雇主为员工缴纳的养老金和保险	49.7	163.9	395.0	685.5	966.8	997.6	1041.4
雇主缴纳的社会保险分摊额	23.8	88.9	206.5	345.2	428.1	447.4	461.7
经库存估值和资本消耗调整后的业主收入	77.8	171.6	354.4	757.8	979.0	1053.7	979.2
农业	12.9	11.7	32.2	31.5	46.4	36.0	38.1
非农业	64.9	159.9	322.3	726.3	932.6	1017.7	941.1
经资本消耗调整后的个人租金收入	20.7	19.7	31.4	187.7	238.4	207.5	189.4
经库存估值和资本消耗调整后的公司利润	86.2	223.6	417.2	781.2	1477.7	1646.5	1529.0
企业所得税	34.8	87.2	145.4	265.1	412.4	473.4	445.5
经库存估值和资本消耗调整后的税后利润	51.5	136.4	271.7	516.1	1065.3	1173.1	1083.5
净红利	24.3	64.1	169.1	384.7	580.5	726.0	818.9
经库存估值和资本消耗调整后的未分配利润	27.2	72.3	102.7	131.4	484.8	447.1	264.6

续表

	1970	1980	1990	2000	2005	2006	2007
净利息与各种杂项支出	40.5	186.2	450.1	565.0	496.8	580.9	663.4
生产及进口税	91.4	200.3	425.0	708.6	934.5	991.9	1034.6
减：	4.8	9.8	27.0	45.8	60.9	51.5	54.6
企业当前转移支付（净）	4.4	14.0	39.2	85.3	93.9	82.6	98.6
给个人（净）	2.9	8.6	22.2	42.4	25.7	21.5	30.6
给政府（净）	1.4	5.4	17.0	41.9	53.4	58.3	62.0
给国外（净）	0.0	0.0	0.0	1.0	14.8	2.8	6.0
政府企业当前盈余	−1.2	−5.1	3.2	10.7	−6.4	−9.3	−16.4

	2008	2009	2010	2011	2012	2013
国民收入	12430.8	12124.5	12739.5	13395.7	13971.6	14543.1
雇员报酬	8079.2	7787.8	7967.3	8278.5	8611.6	8860.1
工资和薪水	6532.8	6252.2	6377.5	6638.7	6926.8	7138.2
政府	1144.1	1175.1	1191.1	1194.4	1197.3	1195.0
其他	5388.7	5077.1	5186.4	5444.3	5729.4	5943.2
工资和薪水以外的补贴	1546.4	1535.6	1589.8	1639.8	1684.9	1721.9
雇主为员工缴纳的养老金和保险	1075.1	1077.5	1120.4	1145.4	1170.6	1190.6
雇主缴纳的社会保险分摊额	471.3	458.1	469.4	494.4	514.3	531.3
经库存估值和资本消耗调整后的业主收入	1026.5	973.0	1032.7	1155.1	1224.9	1348.8
农业	47.0	35.5	46.0	72.6	75.4	127.6
非农业	979.5	937.5	986.7	1082.6	1149.6	1221.2
经资本消耗调整后的个人租金收入	262.1	333.7	402.8	484.4	541.2	590.6
经库存估值和资本消耗调整后的公司利润	1285.1	1392.6	1740.6	1877.7	2009.5	2102.1
企业所得税	309.1	269.4	370.6	374.2	434.8	418.9
经库存估值和资本消耗调整后的税后利润	976.0	1123.1	1370.0	1503.5	1574.7	1683.2
净红利	808.6	568.7	563.9	701.6	770.3	902.0
经库存估值和资本消耗调整后的未分配利润	167.3	554.4	806.0	801.9	804.3	781.2

续表

	2008	2009	2010	2011	2012	2013	
净利息与各种杂项支出	693.4	563.1	489.4	456.9	439.6	469.2	
生产及进口税	1041.9	1026.1	1057.1	1097.1	1122.9	1146.7	
减：	52.6	58.3	55.9	60.0	57.3	58.7	
企业当前转移支付（净）	116.4	127.2	128.5	129.6	106.9	124.4	
给个人（净）	36.6	38.7	43.0	46.7	41.4	44.6	
给政府（净）	72.6	90.7	87.2	90.1	70.6	78.8	
给国外（净）	7.2	−2.3	−1.7	−7.2	−5.1	1.0	
政府企业当前盈余	−21.2	−20.6	−22.9	−23.8	−27.7	−40.1	

Source：U. S Bureau of Economic Analysis, *National Income and Product Accounts Tables*, See Section 1 Domestic Product and Income, Table 1. 12.

1970—2013 年美国个人总收入分布

（单位：十亿美元）

	1970	1980	1990	2000	2005	2006	2007
个人收入	864.6	2316.8	4904.5	8632.8	10610.3	11389.8	11995.7
雇员报酬	625.1	1626.2	3342.7	5856.6	7087.8	7503.2	7899.1
工资和薪水	551.6	1373.4	2741.2	4825.9	5692.9	6058.2	6396.0
私人企业	434.3	1112.0	2222.2	4046.1	4701.4	5023.3	5307.2
政府	117.2	261.5	519.0	779.8	991.5	1035.0	1088.8
工资和薪水以外的补贴	73.6	252.8	601.5	1030.7	1394.8	1444.9	1503.1
雇主为员工缴纳的养老金和保险	49.7	163.9	395.0	685.5	966.8	997.6	1041.4
雇主缴纳的社会保险分摊额	23.8	88.9	206.5	345.2	428.1	447.4	461.7
经库存估值和资本消耗调整后的业主收入	77.8	171.6	354.4	757.8	979.0	1053.7	979.2
农业	12.9	11.7	32.2	31.5	46.4	36.0	38.1
非农业	64.9	159.9	322.3	726.3	932.6	1017.7	941.1
经资本消耗调整后的个人租金收入	20.7	19.7	31.4	187.7	238.4	207.5	189.4
个人资产收入	112.7	386.0	991.2	1453.5	1666.5	1938.4	2166.6
个人利息收入	88.3	322.0	822.4	1070.2	1088.1	1214.7	1350.1

续表

	1970	1980	1990	2000	2005	2006	2007
个人股息收入	24.3	64.0	168.8	383.3	578.3	723.7	816.5
个人当前转移收入	74.7	279.5	594.9	1083.0	1512.0	1609.6	1722.8
政府给个人的社会福利	71.7	270.8	572.7	1040.6	1486.3	1588.2	1692.2
社会保险	31.4	118.6	244.1	401.4	512.7	544.1	575.7
医疗保险	7.3	36.2	107.6	219.1	332.2	399.2	429.0
医疗补助	5.5	23.9	73.1	199.5	304.4	299.1	324.2
失业保险	4.2	16.1	18.2	20.7	31.8	30.4	32.7
退伍军人福利	7.5	14.7	17.7	25.0	36.4	38.9	41.7
其他	16.0	61.4	111.9	174.8	268.8	276.5	288.9
其他当前从企业得到的转移收入（净）	2.9	8.6	22.2	42.4	25.7	21.5	30.6
减：国内政府社会保险的贡献	46.4	166.2	410.1	705.8	873.3	922.6	961.4
减：个人税收	103.1	298.9	592.7	1232.3	1208.5	1352.1	1487.9
等于：个人可支配收入	761.5	2018.0	4311.8	7400.5	9401.8	10037.7	10507.9
减：个人支出	665.5	1804.8	3976.3	7102.6	9159.1	9700.8	10190.6
个人消费支出	647.7	1754.6	3825.6	6801.6	8790.3	9297.5	9744.4
个人利息支付	15.2	43.2	120.1	217.5	248.8	275.1	305.9
个人当前转移支出	2.6	6.9	30.6	83.4	120.0	128.2	140.3
给政府	1.3	5.0	18.4	48.8	71.6	76.6	81.0
给国外（净）	1.3	2.0	12.2	34.6	48.4	51.6	59.3
等于：个人储蓄	96.1	213.2	335.4	297.9	242.7	336.9	317.2
个人储蓄占个人可支配收入的百分比（%）	12.6	10.6	7.8	4.0	2.6	3.4	3.0

	2008	2009	2010	2011	2012	2013	
个人收入	12430.6	12082.1	12435.2	13191.3	13743.8	14135.3	
雇员报酬	8079.2	7787.8	7967.3	8278.5	8611.6	8860.1	
工资和薪水	6532.8	6252.2	6377.5	6638.7	6926.8	7138.2	
私人企业	5388.7	5077.1	5186.4	5444.3	5729.4	5943.2	
政府	1144.1	1175.1	1191.1	1194.4	1197.3	1195.0	
工资和薪水以外的补贴	1546.4	1535.6	1589.8	1639.8	1684.9	1721.9	
雇主为员工缴纳的养老金和保险	1075.1	1077.5	1120.4	1145.4	1170.6	1190.6	

续表

	2008	2009	2010	2011	2012	2013	
雇主缴纳的社会保险分摊额	471.3	458.1	469.4	494.4	514.3	531.3	
经库存估值和资本消耗调整后的业主收入	1026.5	973.0	1032.7	1155.1	1224.9	1348.8	
农业	47.0	35.5	46.0	72.6	75.4	127.6	
非农业	979.5	937.5	986.7	1082.6	1149.6	1221.2	
经资本消耗调整后的个人租金收入	262.1	333.7	402.8	484.4	541.2	590.6	
个人资产收入	2167.1	1811.8	1739.6	1884.6	1958.5	1997.7	
个人利息收入	1361.6	1263.9	1195.0	1204.1	1211.6	1229.2	
个人股息收入	805.4	547.9	544.6	680.5	746.9	768.5	
个人当前转移收入	1884.0	2140.2	2276.9	2306.9	2358.3	2444.3	
政府给个人的社会福利	1847.3	2101.5	2234.0	2260.3	2316.8	2399.7	
社会保险	605.5	664.5	690.2	713.3	762.2	799.0	
医疗保险	462.9	494.6	513.8	537.0	560.8	592.3	
医疗补助	338.3	369.2	396.6	405.5	417.1	431.2	
失业保险	51.1	131.2	138.9	107.6	84.2	66.2	
退伍军人福利	45.0	51.5	58.0	63.3	70.2	80.4	
其他	344.4	390.4	436.5	433.7	422.5	430.6	
其他当前从企业得到的转移收入（净）	36.6	38.7	43.0	46.7	41.4	44.6	
减：国内政府社会保险的贡献	988.2	964.4	984.1	918.2	950.7	1106.1	
减：个人税收	1435.2	1144.9	1191.5	1404.0	1498.0	1658.6	
等于：个人可支配收入	10995.4	10937.2	11243.7	11787.4	12245.8	12476.7	
减：个人支出	10444.0	10266.5	10609.5	11119.1	11558.4	11914.9	
个人消费支出	10005.5	9842.9	10201.9	10711.8	11149.6	11501.5	
个人利息支付	289.6	273.9	250.8	248.0	248.4	247.9	
个人当前转移支出	148.9	149.6	156.9	159.4	160.4	165.4	
给政府	82.8	83.5	83.9	85.3	88.5	90.4	
给国外（净）	66.2	66.1	73.0	74.1	71.9	75.0	
等于：个人储蓄	551.3	670.7	634.2	668.2	687.4	561.8	
个人储蓄占个人可支配收入的百分比（%）	5.0	6.1	5.6	5.7	5.6	4.5	

Source：U. S Bureau of Economic Analysis, *National Income and Product Accounts Tables*, See Section 2 Personal Income and Outlays, Table 2. 1.

1970—2012 年美国个人消费支出（按产品类型划分）

（单位：十亿美元）

	1970	1980	1990	2000	2005	2006	2007
个人消费支出	647.7	1754.6	3825.6	6801.6	8790.3	9297.5	9744.4
商品	318.8	799.8	1491.3	2452.9	3080.3	3235.8	3361.6
耐用品	90.0	226.4	497.1	912.6	1127.2	1156.1	1184.6
机动车辆及零配件	34.5	84.4	205.1	363.2	410.0	395.0	400.6
新车	23.4	54.3	134.7	210.7	248.9	233.0	233.2
二手车购买净额	5.0	12.2	42.2	110.7	110.5	108.5	111.2
车辆零配件	6.1	17.9	28.3	41.8	50.6	53.4	56.2
家具和家用设备	28.2	67.8	120.9	208.1	271.3	283.6	283.5
家具及家饰	15.8	36.9	69.2	121.7	160.6	169.8	171.8
家用电器及设备	7.3	15.1	23.7	34.1	45.1	47.0	46.8
瓷器、玻璃器皿、餐具和用具	3.6	10.6	18.4	35.3	44.6	45.5	44.8
房子和花园的工具和设备	1.6	5.3	9.7	17.1	21.0	21.3	20.1
休闲产品和休闲车	17.9	46.5	105.6	230.9	305.0	324.1	335.8
视频、音频、照片和信息处理设备和媒体	8.8	21.9	56.1	127.7	172.7	185.8	195.6
体育设备、物资、枪支和弹药	2.9	8.9	19.9	39.1	50.9	54.3	55.2
体育休闲车	3.5	9.8	16.6	34.9	49.1	51.4	52.4
娱乐性书籍	2.2	4.7	10.9	24.4	27.0	27.2	27.1
乐器	0.6	1.1	2.1	4.7	5.3	5.5	5.4
其他耐用品	9.4	27.6	65.5	110.4	141.0	153.5	164.8
珠宝和手表	4.1	15.0	30.3	49.1	59.8	64.2	67.2
治疗仪器和设备	1.9	5.1	18.4	32.2	43.2	46.9	51.6
教育书籍	0.7	1.7	5.3	9.0	9.8	9.7	9.4
行李箱和类似的个人物品	2.6	5.2	9.7	14.6	19.1	21.5	23.5
电话和传真设备	0.0	0.7	1.8	5.5	9.2	11.2	13.1
非耐用品	228.8	573.4	994.2	1540.3	1953.1	2079.7	2176.9
食品和饮料	103.5	239.2	391.2	540.6	668.2	700.3	737.3
食品和不含酒精的饮料	90.4	208.0	341.2	463.1	575.3	601.6	634.7

续表

	1970	1980	1990	2000	2005	2006	2007
酒精类饮料	12.3	30.0	49.3	77.1	92.6	98.2	102.2
农场生产和消费用食品	0.8	1.2	0.6	0.3	0.4	0.5	0.4
服装和鞋	45.5	103.0	195.2	280.8	310.7	320.2	323.7
服装	36.6	83.3	160.0	230.0	251.4	257.0	258.7
妇女和女童服饰	21.9	48.5	94.5	132.7	149.6	153.7	155.8
男士和男童服饰	13.7	30.9	57.4	85.9	86.3	86.7	85.3
婴幼儿服饰	1.0	3.9	8.1	11.4	15.4	16.7	17.6
其他服饰材料和鞋	8.8	19.7	35.3	50.8	59.3	63.2	65.0
汽油和其他能源产品	26.3	101.9	124.2	184.5	283.8	319.7	345.5
机动车燃料、润滑油和液体	21.9	86.7	111.4	168.6	261.4	295.9	319.9
燃油和其他燃料	4.4	15.2	12.8	15.9	22.3	23.7	25.6
其他非耐用品	53.6	129.3	283.6	534.4	690.4	739.6	770.4
药品和其他医疗产品	7.3	18.7	59.1	159.0	248.5	276.2	293.4
娱乐项目	8.2	22.0	50.9	91.9	112.6	119.0	124.5
家居用品	11.5	29.1	54.2	86.7	102.0	105.9	106.5
个人护理用品	7.1	18.7	39.3	68.5	88.0	93.8	99.0
烟草制品	10.8	20.9	41.0	68.5	76.7	81.0	84.3
杂志，报纸和文具	6.9	18.1	36.5	56.6	58.0	59.1	57.7
美国居民的国外净支出	1.8	1.8	2.6	3.2	4.5	4.6	5.0
服务	328.9	954.8	2334.3	4348.8	5710.1	6061.7	6382.9
家庭消费支出（服务类）	318.4	924.8	2258.5	4190.7	5499.8	5822.5	6134.1
住宅和公共设施	109.4	312.5	696.5	1198.6	1583.6	1682.4	1758.2
住宅	91.0	246.6	570.6	1010.5	1332.5	1416.2	1480.0
房客非农业住宅——租金	26.0	62.5	150.8	227.9	268.3	286.8	316.0
房主非农业住宅——占地费	61.3	178.4	412.8	768.9	1044.3	1108.8	1142.3
农场住宅租金市值	3.3	5.2	6.3	12.7	18.8	19.5	20.6
住宅群	0.5	0.5	0.6	0.9	1.0	1.1	1.2

续表

	1970	1980	1990	2000	2005	2006	2007
家用支出	18.4	65.9	125.9	188.1	251.1	266.2	278.2
水和其他卫生服务	3.2	9.4	27.1	50.4	61.3	65.5	68.0
电和气	15.2	56.5	98.8	137.6	189.9	200.7	210.2
电	9.6	37.2	71.8	98.4	128.5	140.7	148.3
天然气	5.6	19.3	27.0	39.3	61.3	60.1	61.9
卫生保健	47.7	171.7	506.2	918.4	1322.3	1394.2	1481.8
门诊服务	22.3	70.6	232.1	436.6	626.2	653.0	689.9
医师服务	14.0	43.3	134.8	229.2	333.9	348.5	365.7
牙医服务	4.9	13.7	32.4	63.6	87.9	91.5	97.0
辅助医疗服务	3.4	13.6	64.9	143.8	204.4	213.0	227.2
医院和疗养院服务	25.4	101.0	274.1	481.8	696.1	741.2	791.9
医院	20.9	84.7	228.8	393.9	577.2	617.0	658.1
疗养院	4.5	16.4	45.3	87.9	119.0	124.2	133.8
交通	20.0	55.4	126.4	263.5	289.4	302.1	312.2
机动车服务	13.0	35.1	87.2	189.3	211.8	220.6	228.5
机动车维护和修理	11.4	31.2	73.9	127.4	155.1	157.3	162.4
其他机动车服务	1.5	3.9	13.3	61.9	56.7	63.3	66.1
公共交通	7.1	20.2	39.2	74.3	77.6	81.5	83.7
陆地交通	4.0	7.4	12.9	22.9	29.6	32.5	33.4
空中交通	3.1	12.8	25.9	49.2	45.4	46.3	47.6
水上交通	0.0	0.0	0.3	2.2	2.5	2.6	2.8
娱乐	14.0	40.8	121.8	254.4	328.9	351.9	375.8
会员俱乐部、体育中心、公园、剧院和博物馆	7.6	20.1	49.7	91.9	117.9	127.2	137.3
音像制品、摄影和信息处理设备服务	3.8	10.7	37.9	70.1	81.5	84.4	89.3
赌博	1.7	6.7	23.7	67.6	96.5	104.7	110.0
其他娱乐服务	1.0	3.3	10.5	24.8	33.0	35.7	39.3
食品服务和住宿	41.6	121.7	262.7	408.8	530.6	566.3	595.6
食品服务	38.6	111.5	235.1	353.8	458.1	486.3	509.6
食物和饮料	36.5	105.9	228.3	344.9	446.0	472.3	494.9
员工用餐（包括军队）	2.1	5.5	6.8	8.9	12.1	13.9	14.7

续表

	1970	1980	1990	2000	2005	2006	2007
住宿	3.0	10.3	27.6	55.0	72.5	80.0	86.0
金融服务和保险	31.1	95.6	247.4	566.3	689.6	724.2	768.5
金融服务	15.3	51.7	135.7	360.0	417.4	446.2	480.3
没有直接支付的金融服务	10.9	38.3	87.2	185.4	216.1	221.8	236.6
金融服务费用和佣金	4.4	13.5	48.5	174.6	201.4	224.3	243.8
保险	15.7	43.9	111.7	206.3	272.2	278.0	288.2
生命保险	6.9	19.1	42.3	65.0	79.0	84.1	87.5
净家庭保险	0.3	1.3	2.5	3.8	6.2	6.1	7.4
净健康保险	4.4	13.6	43.4	94.4	129.4	130.6	131.3
机动车和其他交通运输保险	4.1	10.0	23.5	43.1	57.6	57.2	62.0
其他服务	54.6	127.1	297.5	580.7	755.3	801.4	841.9
通讯	11.6	31.1	68.3	152.7	177.8	190.0	203.3
电讯业务	10.1	27.6	60.7	126.4	137.7	144.8	149.0
邮寄业务	1.5	3.6	7.5	9.9	10.4	11.6	11.9
互联网接入	—	—	0.1	16.4	29.7	33.5	42.3
教育服务	9.2	23.7	60.7	125.2	170.7	183.4	196.6
高等教育	5.2	12.9	34.7	76.8	110.9	119.7	128.3
幼儿园、小学、中学	2.4	6.7	14.8	24.1	29.6	31.0	32.8
商业和职业学校	1.5	4.2	11.1	24.3	30.3	32.7	35.5
专业服务和其他服务	9.7	24.8	67.7	113.0	148.4	155.3	163.6
个人护理及服装服务	10.6	17.9	44.5	80.4	103.3	108.1	111.5
社会服务和宗教活动	3.9	14.0	41.2	81.1	110.2	116.8	124.6
家庭维修	7.0	13.8	25.4	48.6	57.9	60.4	63.8
国外旅行净支出	2.8	1.7	-10.3	-20.4	-13.0	-12.6	-21.5
美国居民国外旅行支出	5.4	13.3	42.7	81.8	94.9	100.8	104.1
减：外国人在美国的旅行支出	2.7	11.6	53.0	102.2	108.0	113.4	125.6
提供家庭服务的非营利性机构消费支出	10.5	30.0	75.9	158.0	210.3	239.2	248.8

	1970	1980	1990	2000	2005	2006	2007
非营利性机构的总产出	38.1	126.1	334.4	621.6	868.5	932.2	983.1
减：非营利性机构销售商品和服务的收入	27.6	96.1	258.6	463.6	658.2	693.0	734.4

	2008	2009	2010	2011	2012		
个人消费支出	10005.5	9842.9	10201.9	10711.8	11149.6		
商品	3375.7	3198.4	3362.8	3602.7	3769.7		
耐用品	1102.3	1023.3	1070.7	1129.9	1202.7		
机动车辆及零配件	339.6	317.1	342.0	368.7	401.7		
新车	185.2	165.6	182.3	207.8	236.8		
二手车购买净额	99.6	99.7	104.2	101.4	103.1		
车辆零配件	54.8	51.8	55.5	59.6	61.8		
家具和家用设备	268.7	244.3	250.4	260.1	275.1		
家具及家饰	160.5	144.6	148.4	153.7	164.1		
家用电器及设备	45.2	41.1	41.7	42.9	43.9		
瓷器、玻璃器皿、餐具和用具	43.7	41.1	42.7	45.0	47.5		
房子和花园的工具和设备	19.3	17.5	17.6	18.4	19.6		
休闲产品和休闲车	329.3	303.8	312.7	321.1	334.5		
视频、音频、照片和信息处理设备和媒体	194.8	184.9	194.1	198.3	205.0		
体育设备、物资、枪支和弹药	55.1	50.9	51.3	54.1	57.3		
体育休闲车	47.1	37.0	35.6	37.1	39.3		
娱乐性书籍	27.2	26.4	27.1	27.0	27.8		
乐器	5.1	4.6	4.6	4.7	5.1		
其他耐用品	164.6	158.2	165.6	179.9	191.3		
珠宝和手表	65.3	60.3	62.6	69.4	73.7		
治疗仪器和设备	52.5	52.7	55.6	58.8	62.0		
教育书籍	9.5	9.2	9.4	9.4	9.7		

续表

	2008	2009	2010	2011	2012		
行李箱和类似的个人物品	24.0	23.3	25.2	29.0	32.6		
电话和传真设备	13.4	12.7	12.7	13.4	13.3		
非耐用品	2273.4	2175.1	2292.1	2472.8	2567.0		
食品和饮料	772.9	770.0	788.9	833.0	863.3		
食品和不含酒精的饮料	667.7	663.4	675.9	715.4	740.9		
酒精类饮料	104.7	106.1	112.6	117.2	121.8		
农场生产和消费用食品	0.4	0.4	0.4	0.4	0.6		
服装和鞋	319.5	306.5	320.6	338.3	354.6		
服装	254.7	244.3	255.3	269.3	282.2		
妇女和女童服饰	152.1	145.8	152.8	161.1	169.5		
男士和男童服饰	84.7	81.5	84.9	89.7	93.5		
婴幼儿服饰	17.9	17.1	17.7	18.5	19.2		
其他服饰材料和鞋	64.8	62.1	65.2	69.0	72.5		
汽油和其他能源产品	389.1	284.5	333.4	408.9	417.0		
机动车燃料、润滑油和液体	358.3	260.2	307.3	379.5	390.4		
燃油和其他燃料	30.8	24.3	26.2	29.4	26.7		
其他非耐用品	791.9	814.2	849.2	892.6	932.1		
药品和其他医疗产品	305.2	320.9	334.1	353.2	370.0		
娱乐项目	127.5	123.8	127.7	133.2	142.0		
家居用品	107.8	105.2	108.3	112.9	117.3		
个人护理用品	101.3	100.1	104.7	110.0	114.6		
烟草制品	86.4	99.5	106.3	108.3	108.8		
杂志，报纸和文具	58.4	58.2	62.8	68.1	73.1		
美国居民的国外净支出	5.3	6.5	5.3	6.9	6.2		
服务	6629.8	6644.5	6839.1	7109.1	7379.9		
家庭消费支出（服务类）	6347.7	6368.5	6563.7	6831.2	7089.4		
住宅和公共设施	1839.1	1881.0	1909.0	1960.9	2013.9		

续表

	2008	2009	2010	2011	2012		
住宅	1543.7	1591.6	1609.7	1660.0	1719.9		
房客非农业住宅——租金	336.4	359.7	372.6	402.3	430.4		
房主非农业住宅——占地费	1185.5	1209.9	1214.5	1233.8	1263.7		
农场住宅租金市值	20.5	20.7	21.2	22.4	24.1		
住宅群	1.3	1.3	1.3	1.5	1.7		
家用支出	295.4	289.4	299.3	300.9	294.0		
水和其他卫生服务	71.9	74.3	78.0	82.1	85.9		
电和气	223.5	215.1	221.4	218.8	208.1		
电	155.4	157.0	166.8	166.7	163.4		
天然气	68.1	58.1	54.6	52.1	44.7		
卫生保健	1556.5	1627.4	1690.7	1767.8	1847.6		
门诊服务	725.6	744.7	767.9	797.2	827.5		
医师服务	383.7	392.8	402.8	418.4	433.9		
牙医服务	102.0	102.1	104.5	106.8	109.4		
辅助医疗服务	240.0	249.8	260.6	272.1	284.2		
医院和疗养院服务	830.8	882.6	922.8	970.6	1020.2		
医院	690.1	736.6	770.5	811.4	861.2		
疗养院	140.8	146.1	152.3	159.2	159.0		
交通	311.7	289.7	292.9	308.2	318.1		
机动车服务	226.7	210.4	211.9	223.0	230.6		
机动车维护和修理	158.9	149.2	152.4	161.9	166.4		
其他机动车服务	67.8	61.2	59.6	61.1	64.2		
公共交通	85.0	79.3	81.0	85.2	87.5		
陆地交通	34.8	34.5	35.6	38.0	37.1		
空中交通	47.4	42.2	42.7	44.3	47.3		
水上交通	2.8	2.5	2.7	2.9	3.1		
娱乐	384.5	376.0	385.1	399.7	416.6		
会员俱乐部、体育中心、公园、剧院和博物馆	140.5	137.9	141.8	147.6	153.7		
音像制品、摄影和信息处理设备服务	92.7	93.6	96.1	99.8	104.2		

续表

	2008	2009	2010	2011	2012		
赌博	110.2	105.0	105.6	108.9	112.5		
其他娱乐服务	41.2	39.5	41.7	43.3	46.2		
食品服务和住宿	612.5	600.3	617.7	658.7	701.7		
食品服务	523.7	517.9	532.2	567.6	604.2		
食物和饮料	508.7	502.3	516.9	550.8	587.1		
员工用餐（包括军队）	15.0	15.6	15.3	16.8	17.1		
住宿	88.8	82.4	85.5	91.1	97.5		
金融服务和保险	771.5	719.0	763.2	801.1	821.0		
金融服务	486.6	452.2	473.3	490.3	496.1		
没有直接支付的金融服务	241.2	229.4	248.9	259.7	259.1		
金融服务费用和佣金	245.4	222.9	224.4	230.6	237.0		
保险	284.9	266.7	290.0	310.7	325.0		
生命保险	87.5	80.0	87.6	100.6	103.3		
净家庭保险	8.1	7.3	7.6	8.0	8.1		
净健康保险	127.4	119.4	135.8	143.3	154.5		
机动车和其他交通运输保险	62.0	60.0	58.9	58.9	59.0		
其他服务	871.9	875.1	905.1	934.8	970.4		
通信	217.3	217.9	226.8	238.1	251.7		
电讯业务	154.0	149.6	152.1	156.0	160.6		
邮寄业务	12.9	12.0	11.7	10.8	10.4		
互联网接入	50.4	56.3	63.0	71.3	80.7		
教育服务	208.9	219.9	235.5	250.9	264.9		
高等教育	136.9	146.7	158.3	170.6	182.4		
幼儿园、小学、中学	34.1	34.8	35.3	37.0	37.8		
商业和职业学校	37.9	38.4	42.0	43.3	44.7		
专业服务和其他服务	167.5	161.5	163.3	165.9	169.4		
个人护理及服装服务	114.3	109.9	114.9	119.6	124.8		
社会服务和宗教活动	130.1	133.2	138.9	143.7	147.3		

续表

	2008	2009	2010	2011	2012		
家庭维修	65.5	60.3	58.6	61.5	65.9		
国外旅行净支出	−31.6	−27.5	−32.9	−44.8	−53.6		
美国居民国外旅行支出	109.9	97.9	103.4	105.8	110.0		
减：外国人在美国的旅行支出	141.6	125.5	136.4	150.5	163.6		
提供家庭服务的非营利性机构消费支出	282.1	276.0	275.4	277.9	290.5		
非营利性机构的总产出	1040.9	1072.6	1105.9	1141.6	1194.1		
减：非营利性机构销售商品和服务的收入	758.8	796.5	830.5	863.7	903.6		

Source: U. S Bureau of Economic Analysis, *National Income and Product Accounts Tables*, See Section 2 Personal Income and Outlays, Table 2.4.5.

2013 年美国个人所得税

应税收入	税率
已婚联合申报（包括未亡的配偶一方）	
$17850 以下	10%
$17850— $72500	$1785 + 超出 $17850 部分的 15%
$72500— $146400	$9982.50 + 超出 $72500 部分的 25%
$146400— $223050	$28457.50 + 超出 $146400 部分的 28%
$223050— $398350	$49919.50 + 超出 $223050 部分的 33%
$398350— $450000	$107768.50 + 超出 $398350 部分的 35%
$450000 以上	$125846 + 超出 $450000 部分的 39.6%
户主	
$12750 以下	10%
$12750— $48600	$1275 + 超出 $12750 部分的 15%
$48600— $125450	$6652.50 + 超出 $48600 部分的 25%
$125450— $203150	$25865 + 超出 $125450 部分的 28%
$203150— $398350	$47621 + 超出 $203150 部分的 33%
$398350— $425000	$112037 + 超出 $398350 部分的 35%
$425000 以上	$121364 + 超出 $425000 部分的 39.6%

续表

应税收入	税率
单身（不包括未亡的配偶一方及户主）	
$ 8925 以下	10%
$ 8925— $ 36250	$ 892. 50 + 超出 $ 8925 部分的 15%
$ 36250— $ 87850	$ 4991. 25 + 超出 $ 36250 部分的 25%
$ 87850— $ 183250	$ 17891. 25 + 超出 $ 87850 部分的 28%
$ 183250— $ 398350	$ 44603. 25 + 超出 $ 183250 部分的 33%
$ 398350— $ 400000	$ 115586. 25 + 超出 $ 398350 部分的 35%
$ 400000 以上	$ 116163. 75 + 超出 $ 400000 部分的 39. 6%
已婚单独申报	
$ 8925 以下	10%
$ 8925— $ 36250	$ 892. 50 + 超出 $ 8925 部分的 15%
$ 36250— $ 73200	$ 4991. 25 + 超出 $ 36250 部分的 25%
$ 73200— $ 111525	$ 14228. 75 + 超出 $ 73200 部分的 28%
$ 111525— $ 199175	$ 24959. 75 + 超出 $ 111525 部分的 33%
$ 199175— $ 225000	$ 53884. 25 + 超出 $ 199175 部分的 35%
$ 225000 以上	$ 62923 + 超出 $ 225000 部分的 39. 6%
不动产和信托资产	
$ 2450 以下	15%
$ 2450— $ 5700	$ 367. 50 + 超出 $ 2450 部分的 25%
$ 5700— $ 8750	$ 1180 + 超出 $ 5700 部分的 28%
$ 8750— $ 11950	$ 2034 + 超出 $ 8750 部分的 33%
$ 11950 以上	$ 3090 + 超出 $ 11950 部分的 39. 6%

Source：U. S. Internal Revenue Service，*Revenue Procedure* 2013—15.

2010—2012 年贫困状况

（单位：千人）

特征	2010			2011			2012		
	总数	低于贫困线		总数	低于贫困线		总数	低于贫困线	
		人数	百分比		人数	百分比		人数	百分比
人口									
总数	306130	46343	15.1	308456	46247	15.0	310648	46496	15.0
家庭状况									
在家庭中	250200	33120	13.2	252316	33126	13.1	252863	33198	13.1
户主	79559	9400	11.8	80529	9497	11.8	80944	9520	11.8
18 岁以下的子女	72581	15598	21.5	72568	15539	21.4	72545	15437	21.3
6 岁以下的子女	23892	6037	25.3	23860	5844	24.5	23604	5769	24.4
在不相关的子家庭中	1680	774	46.1	1623	705	43.4	1599	740	46.3
参考人	654	283	43.2	671	272	40.6	641	278	43.3
18 岁以下的子女	933	469	50.2	846	409	48.4	855	440	51.4
无家庭个体	54250	12449	22.9	54517	12416	22.8	56185	12558	22.4
种族									
白人	239982	31083	13.0	241334	30849	12.8	242147	30816	12.7
白人，非西班牙裔	194783	19251	9.9	194960	19171	9.8	195112	18940	9.7
黑人	39283	10746	27.4	39609	10929	27.6	40125	10911	27.2
亚裔	15611	1899	12.2	16086	1973	12.3	16417	1921	11.7
西班牙裔	50971	13522	26.5	52279	13244	25.3	53105	13616	25.6
性别									
男性	149737	20893	14.0	150990	20501	13.6	152058	20656	13.6
女性	156394	25451	16.3	157466	25746	16.3	158590	25840	16.3
年龄									
18 岁以下	73873	16286	22.0	73737	16134	21.9	73719	16073	21.8
18—64 岁	192481	26499	13.8	193213	26492	13.7	193642	26497	13.7
65 岁及以上	39777	3558	8.9	41507	3620	8.7	43287	3926	9.1

续表

特征	2010			2011			2012		
	总数	低于贫困线		总数	低于贫困线		总数	低于贫困线	
		人数	百分比		人数	百分比		人数	百分比
出生地									
本土出生	266723	38485	14.4	268490	38661	14.4	270570	38803	14.3
外国出生	39407	7858	19.9	39966	7586	19.0	40078	7693	19.2
已归化公民	17344	1954	11.3	17934	2233	12.5	18193	2252	12.4
非公民	22063	5904	26.8	22032	5353	24.3	21885	5441	24.9
区域									
东北部	54710	7038	12.9	54977	7208	13.1	55050	7490	13.6
中西部	66038	9216	14.0	66023	9221	14.0	66337	8851	13.3
南部	113681	19123	16.8	114936	18380	16.0	115957	19106	16.5
西部	71701	10966	15.3	72520	11437	15.8	73303	11049	15.1
居住地									
在大都市统计区内	258366	38466	14.9	261155	38202	14.6	262949	38033	14.5
在主要城市内	98816	19532	19.8	100183	20007	20.0	101225	19934	19.7
在主要城市外	159550	18933	11.9	160973	18195	11.3	161724	18099	11.2
在大都市统计区外	47764	7877	16.5	47301	8045	17.0	47698	8463	17.7
工作经验									
总数, 18—64 岁	192481	26499	13.8	193213	26492	13.7	193642	26497	13.7
所有劳动者	143687	10462	7.3	144163	10345	7.2	145814	10672	7.3
全年全职工作	95697	2600	2.7	97443	2732	2.8	98715	2867	2.9
非全职全年工作	47991	7862	16.4	46720	7614	16.3	47099	7805	16.6
至少一周没工作	48793	16037	32.9	49049	16147	32.9	47828	15825	33.1
残疾状况									
总数, 18—64 岁	192481	26499	13.8	193213	26492	13.7	193642	26497	13.7
有残疾	14974	4196	28.0	14968	4313	28.8	14996	4257	28.4
无残疾	176592	22227	12.6	177309	22105	12.5	177727	22189	12.5

Source：U. S. Census Bureau, Poverty Data, *Income*, *Poverty and Health Insurance in the United States.*

2002—2012 年美国贫困状况（按家庭、种族划分）

（单位：千人）

年份及特征	所有家庭			已婚家庭			单身男性户主家庭			单身女性户主家庭		
	总数	低于贫困线		总数	低于贫困线		总数	低于贫困线		总数	低于贫困线	
		人数	百分比		人数	百分比		人数	百分比		人数	百分比
所有种族——有或没有18岁以下的子女												
2002	75616	7229	9.6	57327	3052	5.3	4663	564	12.1	13626	3613	26.5
2003	76232	7607	10.0	57725	3115	5.4	4717	636	13.5	13791	3856	28.0
2004	76866	7835	10.2	57983	3216	5.5	4901	657	13.4	13981	3962	28.3
2005	77418	7657	9.9	58189	2944	5.1	5134	669	13.0	14095	4044	28.7
2006	78454	7668	9.8	58964	2910	4.9	5067	671	13.2	14424	4087	28.3
2007	77908	7623	9.8	58395	2849	4.9	5103	696	13.6	14411	4078	28.3
2008	78874	8147	10.3	59137	3261	5.5	5255	723	13.8	14482	4163	28.7
2009	78867	8792	11.1	58428	3409	5.8	5582	942	16.9	14857	4441	29.9
2010	79559	9400	11.8	58667	3681	6.3	5649	892	15.8	15243	4827	31.7
2011	80529	9497	11.8	58963	3652	6.2	5888	950	16.1	15678	4894	31.2
2012	80944	9520	11.8	59224	3705	6.3	6231	1023	16.4	15489	4793	30.9
所有种族——有18岁以下的子女												
2002	38846	5397	13.9	27052	1831	6.8	2380	395	16.6	9414	3171	33.7
2003	39029	5772	14.8	26959	1885	7.0	2456	470	19.1	9614	3416	35.5
2004	39375	5819	14.8	27137	1903	7.0	2562	439	17.1	9676	3477	35.9
2005	39394	5729	14.5	27147	1777	6.5	2609	459	17.6	9638	3493	36.2
2006	39780	5822	14.6	27317	1746	6.4	2569	461	17.9	9894	3615	36.5
2007	38868	5830	15.0	26450	1765	6.7	2700	471	17.5	9718	3593	37.0
2008	38962	6104	15.7	26490	1989	7.5	2676	471	17.6	9796	3645	37.2
2009	38820	6630	17.1	26119	2161	8.3	2829	670	23.7	9872	3800	38.5
2010	38654	7145	18.5	25687	2309	9.0	2789	673	24.1	10178	4163	40.9
2011	38436	7111	18.5	25081	2216	8.8	2976	652	21.9	10379	4243	40.9
2012	38471	7063	18.4	25269	2246	8.9	3169	717	22.6	10033	4099	40.9
白人——有或没有18岁以下的子女												
2002	62313	4862	7.8	49923	2510	5.0	3505	349	9.9	8885	2004	22.6
2003	62620	5058	8.1	50025	2504	5.0	3537	383	10.8	9058	2171	24.0
2004	63084	5293	8.4	50158	2585	5.2	3728	434	11.6	9198	2273	24.7

续表

年份及特征	所有家庭			已婚家庭			单身男性户主家庭			单身女性户主家庭		
	总数	低于贫困线		总数	低于贫困线		总数	低于贫困线		总数	低于贫困线	
		人数	百分比		人数	百分比		人数	百分比		人数	百分比
2005	63414	5068	8.0	50369	2317	4.6	3906	439	11.2	9139	2312	25.3
2006	64120	5118	8.0	50747	2278	4.5	3809	440	11.5	9563	2400	25.1
2007	63595	5046	7.9	50269	2265	4.5	3892	451	11.6	9434	2330	24.7
2008	64183	5414	8.4	50779	2548	5.0	3999	499	12.5	9405	2368	25.2
2009	64145	5994	9.3	50180	2694	5.4	4196	629	15.0	9769	2671	27.3
2010	63976	6305	9.9	50016	2921	5.8	4176	563	13.5	9784	2822	28.8
2011	64625	6334	9.8	50061	2863	5.7	4348	614	14.1	10216	2857	28.0
2012	64735	6299	9.7	50171	2875	5.7	4592	651	14.2	9972	2774	27.8
白人——有 18 岁以下的子女												
2002	30501	3488	11.4	22841	1494	6.5	1793	250	14.0	5867	1744	29.7
2003	30443	3698	12.1	22627	1499	6.6	1813	287	15.9	6003	1912	31.8
2004	30891	3839	12.4	22785	1530	6.7	1969	302	15.3	6136	2007	32.7
2005	30844	3682	11.9	22863	1392	6.1	1986	296	14.9	5994	1993	33.3
2006	31140	3773	12.1	22839	1348	5.9	1957	308	15.7	6344	2118	33.4
2007	30304	3785	12.5	22123	1408	6.4	2094	324	15.4	6087	2053	33.7
2008	30241	3918	13.0	22098	1543	7.0	2034	318	15.6	6110	2057	33.7
2009	30119	4413	14.7	21713	1687	7.8	2106	454	21.5	6300	2272	36.1
2010	29676	4658	15.7	21188	1799	8.5	2098	433	20.6	6389	2426	38.0
2011	29320	4643	15.8	20534	1709	8.3	2231	448	20.1	6554	2486	37.9
2012	29255	4564	15.6	20673	1722	8.3	2344	480	20.5	6237	2362	37.9
白人，非西班牙裔——有或没有 18 岁以下的子女												
2002	53860	3208	6.0	44109	1628	3.7	2679	207	7.7	7072	1374	19.4
2003	54032	3270	6.1	44200	1575	3.6	2710	241	8.9	7121	1455	20.4
2004	54262	3505	6.5	44206	1710	3.9	2892	304	10.5	7164	1491	20.8
2005	54264	3285	6.1	44123	1450	3.3	3003	298	9.9	7138	1537	21.5
2006	54657	3372	6.2	44343	1436	3.2	2924	309	10.6	7390	1628	22.0
2007	53927	3184	5.9	43758	1388	3.2	2991	308	10.3	7178	1489	20.7
2008	54450	3383	6.2	44281	1545	3.5	3069	365	11.9	7100	1473	20.7
2009	54461	3797	7.0	43966	1697	3.9	3200	399	12.5	7294	1701	23.3
2010	53786	3880	7.2	43508	1802	4.1	3058	336	11.0	7220	1743	24.1

续表

年份及特征	所有家庭			已婚家庭			单身男性户主家庭			单身女性户主家庭		
	总数	低于贫困线		总数	低于贫困线		总数	低于贫困线		总数	低于贫困线	
		人数	百分比		人数	百分比		人数	百分比		人数	百分比
2011	54154	3955	7.3	43382	1787	4.1	3231	403	12.5	7541	1766	23.4
2012	54018	3835	7.1	43309	1735	4.0	3388	387	11.4	7321	1713	23.4
白人，非西班牙裔——有18岁以下的子女												
2002	24665	2088	8.5	18879	781	4.1	1315	137	10.4	4470	1170	26.2
2003	24505	2185	8.9	18628	746	4.0	1358	170	12.5	4518	1269	28.1
2004	24767	2294	9.3	18698	800	4.3	1506	207	13.7	4562	1287	28.2
2005	24600	2171	8.8	18580	661	3.6	1534	201	13.1	4487	1308	29.2
2006	24666	2296	9.3	18494	683	3.7	1521	208	13.7	4650	1405	30.2
2007	23761	2176	9.2	17730	678	3.8	1633	215	13.2	4398	1283	29.2
2008	23657	2201	9.3	17750	738	4.2	1538	217	14.1	4368	1246	28.5
2009	23580	2553	10.8	17582	854	4.9	1550	286	18.5	4449	1412	31.7
2010	22814	2573	11.3	16903	872	5.2	1475	253	17.2	4436	1447	32.6
2011	22377	2618	11.7	16241	846	5.2	1597	276	17.3	4539	1496	33.0
2012	22332	2510	11.2	16371	820	5.0	1686	274	16.3	4275	1415	33.1
黑人及非裔或其与其他种族的结合——有或没有18岁以下的子女												
2002	9133	1958	21.4	4268	340	8.0	793	165	20.8	4072	1454	35.7
2003	9131	2021	22.1	4259	331	7.8	804	194	24.1	4068	1496	36.8
2004	9114	2082	22.8	4264	386	9.1	760	158	20.8	4090	1538	37.6
2005	9299	2050	22.0	4252	348	8.2	833	178	21.4	4215	1524	36.2
2006	9504	2041	21.5	4490	356	7.9	882	180	20.4	4132	1506	36.4
2007	9506	2091	22.0	4461	313	7.0	827	208	25.1	4218	1570	37.2
2008	9625	2112	21.9	4530	365	8.1	840	167	19.9	4254	1580	37.1
2009	9660	2193	22.7	4429	383	8.6	968	241	24.9	4264	1569	36.8
2010	9982	2403	24.1	4473	407	9.1	979	257	26.3	4531	1738	38.4
2011	10030	2431	24.2	4547	426	9.4	1002	242	24.2	4481	1762	39.3
2012	10293	2439	23.7	4703	458	9.7	1105	274	24.8	4485	1707	38.1
黑人及非裔或其与其他种族的结合——有18岁以下的子女												
2002	5880	1597	27.2	2340	199	8.5	420	110	26.2	3120	1288	41.3
2003	5943	1698	28.6	2323	210	9.0	476	146	30.7	3144	1341	42.7
2004	5789	1655	28.6	2292	213	9.3	405	102	25.2	3092	1339	43.3

续表

年份及特征	所有家庭			已婚家庭			单身男性户主家庭			单身女性户主家庭		
	总数	低于贫困线		总数	低于贫困线		总数	低于贫困线		总数	低于贫困线	
		人数	百分比		人数	百分比		人数	百分比		人数	百分比
2005	5930	1679	28.3	2310	213	9.2	442	131	29.6	3178	1335	42.0
2006	5998	1686	28.1	2433	221	9.1	452	117	25.9	3112	1347	43.3
2007	5883	1706	29.0	2282	194	8.5	434	128	29.5	3167	1385	43.7
2008	5936	1756	29.6	2298	225	9.8	451	115	25.5	3187	1416	44.4
2009	5877	1787	30.4	2264	259	11.4	535	163	30.5	3079	1365	44.3
2010	5888	1979	33.6	2205	279	12.7	495	198	40.0	3188	1501	47.1
2011	5951	1951	32.8	2224	272	12.2	514	148	28.8	3213	1532	47.7
2012	6055	1944	32.1	2291	286	12.5	606	179	29.5	3158	1479	46.8
黑人及非裔——有或没有18岁以下的子女												
2002	8932	1923	21.5	4165	331	7.9	764	160	20.9	4003	1433	35.8
2003	8914	1986	22.3	4146	321	7.7	782	192	24.6	3986	1473	37.0
2004	8906	2035	22.8	4171	378	9.1	740	154	20.8	3995	1503	37.6
2005	9051	1997	22.1	4128	341	8.3	806	170	21.1	4117	1486	36.1
2006	9274	2007	21.6	4359	346	7.9	864	177	20.5	4050	1484	36.6
2007	9259	2045	22.1	4322	295	6.8	799	205	25.7	4138	1544	37.3
2008	9359	2055	22.0	4386	346	7.9	812	161	19.8	4161	1548	37.2
2009	9367	2125	22.7	4276	366	8.6	939	234	24.9	4152	1524	36.7
2010	9571	2311	24.1	4267	377	8.8	916	236	25.8	4387	1698	38.7
2011	9656	2334	24.2	4362	408	9.4	956	234	24.5	4338	1693	39.0
2012	9823	2327	23.7	4483	440	9.8	1040	262	25.2	4300	1624	37.8
黑人及非裔——有18岁以下的子女												
2002	5747	1567	27.3	2281	194	8.5	401	106	26.4	3065	1267	41.3
2003	5799	1666	28.7	2254	200	8.9	463	146	31.5	3082	1320	42.8
2004	5650	1614	28.6	2234	207	9.3	394	99	25.1	3022	1307	43.2
2005	5747	1631	28.4	2228	208	9.3	422	123	29.1	3096	1300	42.0
2006	5813	1653	28.4	2332	214	9.2	437	114	26.1	3044	1326	43.6
2007	5722	1670	29.2	2198	183	8.3	419	126	30.1	3105	1362	43.9
2008	5765	1709	29.6	2208	212	9.6	438	110	25.1	3119	1387	44.5
2009	5677	1726	30.4	2166	244	11.3	514	158	30.7	2996	1324	44.2
2010	5595	1897	33.9	2069	252	12.2	446	179	40.1	3080	1466	47.6

续表

年份及特征	所有家庭			已婚家庭			单身男性户主家庭			单身女性户主家庭		
	总数	低于贫困线		总数	低于贫困线		总数	低于贫困线		总数	低于贫困线	
		人数	百分比		人数	百分比		人数	百分比		人数	百分比
2011	5699	1867	32.8	2105	256	12.2	486	140	28.8	3108	1471	47.3
2012	5747	1852	32.2	2171	272	12.5	562	171	30.4	3014	1409	46.7
亚裔或其与其他种族的结合——有或没有18岁以下的子女												
2002	2939	218	7.4	2344	137	5.8	241	30	12.4	354	51	14.3
2003	3194	320	10.0	2576	203	7.9	241	28	11.6	378	89	23.5
2004	3283	243	7.4	2634	150	5.7	262	39	14.9	387	54	14.0
2005	3358	306	9.1	2692	201	7.5	251	22	8.8	415	83	20.0
2006	3489	272	7.8	2858	183	6.4	239	27	11.3	392	61	15.6
2007	3454	281	8.1	2760	187	6.8	242	17	7.0	452	77	17.0
2008	3644	356	9.8	2932	254	8.7	255	26	10.2	457	76	16.5
2009	3742	359	9.6	2987	239	8.0	273	34	12.5	481	87	18.1
2010	4094	379	9.3	3210	232	7.2	328	32	9.8	556	115	20.7
2011	4347	434	10.0	3440	265	7.7	334	47	14.1	573	122	21.3
2012	4324	409	9.5	3411	245	7.2	346	49	14.2	568	115	20.2
亚裔或其与其他种族的结合——有18岁以下的子女												
2002	1641	151	9.2	1368	94	6.9	86	18	20.9	188	39	20.7
2003	1830	199	10.9	1514	121	8.0	82	12	14.6	235	66	28.1
2004	1845	154	8.3	1527	97	6.4	100	15	15.0	218	43	19.7
2005	1816	189	10.4	1504	121	8.0	91	14	15.4	221	54	24.4
2006	1872	178	9.5	1595	116	7.3	83	16	19.3	194	46	23.7
2007	1856	178	9.6	1536	109	7.1	85	4	4.7	235	65	27.8
2008	1933	204	10.6	1601	141	8.8	89	11	12.4	243	52	21.4
2009	2072	238	11.5	1698	153	9.0	100	21	21.0	274	64	23.4
2010	2168	244	11.3	1746	140	8.0	103	11	10.7	320	93	29.1
2011	2271	287	12.6	1845	168	9.1	120	27	22.5	306	92	30.1
2012	2248	265	11.8	1832	154	8.4	117	29	24.8	299	82	27.4
亚裔——有或没有18岁以下的子女												
2002	2845	210	7.4	2286	135	5.9	223	27	12.1	337	48	14.2
2003	3064	311	10.2	2497	200	8.0	219	28	12.8	348	83	23.9
2004	3142	232	7.4	2544	146	5.7	249	38	15.3	348	47	13.5

续表

年份及特征	所有家庭			已婚家庭			单身男性户主家庭			单身女性户主家庭		
	总数	低于贫困线		总数	低于贫困线		总数	低于贫困线		总数	低于贫困线	
		人数	百分比		人数	百分比		人数	百分比		人数	百分比
2005	3208	289	9.0	2590	193	7.5	235	20	8.5	383	76	19.8
2006	3346	260	7.8	2754	178	6.5	223	26	11.7	369	57	15.4
2007	3302	261	7.9	2651	175	6.6	221	17	7.7	431	69	16.0
2008	3494	341	9.8	2829	244	8.6	233	24	10.3	432	72	16.7
2009	3592	337	9.4	2888	230	8.0	257	32	12.5	447	76	17.0
2010	3879	362	9.3	3078	226	7.3	305	32	10.4	496	105	21.2
2011	4153	401	9.7	3303	256	7.8	320	44	13.6	531	101	19.1
2012	4122	387	9.4	3271	240	7.3	327	47	14.3	524	101	19.2
亚裔——有18岁以下的子女												
2002	1584	145	9.2	1331	93	7.0	80	15	18.8	173	37	21.4
2003	1755	193	11.0	1471	119	8.1	70	12	17.1	214	62	29.0
2004	1761	144	8.2	1472	93	6.3	93	15	16.1	196	36	18.4
2005	1734	177	10.2	1453	117	8.1	84	13	15.5	196	47	24.0
2006	1780	168	9.4	1532	111	7.2	74	16	21.6	174	42	24.1
2007	1760	160	9.1	1466	97	6.6	76	4	5.3	219	58	26.5
2008	1833	191	10.4	1529	132	8.6	80	10	12.5	224	49	21.9
2009	1975	220	11.1	1635	145	8.9	92	19	20.7	248	56	22.6
2010	2040	229	11.2	1681	134	8.0	86	11	12.8	273	83	30.4
2011	2155	260	12.1	1763	162	9.2	115	25	21.7	276	73	26.4
2012	2129	249	11.7	1749	151	8.6	109	26	23.9	271	71	26.2
西班牙裔（任何种族）——有或没有18岁以下的子女												
2002	9094	1792	19.7	6189	927	15.0	872	148	17.0	2033	717	35.3
2003	9274	1925	20.8	6228	976	15.7	908	157	17.3	2138	792	37.0
2004	9521	1953	20.5	6353	934	14.7	927	147	15.9	2241	872	38.9
2005	9868	1948	19.7	6642	917	13.8	972	155	15.9	2254	876	38.9
2006	10155	1922	18.9	6764	903	13.4	945	139	14.7	2446	881	36.0
2007	10397	2045	19.7	6891	926	13.4	983	151	15.4	2523	968	38.4
2008	10503	2239	21.3	6911	1078	15.6	1021	154	15.1	2571	1007	39.2
2009	10422	2369	22.7	6593	1054	16.0	1081	249	23.0	2748	1066	38.8
2010	11284	2739	24.3	7065	1221	17.3	1241	248	20.0	2978	1270	42.6

续表

年份及特征	所有家庭			已婚家庭			单身男性户主家庭			单身女性户主家庭		
	总数	低于贫困线		总数	低于贫困线		总数	低于贫困线		总数	低于贫困线	
		人数	百分比		人数	百分比		人数	百分比		人数	百分比
2011	11589	2651	22.9	7222	1145	15.9	1277	234	18.3	3090	1272	41.2
2012	11961	2807	23.5	7460	1238	16.6	1392	303	21.8	3109	1266	40.7
西班牙裔（任何种族）——有18岁以下的子女												
2002	6329	1527	24.1	4242	752	17.7	500	118	23.6	1587	657	41.4
2003	6453	1629	25.2	4288	789	18.4	508	127	25.0	1657	713	43.0
2004	6617	1685	25.5	4365	778	17.8	499	102	20.4	1753	806	46.0
2005	6769	1651	24.4	4555	771	16.9	496	102	20.6	1719	777	45.2
2006	6982	1636	23.4	4607	718	15.6	467	106	22.7	1908	811	42.5
2007	7060	1759	24.9	4663	766	16.4	507	112	22.1	1890	881	46.6
2008	7117	1905	26.8	4617	874	18.9	544	119	21.9	1957	912	46.6
2009	7058	2004	28.4	4397	876	19.9	606	183	30.2	2055	945	46.0
2010	7670	2373	30.9	4684	1022	21.8	690	192	27.8	2296	1159	50.5
2011	7742	2265	29.3	4656	916	19.7	725	189	26.1	2361	1159	49.1
2012	7776	2341	30.1	4666	973	20.9	781	235	30.1	2329	1133	48.6

Source: U. S. Census Bureau, Poverty Data, *Historical Poverty Tables--People*, See Table 4.

价格指数

2012—2013 年美国城市消费物价指数

（1982－84）＝100	指数	百分比变化率－		指数	百分比变化率－	
	2013 上半年	2012 上半年	2012 下半年	2013 下半年	2012 下半年	2013 上半年
全部项目	232.366	1.5	0.9	233.548	1.4	0.5
消费类别						
食品、饮料	236.440	1.5	0.9	237.491	1.3	0.4
住宅	226.128	2.0	1.1	228.575	2.2	1.1
服饰	127.048	1.1	0.2	127.775	0.7	0.6
交通	218.491	0.4	0.7	216.333	－0.3	－1.0

续表

（1982 - 84）= 100	指数	百分比变化率 -		指数	百分比变化率 -	
	2013 上半年	2012 上半年	2012 下半年	2013 下半年	2012 下半年	2013 上半年
医疗护理	423.162	2.7	1.3	427.107	2.2	0.9
娱乐①	115.315	0.6	0.4	115.218	0.4	- 0.1
教育、通信①	135.317	1.5	0.7	136.456	1.5	0.8
其他商品及服务	399.275	1.7	0.8	402.728	1.6	0.9
商品和服务						
商品	188.136	0.2	0.4	187.203	- 0.1	- 0.5
服务	276.309	2.4	1.2	279.550	2.4	1.2
特别指数						
除医疗护理外的全部项目	223.085	1.4	0.9	224.146	1.3	0.5
除食品外的全部项目	231.740	1.5	0.9	232.946	1.4	0.5
除食品外的商品项目	164.964	- 0.5	0.1	163.294	- 0.9	- 1.0
非耐用品	225.767	0.5	0.5	224.776	0.1	- 0.4
除医疗护理服务外的服务	262.991	2.3	1.2	266.102	2.4	1.2
能源	246.136	- 0.4	0.5	242.683	- 0.9	- 1.4
除能源外的全部项目	232.796	1.8	0.9	234.471	1.7	0.7

Source：Bureau of Labor Statistics，*CPI Detailed Report*，monthly.

美国城市消费者物价指数（CPI-U）年度百分比变化

	与前一年 12 月的百分比变化								
	12 月								
	2005	2006	2007	2008	2009	2010	2011	2012	2013
全部项目	3.4	2.5	4.1	0.1	2.7	1.5	3.0	1.7	1.5
消费类别									
食品、饮料	2.3	2.2	4.8	5.8	- 0.4	1.5	4.5	1.8	1.1
住宅	4.0	3.3	3.0	2.4	- 0.3	0.3	1.9	1.7	2.2
服饰	- 1.1	0.9	- 0.3	- 1.0	1.9	- 1.1	4.6	1.8	0.6
交通	4.8	1.6	8.3	- 13.3	14.4	5.3	5.2	1.6	0.5
医疗护理	4.3	3.6	5.2	2.6	3.4	3.3	3.5	3.2	2.0
娱乐①	1.1	1.0	0.8	1.8	- 0.4	- 0.8	1.0	0.8	0.4
教育、通信①	2.4	2.3	3.0	3.6	2.4	1.3	1.7	1.5	1.6
其他商品及服务	3.1	3.0	3.3	3.4	8.0	1.9	1.7	1.5	1.8

---

① 指数以 1997 年 12 月为基期（= 100）。

续表

	与前一年 12 月的百分比变化								
	12 月								
	2005	2006	2007	2008	2009	2010	2011	2012	2013
商品和服务									
商品	2.7	1.3	5.2	−4.1	5.5	2.0	4.2	1.0	0.2
服务	3.8	3.4	3.3	3.0	0.9	1.2	2.2	2.2	2.3
特别指数									
除医疗护理外的全部项目	3.3	2.5	4.0	−0.1	2.7	1.4	2.9	1.6	1.5
除食品外的全部项目	3.6	2.6	4.0	−0.8	3.3	1.5	2.7	1.7	1.6
除食品外的商品项目	2.9	1.0	5.3	−9.1	9.0	2.2	3.9	0.6	−0.2
非耐用品	3.9	2.4	7.5	−4.5	6.6	3.0	5.0	1.5	0.5
除医疗护理服务外的服务	3.9	3.3	3.1	3.0	0.7	1.0	2.0	2.1	2.3
能源	17.1	2.9	17.4	−21.3	18.2	7.7	6.6	0.5	0.5
除能源外的全部项目	2.2	2.5	2.8	2.4	1.4	0.9	2.6	1.9	1.6

Source：Bureau of Labor Statistics, *CPI Detailed Report*, monthly.

2005—2013 年美国生产者物价指数
（按加工阶段划分）

1982 = 100	制成品			中间物料及组件	原料				
							非食品原料		
12 月数据	总数	生活消费品	资本设备		总数	食品和饲料	总数	除燃料外的非食品原料	原燃料
2005	158.8	164.3	145.5	159.3	202.4	123.2	258.4	190.3	348.3
2006	160.5	165.5	148.7	164.0	195.8	127.0	243.8	205.7	283.6
2007	170.6	178.5	150.6	175.3	230.5	158.9	277.9	279.0	253.8
2008	168.8	173.8	156.7	172.7	171.7	135.9	189.5	163.5	219.4
2009	176.2	184.1	157.2	176.7	193.8	138.6	228.3	244.7	190.5
2010	183.0	193.4	157.8	188.1	225.8	164.5	262.9	310.7	176.8
2011	191.3	203.8	161.4	199.3	241.6	184.6	273.0	339.0	159.3
2012	194.5	207.3	163.8	199.4	244.1	204.3	261.4	317.6	163.9
2013	196.1	209.0	165.3	199.2	240.1	191.3	265.1	319.3	170.6

续表

1982=100	制成品			中间物料及组件	原料				
					总数	食品和饲料	非食品原料		
12月数据	总数	生活消费品	资本设备				总数	除燃料外的非食品原料	原燃料
百分比变化（%）									
2005	5.4	6.8	1.3	8.4	22.1	1.4	32.3	22.8	42.9
2006	1.1	0.8	2.3	2.8	-2.4	2.9	-4.5	8.5	-16.8
2007	6.3	7.9	1.3	6.8	20.6	25.2	17.9	35.4	-2.9
2008	-0.9	-2.5	4.0	-1.7	-25.0	-14.3	-31.2	-41.0	-12.5
2009	4.4	6.0	0.0	3.0	12.3	2.3	19.2	49.0	-14.9
2010	4.0	5.2	0.4	6.5	15.5	18.5	13.7	25.4	-8.5
2011	4.8	5.7	2.3	6.1	6.4	12.2	2.9	8.9	-12.1
2012	1.5	1.4	1.5	-0.3	-1.8	8.3	-7.4	-9.5	-0.1
2013	1.2	1.3	1.1	0.0	-2.2	-6.2	0.4	0.1	1.3

Source：Bureau of Labor Statistics, *PPI Detailed Report*, monthly.

备注：

（1）百分比变化是指当年 12 月的指数与前一年同期指数的比较。

（2）从 2014 年 1 月起，美国劳工统计局将产品的划分方法从原来的按加工阶段（Stage of Processing, SOP）划分转换到按最终需求—中间需求（Final Demand - Intermediate Demand, FD - ID）划分。所有之前的 SOP 指数都包含在 FD—ID 结构中。

银　行

2013 年世界 50 家最大的银行公司

（截至 2013 年 12 月 12 日）

排名 Rank	银行名称 Bank	所属国家 Country	总资产（百万美元） Total Assets
1	中国工商银行	中国	3062.06
2	汇丰银行控股公司	英国	2723.36
3	法国农业信贷银行	法国	2615.54
4	法国巴黎银行	法国	2512.01

排名 Rank	银行名称 Bank	所属国家 Country	总资产（百万美元） Total Assets
5	三菱 UFJ 金融集团	日本	2468.89
6	JP 摩根大通公司	美国	2463.31
7	中国建设银行	中国	2449.93
8	德意志银行	德国	2420.43
9	中国农业银行	中国	2385.18
10	巴克莱银行	英国	2274.67
11	中国银行	中国	2225.95
12	美国银行	美国	2126.65
13	日本邮政银行	日本	2066.14
14	花旗集团	美国	1899.51
15	瑞穗金融集团	日本	1856.58
16	苏格兰皇家银行	英国	1828.75
17	兴业银行	法国	1698.12
18	桑坦德银行	西班牙	1613.89
19	法国 BPCE 银行集团	法国	1551.06
20	三井住友金融集团	日本	1522.19
21	富国银行	美国	1488.06
22	劳埃德银行集团	英国	1409.26
23	意大利联合信贷银行	意大利	1196.43
24	瑞士联合银行	瑞士	1160.25
25	荷兰国际集团	荷兰	1104.38
26	瑞士信贷	瑞士	990.01
27	中国交通银行	中国	942.35
28	高盛集团	美国	923.22
29	荷兰合作银行	荷兰	907.59
30	意大利联合圣保罗银行	意大利	866.07
31	法国国民互助信贷银行	法国	850.87
32	北欧联合银行	瑞典	847.20
33	农林中央金库	日本	845.71
34	摩根士丹利	美国	832.22
35	多伦多道明银行	加拿大	826.73

续表

排名 Rank	银行名称 Bank	所属国家 Country	总资产（百万美元） Total Assets
36	加拿大皇家银行	加拿大	825.09
37	西班牙对外银行	西班牙	821.95
38	德国商业银行	德国	803.08
39	中国邮政储蓄银行	中国	788.35
40	澳大利亚国家银行	澳大利亚	755.68
41	加拿大丰业银行	加拿大	712.92
42	澳洲联邦银行	澳大利亚	689.98
43	澳新银行集团	澳大利亚	657.12
44	西太银行	澳大利亚	651.15
45	渣打银行	英国	649.96
46	中国招商银行	中国	634.77
47	兴业银行	中国	593.65
48	丹斯克银行	丹麦	593.13
49	上海浦东发展银行	中国	587.16
50	中国中信银行	中国	555.70

Source：SNL Financial.

2013 年美国 50 家最大的银行控股公司

公司名	2013 年 12 月 31 日总资产（千美元）	2013 年 9 月 30 日总资产（千美元）	公司名	2013 年 12 月 31 日总资产（千美元）	2013 年 9 月 30 日总资产（千美元）
JP 摩根-大通曼哈顿银行，纽约（纽约州）	2415689000	2463309000	加拿大蒙特利尔银行金融集团，威尔明顿（特拉华州）	111073727	113051766
美国银行，夏洛特（北卡罗来纳州）	2104995000	2128706000	UnionBanCal 公司，旧金山（加利福利亚州）	105900020	105492129
花旗银行，纽约（纽约州）	1880382000	1899511000	北方信托公司，芝加哥（伊利诺伊州）	102947333	95969501
富国银行，旧金山（加利福尼亚州）	1527015000	1488055000	科凯国际集团，克利夫兰（俄亥俄州）	92991716	91016413
高盛集团，纽约（纽约州）	911595000	923359000	M&T 银行公司，布法罗（纽约州）	85162391	84427485

公司名	2013 年 12 月 31 日总资产（千美元）	2013 年 9 月 30 日总资产（千美元）	公司名	2013 年 12 月 31 日总资产（千美元）	2013 年 9 月 30 日总资产（千美元）
摩根士丹利，纽约（纽约州）	832702000	832223000	美西银行，火奴鲁鲁（夏威夷州）	83527474	81729444
美国国际集团，纽约（纽约州）	541329000	540744000	桑坦德美国控股公司，波士顿（马萨诸塞）	77144021	77070780
通用电气资本公司，诺沃克（康涅狄格州）	523973465	528643825	美国发现金融服务公司，里维伍兹（伊利诺伊州）	79339664	75544201
纽约梅隆银行，纽约（纽约州）	374310000	371957000	BBVA Compass 公司，休斯敦（德克萨斯州）	71965476	70087078
美国合众银行，明尼阿波利斯（明尼苏达州）	364021000	360681000	德意志银行信托公司，纽约（纽约州）	67027000	66067000
汇丰北美控股公司，纽约（纽约州）	290013881	309312154	联信公司，达拉斯（德克萨斯州）	65356580	64723310
PNC 金融服务集团公司，匹兹堡（宾夕法尼亚州）	320596232	308912603	亨廷顿银行，哥伦布（俄亥俄州）	59476344	56648251
第一资本金融公司，麦克莱恩（弗吉尼亚州）	297282098	290217687	锡安银行，盐湖城（犹他州）	56031127	55188312
道明银行美国控股公司，樱桃山（新泽西州）	234621843	231673130	荷兰合作银行，纽约（纽约州）	36039452	52307395
道富集团，波士顿（马萨诸塞）	243028090	216751956	CIT 集团，利文斯顿（新泽西州）	47138960	46223981
信安金融集团，得梅因（爱荷华州）	—	201687384	纽约社区银行，韦斯特伯里（纽约州）	46688287	45764133
BB&T 公司，温斯顿-塞勒姆（北卡罗来纳州）	183009992	181050008	电子商务金融公司，纽约（纽约州）	46279856	45547479
太阳信托银行，亚特兰大（佐治亚）	175380779	172033106	哈德森城市银行，帕拉默斯（新泽西州）	38607354	39186560
联合金融公司，底特律（密西根州）	151167000	150556000	第一尼亚加拉金融集团，布法罗（纽约州）	37643867	37380836

续表

公司名	2013 年 12 月 31 日总资产（千美元）	2013 年 9 月 30 日总资产（千美元）	公司名	2013 年 12 月 31 日总资产（千美元）	2013 年 9 月 30 日总资产（千美元）
美国运通公司，纽约（纽约州）	153387000	150152000	大众公司，圣胡安（波多黎各）	35749000	36052000
嘉信理财公司，旧金山（加利福尼亚州）	143642000	140211000	约翰迪尔金融公司，里诺（内华达州）	31676590	31546545
5/3 银行公司，辛辛那提（俄亥俄州）	130442754	125672964	人民联合金融公司，布里奇波特（康涅狄格州）	33200224	31493870
美国汽车协会联合服务银行，圣安东尼奥（德克萨斯州）	122342355	121758503	城市国家银行，洛杉矶（加利福尼亚州）	29717951	29059404
苏格兰皇家银行公民金融集团公司，普罗维登斯（罗得岛州）	122257732	120738247	BOK 金融公司，塔尔萨（俄克拉荷马州）	27021529	27174025
地区金融公司，伯明翰（亚拉巴马州）	117661732	116937255	Synovus 金融公司，哥伦布（佐治亚州）	26201604	26218360

Source：National Information Center, *Top 50 HCs*, see also. http：//www. ffiec. gov/nicpubweb/nicweb/top50form. aspx.

1935—2013 年美国银行的数量和存款额

（截至 2013 年 6 月 30 日，包括所有在联邦存款保险公司投保的商业银行、储蓄银行以及储贷协会（S&Ls）在内）

年份	银行数量				存款总额（百万美元）				
	所有银行	商业银行		所有储蓄银行	所有银行	商业银行			所有储蓄银行
		国民银行	州立银行				国民银行	州立银行		
			成员银行①	非成员银行				成员银行②	非成员银行	
1935	15295	5386	1001	7735	1173	45102③	24802	13653	5669	978

① "成员银行""非成员银行"是指是否属于联邦储备系统成员的银行。

② 同上。

③ 1935 年的数字不包括储贷协会的数据（无数据）。

续表

年份	银行数量					存款总额（百万美元）				
	所有银行	商业银行			所有储蓄银行	所有银行	商业银行			所有储蓄银行
		国民银行	州立银行				国民银行	州立银行		
			成员银行	非成员银行				成员银行	非成员银行	
1940	15772	5144	1342	6956	2330	67494	35787	20642	7040	4025
1950	16500	4958	1912	6576	3054	171963	84941	41602	19726	25694
1960	17549	4530	1641	6955	4423	310262	120242	65487	34369	90164
1970	18205	4621	1147	7743	4694	686901	285436	101512	95566	204367
1980	19763	4425	997	9013	4328	1832716	656752	191183	344311	640470
1990	15158	3979	1009	7355	2815	3637292	1558915	397797	693438	987142
2000	10119	2302	996	5180	1662	4003744	1792783	707562	793275	706461
2001	9757	2176	975	5027	1561	4326207	1890612	769780	906323	755422
2002	9474	2104	949	4914	1489	4606092	2028685	851728	917066	803293
2003	9256	2047	952	4832	1410	5132004	2296738	962284	992951	847734
2004	9066	1958	931	4803	1361	5464782	2447283	985293	1071598	955638
2005	8856	1864	906	4779	1294	5933763	2946589	765673	1191977	1023641
2006	8767	1780	903	4796	1276	6449864	3190482	818565	1311720	1118948
2007	8605	1676	888	4786	1244	6702053	3273531	831116	1425412	1165119
2008	8441	1585	874	4744	1227	7025791	3596712	857003	1432614	1132357
2009	8185	1505	858	4632	1180	7559590	4141792	962232	1512677	936101
2010	7821	1427	836	4413	1135	7676878	4305697	1002425	1464022	891159
2011	7523	1349	824	4240	1100	8249403	4708210	1120747	1491283	909912
2012	7255	1285	836	4101	1023	8947244	5250842	1220930	1576621	874850
2013	6950	1194	849	3937	960	9433525	5667790	1281662	1648153	806933

Source：Federal Deposit Insurance Corp. , *Summary of Deposits.*

备注：1990 年之前的数据以 12 月 31 日为结点，1990 年之后的数据以 6 月 30 日为结点。

证　券

道－琼斯工业平均指数单日损益纪录

（截至 2014 年 1 月 15 日）

最大收益点数				最大收益百分比				
排名	日期	收盘	净变化	变化的百分比（%）	排名	日期	收盘	净变化	变化的百分比（%）
1	10/13/2008	9387.61	936.42	11.08	1	03/15/1933	62.10	8.26	15.34
2	10/28/2008	9065.12	889.35	10.88	2	10/06/1931	99.34	12.86	14.87
3	11/13/2008	8835.25	552.60	6.67	3	10/30/1929	258.47	28.40	12.34
4	03/16/2000	10630.61	499.19	4.93	4	09/21/1932	75.16	7.67	11.36
5	03/23/2009	7775.86	497.48	6.84	5	10/13/2008	9387.61	936.42	11.08
6	11/21/2008	8046.42	494.14	6.54	6	10/28/2008	9065.12	889.35	10.88
7	11/30/2011	12045.68	490.05	4.24	7	10/21/1987	2027.85	186.84	10.15
8	07/24/2002	8191.29	488.95	6.35	8	08/03/1932	58.22	5.06	9.52
9	09/30/2008	10850.66	485.21	4.68	9	02/11/1932	78.60	6.80	9.47
10	07/29/2002	8711.88	447.48	5.41	10	11/14/1929	217.28	18.59	9.36

最大损失点数				最大损失百分比				
排名	日期	收盘	净变化	变化的百分比（%）	排名	日期	收盘	净变化	变化的百分比（%）
1	09/29/2008	10365.45	777.68	6.98	1	10/19/1987	1738.74	508.00	22.61
2	10/15/2008	8577.91	733.08	7.87	2	10/28/1929	260.64	38.33	12.82
3	09/17/2001	8920.70	684.81	7.13	3	10/29/1929	230.07	30.57	11.73
4	12/01/2008	8149.09	679.95	7.70	4	11/06/1929	232.13	25.55	9.92
5	10/09/2008	8579.19	678.92	7.33	5	12/18/1899	58.27	5.57	8.72
6	08/08/2011	10809.85	634.76	5.55	6	08/12/1932	63.11	5.79	8.40
7	04/14/2000	10305.78	617.78	5.66	7	03/14/1907	76.23	6.89	8.29
8	10/27/1997	7161.14	554.26	7.18	8	10/26/1987	1793.93	156.83	8.04
9	08/10/2011	10719.94	519.83	4.62	9	10/15/2008	8577.91	733.08	7.87
10	10/22/2008	8519.21	514.45	5.69	10	07/21/1933	88.71	7.55	7.84

Source：S&P Dow Jones Indices LLC，*Dow Jones Industrial Average Milestones.*

道－琼斯工业平均指数里程碑

（截至 2014 年 1 月 15 日）

首次收盘后超过	收盘点数	日期	首次收盘后超过	收盘点数	日期
100	100.25	01/12/1906	8500	8545.71	02/27/1998
500	500.24	03/12/1956	9000	9033.22	04/06/1998
1000	1003.16	11/14/1972	9500	9544.97	01/06/1999
1500	1511.70	12/11/1985	10000	10006.78	03/29/1999
2000	2002.25	01/08/1987	10500	10581.42	04/21/1999
2500	2510.04	07/17/1987	11100	11107.19	05/13/1999
3000	3004.46	04/17/1991	11500	11522.56	01/07/2000
3500	3500.03	05/19/1993	12000	12011.73	10/19/2006
4000	4003.33	02/23/1995	12500	12510.57	12/27/2006
4500	4510.79	06/16/1995	13000	13089.89	04/25/2007
5000	5023.55	11/21/1995	13500	13556.53	05/18/2007
5500	5539.45	02/08/1996	14000	14000.41	07/19/2007
6000	6010.00	10/14/1996	14500	14539.14	03/14/2013
6500	6547.79	11/25/1996	15000	15056.20	05/07/2013
7000	7022.43	02/13/1997	15500	15548.54	07/18/2013
7500	7539.27	06/10/1997	16000	16009.99	11/21/2013
8000	8038.88	07/16/1997	16500	16504.29	12/30/2013

Source: S&P Dow Jones Indices LLC, *Dow Jones Industrial Average Milestones.*

1975—2013 年道－琼斯工业平均指数极值

年份	日期	高	日期	低
1975	7 月 15 日	888.85	1 月 2 日	619.13
1976	9 月 22 日	1026.26	1 月 2 日	848.63
1977	1 月 3 日	1007.81	10 月 25 日	792.79
1978	9 月 11 日	917.24	3 月 1 日	736.75
1979	10 月 5 日	904.86	11 月 8 日	792.24
1980	11 月 19 日	1009.39	3 月 27 日	729.95
1981	4 月 27 日	1030.98	9 月 28 日	807.46

续表

年份	日期	高	日期	低
1982	11 月 4 日	1078.46	8 月 9 日	769.98
1983	11 月 30 日	1296.95	1 月 24 日	1013.43
1984	1 月 10 日	1295.44	7 月 25 日	1078.95
1985	12 月 16 日	1570.87	1 月 4 日	1178.67
1986	12 月 3 日	1971.74	1 月 23 日	1491.74
1987	8 月 25 日	2746.65	10 月 20 日	1616.21
1988	10 月 24 日	2195.06	1 月 21 日	1845.99
1989	10 月 10 日	2809.08	1 月 3 日	2127.14
1990	7 月 17 日	3024.26	10 月 11 日	2344.31
1991	12 月 31 日	3204.61	1 月 14 日	2447.03
1992	6 月 2 日	3435.24	10 月 5 日	3087.41
1993	12 月 29 日	3818.92	1 月 21 日	3219.25
1994	1 月 31 日	4002.84	4 月 4 日	3520.8
1995	12 月 14 日	5235.62	1 月 30 日	3794.4
1996	11 月 26 日	6589.53	1 月 16 日	5000.79
1997	8 月 7 日	8299.49	1 月 2 日	6352.82
1998	11 月 24 日	9380.2	9 月 1 日	7400.3
1999	12 月 30 日	11568.77	1 月 25 日	9063.26
2000	1 月 14 日	11750.28	10 月 18 日	9654.64
2001	5 月 22 日	11350.05	9 月 21 日	8062.34
2002	3 月 19 日	10673.1	10 月 10 日	7197.49
2003	12 月 31 日	10462.44	3 月 12 日	7416.64
2004	12 月 27 日	10868.07	10 月 25 日	9708.4
2005	3 月 7 日	10984.46	4 月 20 日	10000.46
2006	12 月 28 日	12529.88	1 月 20 日	10661.15
2007	10 月 11 日	14198.1	3 月 14 日	11939.61
2008	1 月 2 日	13279.54	11 月 21 日	7449.38
2009	12 月 29 日	10580.33	3 月 6 日	6469.95
2010	12 月 29 日	11625	7 月 2 日	9614.32
2011	5 月 2 日	12876	10 月 4 日	10404.49
2012	10 月 5 日	13661.87	6 月 4 日	12035.09
2013	12 月 31 日	16588.25	1 月 2 日	13104.3

Source：S&P Dow Jones Indices LLC, *Dow Jones Industrial Average Daily Performance.*

纳斯达克股市单日损益纪录

（截至 2014 年 1 月 15 日）

最大收益点数			最大收益百分比（%）		
排名	日期	点数变化	排名	日期	变化的百分比（%）
1	01/03/2001	324.83	1	01/03/2001	14.17
2	12/05/2000	274.05	2	10/13/2008	11.81
3	04/18/2000	254.41	3	12/05/2000	10.48
4	05/30/2000	254.37	4	10/28/2008	9.53
5	10/19/2000	247.04	5	04/05/2001	8.92
6	10/13/2000	242.09	6	04/18/2001	8.12
7	06/02/2000	230.88	7	05/30/2000	7.94
8	04/25/2000	228.75	8	10/13/2000	7.87
9	04/17/2000	217.87	9	10/19/2000	7.79
10	10/13/2008	194.74	10	05/08/2002	7.78
最大损失点数			最大损失百分比		
排名	日期	点数变化	排名	日期	变化的百分比（%）
1	04/14/2000	355.49	1	10/19/1987	11.35
2	04/03/2000	349.15	2	04/14/2000	9.67
3	04/12/2000	286.27	3	09/29/2008	9.14
4	04/10/2000	258.25	4	10/20/1987	9
5	01/04/2000	229.46	5	10/26/1987	9
6	03/14/2000	200.61	6	12/01/2008	8.95
7	05/10/2000	200.28	7	08/31/1998	8.56
8	05/23/2000	199.66	8	10/15/2008	8.47
9	09/29/2008	199.61	9	04/03/2000	7.64
10	10/25/2000	190.22	10	01/02/2001	7.23

Source：NASDAQ Composite Statistical Milestones.

纳斯达克指数里程碑

（截至 2014 年 1 月 15 日）

首次收盘后超过	日期	收盘点数	首次收盘后超过	日期	收盘点数
100	02/05/1971	100	2600	04/26/1999	2652.05
200	11/13/1980	200.25	2700	07/01/1999	2706.18
300	05/06/1983	301.64	2800	07/14/1999	2818.13
400	05/30/1986	400.16	2900	10/11/1999	2915.95
500	04/12/1991	501.62	3000	11/03/1999	3028.51
600	01/07/1992	602.29	3100	11/05/1999	3102.29
700	01/21/1993	700.77	3200	11/12/1999	3221.15
800	01/31/1994	800.47	3300	11/18/1999	3347.11
900	06/15/1995	902.68	3400	11/24/1999	3420.50
1000	07/17/1995	1005.89	3500	12/03/1999	3520.63
1100	02/22/1996	1117.11	3600	12/10/1999	3620.24
1200	05/10/1996	1202.76	3700	12/16/1999	3715.06
1300	12/03/1996	1300.37	3800	01/05/2000	3877.54
1400	05/27/1997	1409.21	3900	12/21/1999	3911.15
1500	07/11/1997	1502.62	4000	12/29/1999	4041.46
1600	08/04/1997	1605.45	4100	01/03/2000	4131.15
1700	10/02/1997	1702.41	4200	01/21/2000	4235.40
1800	03/24/1998	1812.44	4300	02/07/2000	4321.77
1900	04/21/1998	1903.87	4400	02/08/2000	4427.50
2000	07/16/1998	2000.56	4500	02/17/2000	4548.92
2100	12/21/1998	2138.03	4600	02/24/2000	4617.65
2200	01/04/1999	2208.05	4700	03/01/2000	4784.08
2300	01/06/1999	2320.86	4800	03/07/2000	4847.84
2400	01/19/1999	2408.17	4900	03/03/2000	4914.79
2500	01/29/1999	2505.89	5000	03/09/2000	5046.86

Source：NASDAQ Composite Statistical Milestones.

1975—2013 年纳斯达克指数极值

年份	日期	高	日期	低
1975	7 月 15 日	88	1 月 2 日	60.7
1976	12 月 31 日	97.88	1 月 2 日	78.06
1977	12 月 30 日	105.05	4 月 5 日	93.66
1978	9 月 13 日	139.25	1 月 11 日	99.09
1979	10 月 5 日	152.29	1 月 2 日	117.84
1980	11 月 28 日	208.15	3 月 27 日	124.09
1981	5 月 29 日	223.47	9 月 28 日	175.03
1982	12 月 8 日	240.7	8 月 13 日	159.14
1983	6 月 24 日	328.91	1 月 3 日	230.59
1984	1 月 6 日	287.9	7 月 25 日	225.3
1985	12 月 16 日	325.6	1 月 4 日	245.8
1986	7 月 7 日	411.3	1 月 9 日	322.1
1987	9 月 1 日	456.3	10 月 28 日	288.5
1988	7 月 6 日	397.5	1 月 12 日	329
1989	10 月 10 日	487.5	1 月 3 日	376.9
1990	7 月 13 日	470.3	10 月 12 日	323
1991	12 月 31 日	586.35	1 月 14 日	353
1992	12 月 31 日	676.95	6 月 26 日	545.95
1993	10 月 15 日	791.2	4 月 27 日	644.71
1994	3 月 18 日	804.43	6 月 27 日	690.95
1995	12 月 5 日	1074.85	1 月 4 日	740.47
1996	12 月 10 日	1328.95	1 月 16 日	977.79
1997	10 月 9 日	1748.78	4 月 22 日	1194.16
1998	12 月 31 日	2200.63	10 月 8 日	1343.87
1999	12 月 30 日	4090.61	1 月 4 日	2192.68
2000	3 月 10 日	5132.52	12 月 21 日	2288.16
2001	1 月 24 日	2892.36	9 月 21 日	1387.06
2002	1 月 9 日	2098.88	10 月 10 日	1108.49
2003	12 月 31 日	2015.23	3 月 12 日	1253.22
2004	12 月 31 日	2185.56	8 月 13 日	1750.82

续表

年份	日期	高	日期	低
2005	12 月 6 日	2278.16	4 月 29 日	1889.83
2006	12 月 18 日	2470.95	7 月 18 日	2012.78
2007	10 月 31 日	2861.51	3 月 14 日	2331.57
2008	1 月 2 日	2661.5	11 月 21 日	1295.48
2009	12 月 28 日	2295.8	3 月 9 日	1265.52
2010	12 月 22 日	2675.26	7 月 1 日	2061.14
2011	5 月 2 日	2887.75	10 月 4 日	2298.89
2012	9 月 21 日	3196.93	1 月 4 日	2627.23
2013	12 月 31 日	4177.73	1 月 8 日	3076.6

Source：Google Finance NASDAQ Composite Index Daily Data.

最活跃的普通股

（截至 2014 年 1 月 16 日）

纽约证券交易所交易量		纳斯达克证券交易所交易量	
美国银行公司 Bank of American Corporation	152906521	星佳公司 Zynga Inc.	80081587
百思买公司 Best Buy Co. Inc.	70118486	美国天狼星 XM 卫星广播控股公司 Sirius XM Holdings Inc.	47302163
花旗集团 Citigroup Inc.	59678496	英特尔公司 Intel Corporation	43129663
AMD 公司 Advanced Micro Devices，Inc.	46542280	微软公司 Microsoft Corporation	37497039
彭尼公司 J. C. Penney Company Inc Holding Company	42164372	思科公司 Cisco System Inc.	35141774
美国铝业 Alcoa Inc.	39741741	脸谱公司 Facebook Inc.	34000007
福特汽车公司 Ford Motors Company	38216132	PowersharesQQQ 信托系列 1 Powershares QQQ Trust，Series 1	30373070
通用汽车公司 General Motors Company	34141543	美光科技公司 Micron Technology Inc.	28329626
西麦斯公司 Cemex S. A. B. de C. V.	33430399	史泰博公司 Staples Inc.	27252281
通用电气公司 Genenral Electric Company	32288510	亨廷顿银行 Huntington Bancshares Incorporated	23225037
易安信公司 EMC Corporation	31141603	吉利德科学公司 Gilead Sciences Inc.	20622879

Source：NASDAQ Most Active Stocks and NYSE Most Active Stocks.

企　业

2013 年联邦公司税率

应税收入	税率
$ 50000 以下	15%
$ 50000— $ 75000	$ 7500 + 超出 $ 50000 部分的 25%
$ 75000— $ 100000	$ 13750 + 超出 $ 75000 部分的 34%
$ 100000— $ 335000	$ 22250 + 超出 $ 100000 部分的 39%
$ 335000— $ 10000000	$ 113900 + 超出 $ 335000 部分的 34%
$ 10000000— $ 15000000	$ 3400000 + 超出 $ 10000000 部分的 35%
$ 15000000— $ 18333333	$ 5150000 + 超出 $ 15000000 部分的 38%
$ 18333333 以上	35%

Source：Internal Revenue Service.

1988—2013 年美国联邦资本收益税

（单位:%）

年份	1988—1990 年					
	卖主的年边际收入税率 Seller's Marginal Income Tax Rate the Year of Sale					
	15%	28%	33%	28%		
卖主持有资产的时间	资本收益税率 The Tax Rate on the Capital Gain					
	15%	28%	33%	28%		
年份	1991—1992 年					
	卖主的年边际收入税率 Seller's Marginal Income Tax Rate the Year of Sale					
	15%	28%	31%			
卖主持有资产的时间	资本收益税率 The Tax Rate on the Capital Gain					
少于 1 年	15%	28%	31%			
1 年及以上	15%	28%	28%			
年份	1993 年 1 月—1997 年 5 月 6 日					
	卖主的年边际收入税率 Seller's Marginal Income Tax Rate the Year of Sale					
	15%	28%	31%	36%	39.6%	

续表

卖主持有资产的时间	资本收益税率 The Tax Rate on the Capital Gain						
少于 1 年	15%	28%	31%	36%	39.6%		
1 年及以上	15%	28%	28%	28%	28%		

年份	1997 年 5 月 7 日—1997 年 7 月 28 日						
	卖主的年边际收入税率 Seller's Marginal Income Tax Rate the Year of Sale						
	15%	28%	31%	36%	39.6%		
卖主持有资产的时间	资本收益税率 The Tax Rate on the Capital Gain						
少于 1 年	15%	28%	31%	36%	39.6%		
1—5 年	10%	20%	20%	20%	20%		
5 年以上	10%	20%	20%	20%	20%		

年份	1997 年 7 月 29 日—1998 年 7 月 21 日						
	卖主的年边际收入税率 Seller's Marginal Income Tax Rate the Year of Sale						
	15%	28%	31%	36%	39.6%		
卖主持有资产的时间	资本收益税率 The Tax Rate on the Capital Gain						
少于 1 年	15%	28%	31%	36%	39.6%		
12—18 个月	15%	28%	28%	28%	28%		
18 个月—5 年	10%	20%	20%	20%	20%		
5 年以上	10%	20%	20%	20%	20%		

年份	1998 年 7 月 22 日至 2000 年 12 月 31 日						
	卖主的年边际收入税率 Seller's Marginal Income Tax Rate the Year of Sale						
	15%	28%	31%	36%	39.6%		
卖主持有资产的时间	资本收益税率 The Tax Rate on the Capital Gain						
少于 1 年	15%	28%	31%	36%	39.6%		
1—5 年	10%	20%	20%	20%	20%		
5 年以上	10%	20%	20%	20%	20%		

年份	2001 年						
	卖主的年边际收入税率 Seller's Marginal Income Tax Rate the Year of Sale						
	10%	15%	27.5%	30.5%	35.5%	39.1%	
卖主持有资产的时间	资本收益税率 The Tax Rate on the Capital Gain						
少于 1 年	10%	15%	27.5%	30.5%	35.5%	39.1%	
1—5 年	10%	10%	20%	20%	20%	20%	
5 年以上	8%	10%	20%	20%	20%	20%	

续表

年份	2002 年 1 月 1 日—2003 年 5 月 5 日					
	卖主的年边际收入税率 Seller's Marginal Income Tax Rate the Year of Sale					
	10%	15%	27%	30%	35%	38.6%
卖主持有资产的时间	资本收益税率 The Tax Rate on the Capital Gain					
少于 1 年	10%	15%	27%	30%	35%	38.6%
1—5 年	10%	10%	20%	20%	20%	20%
5 年以上	8%	10%	20%	20%	20%	20%
年份	2003 年 5 月 6 日至 2007 年 12 月 31 日					
	卖主的年边际收入税率 Seller's Marginal Income Tax Rate the Year of Sale					
	10%	15%	25%	28%	33%	35%
卖主持有资产的时间	资本收益税率 The Tax Rate on the Capital Gain					
少于 1 年	10%	15%	25%	28%	33%	35%
1 年及以上	5%	5%	15%	15%	15%	15%
年份	2008 年 1 月 1 日—2012 年 12 月 31 日					
	卖主的年边际收入税率 Seller's Marginal Income Tax Rate the Year of Sale					
	10%	15%	25%	28%	33%	35%
卖主持有资产的时间	资本收益税率 The Tax Rate on the Capital Gain					
少于 1 年	10%	15%	25%	28%	33%	35%
1 年及以上	0%	0%	15%	15%	15%	15%
年份	2013 年 1 月 1 日—						
	卖主的年边际收入税率 Seller's Marginal Income Tax Rate the Year of Sale						
	10%	15%	25%	28%	33%	35%	39.6%
卖主持有资产的时间	资本收益税率 The Tax Rate on the Capital Gain						
少于 1 年	10%	15%	25%	28%	33%	38.8%	43.4%
1 年及以上	0%	0%	15%	15%	15%	18.8%	23.8%

Source: Tax Foundation, *Federal Capital Gains Tax Rates*, 1988—2013.

2013 年收入最多的 25 家美国公司

排名	公司名称	总收入 （十亿美元）	利润 （百万美元）
1	沃尔玛商店（Wal-Mart Stores）	469.2	16999
2	埃克森-美孚公司（Exxon Mobil）	449.9	44880

续表

排名	公司名称	总收入 （十亿美元）	利润 （百万美元）
3	雪佛龙公司（Chevron）	233.9	26179
4	菲利普斯 66 公司（Phillips 66）	169.6	4124
5	伯克希尔·哈撒韦公司（Berkshire Hathaway）	162.5	14824
6	苹果公司（Apple）	156.5	41733
7	通用汽车公司（General Motors）	152.3	6188
8	通用电气公司（General Electric）	146.9	13641
9	瓦莱罗能源公司（Valero Energy）	138.3	2083
10	福特汽车公司（Ford Motor）	134.3	5665
11	美国电话电报公司（AT&T）	127.4	7264
12	房利美公司（Fannie Mae）	127.2	17220
13	CVS 公司（CVS Caremark）	123.1	3876.9
14	麦克森公司（McKesson）	122.7	1403
15	惠普公司（Hewlett-Packard）	120.4	-12650
16	威瑞森通讯公司（Verizon）	115.8	875
17	联合健康集团（UnitedHealth Group）	110.6	5526
18	J. P. 摩根大通公司（J. P. Morgan Chase & Co.）	108.2	21284
19	卡地纳健康公司（Cardinal Health）	107.6	1069
20	国际商业机器公司（International Business Machines）	104.5	16604
21	美国银行集团（Bank of America Corp.）	100.1	4188
22	好市多零售公司（Costco Wholesale）	99.1	1709
23	克罗格公司（Kroger）	96.8	1496.5
24	美国快捷药方控股公司（Express Scripts Holding）	94.4	1312.9
25	富国银行集团（Wells Fargo）	31.2	18897

Source：Fortune 500 see http：//money. cnn. com/magazines/fortune/fortune500/

2013 年美国增长最快的 25 家特许经营公司

排名	公司名称	企业性质	最低启动成本 （K：千美元；M：百万美元）
1	赛百味公司	三明治、沙拉	85.69K—262.85K
2	Jan-Pro 特许经营国际公司	商务清洁	3.15K—20.9K

续表

排名	公司名称	企业性质	最低启动成本 （K：千美元；M：百万美元）
3	7/11 便利店	便利店	30.79K—1.63M
4	先锋清洁系统	商务清洁	9.85K—35.83K
5	自由女神税务服务	报税服务	56.79K—69.9K
6	吉时客公司	鸡肉	4.63K—348.11K
7	爵士健美操公司	舞蹈、健身班	4.28K—76.5K
8	吉米约翰三明治	三明治	300.5K—489.5K
9	邓肯甜甜圈	咖啡、甜甜圈、烘焙食品	294K—1.5M
10	Anago 清洁系统	商务清洁	11.18K—66.84K
11	Cellairis 特许经营公司	手机及无线设备零配件	33.4K—439.01K
12	游轮计划—美国运通旅游	游轮及旅行社	2.09K—21.98K
13	卓越理发	美发沙龙	109.15K—208.3K
14	H&R 布洛克税务公司	报税及电子归档服务	31.5K—148.69K
15	随时健身公司	健身中心	56.29K—353.89K
16	体育美发连锁	美发沙龙	158.3K—306.5K
17	美淇士公司	自助冷冻酸奶	218.32K—385.16K
18	Mac 工具	汽车工具及设备	85.29K—231.8K
18	棒约翰国际公司	比萨	124.81K—542.11K
20	橙叶冷冻酸奶	冷冻酸奶	274.5K—408.5K
21	Firehouse 三明治	三明治	169.41K—989.54K
22	Bricks 4 Kidz 公司	乐高工程	33.79K—51.04K
23	公文式数学阅读中心	补习教育	66.51K—40.61K
24	Massage Envy 按摩公司	保健按摩及美容	331.48K—825.61K
25	星球健身俱乐部	健身俱乐部	672.59K—1.65M

Source：Etrepreneur，2013 *Fastest-Growing Franchise Rankings*，See also http：//www.entrepreneur.com/franchises/rankings/fastestgrowing-115162/2013-1.html.

2013 年美国主要企业营业收入

	营业收入 （十亿美元）	利润 （百万美元）
广告、营销		
宏盟集团（Omnicom）	14.2	998.3

续表

	营业收入 （十亿美元）	利润 （百万美元）
埃培智集团（Interpublic）	7	446.7
航天及国防		
波音公司（Boeing）	81.7	3900
联合技术公司（United Technologies）	59.8	5130
洛克希德-马丁公司（Lockheed Martin）	47.2	2745
霍尼韦尔国际公司（Honeywell International）	37.7	2926
通用动力公司（General Dynamics）	31.5	−332
诺斯洛普-格拉曼公司（Northrop Grumman）	25.2	1978
雷神公司（Raytheon）	24.4	1888
L-3 通讯公司（L-3 Communications）	14.1	810
德事隆公司（Textron）	12.2	589
航空运输		
联合大陆控股有限公司（United Continental Holdings）	37.2	−723
达美航空（Delta Air Lines）	36.7	1009
美国航空公司（AMR）	24.9	−1876
美国西南航空公司（Southwest Airlines）	17.1	421
全美航空公司（US Airways Group）	13.8	637
捷蓝航空（Jetblue Airways）	5	128
服装		
耐克公司（Nike）	24.1	2223
VF 公司（VF）	10.9	1086
拉尔夫-劳伦公司（Ralph Lauren）	6.9	681
PVH 集团（PVH）	6	433.8
汽车零售、服务		
汽车国公司（AutoNation）	15.7	316.4
潘世奇汽车集团（Penske Automotive Group）	13.6	185.5
CarMax 公司（CarMax）	10.5	413.8
赫兹全球控股公司（Hertz Global Holdings）	9	243.1
Sonic 汽车公司（Sonic Automotive）	8.5	89.1
第一集团汽车公司（Group 1 Automotive）	7.5	100.2
Avis Budget 集团（Avis Budget Group）	7.4	290

续表

	营业收入（十亿美元）	利润（百万美元）
饮料		
可口可乐公司（Coca-Cola）	48	9019
可口可乐企业公司（Coca-Cola Enterprises）	7.6	677
澎泉思蓝宝集团（Dr Pepper Snapple Group）	6	629
建材、玻璃		
欧文斯－康宁公司（Owens Corning）	5.2	-19
化工		
陶氏化学（Dow Chemical）	56.8	1182
杜邦公司（DuPont）	39.5	2788
PPG 工业公司（PPG Industries）	15.2	941
孟山都公司（Monsanto）	13.5	2045
Ecolab 公司（Ecolab）	11.8	703.6
Huntsman 公司（Huntsman）	11.2	363
Praxair 公司（Praxair）	11.2	1692
美盛公司（Mosaic）	11.1	1930.2
空气化工产品公司（Air Products & Chemicals）	9.9	1167.3
舍尔温－威廉姆斯公司（Sherwin-Williams）	9.5	631
Ashland 公司（Ashland）	8.2	26
伊士曼化学公司（Eastman Chemical）	8.1	437
艾利丹尼森公司（Avery Dennison）	6.8	215.4
塞拉尼斯（Celanese）	6.4	605
CF 工业控股（CF Industries Holdings）	6.1	1848.7
商业银行		
J.P. 摩根大通（J.P. Morgan Chase & Co.）	108.2	21284
美国银行（Bank of America Corp.）	100.1	4188
美国富国银行（Wells Fargo）	91.2	18897
花旗集团（Citigroup）	90.8	7541
高盛集团（Goldman Sachs Group）	41.7	7475
美国运通公司（American Express）	33.8	4482
摩根斯坦利（Morgan Stanley）	32.4	68
第一资本金融公司（Capital One Financial）	23.8	3517

续表

	营业收入 （十亿美元）	利润 （百万美元）
美国合众银行（U. S. Bancorp）	22. 2	5647
PNC 金融服务集团（PNC Financial Services Group）	16. 6	3013
纽约银行梅隆公司（Bank of New York Mellon Corp. ）	15. 5	2445
计算机外围设备		
EMC 公司（EMC）	21. 7	2732. 6
西部数据公司（Western Digital）	12. 5	1612
NetApp 公司（NetApp）	6. 2	605. 4
计算机软件		
微软公司（Microsoft）	73. 7	16978
甲骨文公司（Oracle）	37. 1	9981
赛门铁克公司（Symantec）	6. 7	1172
CA 公司（CA）	4. 8	951
计算机办公设备		
苹果公司（Apple）	156. 5	41733
惠普公司（Hewlett-Packard）	120. 4	− 12650
戴尔公司（Dell）	56. 9	2372
NCR 公司（NCR）	5. 8	146
必能宝公司（Pitney Bowes）	5	445. 2
建筑和农用机械产品		
卡特彼勒公司（Caterpillar）	65. 9	5681
迪尔公司（Deere）	36. 2	3064. 7
康明斯公司（Cummins）	17. 3	1645
AGCO 公司（AGCO）	10	522. 1
特雷克斯公司（Terex）	7. 3	105. 8
多元金融		
通用电气（General Electric）	146. 9	13641
房利美（Fannie Mae）	127. 2	17220
房地美（Freddie Mac）	80. 6	10982
国际资产控股公司（INTL FCStone）	69. 3	15
威达信集团（Marsh & McLennan）	11. 9	1176
阿默普莱斯金融（Ameriprise Financial）	10. 3	1029

续表

	营业收入 （十亿美元）	利润 （百万美元）
SLM 集团（SLM）	6.1	939
多元外包服务		
阿玛克公司（Aramark）	13.5	138.2
自动数据处理公司（Automatic Data Processing）	10.7	1388.5
电子电气设备		
艾默生电气公司（Emerson Electric）	24.5	1968
惠尔浦公司（Whirlpool）	18.1	401
罗克韦尔自动化公司（Rockwell Automation）	6.3	737
通用电缆公司（General Cable）	6	4
能源		
NRG 能源公司（NRG Energy）	8.4	559
威廉姆斯能源公司（Williams）	7.5	859
UGI 公司（UGI）	6.5	199.4
未来能源控股公司（Energy Future Holdings）	5.6	-3360
卡尔派集团（Calpine）	5.5	199
工程、建筑		
福陆公司（Fluor）	27.6	456.3
Peter Kiewit Sons' 公司（Peter Kiewit Sons'）	11.2	290
URS 公司（URS）	11	310.6
雅各布工程集团（Jacobs Engineering Group）	10.9	379
AECOM 科技（AECOM Technology）	8.2	-58.6
KBR 公司（KBR）	7.9	144
娱乐		
华特迪士尼公司（Walt Disney）	42.3	5682
新闻集团（News Corp.）	33.7	1179
时代华纳（Time Warner）	28.7	3019
哥伦比亚广播公司（CBS）	14.7	1574
维亚康姆公司（Viacom）	13.9	1981
金融数据服务		
第一咨询公司（First Data）	10.7	-700.9
Visa 公司（Visa）	10.4	2144

续表

	营业收入 （十亿美元）	利润 （百万美元）
万事达（MasterCard）	7.4	2759
繁德公司（Fidelity National Information Services）	5.9	461.2
西联公司（Western Union）	5.7	1025.9
食品和药品商店		
CVS 公司（CVS Caremark）	123.1	3876.9
克罗格公司（Kroger）	96.8	1496.5
沃尔格林公司（Walgreen）	71.6	2127
美国西夫韦公司（Safeway）	44.2	596.5
美国超价商店公司（Supervalu）	36.1	-1040
打中超级市场公司（Publix Super Markets）	27.7	1552.3
美国来爱德公司（Rite Aid）	26.1	-368.6
全食超市公司（Whole Foods Market）	11.7	465.6
食品消费产品		
百事公司（PepsiCo）	65.5	6178
亿滋国际（Mondelez International）	35	3028
卡夫食品（Kraft Foods Group）	18.3	1642
通用磨坊食品公司（General Mills）	16.7	1567.3
凯洛格公司（Kellogg）	14.2	961
蓝罗湖公司（Land O' Lakes）	14.1	240.4
康尼格拉食品公司（ConAgra Foods）	13.3	467.9
迪恩食品（Dean Foods）	12.9	158.6
亨氏食品公司（H. J. Heinz）	11.6	923.2
Hillshire Brands 公司（Hillshire Brands）	9.3	845
荷美尔食品公司（Hormel Foods）	8.2	500.1
金宝汤（Campbell Soup）	7.7	774
都乐食品（Dole Food）	6.8	-144.5
好时公司（Hershey）	6.6	660.9
食品生产		
ADM 公司（Archer Daniels Midland）	89	1223
泰森食品（Tyson Foods）	33.3	583
史密斯菲德食品公司（Smithfield Foods）	13.1	361.3

续表

	营业收入 （十亿美元）	利润 （百万美元）
卢卡帝亚国际公司（Leucadia National）	9.3	854.5
食品服务		
麦当劳（Mc Donald's）	27.6	5464.8
百盛餐饮集团（Yum Brands）	13.6	1597
星巴克（Starbucks）	13.3	1383.8
达登餐饮集团（Darden Restaurants）	8	475.5
林木与纸制品		
国际纸业（International Paper）	27.8	794
惠好公司（Weyerhaeuser）	7.1	385
多姆塔公司（Domtar）	5.5	172
百货		
沃尔玛（Wal-Mart）	469.2	16999
塔吉特公司（Target）	73.3	2999
西尔斯控股（Sears Holdings）	39.9	-930
梅西百货（Macy's）	27.7	1335
科尔百货（Kohl's）	19.3	986
达乐公司（Dollar General）	16	952.7
杰西潘尼公司（J. C. Penney）	13	-985
Nordstrom 公司（Nordstrom）	12.1	735
家庭美元百货（Family Dollar Stores）	9.3	422.2
迪拉兹百货（Dillard's）	6.8	336
医疗保健：保险和管理式医疗		
联合健康集团（UnitedHealth Group）	110.6	5526
维朋公司（WellPoint）	61.7	2655.5
哈门那公司（Humana）	39.1	1222
安泰保险（Aetna）	36.6	1657.9
信诺保险（Cigna）	29.1	1623
考文垂医疗保健（Coventry Health Care）	14.1	487.1
健康网络公司（Health Net）	11.5	122.1
医疗保健：医疗设备		
HCA 公司（HCA Holdings）	36.8	1605

续表

	营业收入 （十亿美元）	利润 （百万美元）
社区卫生系统公司（Community Health Systems）	15	265.6
泰尼特保健（Tenet Healthcare）	10.1	152
DaVita 公司（DaVita HealthCare Partners）	8.5	536
环球健康服务公司（Universal Health Services）	7.8	443.4
HMA 公司（Health Management Associates）	6.8	164.3
先锋医疗系统（Vanguard Health Systems）	6.5	57.3
医疗保健（药品与其他服务）		
美国快捷药方控股公司（Express Scripts Holding）	94.4	1312.9
探索诊断公司（Quest Diagnostics）	7.5	555.7
全护公司（Omnicare）	6.2	194.9
美国实验室公司（Laboratory Corp. of America）	5.7	583.1
家用设备、家具		
史丹利百德公司（Stanley Black & Decker）	11.1	883.8
马斯科公司（Masco）	7.8	−114
佳顿公司（Jarden）	6.7	243.9
纽威尔集团（Newell Rubbermaid）	5.9	401.3
酒店、赌场、度假地		
万豪国际（Marriott International）	11.8	571
拉斯维加斯金沙公司（Las Vegas Sands）	11.1	1524.1
米高梅集团（MGM Resorts International）	9.2	−1767.7
恺撒娱乐（Caesars Entertainment）	8.8	−1497.5
喜达屋酒店集团（Starwood Hotels & Resorts）	6.3	562
永利度假酒店（Wynn Resorts）	5.2	502
家庭和个人日用品		
宝洁公司（Procter & Gamble）	85.1	10756
金佰利公司（Kimberly-Clark）	21.1	1750
高露洁－棕榄公司（Colgate-Palmolive）	17.1	2472
雅芳产品公司（Avon Products）	10.7	−42.5
雅诗兰黛（Estee Lauder）	9.7	856.9
高乐氏（Clorox）	5.5	541
工业设备		

续表

	营业收入 （十亿美元）	利润 （百万美元）
伊利诺伊工具（Illinois Tool Works）	18.1	2870
派克汉尼汾公司（Parker-Hannifin）	13.1	1151.8
都福公司（Dover）	8.5	811.1
SPX 公司（SPX）	5.9	259.2
铁姆肯公司（Timken）	5	495.5
信息技术服务		
国际商业机器公司（International Business Machines）	104.5	16504
施乐公司（Xerox）	22.4	1195
计算机科学公司（Computer Sciences）	15.9	−4242
SAIC 公司（SAIC）	11.2	525
CDW 公司（CDW）	10.1	119
高知特资讯技术公司（Cognizant Technology Solutions）	7.3	1051.3
博思艾伦咨询有限公司（Booz Allen Hamilton Holding）	5.9	240
人寿与健康保险（共同基金类）		
美国纽约人寿保险公司（New York Life Insurance）	34.3	1333.2
美国麻省人寿保险公司（Massachusetts Mutual Life Insurance）	32.9	1114.6
美国教师退休基金会（TIAA-CREF）	32.2	2060
西北互助人寿保险公司（Northwestern Mutual）	26	783
美国守护者人寿保险公司（Guardian Life Ins. Co. of America）	11.3	265.8
人寿与健康保险（股份制类）		
美国保德信金融集团（Prudential Financial）	84.8	469
大都会保险公司（MetLife）	68.2	1324
美国家庭人寿保险公司（Aflac）	25.4	2866
林肯国民集团（Lincoln National）	11.5	1313
尤那姆集团（Unum Group）	10.5	894.4
财产与灾害保险（共同基金类）		
州立农业保险公司（State Farm Insurance Cos.）	65.3	3159.2
全美互惠保险公司（Nationwide）	30.4	748.5
财产与灾害保险（股份制类）		
伯克希尔－哈撒韦公司（Berkshire Hathaway）	162.5	14824
美国国际集团（American International Group）	70.1	3438

续表

	营业收入 （十亿美元）	利润 （百万美元）
美国利宝相互保险公司（Liberty Mutual Insurance Group）	36.9	829
好事达公司（Allstate）	33.3	2306
美国哈特福德金融服务公司（Hartford Financial Services Group）	26.4	−38
圣保罗旅行者保险公司（Travelers Cos.）	25.7	2473
联合服务汽车协会（United Services Automobile Assn.）	20.7	2832.3
网络服务及网络零售		
亚马逊（Amazon）	61.1	−39
谷歌（Google）	52.2	10737
易趣（eBay）	14.1	2609
自由互动公司（Liberty Interactive）	10.1	1530
普林斯林公司（Priceline. com）	5.3	1419.6
脸谱网（Facebook）	5.1	53
雅虎（Yahoo）	5	3945.5
快递服务		
联合包裹速递服务公司（United Parcel Service）	54.1	807
联邦快递（FedEx）	42.7	2032
医疗产品和设备		
美敦力公司（Medtronic）	16.5	3617
百特国际（Baxter International）	14.2	2326
史塞克（Stryker）	8.7	1298
贝迪医疗（Becton Dickinson）	7.9	1169.9
波士顿科学公司（Boston Scientific）	7.2	−4068
冶金		
美铝公司（Alcoa）	23.7	191
纽克公司（Nucor）	19.4	504.6
美国钢铁公司（United States Steel）	19.3	−124
Reliance 钢铁铝业公司（Reliance Steel & Aluminum）	8.4	403.5
美国工商五金公司（Commercial Metals）	7.9	207.5
钢铁动力公司（Steel Dynamics）	7.3	163.6
AK 钢铁控股公司（AK Steel Holding）	5.9	−1027.3
矿业及原油生产		

续表

	营业收入 （十亿美元）	利润 （百万美元）
康菲石油公司（ConocoPhillips）	63.4	8428
美国西方石油公司（Occidental Petroleum）	24.3	4598
弗里波特－麦克莫兰铜金公司（Freeport-McMoRan Copper & Gold）	18	3041
阿帕奇（Apache）	17.1	2001
美国马拉松石油公司（Marathon Oil）	16.2	1582
阿纳达科石油公司（Anadarko Petroleum）	13.4	2391
切萨皮克能源公司（Chesapeake Energy）	12.3	-769
汽车及零部件		
通用汽车公司（General Motors）	152.3	6188
福特汽车公司（Ford Motor）	134.3	5665
江森自控有限公司（Johnson Controls）	42	1226
固特异轮胎（Goodyear Tire & Rubber）	21	1111.6
帕卡公司（Paccar）	17.1	1008
天合汽车集团（TRW Automotive Holdings）	16.4	379
伊坎企业（Icahn Enterprises）	15.7	1282.8
利尔公司（Lear）	14.6	
网络及其他通信设备		
思科公司（Cisco Systems）	46.1	8041
高通公司（Qualcomm）	19.1	6109
摩托罗拉公司（Motorola Solutions）	8.7	881
康宁公司（Corning）	8	1728
哈里斯公司（Harris）	6	30.6
亚美亚公司（Avaya）	5.2	-344
石油与天然气设备服务		
哈利伯顿公司（Halliburton）	28.5	2635
贝克休斯公司（Baker Hughes）	21.4	1311
国民油井华高公司（National Oilwell Varco）	20	2491
卡梅隆国际（Cameron International）	8.5	750.5
美信达科技公司（FMC Technologies）	6.2	430
包装、容器		
Rock-Tenn 公司（Rock-Tenn）	9.2	249.1

续表

	营业收入 （十亿美元）	利润 （百万美元）
Ball 公司（Ball）	8.7	403.5
石油加工		
埃克森美孚（Exxon Mobil）	449.9	44880
雪佛龙（Chevron）	233.9	26179
菲利普斯 66 公司（Phillips 66）	169.6	4124
瓦莱罗能源公司（Valero Energy）	138.3	2083
马拉松原油公司（Marathon Petroleum）	76.8	3389
美国阿美拉达赫斯公司（Hess）	38.4	2025
制药		
强生（Johnson & Johnson）	67.2	10853
辉瑞制药有限公司（Pfizer）	61.2	14570
默克（Merck）	47.3	6168
雅培公司（Abbott Laboratories）	39.9	5962.9
礼来公司（Eli Lily）	22.6	4088.6
百时美施贵宝公司（Bristol-Myers Squibb）	17.6	1960
安进公司（Amgen）	17.3	4345
管道运输		
Enterprise Products Partners 公司（Enterprise Products Partners）	42.6	2419.9
全美平原管道公司（Plains All American Pipeline）	37.8	1094
Energy Transfer Equity 公司（Energy Transfer Equity）	17.3	302
Oneok 燃气公司（Oneok）	12.7	360.6
金德尔摩根（Kinder Morgan）	10.2	315
出版、印刷		
当纳利集团（R. R. Donnelley & Sons）	10.2	−651.4
麦格劳希尔公司（McGraw-Hill）	6.5	437
甘尼特集团（Gannett）	5.4	424.3
铁路		
联合太平洋（Union Pacific）	20.9	3943
CSX 科技公司（CSX）	11.8	1859
诺福克南方公司（Norfolk Southern）	11	1749
不动产		

续表

	营业收入 （十亿美元）	利润 （百万美元）
世邦魏理仕（CBRE Group）	6.5	315.6
Host 度假酒店（Host Hotels & Resorts）	5.3	61
西蒙房地产集团（Simon Property Group）	4.9	1434.5
科学仪器、摄影和控制设备		
美国丹纳赫集团（Danaher）	18.3	2392.2
赛默飞世尔科技公司（Thermo Fisher Scientific）	12.7	1177.9
安捷伦科技公司（Agilent Technologies）	6.9	1153
债券及有价证券		
KKR 公司（KKR）	9.7	560.8
贝莱德（BlackRock）	9.3	2458
富兰克林资源（Franklin Resources）	7.1	1931.4
嘉信理财（Charles Schwab）	5	928
半导体及其他电子元件		
英特尔公司（Intel）	53.3	11005
杰比尔电路公司（Jabil Circuit）	17.2	394.7
德州仪器公司（Texas Instruments）	12.8	1759
应用材料公司（Applied Materials）	8.7	109
美光科技（Micron Technology）	8.2	-1032
博通（Broadcom）	8	719
新美亚（Sanmina）	6.1	180.2
超威半导体公司（Advanced Micro Devices）	5.4	-1183
闪迪公司（SanDisk）	5.1	417.4
专业零售商：服装		
TJX 公司（TJX）	25.9	1906.7
Gap 公司（Gap）	15.7	1135
有限品牌公司（L Brands）	10.5	753
罗斯百货（Ross Stores）	9.7	786.8
富乐客（Foot Locker）	6.2	397
专业零售商：其他		
好市多（Costco Wholesale）	99.1	1709
家得宝（Home Depot）	74.8	4535

续表

	营业收入 （十亿美元）	利润 （百万美元）
美国劳氏公司（Lowe's）	50.5	1959
百思买（Best Buy）	45.1	-441
史泰博（Staples）	24.7	-210.7
玩具反斗城（Toys "R" Us）	13.5	38
欧迪办公（Office Depot）	10.7	-77.1
电信		
美国电话电报公司（AT&T）	127.4	7264
威瑞森电信（Verizon Communications）	115.8	875
美国康卡斯特电信公司（Comcast）	62.6	6203
斯普利特公司（Sprint Nextel）	35.3	-4326
美国直播电视集团（DirecTV）	29.7	2949
时代华纳有线（Time Warner Cable）	21.4	2155
美国世纪互联公司（CenturyLink）	18.4	777
临时助工		
万宝盛华公司（ManpowerGroup）	20.7	197.6
凯利服务公司（Kelly Services）	5.5	50.1
烟草		
菲利普-莫里斯国际公司（Philip Morris International）	31.4	8800
高特利集团（Altria Group）	17.5	4180
雷诺兹烟草公司（Reynolds American）	8.3	1272
玩具、体育用品		
美泰公司（Mattel）	6.4	776.5
交通物流		
美国罗宾逊全球物流有限公司（C. H. Robinson Worldwide）	11.4	593.8
华盛顿国际商贸公司（Expeditors International of Washington）	6	333.4
康威物流公司（Con-way）	5.6	104.5
交通设备		
哈雷戴维森公司（Harley-Davidson）	5.6	623.9
卡车、卡车租赁		
赖德系统公司（Ryder System）	6.3	210

续表

	营业收入 （十亿美元）	利润 （百万美元）
J. B. 亨特运输服务公司（J. B. Hunt Transport Services）	5.1	310.4
耶路全球物流公司（YRC Worldwide）	4.9	-140.4
公共设施：天然气与电力		
艾斯能（Exelon）	23.5	1160
杜克能源公司（Duke Energy）	19.6	1768
AES 公司（AES）	18.2	-912
Southern 公司（Southern）	16.5	2350
第一能源公司（FirstEnergy）	15.3	770
太平洋燃气电力公司（PG&E Corp.）	15	816
美国电力（American Electric Power）	14.9	1259
废品处理		
废物管理公司（Waste Management）	13.6	817
共和服务公司（Republic Services）	8.1	571.8
批发商：多元化		
全球燃料服务公司（World Fuel Services）	38.9	189.3
Global Partners 公司（Global Partners）	17.6	45.5
美国通用配件公司（Genuine Parts）	13	648
固安捷公司（W. W. Grainger）	9	689.9
批发商：电子设备及办公设备		
美国英格雷姆麦克罗公司（Ingram Micro）	37.8	305.9
安福利（Avnet）	25.7	567
技术数据公司（Tech Data）	35.4	214.6
艾睿电子（Arrow Electronics）	20.4	506.3
联强国际（Synnex）	10.3	151.4
批发商：食品杂货		
西斯科公司（Sysco）	42.4	1121.6
CHS 公司（CHS）	40.6	1260.6
批发商：保健		
麦克森公司（McKesson）	122.7	1403
卡地纳健康（Cardinal Health）	107.6	1069
美源伯根公司（AmerisourceBergen）	79.7	719

	营业收入 （十亿美元）	利润 （百万美元）
		续表

其他产业

	营业收入 （十亿美元）	利润 （百万美元）
3M 公司（3M）	29.9	4444
光谱国际集团（Spectrum Group International）	8	4.1
莫霍克工业（Mohawk Industries）	5.8	250.3

Source：Fortune 500 2013 *Annual Ranking of America's Largest Corporations.*

对 外 贸 易

美国国际收支情况

（单位：百万美元）

	1970	1980	1990	2000	2005	2006	2007
经常账户							
商品、服务的出口和收入	68387	344440	706975	1425260	1825596	2145469	2486810
商品、服务的出口	56640	271834	535233	1072782	1288257	1460792	1652859
收支平衡表中商品	42469	224250	387401	784781	911686	1039406	1163605
服务	14171	47584	147832	288002	376571	421386	489255
收入	11748	72606	171742	352478	537339	684677	833951
美国海外资产的收入	11748	72606	170570	348083	532542	679608	828732
雇员报酬	…	…	1172	4395	4796	5069	5219
商品、服务的进口和支付	−59901	−333774	−759290	−1783419	−2465880	−2854530	−3085270
商品、服务的进口	−54386	−291241	−616097	−1450119	−1996171	−2213191	−2351925
收支平衡表中商品	−39866	−249750	−498438	−1231722	−1695820	−1878194	−1986347
服务	−14520	−41491	−117659	−218397	−300352	−334998	−365577
支付	−5515	−42532	−143192	−333300	−469709	−641338	−733345
外国在美资产收入的支付	−5515	−42532	−139728	−322345	−453800	−624912	−717623
雇员报酬	…	…	−3464	−10955	−15909	−16426	−15722
单边转移净值	−6156	−8349	−26654	−58159	−99512	−89417	−114929

续表

	1970	1980	1990	2000	2005	2006	2007
资本账户							
资本账户交易净值	…	…	−7220	−1	13116	−1788	384
金融账户							
美国持有的海外资产，不包括金融衍生品	−9337	−86967	−81234	−560523	−546631	−1285729	−1453604
美国官方储备资产	2481	−8155	−2158	−290	14096	2374	−122
除去官方储备资产的美国政府资产	−1589	−5162	2317	−941	5539	5346	−22273
美国私人资产	−10229	−73651	−81393	−559292	−566266	−1293449	−1431209
外国在美资产，不包括金融衍生品	7226	62037	139357	1038224	1247347	2065169	2064642
外国在美官方资产	7775	16649	33910	42758	259268	487939	481043
其他外国在美资产	−550	45388	105447	995466	988079	1577230	1583599
金融衍生品净值	n. a.	n. a.	n. a.	n. a.	n. a.	29710	6222
上述各项偏差	−219	22613	28066	−61382	25964	−8884	95745
经常账户平衡	2331	2317	−78968	−416317	−739796	−798478	−713389

	2008	2009	2010	2011	2012	2013①	
经常账户							
商品、服务的出口和收入	2654418	2184786	2522520	2873654	2986949	3060451	
商品、服务的出口	1840332	1578187	1844468	2112825	2210585	2271386	
收支平衡表中商品	1307329	1069475	1288795	1495853	1561239	1589664	
服务	533003	508712	555674	616973	649346	681721	
收入	814086	606599	678051	760829	776364	789065	
美国海外资产的收入	808721	600859	672120	754724	770079	782442	
雇员报酬	5364	5740	5931	6105	6286	6623	
商品、服务的进口和支付	−3210575	−2444863	−2844240	−3197844	−3297677	−3306549	
商品、服务的进口	−2542634	−1961844	−2343847	−2669663	−2745240	−2746249	
收支平衡表中商品	−2141287	−1580025	−1938950	−2239991	−2302714	−2293574	
服务	−401348	−381819	−404897	−429672	−442527	−452675	
支付	−667941	−483019	−500392	−528181	−552437	−560300	

① 2013 年数据是初步的。

续表

	2008	2009	2010	2011	2012	2013①	
外国在美资产收入的支付	−650880	−468600	−486430	−513997	−537815	−545016	
雇员报酬	−17061	−14418	−13962	−14184	−14622	−15285	
单边转移净值	−125185	−121559	−127751	−133535	−129688	−133179	
资本账户							
资本账户交易净值	6010	−140	−157	−1212	6956	−412	
金融账户							
美国持有的海外资产，不包括金融衍生品	332109	−128860	−909953	−452304	−97469	−552983	
美国官方储备资产	−4848	−52256	−1834	−15877	−4460	3098	
除去官方储备资产的美国政府资产	−529615	541342	7540	−103666	85331	1975	
美国私人资产	866571	−617946	−915659	−332761	−178341	−558056	
外国在美资产，不包括金融衍生品	431406	315063	1333921	969006	543884	906066	
外国在美官方资产	554634	480286	398309	253816	393922	283744	
其他外国在美资产	−123228	−165223	935612	715190	149962	622322	
金融衍生品净值	−32947	44816	14076	35006	−7064	−1850	
上述各项偏差	−55235	150757	11585	−92771	−5891	28456	
经常账户平衡	−681343	−381636	−449471	−457725	−440416	−379278	

Source：U. S. Bureau of Economics Analysis，*International Data*，see Table 1 U. S. international Transactions.

2004—2012 年其他国家和地区在美国的直接投资

（单位：百万美元）

	2004	2005	2006	2007	2008
所有国家和地区	1520316	1634121	1840463	1993156	2046662
加拿大	125276	165667	165281	201924	168746
欧洲	1078784	1154048	1326739	1421323	1477893
奥地利	3572	2425	2305	4410	4251
比利时	12581	10024	11691	23471	23379
丹麦	5064	6117	6726	5761	5537

---

① 2013 年数据是初步的。

续表

	2004	2005	2006	2007	2008
芬兰	5639	5938	7129	5308	7613
法国	137927	114260	147799	141487	141922
德国	164921	177176	205969	187815	173843
爱尔兰	16446	17465	25517	26089	·21270
意大利	6889	7725	9299	13762	19466
卢森堡	116479	79680	89157	123389	130020
荷兰	159601	156602	182014	184613	179938
挪威	2862	9810	10442	7317	11511
西班牙	5818	7472	13969	25908	30037
瑞典	22292	22269	20098	45811	32578
瑞士	122165	133387	134568	149732	157121
英国	267209	371350	414629	405543	447529
其他	29319	32348	45427	70907	91878
拉丁美洲和其他西半球国家	76268	57175	66583	58869	56538
中、南美洲	25000	22507	24172	16685	13581
巴西	1195	2051	1054	2091	16
墨西哥	7592	3595	5310	8478	8420
巴拿马	10408	10983	11924	1066	916
委内瑞拉	5009	5292	5380	4051	2402
其他	796	586	504	999	1827
其他西半球国家	51266	34668	42411	42185	42957
巴哈马	1122	650	513	760	236
百慕大群岛	6626	2147	9223	4713	13703
荷属安地列斯群岛	3532	5531	4675	6253	6351
英属加勒比海各岛	21702	23063	28367	34353	27799
其他	18284	3277	− 367	− 3894	− 5132
非洲	1859	2341	1975	1035	1818
南非	372	493	643	239	676
其他	1487	1848	1332	796	1142
中东	7899	8306	10112	15028	16233
以色列	3921	4231	(D)	6312	6752
科威特	(D)	568	893	855	371

续表

	2004	2005	2006	2007	2008
黎巴嫩	（ * ）	－6	－7	（D）	（D）
沙特阿拉伯	（D）	（D）	（D）	（D）	（D）
阿拉伯联合酋长国	23	（D）	（D）	1039	2136
其他	142	265	221	1269	1630
亚洲及太平洋地区	230232	246585	269773	294975	325430
澳大利亚	40107	36392	38777	35595	37399
中国	435	574	785	584	1105
中国香港	2744	3467	2992	3809	4217
印度	629	1497	1438	1671	2820
日本	174490	189851	204020	222695	234748
韩国	5270	6077	9459	11939	12859
马来西亚	327	420	488	464	450
新西兰	824	690	559	908	880
新加坡	1733	3338	6458	12151	25801
中国台湾	3209	3731	4064	4465	4462
其他	464	548	733	694	689
欧盟	943074	999276	1165558	1247711	1289929
石油输出国组织	8365	9286	10299	12774	12215

	2009	2010	2011	2012	
所有国家和地区	2069438	2280044	2502628	2650832	
加拿大	188943	192463	210792	225331	
欧洲	1504726	1659775	1768148	1876239	
奥地利	4622	4532	4753	5206	
比利时	36292	69565	80299	88697	
丹麦	6806	7772	8826	8807	
芬兰	5415	4943	5908	7162	
法国	158924	189763	189629	209121	
德国	183966	203077	215250	199006	
爱尔兰	21044	24097	23410	24917	
意大利	18567	20142	21272	23260	
卢森堡	138667	170309	192860	202338	
荷兰	206622	234408	225703	274904	

续表

	2009	2010	2011	2012	
挪威	9866	10478	16088	16432	
西班牙	38984	43095	46177	47352	
瑞典	28941	38780	39388	42387	
瑞士	140819	180642	202220	203954	
英国	414590	400435	461701	486833	
其他	90601	57737	34664	35863	
拉丁美洲和其他西半球国家	32961	62130	89135	95642	
中、南美洲	14585	17944	25495	25773	
巴西	− 1430	1357	5095	3590	
墨西哥	11111	10970	13051	14883	
巴拿马	1101	952	1135	1003	
委内瑞拉	2612	3122	4038	4638	
其他	1191	1543	2176	1659	
其他西半球国家	18378	44186	63640	69868	
巴哈马	694	1753	2228	2876	
百慕大群岛	− 7646	365	4670	2324	
荷属安地列斯群岛	6513	2819	4159	4904	
英属加勒比海各岛	21227	38477	51012	58584	
其他	− 2410	772	1571	1180	
非洲	1225	2265	4285	5338	
南非	594	699	943	1465	
其他	631	1566	3342	3873	
中东	18177	16808	20753	20603	
以色列	8122	8714	10090	9821	
科威特	358	347	(D)	(D)	
黎巴嫩	(D)	(D)	(D)	(D)	
沙特阿拉伯	(D)	(D)	(D)	(D)	
阿拉伯联合酋长国	2253	747	1452	1340	
其他	(D)	(D)	2079	(D)	
亚洲及太平洋地区	323403	346606	409512	427681	
澳大利亚	36760	35632	52522	42685	
中国	1624	3300	3729	5154	

续表

	2009	2010	2011	2012	
中国香港	4236	4440	4915	6283	
印度	2555	4102	4833	5158	
日本	238140	255012	291053	308253	
韩国	12969	15746	19252	24467	
马来西亚	439	338	872	662	
新西兰	767	584	1688	1663	
新加坡	20757	21517	24207	26244	
中国台湾	3885	4642	* 4981	5454	
其他	1271	1293	1460	1658	
欧盟	1340384	1457842	1540276	1647567	
石油输出国组织	12665	11282	14764	15487	

Source：Bureau of Economics Analysis，*Foreign Direct Investment in the U. S.*：*Balance of Payments and Direct Investment Position Data.*

备注

（1） * 表示一个位于 $ -500000— $ 500000 的非零值。

（2） D 表示避免个别公司数据的披露。

美国对外直接投资

（单位：百万美元）

	2000	2005	2006	2007	2008
所有国家和地区	1316247	2241656	2477268	2993980	3232493
加拿大	132472	231836	205134	250642	246483
欧洲	687320	1210680	1397701	1682025	1844183
奥地利	2872	11236	14897	14646	13546
比利时	17973	49306	51862	62491	65279
捷克共和国	1228	2729	3615	4066	5053
丹麦	5270	6914	5849	8950	10481
芬兰	1342	1950	2107	2202	2012
法国	42628	60526	63008	74179	84409
德国	55508	100473	93620	100601	107833

续表

	2000	2005	2006	2007	2008
希腊	795	1884	1804	2179	2092
匈牙利	1920	2795	2602	6457	3737
爱尔兰	35903	55173	86372	117708	150131
意大利	23484	24528	25435	28216	27663
卢森堡	27849	79937	125146	144180	172251
荷兰	115429	240205	279373	412122	423059
挪威	4379	8533	9667	12188	24706
波兰	3884	5575	6934	15614	12489
葡萄牙	2664	2138	2832	2991	3006
俄罗斯	1147	9363	11371	15029	19777
西班牙	21236	50197	49356	61093	54194
瑞典	25959	30153	33857	36615	35876
瑞士	55377	100692	102022	94675	133222
土耳其	1826	2563	3141	5584	4542
英国	230762	351513	406358	426357	448412
其他	7885	12297	16473	33882	40413
拉丁美洲和其他西半球国家	266578	379580	418428	556160	588993
南美洲	84221	73310	80477	104731	98603
阿根廷	17488	10103	13174	13692	12197
巴西	36717	30882	33504	48807	43953
智利	10052	11127	10927	16337	16286
哥伦比亚	3693	4292	3799	4552	5028
厄瓜多尔	832	941	904	1007	1098
秘鲁	3130	5542	5561	5964	4448
委内瑞拉	10531	8934	10922	12871	13545
其他	1778	1489	1686	1501	2048
中美洲	73843	82495	91810	102472	101292
哥斯达黎加	1716	1598	2105	2267	2414
洪都拉斯	399	821	864	626	809
墨西哥	39352	73687	82965	91046	87443
巴拿马	30758	4826	4636	6171	5963
其他	1618	1563	1240	2362	4663

续表

	2000	2005	2006	2007	2008
其他西半球国家	108514	223775	246141	348957	389098
巴巴多斯	2141	3881	4831	2136	3154
百慕大群岛	60114	113222	133480	211708	207547
多米尼加共和国	1143	815	789	712	806
英属加勒比海各岛	33451	83164	84817	105829	134298
其他	11665	22693	22224	28572	43293
非洲	11891	22755	28158	32606	36746
埃及	1998	5475	5564	7023	7804
尼日利亚	470	1105	1677	1584	3254
南非	3562	3969	3980	5240	4999
其他	5861	12206	16937	18759	20689
中东	10863	21115	24206	28448	31294
以色列	3735	7978	9168	9487	9444
沙特阿拉伯	3661	3830	4410	5012	5126
阿拉伯联合酋长国	683	2285	2670	2967	3337
其他	2784	7022	7958	10982	13387
亚洲及太平洋地区	207125	375690	402637	444100	484795
澳大利亚	34838	75669	67632	84331	92668
中国	11140	19016	26459	29710	53927
中国香港	27447	36415	39636	40720	40042
印度	2379	7162	9746	14622	18354
印度尼西亚	8904	8603	9484	14978	16273
日本	57091	81175	84428	85224	99803
韩国	8968	19760	27299	23558	22426
马来西亚	7910	11097	11185	12140	12243
新西兰	4271	5191	5933	5527	4451
菲律宾	3638	6522	6948	6953	5505
新加坡	24133	76390	81879	93529	83169
中国台湾	7836	14356	16999	15807	18053
泰国	5824	10252	10642	10284	9162
其他	2746	4082	5367	6717	8719
欧盟	609674	1078384	1256599	1525251	1626351

	2000	2005	2006	2007	2008
石油输出国组织	28545	35720	42365	54538	62989

	2009	2010	2011	2012	
所有国家和地区	3565020	3741910	4084659	4453307	
加拿大	274807	295206	331666	351460	
欧洲	1991192	2034561	2247347	2477041	
奥地利	10954	11485	13763	15591	
比利时	46610	43975	50941	53769	
捷克共和国	5372	5268	5804	6389	
丹麦	13053	11802	15019	15092	
芬兰	1659	1597	2184	2013	
法国	90879	78320	79621	82596	
德国	110149	103319	111088	121184	
希腊	1919	1775	1189	969	
匈牙利	4090	4237	5651	6014	
爱尔兰	129829	158851	189449	203779	
意大利	29944	27137	25981	26754	
卢森堡	219082	272206	350619	383603	
荷兰	497471	514689	573721	645098	
挪威	24238	28541	33283	38803	
波兰	13412	13152	13446	14178	
葡萄牙	2803	2612	2477	2383	
俄罗斯	20763	10040	11658	14066	
西班牙	58341	52390	48581	31377	
瑞典	36702	23275	24827	24532	
瑞士	131707	119891	113715	130315	
土耳其	3675	4155	4851	6028	
英国	495382	501247	515991	597813	
其他	43158	44597	53488	54695	
拉丁美洲和其他西半球国家	718476	752786	807361	869266	
南美洲	119763	136596	152671	171266	
阿根廷	12610	11747	13498	14396	
巴西	55380	66963	73836	79394	

续表

	2009	2010	2011	2012	
智利	25404	30747	34966	39870	
哥伦比亚	6050	6181	6475	8434	
厄瓜多尔	1339	1283	793	851	
秘鲁	6435	7196	8993	10918	
委内瑞拉	10248	10255	11871	15034	
其他	2297	2225	2239	2369	
中美洲	97127	97752	102990	112729	
哥斯达黎加	2155	1827	1857	1681	
洪都拉斯	852	936	821	881	
墨西哥	84047	85751	90795	101030	
巴拿马	6060	5156	5362	5113	
其他	4013	4082	4155	4024	
其他西半球国家	501586	518438	551700	585271	
巴巴多斯	5804	7524	11874	13082	
百慕大群岛	287933	265524	280461	304524	
多米尼加共和国	1193	1432	1467	1655	
英属加勒比海各岛	160627	191680	200219	219851	
其他	46029	52278	57679	46159	
非洲	43942	54817	57230	61381	
埃及	10257	12599	14950	17134	
尼日利亚	4938	5058	5307	8152	
南非	5447	6017	5830	5502	
其他	23300	31143	31143	30593	
中东	33776	34430	34881	42853	
以色列	9018	9464	9271	10208	
沙特阿拉伯	7530	7436	8250	9692	
阿拉伯联合酋长国	4118	4935	5864	7826	
其他	13110	12595	11496	15127	
亚洲及太平洋地区	502828	570110	606174	651304	
澳大利亚	106212	125421	137261	132825	
中国	54069	58996	55304	51363	
中国香港	50720	41264	39998	47767	

续表

	2009	2010	2011	2012	
印度	21752	24666	24622	28385	
印度尼西亚	9743	10558	11972	13480	
日本	91196	113523	126030	133967	
韩国	23930	26233	30160	35125	
马来西亚	9740	11791	12386	15001	
新西兰	6141	6724	7930	9466	
菲律宾	4602	5399	4766	4591	
新加坡	87909	102778	118571	138603	
中国台湾	19894	22188	15720	16482	
泰国	9457	12999	14537	16882	
其他	7463	7570	6917	7367	
欧盟	1773748	1834559	2036631	2239580	
石油输出国组织	48620	51499	53114	63369	

Source：Bureau of Economics Analysis, *U. S. Direct Investment Abroad*：*Balance of Payments and Direct Investment Position Data.*

美国持有的外国债券（部分国家及地区）

（单位：百万美元）

国家及地区	2004	2005	2006	2007	2008
欧洲				3652357	2171784
英国	737754	814784	1075579	1143104	647361
法国	216607	273879	401388	448482	285482
瑞士	142013	196135	264243	287878	218388
荷兰	202361	191883	234066	235280	169343
德国	201376	216726	292103	426558	254714
西班牙	68905	69821	110957	146451	93205
意大利	77710	79393	105893	120019	61763
瑞典	62398	74618	102066	112081	59358
芬兰	38896	48777	59934	94216	40959
奥地利	15249	17280	26568	29008	9923
丹麦	23882	25276	33978	47165	32336

续表

国家及地区	2004	2005	2006	2007	2008
爱尔兰	55264	75368	120513	131951	62809
挪威	30477	36334	50573	67937	33349
俄罗斯	21314	28764	48441	80948	24616
加拿大	344669	418918	477888	587922	378435
拉丁美洲				371650	202614
百慕大群岛	164074	186662	208049	273275	163128
巴西	62999	90286	110294	188887	91453
墨西哥	66317	86107	108450	110041	65183
智利	11598	12099	12539	12821	10299
亚洲及太平洋地区				1325459	775234
中国	12723	28443	75314	97284	54903
日本	384099	530885	596239	594082	403279
韩国	73613	118507	123876	139607	56055
中国台湾	34887	57877	74449	81202	41418
中国香港	37350	46225	87518	121340	64815
新加坡	29195	36361	52731	64732	30480
印度	23525	33226	49231	85225	31918
澳大利亚	103412	128202	173153	222684	145543
非洲				75895	42520
南非	24647	34211	42686	53159	32218
国际组织				24015	25637
总持有量	3786635	4609105	5990896	7219707	4291407

国家及地区	2009	2010	2011	2012	
欧洲	3000586	3153793	2977737	3562294	
英国	958257	1001456	989274	1128508	
法国	362382	366329	305953	374753	
瑞士	305011	327036	292024	333492	
荷兰	232918	232886	241758	286055	
德国	293599	299101	266366	329575	
西班牙	113469	87078	75689	98894	
意大利	78505	65638	62483	109564	
瑞典	75743	122100	115419	121568	

续表

国家及地区	2009	2010	2011	2012	
芬兰	34797	40622	23323	26578	
奥地利	14973	18070	11522	14408	
丹麦	37583	48905	43235	49270	
爱尔兰	120020	131936	149497	180851	
挪威	52354	56074	62538	73282	
俄罗斯	50814	62285	51334	66532	
加拿大	540255	695214	736180	808023	
拉丁美洲	369303	432344	395622	482249	
百慕大群岛	147962	159544	160894	178344	
巴西	212809	235128	196178	216116	
墨西哥	87654	108855	108494	157089	
智利	15308	22531	23871	27912	
亚洲及太平洋地区	1052919	1343221	1231828	1425640	
中国	102303	102226	76798	120392	
日本	419077	518907	508613	520713	
韩国	104826	148188	146206	174689	
中国台湾	76859	94656	72146	87640	
中国香港	92885	134817	115643	144743	
新加坡	52104	63907	59552	72896	
印度	65495	91486	58594	78847	
澳大利亚	276430	323303	333584	351065	
非洲	67115	99080	87668	110171	
南非	53519	77934	70511	85830	
国际组织	48572	55056	52411	57041	
总持有量	5976711	6763362	6840849	7941441	

Source：U. S. Department of Treasury，*Report on U. S. Portfolio Holdings of Foreign Securities*，Yearly.

2004—2013 年外国持有的美国债券（部分国家及地区）

（单位：百万美元）

国家及地区	12 月									
	2004	2005	2006	2007	2008	2009	2010	2011	2012	2013
中国大陆地区	222.9	310	396.9	477.6	727.4	894.8	1160.1	1151.9	1220.4	1270
日本	689.9	670	622.9	581.2	626	765.7	882.3	1058.1	1111.2	1182.5
加勒比海金融中心①	51.1	77.2	72.3	116.4	197.9	128.2	168.4	227.2	268.3	294.3
巴西	15.2	28.7	52.1	129.9	127	169.2	186.1	226.9	253.3	245.4
石油输出国②	62.1	78.2	110.2	137.9	186.2	201.1	211.9	260.8	262	238.3
中国台湾	67.9	68.1	59.4	38.2	71.8	116.5	155.1	177.3	195.4	182.2
比利时	17	17	13.6	13.2	15.9	17.3	33.2	135.2	138.8	256.8
瑞士	41.7	30.8	—	38.9	62.3	89.7	106.8	142.4	195.4	176.7
英国③	95.8	146	92.6	158.1	131.1	180.3	270.4	114.3	132.6	163.7
俄罗斯	—	—	—	32.7	116.4	141.8	151	149.5	161.5	138.6
中国香港	45.1	40.3	54	51.2	77.2	148.7	134.2	121.7	141.9	158.8
卢森堡	41.4	35.6	60	69.7	97.3	88.4	86.4	147.6	154.7	134.4
爱尔兰	16.2	19.7	11.6	18.7	54.3	43.6	45.8	97.7	103.1	125.4
新加坡	30.4	33	31.3	39.8	40.9	39.2	72.9	75.1	99.3	86.2
挪威	22.6	—	31.6	26.2	23.1	12.1	19.6	56.7	75.1	97.2
墨西哥	32.8	35	34.3	34.4	34.8	36.8	33.6	29.4	61.1	65.1
德国	50.3	49.9	46	41.7	56	47.8	60.5	60.7	63.2	67.3
印度	15	—	14.6	14.9	29.2	32.5	40.5	43.5	59.5	68.5
加拿大	33.3	27.9	26.9	18.7	—	52.8	75.3	45.1	66.2	55.8
法国	20.1	30.9	26.4	—	16.8	30.5	15	44.7	51.4	53.8
土耳其	12	17.4	23	25.6	30.2	28.1	28.9	32	57.6	52.2
埃及	—	—	—	10.4	17.2	18.9	26	—	—	—

① 加勒比海金融中心包括巴哈马、百慕大、开曼群岛、前荷属安的列斯群岛和巴拿马；从 2006 年 6 月起，也包括英属维尔京群岛。

② 石油输出国包括厄瓜多尔、委内瑞拉、印尼、巴林、伊朗、伊拉克、科威特、阿曼、卡塔尔、沙特阿拉伯、阿联酋、阿尔及利亚、加蓬、利比亚和尼日利亚。

③ 英国包括海峡群岛和马恩岛。

续表

国家及地区	12 月									
	2004	2005	2006	2007	2008	2009	2010	2011	2012	2013
韩国	55	69	66.7	39.2	31.3	40.3	36.2	47.3	47.6	54
泰国	12.5	16.1		27.4	32.4	33.3	52	51.6	53.6	51.7
菲律宾	—	—	—	—	11.7	11.7	20.1	32.7	36.8	40.2
澳大利亚	—	—	—	—	10.3	16.3	14.9	21.8	27.4	33.8
哥伦比亚	—	—	—	—	11.7	17.3	20.2	23.5	30.2	33
瑞典	17	16.3	12	13.7	12.7	15.2	16.8	28.9	27.8	33.9
波兰	10.8	13.7	13.9	12.9	—	22.9	25.5	28.5	31.5	30.9
荷兰	16	15.7	16.9	15.2	15.4	20.4	22.7	21.7	32	37
意大利	12.9	15.4	13.2	14.6	16	22.1	23.7	22.8	27.5	30.3
智利	—	—	—	—	15.2	12.4	13.9	23	33	26.1
西班牙	—	—	—	—	—	13.7	—	24	27.4	23
以色列	13.7	12.5	12.3		18.8	13.8	20.6	19.3	24.1	23.7
秘鲁	—	—	—	—	—	—	—	14.5		14.8
马来西亚	—	—	—	—		11.7	11.5	20.6	19.3	11.8
丹麦	—	—	—	—	—	—	—	16.5	13.8	14.5
南非	—	—	—	—	—	—	—	12.1	13.1	11.3
其他	128.9	159.4	132.6	154.6	163.2	150.6	193.3	214.7	242.4	208.6
总额	1849.3	2033.9	2103.1	2353.2	3077.2	3685.1	4435.6	5006.9	5573.8	5802
外国官方持有	1233.3	1305.1	1449	1641.1	2138.3	2700.1	3189.3	3620.6	4032.2	4054.5
短期国库券	245.2	201.9	176.8	196.3	457.9	528.1	462.3	357.2	372.7	398.3
长期国库券	988.1	1103.3	1272.2	1444.8	1680.4	2172	2727	3263.4	3659.5	3656.2

Source：U. S. Department of Treasury, *Major Foreign Holders of U. S. Treasury Securities*, see Historical Data.

2013 年美国与主要国家及地区的贸易

（未经过季节性调整，单位：百万美元）

主要国家及地区/集团	与美国的贸易平衡	排名	美国对其出口	排名	美国自其进口	排名	与美国的贸易量	排名
加拿大	−31731.0	6	300346.9	1	332077.9	2	632424.8	1
中国	−318417.2	1	122016.3	3	440433.5	1	562449.8	2

续表

主要国家及地区/集团	与美国的贸易平衡	排名	美国对其出口	排名	美国自其进口	排名	与美国的贸易量	排名
墨西哥	-54302.6	4	226152.9	2	280455.5	3	506608.4	3
日本	-73388.7	2	65144.8	4	138533.5	4	203678.3	4
德国	-67202.2	3	47442.2	5	114644.4	5	162086.6	5
韩国	-20673.2	9	41555.0	10	62228.2	6	103783.2	6
英国	-5262.6	24	47355.4	6	52618.0	7	99973.4	7
法国	-13349.3	16	31969.1	11	45318.4	9	77287.5	8
巴西	16562.5	230	44116.0	7	27553.4	16	71669.4	9
沙特阿拉伯	-32812.0	5	18988.2	19	51800.2	8	70788.4	10
印度	-19953.7	10	21875.3	18	41829.0	10	63704.3	11
中国台湾	-12292.3	17	25638.9	16	37931.2	12	63570.1	12
荷兰	23433.8	233	42654.3	8	19220.5	23	61874.8	13
瑞士	-1287.6	46	26980.0	14	28267.6	15	55247.6	14
意大利	-22146.4	8	16511.9	22	38658.3	11	55170.2	15
比利时	12711.5	228	31727.0	12	19015.6	24	50742.6	16
新加坡	12896.2	229	30723.9	13	17827.6	26	48551.5	17
中国香港	36815.7	234	42450.4	9	5634.7	44	48085.1	18
委内瑞拉	-18777.2	12	13220.1	24	31997.4	13	45217.5	19
马来西亚	-14280.1	15	13005.9	25	27286.0	17	40291.9	20
哥伦比亚	-3011.0	32	18606.3	20	21617.3	22	40223.6	21
爱尔兰	-24959.6	7	6622.6	39	31582.2	14	38204.8	22
俄罗斯	-15797.5	13	11164.0	28	26961.5	18	38125.5	23
泰国	-14344.7	14	11824.5	27	26169.2	19	37993.7	24
以色列	-8937.8	21	13738.0	23	22675.7	21	36413.7	25
澳大利亚	16775.5	231	26047.4	15	9271.8	35	35319.2	26
越南	-19636.1	11	5013.1	44	24649.2	20	29662.3	27
印度尼西亚	-9789.5	20	9088.5	33	18878.0	25	27966.5	28
智利	7221.5	226	17584.7	21	10363.2	33	27947.9	29
阿拉伯联合酋长国	22315.8	232	24607.2	17	2291.4	65	26898.6	30
世界各国总额	-688664.0		1578892.9		2267556.9		3846449.8	

续表

主要地区/集团	与美国的贸易平衡	排名	美国对其出口	排名	美国自其进口	排名	与美国的贸易量	排名
非洲	-15037.8		35038.1		50075.9		85114.0	
亚太经贸合作组织（APEC）	-509551.8		970164.5		1479716.3		2449880.8	
东南亚国家联盟（ASEAN）	-47897.1		79027.3		126924.3		205951.6	
亚洲/南亚	-27451.0		25990.8		53441.8		79432.6	
亚洲/近东	-33708.2		73405.8		107114.0		180519.8	
中美洲自由贸易协定（CAFTA-DR）	-662.2		29451.5		30113.7		59565.2	
中美洲共同市场	-3602.4		22255.3		25857.7		48113.0	
欧元区	-103964.6		198065.2		302029.7		500094.9	
欧洲	-132946.5		327270.8		460217.3		787488.1	
欧盟	-125083.7		262255.3		387339.0		649594.3	
拉丁美洲自由贸易协会（LAFTA）	-46349.5		351876.2		398225.6		750101.8	
北约同盟	-114191.7		561823.2		676014.9		1237838.1	
新兴工业化国家	16746.4		140368.2		123621.8		263990.0	
北美	-86033.6		526499.8		612533.4		1139033.2	
经济合作与发展组织（OECD）	-283585.1		964809.2		1248394.3		2213203.5	
石油输出国家组织（OPEC）	-68147.3		84599.1		152746.4		237345.5	
环太平洋国家/地区	-382638.2		388373.9		771012.0		1159385.9	
中南美洲	25828.3		184262.3		158434.0		342696.3	
拉美20国集团	-35933.8		393700.9		429634.8		823335.7	

Source: U. S. Census Bureau, U. S. Bureau of Economic Analysis, *U. S. International Trade in Goods and Services December* 2013 see Exhibit 6s.

1960—2013 年美国国际收支情况

（单位：百万美元）

年份	贸易平衡	出口	进口	年份	贸易平衡	出口	进口	年份	贸易平衡	出口	进口
1960	3508	25940	22432	1961	4195	26403	22208	1962	3370	27722	24352

续表

年份	贸易平衡	出口	进口	年份	贸易平衡	出口	进口	年份	贸易平衡	出口	进口
1963	4210	29620	25410	1980	-19407	271834	291241	1997	-108273	934453	1042726
1964	6022	33341	27319	1981	-16172	294398	310570	1998	-166140	933174	1099314
1965	4664	35285	30621	1982	-24156	275236	299391	1999	-263755	967008	1230764
1966	2939	38926	35987	1983	-57767	266106	323874	2000	-377337	1072782	1450119
1967	2604	41333	38729	1984	-109072	291094	400166	2001	-362339	1007725	1370065
1968	250	45543	45293	1985	-121880	289070	410950	2002	-418165	980879	1399044
1969	91	49220	49129	1986	-138538	310033	448572	2003	-490545	1023937	1514482
1970	2254	56640	54386	1987	-151684	348869	500552	2004	-604897	1163724	1768622
1971	-1302	59677	60979	1988	-114566	431149	545715	2005	-707914	1288257	1996171
1972	-5443	67222	72665	1989	-93141	487003	580144	2006	-752399	1460792	2213191
1973	1900	91242	89342	1990	-80864	535233	616097	2007	-699065	1652859	2351925
1974	-4293	120897	125190	1991	-31135	578344	609479	2008	-702302	1840332	2542634
1975	12404	132585	120181	1992	-39212	616882	656094	2009	-383657	1578187	1961844
1976	-6082	142716	148798	1993	-70311	642863	713174	2010	-499379	1844468	2343847
1977	-27246	152301	179547	1994	-98493	703254	801747	2011	-556838	2112825	2669663
1978	-29763	178428	208191	1995	-96384	794387	890771	2012	-534656	2210585	2745240
1979	-24565	224131	248696	1996	-104065	851602	955667	2013	-474864	2271385	2746249

Source：U. S. Census Bureau，U. S. International Trade Data Historical Series，*U. S. International Trade in Goods and Services.*

备注：数据是以国际收支平衡表为基础的。

2013 年美国的出口和进口（按主要商品种类划分）

（未经季节性调整，单位：百万美元）

项目	出口	进口	项目	出口	进口
总额	1578893	2267557	肥料	4072	7973
制成品	1182567	1829243	初级形状的塑料	34497	14008
农产品	144085	104370	非初级形状的塑料	12024	8942
食物及活畜	103127	88211	化学材料及制品	30642	14970
除鱼之外的活畜	967	2633	按材料分类的制成品	115781	234741
肉及肉制品	17904	6510	皮革及皮革制品	1345	1279
乳制品及禽蛋	5904	1767	橡胶制品	9916	21072

项目	出口	进口	项目	出口	进口
鱼	5244	17853	软木及木制品	2179	9059
谷物及谷物制品	24281	9710	纸及纸板	16111	15974
蔬菜及水果	21691	26391	织物纱线、织物	12942	25801
糖、糖制品及蜂蜜	2422	4303	非金属矿产制品	12510	41923
咖啡、茶、可可及香料	3094	11787	钢铁	18414	36580
动物饲料	13080	2881	有色金属	15641	38264
杂项食品	8538	4374	金属制品	26721	44788
饮料及烟草	6454	20779	机械及运输设备	513601	886096
饮料	4828	18606	发电机械设备	38354	60422
烟草及烟草制品	1627	2173	专业工业机械	49097	42219
除燃料外的原料	85231	34861	金属加工机械	6044	9866
兽皮及毛皮	3134	288	一般工业机械	66507	83380
含油的种子及果实	24001	1643	办公室机器	21526	117437
天然橡胶	3245	4246	电信设备	23614	146176
软木及木材	6516	6403	电机	78384	149900
纸浆及废纸	8729	3618	道路车辆	118314	244588
纺织纤维及其废料	8226	1295	运输设备	111762	32107
天然肥料	2473	2606	杂项制品	121692	333138
金属矿石及金属废料	25911	8294	装配式房屋	3138	10400
动物和植物原料	2995	6469	家具	6096	37994
矿物燃料及润滑剂	147087	379630	旅游用品	581	10581
煤、焦煤及煤球	11380	1019	服装及服饰配件	3398	87912
石油产品及副产品	122839	362792	鞋	789	24795
天然气及人工煤气	12541	13526	科学及控制设备	50091	47428
电	327	2293	摄影仪器	6560	13511
动物和植物油	3183	5667	杂项制品	51040	100516
动物油脂	765	260	其他杂项商品	77160	88261
未加工的固定植物油脂	1989	5253	特殊交易和商品	7175	56395
加工过的动物和植物油脂	429	153	硬币，包括金币	397	2458
化工产品及有关产品	198723	195471	硬币，金币除外	48	35
有机化工产品	42984	52179	金，非货币	33214	15931
无机化工产品	11233	14196	低价值估计	36326	13443

续表

项目	出口	进口	项目	出口	进口
燃料、鞣革料	7538	3817	再出口	206813	
医药产品	40948	66887	制成品	197959	
精油及香膏	14784	12498	农产品	4335	

Source：U. S. Census Bureau，U. S. Bureau of Economic Analysis，*U. S. International Trade in Goods and Services December* 2013 see Exhibit 15.

备注：（1）所有数据都是以普查为基础的。

（2）出口总额包括再出口。

（3）制成品是按北美行业分类系统（NAICS）分类的；农产品是按美国农业部定义的
协调制度（HS）分类的；其他商品是按国际贸易标准分类的。

三　美国外交

美国国务院

　　美国国务院（U. S. Department of State）是美国联邦政府主管外交事务的行政部门，直属美国政府管理的外事机构，相当于其他国家的外交部。总部位于首都华盛顿西北 2201 大街（2201 C Street，NW）的哈里·S. 杜鲁门大厦。国务院的最高行政首长是国务卿，由总统提名、参议院认可后上任，直接对总统负责，是仅次于正、副总统的高级行政官员。美国国务院于 1789 年 9 月由美国外交部（the Department of Foreign Affairs）改组而成，在政府各部中居首席地位。美国第一任国务卿是开国元勋托马斯·杰斐逊。

美国历任国务卿

序号	姓名	党派	在任时间	生卒年代
1	托马斯·杰斐逊（Thomas Jefferson）	民主共和党（Democratic—Republican Party）	1790—1793	1743—1826
2	埃德蒙·J. 伦道夫（Edmund J. Randolph）	民主共和党	1794—1795	1753—1813
3	蒂莫西·皮克林（Timothy Pickering）	联邦党人	1795—1800	1745—1829
4	约翰·马歇尔（John Marshall）	联邦党人	1800—1801	1755—1835
5	詹姆斯·麦迪逊（James Madison）	民主共和党	1801—1809	1751—1836
6	罗伯特·史密斯（Robert Smith）	民主共和党	1809—1811	1757—1842
7	詹姆斯·门罗（James Monroe）	民主共和党	1811—1817	1758—1831
8	约翰·昆西·亚当斯（John Quincy Adams）	民主共和党	1817—1825	1767—1848
9	亨利·克莱（Henry Clay）	民主共和党 辉格党	1825—1829	1777—1852
10	马丁·范布伦（Martin Van Buren）	民主共和党（1825 年以前）；民主党（1828—1848）自由土地党（Free Soil Party）	1829—1831	1782—1862
11	爱德华·利文斯顿（Edward Livingston）	民主共和党	1831—1833	1764—1836
12	路易斯·麦克莱恩（Louis McLane）	联邦党人（1825 年前）；全国共和党（1825—1827）；民主党（1827 年后）	1833—1834	1786—1857
13	约翰·福赛斯（John Forsyth）	民主党	1834—1841	1780—1841
14	丹尼尔·韦伯斯特（Daniel Webster）	联邦党人（1828 年前）；全国共和党（1828—1833）；辉格党（1833 后）	1841—1843	1782—1852
15	埃布尔·P. 厄普舍（Abel Parker Upshur）	辉格党	1843—1844	1791—1844
16	约翰·C. 卡尔霍恩（John Caldwell Calhoun）	民主共和党（1825 年前）；废弃党（1828—1839）；民主党（1839 年后）	1844—1845	1782—1850
17	詹姆斯·布坎南（James Buchanan）	民主党	1845—1849	1791—1868
18	约翰·M. 克莱顿（John Middleton Clayton）	辉格党	1849—1850	1796—1856
19	丹尼尔·韦伯斯特（Daniel Webster）	辉格党	1850—1852	1782—1852
20	爱德华·艾弗里特（Edward Everett）	辉格党	1852—1853	1794—1865

续表

序号	姓名	党派	在任时间	生卒年代
21	威廉·L. 马西 （William Learned Marcy）	民主党	1853—1857	1796—1857
22	路易斯·卡斯 （Lewis Cass）	民主党	1857—1860	1782—1866
23	杰里迈亚·S. 布莱克 （Jeremiah Sullivan Black）	民主党	1860—1861	1810—1883
24	威廉·H. 苏厄德 （William Henry Seward）	共和党	1861—1869	1801—1872
25	伊莱休·B. 沃什博恩 Elihu Benjamin Washburne	辉格党 共和党	1869—1869	1816—1887
26	汉密尔顿·费什 （Hamilton Fish）	辉格党 共和党	1869—1877	1808—1893
27	威廉·M. 埃瓦茨 （William Maxwell Evarts）	辉格党 共和党	1877—1881	1818—1901
28	詹姆斯·G. 布莱恩 （James Gillespie Blaine）	共和党	1881—1881	1830—1893
29	弗里德里克·T. 弗里林海森（Frederick Theodore Frelinghuysen）	辉格党 共和党	1881—1885	1817—1885
30	托马斯·F. 贝阿德 （Thomas Francis Bayard）	民主党	1885—1889	1828—1898
31	詹姆斯·G. 布莱恩 （James Gillespie Blaine）	共和党	1889—1892	1830—1893
32	约翰·W. 福斯特 （John Watson Foster）	共和党	1892—1893	1836—1917
33	沃尔特·Q. 格莱希姆 （Walter Quintin Gresham）	共和党	1893—1895	1832—1895
34	理查德·奥尔尼 （Richard Olney）	民主党	1895—1897	1835—1917
35	约翰·舍曼 （John Sherman）	共和党	1897—1898	1823—1900
36	威廉·R. 戴 （William Rufus Day）	共和党	1898—1898	1849—1923
37	约翰·M. 海 （John Milton Hay）	共和党	1898—1905	1838—1905
38	伊莱休·罗特 （Elihu Root）	共和党	1905—1909	1845—1937
39	罗伯特·培根 （Robert Bacon）	共和党	1909—1909	1860—1919
40	费兰德·C. 诺克斯 （Philander Chase Knox）	共和党	1909—1913	1853—1921
41	威廉·J. 布莱恩 （William Jennings Bryan）	民主党	1913—1915	1860—1925

序号	姓名	党派	在任时间	生卒年代
42	罗伯特·兰辛 （Robert Lansing）	民主党	1915—1920	1864—1928
43	班布里奇·科尔比 （Bainbridge Colby）	共和党（1912 年前）、全美进步党	1920—1921	1869—1950
44	查尔斯·E. 休斯 （Charles Evans Hughes）	共和党	1921—1925	1862—1948
45	弗兰克·B. 凯洛格 （Frank Billings Kellogg）	共和党	1925—1929	1856—1937
46	亨利·L. 史汀生 （Henry Lewis Stimson）	共和党	1929—1933	1867—1950
47	科德尔·赫尔 （Cordell Hull）	民主党	1933—1944	1871—1955
48	爱德华·R. 斯特蒂纽斯 （Edward Reilly Stettinius）	民主党	1944—1945	1900—1949
49	詹姆斯·F. 伯恩斯 （James Francis Byrnes）	先为民主党， 后为共和党	1945—1947	1879—1972
50	乔治·C. 马歇尔 （George C. Marshall）	无党派	1947—1949	1880—1959
51	迪安·G. 艾奇逊 （Dean G. Acheson）	民主党	1949—1953	1893—1971
52	约翰·F. 杜勒斯 （John Foster Dulles）	共和党	1953—1959	1888—1959
53	克里斯特安·A. 赫特 （Christian A. d Herter）	共和党	1959—1961	1895—1966
54	戴维·D. 腊斯克 （David Dean Rusk）	民主党	1961—1969	1909—1994
55	威廉·p. 罗杰斯 （William Pierce Rogers）	共和党	1969—1973	1913—2001
56	亨利·A. 基辛格 （Henry A. Kissinger）	共和党	1973—1977	1923—
57	Cyrus Roberts Vance	民主党	1977—1980	1917—2002
58	埃德蒙·S. 马斯基（Edmund Sixtus Muskie）	民主党	1980—1981	1914—1996
59	亚历山大·M. 黑格（Alexander Meigs Haig）	共和党	1981—1982	1924—2010
60	乔治·P. 舒尔茨 （George Pratt Shultz）	共和党	1982—1989	1920—
61	詹姆斯·A. 贝克 （James A. Baker）	共和党	1989—1992	1930—
62	劳伦斯·S. 伊格尔伯格 （Lawrence S. Eagleburger）	共和党	1992—1993	1930—2011

序号	姓名	党派	在任时间	生卒年代
63	沃伦·M. 克里斯托弗（Warren M. Christopher）	民主党	1993—1997	1925—2011
64	马德琳·K. 奥尔布赖特（Madeleine K. Albright）	民主党	1997—2001	1937—
65	科林·L. 鲍威尔（Colin L. Powell）	共和党	2001—2005	1937—
66	康多莉扎·赖斯（Condoleezza Rice）	共和党	2005—2009	1954—
67	希拉里·克林顿（Hillary R. Clinton）	民主党	2009—2013	1947—
68	约翰·F. 克里（John F. Kerry）	民主党	2013 至今	1943—

资料来源：美国国务院网站，参见 http：//www. state. gov/secretary/former/index. htm。

1781—2010 年美国国务院人员数量变化一览*

时间	国内工作人员	海外工作人员	总数
1781	4	10	14
1790	8	20	28
1800	10	62	72
1810	9	56	65
1820	16	96	111
1830	23	153	176
1840	38	170	208
1850	22	218	240
1860	42	281	323
1870	65	804	869
1880	80	977	1067
1890	76	1105	1181
1900	91	1137	1228
1910	234	1043	1277
1920	708	514	1222
1930	714	633	1347
1940	1128	840	1968
1950	8609	7710	16319

续表

时间	国内工作人员	海外工作人员	总数
1960	7116	6178	13294
1970	6983	5865	12848
1980	8433	5861	13962
1990	10063	6783	16846
2000	11530	7374	18904
2010	16565	10581	27146

* 国内工作人员包括文官（Civil Service）和在国内的外交官（Foreign Service），海外工作人员仅包括海外的外交官。

1781—2010 年美国驻外使领馆一览 *

时间	外交使团驻地	领事馆
1781	4	3
1790	2	10
1800	6	52
1810	4	60
1820	7	83
1830	15	141
1840	20	152
1850	27	197
1860	33	282
1870	36	318
1880	35	303
1890	41	323
1900	41	318
1910	48	324
1920	45	368
1930	57	299
1940	58	264
1950	74	179
1960	99	166
1970	117	122

续表

时间	外交使团驻地	领事馆
1980	133	100
1990	145	97
2000	161	82
2010	168	89

＊外交使团驻地（Diplomatic Posts）仅包括使馆和公使馆，不包括使馆分支机构（Embassy Branch Offices）、美国联络办公室（U. S. Liaison Offices）、美国利益代表处（U. S. Interests Sections）和美国驻国际组织使团。领事馆办事处仅包括领馆和总领馆，不包括领事代办处（Consular Agencies）。

现任国务院主要官员及各国使节

国务卿

约翰·克里（John F. Kerry）

副国务卿（Deputy Secretaries of State）

常务副国务卿：威廉·J. 伯恩斯（William J. Burns）

负责管理与资源的副国务卿：希瑟·希金博特姆（Heather Higginbottom）

次卿（Under Secretaries）

军控与国际安全：罗斯·E. 戈特莫勒（Rose E. Gottemoeller）

公民安全、民主与人权：萨拉·休厄尔（Sarah Sewall）

经济增长、能源和环境：凯瑟琳·A. 诺韦利（Catherine A. Novelli）

管理：帕特里克·F. 肯尼迪（Patrick F. Kennedy）

政治事务：温迪·R. 舍曼（Wendy R. Sherman）

公共安全与公众事务：理查德·斯坦格尔（Richard Stengel）

助理国务卿和其他高级官员

亚太经合组织高级官员：罗伯特·S. 王（Robert S. Wang）

行政助理国务卿：乔伊斯·A. 巴尔（Joyce A. Barr）

阿富汗和巴基斯坦特别代表：詹姆斯·杜宾斯（James Dobbins）

非洲事务助理国务卿：琳达·T·格林菲尔德（Linda Thomas-Greenfield）

军控、核查与监督助理国务卿：罗斯·E. 戈特莫勒（Rose E. Gottemoeller）

生化与毒素武器公约问题特别代表：空缺

预算与规划：空缺

缅甸事务高级顾问：朱迪斯·B. 赛弗金（Judith Beth Cefkin）

战略反恐中心协调员：阿尔贝托·费尔南德斯（Alberto Fernandez）

首席经济学家：马克·R. 斯通（Mark R. Stone，代理）

首席信息官：史蒂文·C. 泰勒（Steven C. Taylor）

首席礼仪官：彼得·A. 塞尔弗里奇（Peter A. Selfridge）

办公室主任：戴维·E. 韦德（David E. Wade）

公民社会与新兴民主协调员：托米查·蒂尔曼（Tomicah Tillemann）

气候变化特使：托德·D. 斯特恩（Todd D. Stern）

关闭关塔那摩拘禁设施特使：克利福德·M. 斯隆（Clifford M. Sloan）

商务特别代表：罗琳·哈里顿（Lorraine Hariton）

监察官：克里斯托弗·H. 弗拉格斯（Christopher H. Flaggs，代理）

裁军会议常驻代表：空缺

冲突与稳定行动助理国务卿：弗雷德里克·D. 巴顿三世（Frederick D. Barton III）

负责领事事务的助理国务卿：米歇尔·T. 邦德（Michele T. Bond，代理）

国务院法律顾问：小托马斯·A. 香农（Thomas A. Shannon, Jr.）

反恐协调员：蒂娜·凯达劳（Tina Kaidanow）

网络问题协调员：克里斯托弗·佩恩特（Christopher Painter）

负责民主、人权和劳工事务的助理国务卿：汤姆·马林诺斯基（Tom Malinowski）

国务院发言人：珍妮弗·帕萨基（Jennifer Psaki）

负责外交安全的助理国务卿：格雷戈里·B. 斯塔尔（Gregory B. Starr）

负责外事服务的局长和人力资源主任：汉斯·G. 克莱姆（Hans G. Klemm，代理）

负责东亚及太平洋事务的助理国务卿：丹尼尔·R. 拉塞尔（Daniel R. Russel）

负责经济和商业事务的助理国务卿：查尔斯·H. 瑞弗金（Charles H. Rivkin）

负责教育和文化事务的助理国务卿：埃文·瑞安（Evan Ryan）

能源资源特使和协调员：卡洛斯·帕斯卡尔（Carlos Pascual）

负责欧洲和欧亚事务的助理国务卿：维多利亚·卢兰（Victoria Nuland）

行政秘书：约翰·R. 巴斯（John R. Bass）

信仰与共同体行动特别顾问：肖恩·凯西（Shaun Casey）

外事研究院主管：南希·麦克奥尔德尼（Nancy McEldowney）

全球刑事司法事务巡回大使：斯蒂芬·J. 拉普（Stephen J. Rapp）

全球食物安全特别代表：南希·斯特森（Nancy Stetson）

全球卫生外交特别代表：伊丽莎白·乔丹（Elizabeth Jordan，代理）

全球政府间事务特别代：玛丽·彭撒贝内（Mary Pensabene，代理）

全球伙伴关系特别代表：安德鲁·奥布莱恩（Andrew O'Brien）

全球妇女问题巡回大使：凯瑟琳·M. 拉塞尔（Catherine M. Russell）

全球青年人问题特别顾问：泽拉塔·拉赫曼（Zeenat Rahman）

北美五大湖和刚果民主共和国特使：拉塞尔·D. 范戈尔德（Russell D. Feingold）

海地问题特别协调员：托马斯·C. 亚当斯（Thomas C. Adams）

大屠杀问题特别顾问：斯图尔特·E. 埃森斯塔特（Stuart E. Eizenstat）

大屠杀问题特使：道格拉斯·戴维森（Douglas Davidson）

总监察长：史蒂夫·A. 林克（Steve A. Linick）

负责情报与研究的助理国务卿：丹尼尔·B. 史密斯（Daniel B. Smith）

国际残疾人权利特别顾问：朱迪斯·E. 霍伊曼（Judith E. Heumann）

国际能源事务特使和协调员：卡洛斯·帕斯卡尔（Carlos Pascual）

国际信息项目协调员：梅肯·菲利普斯（Macon Phillips）

国际劳工事务特别代表：空缺

负责国际毒品与执法事务的助理国务卿：威廉·R. 布朗菲尔德（William R. Brownfield）

负责国际组织事务的助理国务卿：H. D. 皮特曼（H. Dean Pittman，代理）

负责国家安全和不扩散的助理国务卿：托马斯·M. 康特里曼

（Thomas M. Countryman）

巴以谈判特使：弗兰克·洛温斯坦（Frank Lowenstein，代理）

法律顾问：玛丽·麦克劳德（Mary McLeod，代理）

负责立法事务的助理国务卿：朱莉亚·E. 弗利菲尔德（Julia E. Frifield）

管理政策、裁员和革新主管：阿莱娜·B. 特普利茨（Alaina B. Teplitz）·

医疗服务主管：加里·D. 彭纳（Gary D. Penner，M. D. ）

中东转型特别协调员：空缺

监督与打击反犹太主义特使：伊拉·N. 福曼（Ira N. Forman）

穆斯林团体特别代表：阿德南·基法亚特（Adnan Kifayat，代理）

负责近东事务的助理国务卿：安妮·W. 帕特森（Anne W. Patterson）

不扩散和军控特别顾问：罗伯特·J. 埃因霍恩（Robert J. Einhorn）

朝鲜政策特别代表：格林·戴维斯（Glyn Davies）

朝鲜人权问题特使：罗伯特·R. 金（Robert R. King）

核不扩散总统特别代表：苏珊·波克（Susan Burk）

负责海洋、国际环境和科学事务的助理国务卿：朱迪斯·G. 加伯（Judith G. Garber，代理）

外事使团办公室主任：弗雷德里克·J. 凯彻姆（Frederick J. Ketchem，代理）

监督和打击人口贩卖办公室无所任大使：路易斯·西迪巴卡（Luis CdeBaca）

伊斯兰合作组织特使：拉沙德·侯赛因（Rashad Hussain）

负责海外建筑运作的主任：莉迪亚·穆利斯（Lydia Muniz）

政策规划主任：戴维·麦吉恩（David McKean）

负责政治—军事事务的助理国务卿：庞尼特·塔瓦尔（Puneet Talwar）

负责人口、难民和移民事务的助理国务卿：安妮·C. 理查德（Anne Claire Richard）

负责公共事务的助理国务卿：道格拉斯·弗拉茨（Douglas Frantz）

四年外交与发展评估特别代表：托马斯·佩列洛（Thomas Perriello）

制裁政策协调员：丹尼尔·弗里德（Daniel Fried）

科学技术顾问：E. 威廉·考尔格拉泽（E. William Colglazier）

国务卿行动特别顾问：伊丽莎白·F. 巴哥利（Elizabeth Frawley Bagley）

国务卿高级顾问：戴维·H. 索恩（David H. Thorne）

六方会谈特使：空缺

负责南亚和中亚事务的助理国务卿：丽莎·D. 比斯瓦（Nisha Desai Biswal）

北极地区特别代表：小罗伯特·J. 帕普（Robert J. Papp, Jr.，美国海岸卫队退休上将）

中非共和国特别代表：W. 斯图尔特·赛明顿（W. Stuart Symington）

苏丹和南苏丹特使：唐纳德·E. 布斯（Donald E. Booth）

降低威胁项目协调员：邦妮·D. 詹金斯（Bonnie D. Jenkins）

美国对外援助资源主任：罗伯特·H. 戈尔德贝尔格（Robert H. Goldberg）

美国全球艾滋病协调员：黛博拉·比尔克斯（Deborah Birx, M. D）

美国驻联合国人权委员会代表：基思·M. 哈珀（Keith M. Harper）

负责西半球事务的助理国务卿：罗伯塔·S. 雅各布森（Roberta S. Jacobson）

美国驻相关国家或组织使团首席外交官

阿富汗：詹姆斯·B. 坎宁安（James B. Cunningham）

阿尔巴尼亚：亚历山大·A. 阿维祖（Alexander A. Arvizu）

阿尔及利亚：亨利·S. 恩谢尔（Henry S. Ensher）

安道尔：詹姆斯·科斯托斯（同时兼任美国驻西班牙大使）

安哥拉：海伦·M. 拉里姆（Helen Meagher La Lime）

阿根廷：空缺

亚美尼亚：约翰·A. 赫弗恩（John A. Heffern）

东盟：空缺

澳大利亚：莫雷尔·J. 贝里（Morrell John Berry）

奥地利：亚历克莎·L. 韦斯纳（Alexa Lange Wesner）

阿塞拜疆：理查德·L. 莫宁斯塔（Richard L. Morningstar）

巴哈马群岛：空缺

巴林：托马斯・C. 卡拉杰斯基（Thomas Charles Krajeski）

孟加拉：丹・W. 莫泽纳（Dan W. Mozena）

巴巴多斯群岛和东加勒比海：拉里・L. 帕尔默（Larry Leon Palmer）

白俄罗斯：空缺

比利时：丹尼诗・C. 鲍尔（Denise Campbell Bauer）

伯利兹：卡洛斯・R. 莫雷诺（Carlos Roberto Moreno）

贝宁：迈克尔・雷纳（Michael Raynor）

玻利维亚：空缺

波斯尼亚和黑塞哥维那：空缺

博茨瓦纳：空缺

巴西：利利亚娜・阿雅尔德（Liliana Ayalde）

文莱：丹尼尔・L. 希尔茨三世（Daniel L. Shields III）

保加利亚：马希・B. 里斯（Marcie B. Ries）

布基纳法索：土里那波・S. 穆新吉（Tulinabo Salama Mushingi）

缅甸：德里克・J. 米切尔（Derek J. Mitchell）

布隆迪：道恩・M. 里贝利（Dawn M. Liberi）

佛得角群岛：艾德丽安・S. 奥尼尔（Adrienne S. O'Neal）

柬埔寨：威廉・E. 托德（William Edward Todd）

喀麦隆：空缺

加拿大：布鲁斯・A. 海曼（Bruce A. Heyman）

中非共和国：空缺

乍得：詹姆斯・奈特（James Knight）

智利：迈克尔・A. 哈默（Michael A. Hammer）

中国：马克斯・S. 鲍卡斯（Max Sieben Baucus）

哥伦比亚：凯文・惠特克（Kevin Whitaker）

科摩罗：空缺（兼任马达加斯加大使）

刚果民主共和国（金沙萨）：詹姆斯・C. 斯旺（James C. Swan）

刚果共和国（布拉采维尔）斯蒂芬妮・S. 苏利文（Stephanie Sanders Sullivan）

哥斯达黎加：空缺

科特迪瓦：特伦斯・P. 麦考利（Terence Patrick McCulley）

克罗地亚：肯尼斯·莫腾（Kenneth Merten）

古巴（美国利益部分）：小约翰·P. 考菲尔德（John P. Caufield, Jr）

库拉索和阿鲁巴岛总领事：詹姆斯·R. 摩尔（James R. Moore）

塞浦路斯：约翰·M. 凯尼格（John Monroe Koenig）

捷克共和国：诺曼·L. 艾森（Norman L. Eisen）

丹麦：约翰·R. 吉福德（John Rufus Gifford）

吉布提：吉塔·帕西（Geeta Pasi）

多米尼加共和国：小詹姆斯·W. 布鲁斯特（James "Wally" Brewster, Jr）

厄瓜多尔：亚当·E. 纳姆（Adam E. Namm）

埃及：空缺

萨尔瓦多：马里·C. 阿庞特（Mari Carmen Aponte）

赤道几内亚：马克·L. 阿斯奎诺（Mark L. Asquino）

厄立特里亚：空缺

爱沙尼亚：杰弗里·D. 莱文（Jeffrey D. Levine）

埃塞俄比亚：帕特里夏·M. 哈斯拉赫（Patricia Marie Haslach）

欧盟：安东尼·L. 加德纳（Anthony Luzzatto Gardner）

斐济、基里巴斯、瑙鲁、汤加、图瓦卢：弗兰基·A. 里德（Frankie Annette Reed）

芬兰：布鲁斯·J. 奥勒克（Bruce J. Oreck）

法国：空缺

加蓬：空缺（兼任驻圣多美及普林西比民主共和国大使）

冈比亚：爱德华·M. 奥尔福德（Edward M. Alford）

格鲁吉亚：理查德·B. 诺兰（Richard B. Norland）

德国：约翰·B. 爱默生（John B. Emerson）

加纳：吉恩·A. 克瑞兹（Gene Allan Cretz）

希腊：戴维·D. 皮尔斯（David D. Pearce）

危地马拉：空缺

几内亚比绍：路易斯·A. 卢肯斯（Lewis Alan Lukens，兼任驻塞纳加尔共和国大使）

几内亚：亚历山大·M. 拉斯卡里斯（Alexander Mark Laskaris）

圭亚那：D. 布伦特·哈特（D. Brent Hardt）

海地：帕梅拉·A. 怀特（Pamela A. White）

罗马教廷：肯尼斯·F. 哈克特（Kenneth Francis Hackett）

洪都拉斯：丽莎·J. 库比思科（Lisa J. Kubiske）

香港和澳门：斯蒂芬·M. 扬（Stephen M. Young）

匈牙利：空缺

冰岛：空缺

印度：空缺

印度尼西亚：小罗伯特·O. 布莱克（Robert O. Blake, Jr）

伊朗：无外交关系

伊拉克：罗伯特·S. 比克罗夫特（Robert Stephen Beecroft）

爱尔兰：空缺

以色列：丹尼尔·B. 夏皮罗（Daniel Benjamin Shapiro）

意大利：约翰·R. 菲利普斯（John R. Phillips）

牙买加：空缺

日本：卡罗琳·肯尼迪（Caroline Kennedy）

耶路撒冷总领事：迈克尔·A. 拉特尼（Michael A. Ratney）

约旦：斯图尔特·E. 琼斯（Stuart E. Jones）

哈萨克斯坦：空缺

肯尼亚：罗伯特·F. 戈得克（Robert F. Godec）

科索沃：特蕾西·A. 雅各布森（Tracey Ann Jacobson）

科威特：空缺

吉尔吉斯斯坦：帕梅拉·L. 斯普拉特林（Pamela L. Spratlen）

老挝：丹尼尔·A. 克卢恩（Daniel A. Clune）

拉脱维亚：马克·A. 佩卡拉（Mark A. Pekala）

黎巴嫩：戴维·黑尔（David Hale）

莱索托：空缺

利比里亚：德博拉·R. 马拉克（Deborah Ruth Malac）

利比亚：德博拉·K. 琼斯（Deborah Kay Jones）

列支敦士登：苏珊·G. 莱文（Susan G. LeVine，兼任驻瑞士联邦大使）

立陶宛：黛博拉·A. 麦卡锡（Deborah Ann McCarthy）

卢森堡：罗伯特·A. 曼德尔（Robert A. Mandell）

马其顿：保罗·D. 沃勒斯（Paul D. Wohlers）

马达加斯加：空缺（兼任驻科摩罗大使）

马拉维：珍妮·E. 杰克逊（Jeanine E. Jackson）

马来西亚：约瑟夫·Y. 尤恩（Joseph Y. Yun）

马里：玛丽·B. 伦纳德（Mary Beth Leonard）

马耳他：吉娜·K. 阿伯克隆比-温斯特里（Gina K. Abercrombie-Winstanley）

马绍尔群岛：托马斯·H. 安布鲁斯特（Thomas Hart Armbruster）

毛里塔尼亚：空缺

毛里求斯：莎伦·E. W. 维拉罗萨（Sharon English Woods Villarosa，兼任驻塞舌尔大使）

墨西哥：厄尔·A. 韦恩（Earl Anthony Wayne）

密克罗尼西亚：多萝西娅-玛莉亚·罗森（Dorothea-Maria Rosen）

摩尔多瓦：威廉·H. 莫泽（William H. Moser）

摩纳哥：空缺（兼任驻法国大使）

蒙古：皮珀·A. W. 坎贝尔（Piper Anne Wind Campbell）

黑山：苏·K. 布朗（Sue Katharine Brown）

摩洛哥：小德怀特·L. 布什（Dwight L. Bush，Sr. ）

莫桑比克：道格拉斯·M. 格里菲斯（Douglas M. Griffiths）

纳米比亚：空缺

尼泊尔：彼得·W. 博德（Peter William Bodde）

荷兰：蒂莫西·M. 布罗斯（Timothy M. Broas）

新西兰：空缺（也兼任驻萨摩亚大使）

尼加拉瓜：菲利斯·M. 鲍尔斯（Phyllis Marie Powers）

尼日尔：空缺

尼日利亚：詹姆斯·F. 恩特威斯尔（James F. Entwistle）

北大西洋公约组织：道格拉斯·E. 卢特（Douglas Edward Lute）

朝鲜：没有外交关系

挪威：空缺

阿曼：格里塔·C. 霍尔茨（Greta Christine Holtz）

经济合作与发展组织：丹尼尔·W. 约翰内斯（Daniel W. Yohannes）

欧洲安全与合作组织：丹尼尔·B. 贝尔（Daniel Brooks Baer）

禁止化学武器组织：罗伯特·P. 米库拉克（Robert P. Mikulak）

美洲国家组织：卡门·罗麦林（Carmen Lomellin）

巴基斯坦：理查德·G. 奥尔森（Richard G. Olson）

帕劳群岛：空缺

巴拿马：乔纳森·D. 法勒（Jonathan D. Farrar）

巴布亚新几内亚：沃尔特·E. 诺斯（Walter E. North）

巴拉圭：詹姆斯·H. 特辛（James Harold Thessin）

秘鲁：布莱恩·A. 尼克尔斯（Brian A. Nichols）

菲律宾：菲利普·S. 戈尔德贝尔格（Phillip S. Goldberg）

波兰：斯蒂芬·D. 马尔（Stephen D. Mull）

葡萄牙：罗伯特·A. 谢尔曼（Robert A. Sherman）

卡塔尔：苏珊·L. 扎德（Susan Laila Zaideh）

罗马尼亚：空缺

俄罗斯：空缺

卢旺达：唐纳德·W. 克兰（Donald W. Koran）

圣马力诺：约翰·R. 菲利普斯（John R. Phillips，兼任驻意大利大使）

圣多美与普林希比共和国：空缺（兼任加蓬共和国大使）

沙特阿拉伯：约瑟夫·W. 韦斯特法尔（Joseph William Westphal）

塞内加尔：路易斯·A. 卢肯斯（Lewis Alan Lukens，兼任几内亚比绍共和国大使）

塞尔维亚：迈克尔·D. 柯比（Michael D. Kirby）

塞舌尔：莎伦·E. W. 维拉罗萨（Sharon English Woods Villarosa，兼任毛里求斯共和国大使）

塞拉利昂：空缺

新加坡：柯克·W. B. 瓦格（Kirk W. B. Wagar）

斯洛伐克：西奥多·塞奇威克（Theodore Sedgwick）

斯洛文尼亚：约瑟夫·A. 穆索梅利（Joseph Adamo Mussomeli）

所罗门群岛：沃尔特·D. 诺斯（Walter E. North，兼任巴布亚新几内亚和瓦努阿图共和国大使）

索马里：空缺

南非：帕特里克·H. 加斯帕德（Patrick Hubert Gaspard）

韩国：金顺英（Sung Y. Kim）

南苏丹：苏珊·D. 佩奇（Susan Denise Page）

西班牙：詹姆斯·科斯托斯（James Costos，兼任安道尔公国大使）

斯里兰卡：米歇尔·J. 希森（Michele Jeanne Sison，兼任驻马尔代夫共和国大使）

苏丹：空缺

苏里南：杰伊·N. 阿纳尼亚（Jay Nicholas Anania）

斯威士兰：玛吉纳·詹姆斯（Makila James）

瑞典：马克·F. 布热津斯基（Mark Francis Brzezinski）

瑞士：苏珊·G. 莱文（Suzan G. LeVine，兼任列支敦士登公国大使）

叙利亚：空缺

塔吉克斯坦：苏珊·M. 埃利奥特（Susan Marsh Elliott）

坦桑尼亚：马克·B. 柴尔德里斯（Mark B. Childress）

泰国：克里斯蒂安·肯尼迪（Kristie Anne Kenney）

东帝汶：空缺

多哥：罗伯特·E. 怀特海德（Robert E. Whitehead）

特立尼达和多巴哥：空缺

突尼斯：雅各布·瓦勒斯（Jacob Walles）

土耳其：小弗朗西斯·J. 李查尔顿（Francis Joseph Ricciardone, Jr.）

土库曼斯坦：罗伯特·帕特森（Robert Patterson）

美国驻联合国教科文组织使团：戴维·T. 基里昂（David T. Killion）

美国驻非盟使团：小迈克尔·A. 巴特尔（Michael A. Battle, Sr.）

乌干达：斯科特·H. 德利西（Scott H. DeLisi）

乌克兰：杰弗里·R. 派亚特（Geoffrey R. Pyatt）

阿拉伯联合酋长国：迈克尔·H. 科尔宾（Michael H. Corbin）

英国：马修·W. 巴尔赞（Matthew Winthrop Barzun）

联合国人权委员会：空缺

联合国日内瓦使团：贝蒂·E. 金（Betty E. King）

联合国罗马使团：戴维·J. 莱恩（David J. Lane）

联合国维也纳使团：约瑟夫·E. 麦克马纳斯（Joseph E. Macmanus，也是美国驻国际原子能机构全权代表）

联合国：萨曼莎·鲍尔（Samantha Power）

乌拉圭：朱莉莎·雷诺索（Julissa Reynoso）

乌兹别克斯坦：乔治·A. 克罗尔（George Albert Krol）

瓦努阿图：沃尔特·E. 诺斯（Walter E. North，也是驻所罗门群岛和巴布亚新几内亚大使）

委内瑞拉：空缺

越南：施大伟（David Bruce Shear）

也门：马修·H. 图尔勒（Matthew H. Tueller）

赞比亚：空缺

津巴布韦：戴维·B. 沃顿（David Bruce Wharton）

美国国务院咨询小组（Advisory Groups）

美国政府和大量咨询委员会与顾问小组就各种问题保持沟通和协商，与国务院工作保持沟通的机构如下：

公共外交顾问委员会（Advisory Commission on Public Diplomacy）

http：//www. state. gov/pdcommission/index. htm

东欧和前苏联独联体国家研究顾问委员会（Advisory Committee for the Study of Eastern Europe and the Independent States of the Former Soviet Union）

http：//www. state. gov/s/inr/grants

外交历史文件顾问委员会（Advisory Committee on Historical Diplomatic Documentation）

http：//history. state. gov/about/hac

国际交流与信息政策顾问委员会（Advisory Committee on International Communications and Information Policy）

http：//www. state. gov/e/eb/adcom/acicip/index. htm

国际经济政策顾问委员会（Advisory Committee on International Economic Policy）

http：//www. state. gov/e/eb/adcom/aciep/index. htm

国际法顾问委员会（Advisory Committee on International Law）

http：//www. state. gov/s/l

国际邮政递送顾问委员会（Advisory Committee on International Postal and Delivery Services） http：//www. state. gov/p/io/ipp/c25478. htm

公民社会战略对话顾问委员会（Advisory Committee on Strategic Dialogue with Civil Society）

http：//www. state. gov/s/sacsed/c47726. htm

文化财产顾问委员会（Cultural Property Advisory Committee）

http：//exchanges. state. gov/heritage/culprop/committee. html

国防贸易顾问小组（Defense Trade Advisory Group）

http：//pmddtc. state. gov

对外事务政策委员会（Foreign Affairs Policy Board）

http：//www. state. gov/s/p/fapb/index. htm

工业顾问小组（Industry Advisory Panel）

http：//www. state. gov/obo/working/indoutreach/iap/index. htm

国际安全咨询委员会（International Security Advisory Board）

http：//www. state. gov/t/avc/isab/index. htm

国际电讯顾问委员会（International Telecommunication Advisory Committee）

http：//www. state. gov/e/eb/adcom/itac/index. htm

海外学校顾问委员会（Qverseas Schools Advisory Council）

http：//www. state. gov/m/a/os/c6971. htm

海外安全顾问委员会（Overseas Security Advisory Council）

http：//www. state. gov/m/ds/terrorism/c8650. htm

艾滋病紧急救援计划咨询委员会（PEPFAR Scientific Advisory Board）

http：//www. pepfar. gov/sab

国务卿提供国际私法咨询委员会（Secretary of State's Advisory Committee on Private International Law）

http：//www. state. gov/s/l/c3452. htm

美国联合国教科文组织全国委员会（U. S. National Commission for UNESCO）

http：//www. state. gov/p/io/unesco

美国国家安全委员会

美国国家安全委员会是总统与其国家安全顾问及内阁成员商讨国家安全和对外政策事务的主要平台。根据 1947 年的《国家安全法》，杜鲁门总统建立了国家安全委员会，负责向总统提出建议，协助处理国家安全与对外事务并制订相关政策。这其中，国家安全委员会的一个重要任务就是协调联邦政府各个行政部门的对外政策制订。近年来，尽管国家安全委员会决策的形式多样化，但该委员会在美国国家安全与外交决策中的地位愈发重要。

自 1953 年起，正式设立总统国家安全事务助理，是美国总统在国家安全事务上的主要参谋。根据 1949 年"政府重组计划"，国家安全委员会被列入到总统行政办公室当中。总统国家安全事务助理由总统直接任命，无须通过参议院认可。

国家安全委员会由总统主持召开。通常参加者包括副总统、国务卿、财政部长、国防部长和总统国家事务助理。参谋长联席会议主席是法定的军事顾问。国家情报总监（之前很长一段时间是中央情报局局长）是委员会情报顾问。总统幕僚长、国家安全顾问和总统经济政策助理被邀请参加国家安全委员会会议。司法部长、管理与预算办公室主任也会被邀请与会，以便讨论涉及他们负责的相关事务。行政部门和机构的首脑以及资深官员也会根据需要被邀请参加会议。

历任美国总统国家安全事务助理

序号	姓名	任期		时任总统
		上任	卸任	
1	罗伯特·卡特勒 （Robert Cutler）	1953 年 3 月 23 日	1955 年 4 月 2 日	艾森豪威尔
2	迪伦·安德森 （Dillon Anderson）	1955 年 4 月 2 日	1956 年 9 月 1 日	
3	威廉·H. 杰克逊 （William. H. Jackson）	1956 年 9 月 1 日	1957 年 1 月 7 日	
4	罗伯特·卡特勒 （Robert Cutler）	1957 年 1 月 7 日	1958 年 6 月 24 日	
5	戈登·格雷 （Gordon Gray）	1958 年 6 月 24 日	1961 年 1 月 13 日	
6	麦克乔治·邦迪 （McGeorge Bundy）	1961 年 1 月 20 日	1966 年 2 月 28 日	肯尼迪 约翰逊
7	沃尔特·罗斯托 （Walt W. Rostow）	1966 年 4 月 1 日	1969 年 1 月 20 日	约翰逊
8	亨利·基辛格 （Henry Kissinger）	1969 年 1 月 20 日	1975 年 11 月 3 日	尼克松 福特
9	布伦特·斯考克罗夫特 （Brent Scowcroft）	1975 年 11 月 3 日	1977 年 1 月 20 日	福特
10	兹比格涅夫·布热津斯基 （Zbigniew Brzezinski）	1977 年 1 月 20 日	1981 年 1 月 21 日	卡特
11	理查德·V. 艾伦 （Richard V. Allen）	1981 年 1 月 21 日	1982 年 1 月 4 日	里根
12	小威廉·克拉克 （William Clark，Jr.）	1981 年 1 月 4 日	1983 年 10 月 17 日	
13	罗伯特·C. 麦克法兰 （Robert C. McFarlane）	1983 年 10 月 17 日	1985 年 12 月 4 日	
14	约翰·彭德克斯特 （John Poindexter）	1985 年 12 月 4 日	1986 年 11 月 25 日	
15	弗兰克·卡卢奇 （Frank Carlucci）	1986 年 12 月 2 日	1987 年 11 月 23 日	
16	科林·鲍威尔 （Colin Powell）	1987 年 11 月 23 日	1989 年 1 月 20 日	
17	布伦特·斯考克罗夫特 （Brent Scowcroft. 第二任）	1989 年 1 月 20 日	1993 年 1 月 20 日	乔治·赫伯特·沃克·布什
18	安东尼·雷克 （Anthony Lake）	1993 年 1 月 20 日	1997 年 3 月 14 日	克林顿
19	桑迪·伯格 （Samuel Berger）	1997 年 3 月 14 日	2001 年 1 月 20 日	

序号	姓名	任期		时任总统
		上任	卸任	
20	康多莉扎·赖斯 （Condoleezza Rice）	2001 年 1 月 22 日	2005 年 1 月 25 日	乔治· W. 布什
21	斯蒂芬·哈德利 （Stephen Hadley）	2005 年 1 月 26 日	2009 年 1 月 20 日	
22	詹姆斯·L. 琼斯 （James L. Jones）	2009 年 1 月 20 日	2010 年 10 月 8 日	奥巴马
23	托马斯·多尼伦 （Thomas E. Donilon）	2010 年 10 月 8 日	2013 年 7 月 1 日	
24	苏珊·赖斯 （Susan E. Rice）	2013 年 7 月 1 日		

美国情报系统

当前美国的情报系统是由国家情报总监办公室和 16 个独立运行且协同工作的情报机构组成的。根据"2004 年情报改革与防范恐怖主义法"，美国建立了国家情报总监办公室，以便更好地协调与管理美国情报界的情报收集与分析工作。国家情报总监由总统提名、参议院认可后上任。国家情报总监监督 17 个联邦情报机构的工作，而在此之前的很长一段时间，中央情报局局长负责监督情报界的工作。国家情报总监也管理和实施国家情报项目，并向总统和国家安全委员会提供有关国家安全的情报支持。

美国情报系统组织结构图

项目管理

中央情报局	国防情报局	联邦调查局国家安全分部	国家地理空间情报局	国家侦察办公室

联邦各部所属情报机构

缉毒署国家安全情报办公室	能源部情报与反情报办公室	国土安全部情报与分析办公室	海岸警卫队情报局	国务院情报与分析局	财政部情报与分析办公室

军方情报机构

空军情报局	陆军情报局	海军陆战队情报局	海军情报局

美国国际开发署

　　美国国际开发署（United States Agency for International Development，缩写为 USAID），是承担美国大部分对外非军事援助的联邦政府机构。美国国际开发署作为一个独立的联邦机构，依照美国国务院的外交政策，力求"为海外那些为过上美好生活而努力、进行着灾后重建，以及为寻求

生活于民主自由之国家而奋斗的人们提供帮助"。作为美国政府主要的对外援助机构，美国国际开发署在推进美国对外政策、实现自身安全利益方面起着重要作用。

　　1961 年 9 月 4 日，美国国会通过了对外援助法案，重新制定了对外援助计划，包括军事援助和非军事援助。该法案要求成立一个机构来监督执行经济援助活动。1961 年 9 月 3 日，时任总统约翰·肯尼迪下令成立美国国际开发署。

　　美国国际开发署总部设在华盛顿哥伦比亚特区，在全球 67 个国家设有分支机构，与 90 多个国家拥有合作项目。根据官方界定，美国国际开发署主要援助领域包括：

　　经济增长、贸易和农业（包括教育、技术和环境）

　　卫生，包括艾滋病病毒/艾滋病和其他传染性疾病

　　民主、缓和冲突和人道主义援助（包括灾害救助）

2013 财年美国国际开发署实际开支

支出项目	金额（万美元）	所占比例
运作单位管理费	89563.2	9%
人道主义援助	160853.3	16%
经济增长	335902	32%
和平与安全	69749.6	7%
公平与民主治理	93263.3	9%
人员投资	286630.4	28%
总 额	1035961.8	100%

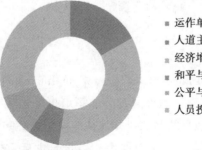

2013财年美国国际开发署实际开支

　■ 运作单位管理费
　■ 人道主义援助
　■ 经济增长
　■ 和平与安全
　■ 公平与民主治理
　■ 人员投资

2010—2013 年美国国际开发署实际开支一览表

（单位：万美元）

时间 分项	2010	2011	2012	2013
和平与安全	107249.4	93704.4	68545.9	69749.6
公平与民主治理	176820.7	183482.6	278142.2	93263.3
人员投资	284841.4	306308.3	243223.1	286630.4
经济增长	271017.9	324922.8	357038.4	335902
人道主义援助	162908.7	163164	134748.4	160853.3
运作单位管理费	37791.5	52787.2	67413.8	89563.2
合计	1040629.6	1124369.3	1149111.8	1035961.8

跨太平洋合作伙伴关系（TPP）

亚太地区拥有全世界活力最充沛和增长最快的经济体。目前跨太平洋伙伴关系各成员的国内生产总值（GDP）合计约占全球的40%。预计今后20年全球近50%的增长将源于亚太地区，可新增几乎10亿中产阶级消费者。跨太平洋伙伴关系成员包括美国的一些主要贸易伙伴——加拿大（第一）、墨西哥（第三）、日本（第四）。跨太平洋伙伴关系的谈判是美国贸易政策的一个基石，是通过增加出口和就业促进经济复苏的重要倡议，也是奥巴马政府向亚太进行战略再平衡的经济核心。在拥有相同价值观和牢固经济纽带的基础上，美国与11个跨太平洋伙伴关系成员正努力为快速增长的亚太地区建立全面和高标准的贸易投资框架。

跨太平洋伙伴关系成员

目前有12个国家参加谈判：

亚洲：文莱达鲁萨兰国、日本、马来西亚、新加坡、越南

大洋洲：澳大利亚、新西兰

北美洲：美国、加拿大、墨西哥

南美洲：智利、秘鲁

美国构建跨太平洋伙伴关系的公开目标

跨太平洋伙伴关系成员正着手解决 21 世纪影响贸易和投资的各种问题，并为劳工和环境提供强有力的保护。跨太平洋伙伴关系将发挥转型作用，为推动更广泛的区域一体化提供平台，同时成为促进全球贸易自由化的催化剂。

美国与跨太平洋合作伙伴关系成员国相关经贸统计数据

目前跨太平洋合作伙伴关系成员国的市场规模有 7.93 亿消费者，2012 年国内生产总值（GDP）总额为 28.1 万亿美元（占全球国内生产总值的 39.0%）。而 2012 年美国—跨太平洋伙伴关系贸易额为 1.8 万亿美元（占总贸易额的 37%）。

2012 年美国对跨太平洋伙伴关系成员国的商品出口总额为 6890 亿美元，占美国出口总额的近 45%。

美国—跨太平洋伙伴关系的贸易增长：过去 3 年（2009—2012 年）的商品和服务贸易增长了 46%

跨太平洋伙伴关系国家在美国的外国直接投资：6203 亿美元（占在美国的外国直接投资存量的 23%）

美国在跨太平洋伙伴关系地区的主要市场：加拿大（3540 亿美元）、墨西哥（2430 亿美元）、日本（1160 亿美元）

出口所支持的就业：美国对跨太平洋伙伴关系国家的商品和服务出口在 2012 年支持了约 400 万个工作岗位。

对跨太平洋伙伴关系国家的服务出口：2012 年为 1720 亿美元，占美国服务出口总额的 27% 以上，自 2009 年以来上升了 34%。

对跨太平洋伙伴关系国家出口的商品：6891 亿美元（占美国商品出口总额的 45%），自 2009 年以来上升了 46%。

关键出口类别（2012 年商品出口）：

机械（1090 亿美元）

电气机械（830 亿美元）

汽车（820 亿美元）

矿物燃料（石油）（580 亿美元）

塑料（330 亿美元）

制造业出口：6190 亿美元，自 2009 年以来上升了 52%

农业出口：2012 年为 592 亿美元，自 2009 年以来上升了 36%

主要农业出口：玉米（57 亿美元）

猪肉和猪肉制品（43 亿美元）

黄豆（36 亿美元）

牛肉和牛肉制品（33 亿美元）

新鲜水果（31 亿美元）

四 美国军事

美国国防部 国防部是美国最古老、最大的政府机构。1775 年美国陆军、海军和海军陆战队建立。1789 年美国战争部（The War Department）成立，它是美国国防部的前身。1790 年海岸警卫队（和平时期隶属于国土安全部）建立，1798 年海军部成立。为了将不同的兵种置于一个军部的领导之下，1947 年国家军事机构（the National Military Establishment）创建。由国家军事机构取代战争部。而战争部则转变为陆军部。同年 9 月 18 日，美国空军部成立，同日，美国建立了空军。随后，美国陆、海、空三军统一归属参议院批准的国防部长的直接领导之下。1949 年，根据修改的《国家安全法》（the National Security Act），国家军事机构更名为国防部。

美国国防部的使命是提供为威慑战争、保护美国国家安全所需的军事力量。其总部设在五角大楼。国防部长是总统的主要防务政策顾问。在总统的领导下，国防部长对国防部行使领导权、指导权和控制权。国防部长同时也是总统内阁及国家安全委员会成员。国防部设有国防部总检察长办公室、国防部长办公室、陆军部、海军部、空军部、9 个作战司令部及参谋长联席会议。其中国防部长办公室下辖 17 个国防局和 10 个作战机构。参谋长联席会议下辖联合参谋部。

美国国防部的军事力量由陆军、海军、空军和海军陆战队 4 个军种组成，其中陆军归属陆军部，海军和海军陆战队归属海军部，空军归属空军部。这三个军事部分别由陆军部长、海军部长和空军部长直接领导。

国防部的现任高层文职、军职领导人：

国防部长：查克·哈格尔（Chuck Hagel 2013.2.27—）

国防部常务副部长：艾什顿·卡特（Ashton B. Carter 2011.10.6—2013.12.3）

参谋长联席会议主席：马丁·登普西（Martin Dempsey 2011.10.1—）

参谋长联席会议副主席：詹姆斯·温尼菲尔德（James

A. Winnefeld，Jr. 2011. 8. 4—）

历任国防部长

姓名	所在的州	任期
1. 詹詹姆斯·福莱斯特 James V. Forrestal	纽约	1947. 9. 19—1949. 3. 19
2. 路易斯·约翰逊 Louis A. Johnson	西弗吉尼亚	1949. 3. 28—1950. 9. 19
3. 乔治·马歇尔 George C. Marshall	宾夕法尼亚	1950. 9. 19—1951. 9. 19
4. 罗伯特·洛维特 Robert A. Lovett	纽约	1951. 9. 19—1953. 1. 20
5. 查尔斯·威尔逊 Charles E. Wilson	密歇根	1953. 1. 20—1957. 10. 8
6. 尼尔·麦克尔罗伊 Neil H. McElroy	俄亥俄	1957. 10. 9—1959. 12. 1
7. 小托马斯·盖茨 Thomas S. Gates，Jr.	宾夕法尼亚	1959. 12. 2—1961. 1. 20
8. 罗伯特·麦克纳马拉 Robert S. McNamara	密歇根	1961. 1. 21—1968. 2. 29
9. 克拉克·克利福德 Clark M. Clifford	马里兰	1968. 3. 1—1969. 1. 20
10. 梅尔文·莱尔德 Melvin R. Laird	威斯康星	1969. 1. 22—1973. 1. 29
11. 埃利奥特·利·理查森 Elliot L. Richardson	马萨诸塞	1973. 1. 30—1973. 5. 24
12. 詹姆斯·施莱辛格 James R. Schlesinger	弗吉尼亚	1973. 7. 2—1975. 11. 19
13. 唐纳德·拉姆斯菲尔德 Donald Rumsfeld	伊利诺伊	1975. 11. 20—1977. 1. 20
14. 哈罗德·布朗 Harold Brown	加利福尼亚	1977. 1. 21—1981. 1. 20
15. 卡斯珀·温伯格 Caspar Weinberger	加利福尼亚	1981. 1. 21—1987. 11. 23
16. 弗兰克·卡路西 Frank Carlucci	弗吉尼亚	1987. 11. 23—1989. 1. 20
17. 理查德·切尼 Richard B. Cheney	怀俄明	1989. 3. 21—1993. 1. 20
18. 莱斯·阿斯平 Leslie Aspin	威斯康星	1993. 1. 21—1994. 2. 3
19. 威廉·佩里 William J. Perry	宾夕法尼亚	1994. 2. 3—1997. 1. 24

续表

姓名	所在的州	任期
20. 威廉·科恩 William S. Cohen	缅因	1997. 1. 24—2001. 1. 20
21. 唐纳德·拉姆斯菲尔德 Donald Rumsfeld	伊利诺伊	2001. 1. 20—2006. 12. 18
22. 罗伯特·盖茨 Robert M. Gates	德克萨斯	2006. 12. 18—2011. 7. 1
23. 莱昂·帕内塔 Leon Panetta	加利福尼亚	2011. 7. 1—2013. 2. 27
24. 查克·哈格尔 Chuck Hagel	内布拉斯加	2013. 2. 27—

历任参谋长联席会议主席

姓名	服役军种	军衔	任期
1. 奥马尔·布雷德利 Omar N. Bradley	陆军	五星上将	1949. 8. 16—1953. 8. 14
2. 阿瑟·雷德福 Arthur W. Radford	海军	上将	1953. 8. 15—1957. 8. 15
3. 内森·特文宁 Nathan Twining	空军	上将	1957. 8. 15—1960. 9. 30
4. 莱曼·兰尼兹尔 Lyman Lemnitzer	陆军	上将	1960. 10. 1—1962. 9. 30
5. 马克斯韦尔·泰勒 Maxwell D. Taylor	陆军	上将	1962. 10. 1—1964. 7. 1
6. 尼尔·惠勒 Earle Wheeler	陆军	上将	1964. 7. 3—1970. 7. 2
7. 托马·斯穆勒 Thomas H. Moorer	海军	上将	1970. 7. 2—1974. 7. 1
8. 乔治·布朗 George S. Brown	空军	上将	1974. 7. 1—1978. 6. 20
9. 戴维·琼斯 David C. Jones	空军	上将	1978. 6. 21—1982. 6. 18
10. 小约翰·维齐 John W. Vessey Jr.	陆军	上将	1982. 6. 18—1985. 9. 30
11. 小威廉·克劳 William J. Crowe, Jr.	海军	上将	1985. 10. 1—1989. 9. 30
12. 科林·鲍威尔 Colin Powell	陆军	上将	1989. 10. 1—1993. 9. 30

续表

姓名	服役军种	军衔	任期
13. 约翰·沙利卡什维利 John Shalikashvili	陆军	上将	1993. 10. 25—1997. 9. 30
14. 亨利·谢尔顿 Henry Hugh Shelton	陆军	上将	1997. 10. 1—2001. 9. 30
15. 理查德·迈尔斯 Richard B. Myers	空军	上将	2001. 10. 1—2005. 9. 30
16. 彼得·佩斯 Peter Pace	海军陆战队	上将	2005. 10. 1—2007. 9. 30
17. 迈克尔·马伦 Michael Mullen	海军	上将	2007. 10. 1—2011. 9. 30
18. 马丁·登普西 Martin Dempsey	陆军	上将	2011. 10. 1—

联合作战司令部驻地和现任司令官 *

名称	驻地	司令
非洲司令部 Africa Command	德国斯图加特，凯利兵营 （Kelley Barracks, Stuttgart, Germany）	戴维·M. 罗德里格斯 （David M. Rodriguez）
中央司令部 Central Command	佛罗里达州麦克迪尔空军基地 （MacDill Air Force Base, Florida）	劳埃德·奥斯汀 （Lloyd James Austin III）
欧洲司令部 European Command	德国斯图加特-法伊英根，佩奇兵营（Patch Barracks, Stuttgart-Vaihingen, Germany）	菲利普·布里德洛夫 （Philip Mark Breedlove）
北方司令部 Northern Command	科罗拉多州彼得森空军基地 （Peterson AFB, Colorado）	查尔斯·雅各比二世（Charles H. Jacoby, Jr.）
太平洋司令部 Pacific Command	夏威夷州檀香山	塞缪尔·洛克莱尔 （Samuel J. Locklear III）
南方司令部 Southern Command	佛罗里达州迈阿密 （Miami, Florida）	约翰·凯利 （John F. Kelly）
特种作战司令部（Special Operation Command）	佛罗里达州麦克迪尔空军基地 MacDill Air Force Base, Florida	威廉·麦克雷文 William Harry McRaven
Strategic Command 战略司令部	内布拉斯加州奥法特空军基地 Offutt Air Force Base, Nebraska	塞西尔·汉尼 Cecil D. Haney
运输司令部 Transportation Command	伊利诺伊州斯科特空军基地 Scott Air Force Base, Illinois	威廉·弗雷泽三世 William M. Fraser III

  * 这里"现任司令官"是指 2013 年 12 月 31 日前在任的司令官。

美国军费开支情况（2000—2013）

（亿美元：以现价美元计算）

2000	2004	2005	2006	2007	2008	2009	2010	2011	2012	2013
281.1	436.4	474.1	499.3	528.5	594.6	636.7	666.7	679.1	650.9	607.8

美国现役军人人数变化情况（1990—2013）

（单位：千人）

年份	1990	1995	2000	2005	2010	2011	2012	2013
陆军	732	509	482	493	566	565	550	534
海军	579	435	373	363	328	325	318	323
海军陆战队	197	175	173	180	202	201	198	194
空军	535	400	356	354	334	333	333	333
合计	2044	1518	1384	1389	1431	1425	1400	1384

美国现役军人驻扎情况（1990—2010）

（单位：千人）

年份	1990	1995	2000	2005	2010
美国	1437	1280	1127	1098	1134
外国	609	238	258	291	297
陆上	1794	1351	1237	1262	1328
海上	252	167	147	127	103

军事采购费用（1990—2010）

（亿美元：以现价美元计算）

1990	1995	2000	2004	2005	2006	2007	2008	2009	2010
81.0	55.0	51.7	76.2	82.3	89.8	99.6	117.4	129.2	133.6

美国军事研发、试验、评估费用（1990—2010）

（亿美元：以现价美元计算）

1990	1995	2000	2004	2005	2006	2007	2008	2009	2010
37.5	34.6	37.6	60.8	65.7	68.6	73.1	75.1	79.0	77.0

美国预备役军人人数变化情况（1990—2010）

（单位：千人）

1990	1995	1999	2000	2005	2006	2007	2008	2009	2010
1658.7	1648.4	1288.8	1251.5	1113.4	1101.6	1088.6	1080.7	1070.2	1068.9

美国在一些亚太国家驻军情况（1995—2010）

（单位：人）

	1995	2000	2005	2006	2007	2008	2009	2010
澳大利亚	314	175	196	347	140	140	139	130
日本	39134	40159	35571	33453	32803	33286	35965	34385
韩国	36016	36565	30983	29086	27014	25062	NA	NA
新加坡	166	411	169	164	125	129	125	132

五　美国社会文化

美国历年腐败感知指数和在世界各国之中的排名

（95 即 1995 年，05 即 2005 年）

年份	95	96	97	98	99	00	01	02	03	04	05	06	07	08	09	10	11	12	13
指数	7.79	7.66	7.61	7.5	7.5	7.8	7.6	7.7	7.5	7.5	7.6	7.3	7.2	7.3	7.5	7.1	7.1	7.3	7.3
排名	—	15	16	17	18	14	16	16	18	17	17	20	20	18	19	22	24	19	19

1960—2012 年美国犯罪率

年份	总人口	案件总数	暴力案件	财产案件	谋杀	强奸	抢劫
1960	179323175	3384200	288460	3095700	9110	17190	107840
1961	182992000	3488000	289390	3198600	8740	17220	106670
1962	185771000	3752200	301510	3450700	8530	17550	110860
1963	188483000	4109500	316970	3792500	8640	17650	116470
1964	191141000	4564600	364220	4200400	9360	21420	130390
1965	193526000	4739400	387390	4352000	9960	23410	138690
1966	195576000	5223500	430180	4793300	11040	25820	157990
1967	197457000	5903400	499930	5403500	12240	27620	202910
1968	199399000	6720200	595010	6125200	13800	31670	262840
1969	201385000	7410900	661870	6749000	14760	37170	298850
1970	203235298	8098000	738820	7359200	16000	37990	349860

年份	总人口	案件总数	暴力案件	财产案件	谋杀	强奸	抢劫
1971	206212000	8588200	816500	7771700	17780	42260	387700
1972	208230000	8248800	834900	7413900	18670	46850	376290
1973	209851000	8718100	875910	7842200	19640	51400	384220
1974	211392000	10253400	974720	9278700	20710	55400	442400
1975	213124000	11292400	1039710	10252700	20510	56090	470500
1976	214659000	11349700	1004210	10345500	18780	57080	427810
1977	216332000	10984500	1029580	9955000	19120	63500	412610
1978	218059000	11209000	1085550	10123400	19560	67610	426930
1979	220099000	12249500	1208030	11041500	21460	76390	480700
1980	225349264	13408300	1344520	12063700	23040	82990	565840
1981	229146000	13423800	1361820	12061900	22520	82500	592910
1982	231534000	12974400	1322390	11652000	21010	78770	553130
1983	233981000	12108600	1258090	10850500	19310	78920	506570
1984	236158000	11881800	1273280	10608500	18690	84230	485010
1985	238740000	12431400	1328800	11102600	18980	88670	497870
1986	240132887	13211869	1489169	11722700	20613	91459	542775
1987	242282918	13508700	1483999	12024700	20096	91110	517704
1988	245807000	13923100	1566220	12356900	20680	92490	542970
1989	248239000	14251400	1646040	12605400	21500	94500	578330
1990	248709873	14475600	1820130	12655500	23440	102560	639270
1991	252177000	14872900	1911770	12961100	24700	106590	687730
1992	255082000	14438200	1932270	12505900	23760	109060	672480
1993	257908000	14144800	1926020	12218800	24530	106010	659870
1994	260341000	13989500	1857670	12131900	23330	102220	618950
1995	262755000	13862700	1798790	12063900	21610	97470	580510
1996	265228572	13493863	1688540	11805300	19650	96250	535590
1997	267637000	13194571	1634770	11558175	18208	96153	498534
1998	270296000	12475634	1531044	10944590	16914	93103	446625
1999	272690813	11634378	1426044	10208334	15522	89411	409371
2000	281421906	11608072	1425486	10182586	15586	90178	408016
2001	285317559	11876669	1439480	10437480	16037	90863	423557
2002	287973924	11878954	1423677	10455277	16229	95235	420806

续表

年份	总人口	案件总数	暴力案件	财产案件	谋杀	强奸	抢劫
2003	290690788	11826538	1383676	10442862	16528	93883	414235
2004	293656842	11679474	1360088	10319386	16148	95089	401470
2005	296507061	11565499	1390745	10174754	16740	94347	417438
2006	299398484	11401511	1418043	9983568	17030	92757	447403
2007	301621157	11251828	1408337	9843481	16929	90427	445125
2008	304374846	11160543	1392628	9767915	16442	90479	443574
2009	307006550	10762956	1325896	9337060	15399	89241	408742
2010	309330219	10363873	1251248	9112625	14772	85593	369089
2011	311587816	10258774	1206031	9052743	14661	84175	354772
2012	313914040	10189902	1214464	8975438	14827	84376	354522

年份	严重伤害	夜盗	盗窃	盗窃车辆
1960	154320	912100	1855400	328200
1961	156760	949600	1913000	336000
1962	164570	994300	2089600	366800
1963	174210	1086400	2297800	408300
1964	203050	1213200	2514400	472800
1965	215330	1282500	2572600	496900
1966	235330	1410100	2822000	561200
1967	257160	1632100	3111600	659800
1968	286700	1858900	3482700	783600
1969	311090	1981900	3888600	878500
1970	334970	2205000	4225800	928400
1971	368760	2399300	4424200	948200
1972	393090	2375500	4151200	887200
1973	420650	2565500	4347900	928800
1974	456210	3039200	5262500	977100
1975	492620	3265300	5977700	1009600
1976	500530	3108700	6270800	966000
1977	534350	3071500	5905700	977700
1978	571460	3128300	5991000	1004100
1979	629480	3327700	6601000	1112800
1980	672650	3795200	7136900	1131700

续表

年份	严重伤害	夜盗	盗窃	盗窃车辆
1981	663900	3779700	7194400	1087800
1982	669480	3447100	7142500	1062400
1983	653290	3129900	6712800	1007900
1984	685350	2984400	6591900	1032200
1985	723250	3073300	6926400	1102900
1986	834322	3241410	7257153	1224137
1987	855088	3236184	7499900	1288674
1988	910090	3218100	7705900	1432900
1989	951710	3168200	7872400	1564800
1990	1054860	3073900	7945700	1635900
1991	1092740	3157200	8142200	1661700
1992	1126970	2979900	7915200	1610800
1993	1135610	2834800	7820900	1563100
1994	1113180	2712800	7879800	1539300
1995	1099210	2593800	7997700	1472400
1996	1037050	2506400	7904700	1394200
1997	1023201	2460526	7743760	1354189
1998	974402	2329950	7373886	1240754
1999	911740	2100739	6955520	1152075
2000	911706	2050992	6971590	1160002
2001	909023	2116531	7092267	1228391
2002	891407	2151252	7057370	1246646
2003	859030	2154834	7026802	1261226
2004	847381	2144446	6937089	1237851
2005	862220	2155448	6783447	1235859
2006	860853	2183746	6607013	1192809
2007	855856	2176140	6568572	1095769
2008	842134	2228474	6588046	958629
2009	812514	2203313	6338095	795652
2010	781844	2168457	6204601	739565
2011	752423	2185140	6151095	716508
2012	760739	2103787	6150598	721053

美国 1980—2011 年人类发展指数

指标	人类发展指数（HDI）值							国家排位升降		平均年增长率（%）		
年份	1980	1990	2000	2005	2009	2010	2011	2006—2011	2010—2011	1980—2011	1990—2011	2000—2011
数据	0.837	0.870	0.897	0.902	0.906	0.908	0.910	−1	0	0.27	0.21	0.13

各州每周入教堂礼拜的成人比例

排名	州名	比例（%）
	全国平均	42
1	阿拉巴马	58
1	路易斯安那	58
1	南卡罗来纳	58
4	密西西比	57
5	阿肯色	55
5	犹他	55
7	内布拉斯加	53
7	北卡罗来纳	53
9	佐治亚	52
9	田纳西	52
11	俄克拉荷马	50
12	得克萨斯	49
13	肯塔基	48
14	堪萨斯	47
15	印第安纳	46

续表

排名	州名	比例（%）
15	艾奥瓦	46
15	密苏里	46
15	西弗吉尼亚	46
19	南达科他	45
20	明尼苏达	44
20	弗吉尼亚	44
22	德拉华	43
22	爱达荷	43
22	北达科他	43
22	俄亥俄	43
22	宾夕法尼亚	43
22	威斯康星	43
28	伊利诺伊	42
28	密歇根	42
30	马里兰	41
30	新墨西哥	41
32	佛罗里达	39
33	康涅狄格	37
34	怀俄明	36
35	亚利桑那	35
35	科罗拉多	35
37	蒙大拿	34
37	新泽西	34
39	哥伦比亚特区	33
39	纽约	33
41	加利福尼亚	32
41	俄勒冈	32
41	华盛顿	32
44	缅因	31
44	马萨诸塞	31
46	罗得岛	28
47	内华达州	27
48	新罕布什尔	24
48	佛蒙特	24

美国宗教认同调查

人群	1990 年成人数（千人）	2001 年成人数（千人）	2008 年成人数（千人）	与 1990 年相比，2008 年人数增加的比例（%）	1990 年成人比例（%）	2001 年成人比例（%）	2008 年成人比例（%）	1990—2008 年成人比例百分点增长幅度（%）
全部成年人口	175440	207983	228182	30.1				
应答的成年人口	171409	196683	216367	26.2	97.7	94.6	94.8	-2.9
基督教人众	151225	159514	173402	14.7	86.2	76.7	76.0	-10.2
天主教	46004	50873	57199	24.3	26.2	24.5	25.1	-1.2
非天主教的基督徒	105221	108641	116203	10.4	60.0	52.2	50.9	-9.0
浸礼会	33964	33820	36148	6.4	19.4	16.3	15.8	-3.5
主流基督教	32784	35788	29375	-10.4	18.7	17.2	12.9	-5.8
循道宗	14174	14039	11366	-19.8	8.1	6.8	5.0	-3.1
路德宗	9110	9580	8674	-4.8	5.2	4.6	3.8	-1.4
长老会	4985	5596	4723	-5.3	2.8	2.7	2.1	-0.8
圣公会	3043	3451	2405	-21.0	1.7	1.7	1.1	-0.7
基督徒联合教会	438	1378	736	68.0	0.2	0.7	0.3	0.1
基督徒类别	25980	22546	32441	24.9	14.8	10.8	14.2	-0.6
无专属教会的基督徒	8073	14190	16384	102.9	4.6	6.8	7.2	2.6
无教派的基督徒	194	2489	8032	4040.2	0.1	1.2	3.5	3.4
无专属的新教徒	17214	4647	5187	-69.9	9.8	2.2	2.3	-7.5
福音派（灵魂再生）	546	1088	2154	294.5	0.3	0.5	0.9	0.6
五旬节教派/奇理斯玛	5647	7831	7948	40.7	3.2	3.8	3.5	0.3
无专属的五旬节教众	3116	4407	5416	73.8	1.8	2.1	2.4	0.6
神召会	617	1105	810	31.3	0.4	0.5	0.4	0.0
上帝教会	590	943	663	12.4	0.3	0.5	0.3	0.0
其他新教宗派	4630	5949	7131	54.0	2.6	2.9	3.1	0.5
基督教会	1769	2593	1921	8.6	1.0	1.2	0.8	-0.2
耶和华见证会	1381	1331	1914	38.6	0.8	0.6	0.8	0.1
基督复临安息日会	668	724	938	40.4	0.4	0.3	0.4	0.0

续表

人群	1990年成人数（千人）	2001年成人数（千人）	2008年成人数（千人）	与1990年相比，2008年人数增加的比例（%）	1990年成人比例（%）	2001年成人比例（%）	2008年成人比例（%）	1990—2008年成人比例百分点增长幅度（%）
摩门教	2487	2697	3158	27.0	1.4	1.3	1.4	0.0
非基督教总计	5853	7740	8796	50.3	3.3	3.7	3.9	0.5
犹太教	3137	2837	2680	-14.6	1.8	1.4	1.2	-0.6
东方宗教	687	2020	1961	185.4	0.4	1.0	0.9	0.5
佛教	404	1082	1189	194.3	0.2	0.5	0.5	0.3
穆斯林	527	1104	1349	156.0	0.3	0.5	0.6	0.3
新宗教运动或其他	1296	1770	2804	116.4	0.7	0.9	1.2	0.5
无宗教信仰者总计	14331	29481	34169	138.4	8.2	14.2	15.0	6.8
不可知论—无神论	1186	1893	3606	204.0	0.7	0.9	1.6	0.9
不知道/不回答	4031	11300	11815	193.1	2.3	5.4	5.2	2.9

社会保障历年税率（1937—2013 年）

上限薪资的联邦社会保险税或自雇贡献税

年份	课税的上限薪资	社保信托基金税率（%）	医保税率（%）	年份	课税的上限薪资	社保信托基金税率（%）	医保税率（%）
1937	3000	2	—	1950	3000	3	—
1938	3000	2	—	1951	3600	3	—
1939	3000	2	—	1952	3600	3	—
1940	3000	2	—	1953	3600	3	—
1941	3000	2	—	1954	3600	4	—
1942	3000	2	—	1955	4200	4	—
1943	3000	2	—	1956	4200	4	—
1944	3000	2	—	1957	4200	4.5	—
1945	3000	2	—	1958	4200	4.5	—
1946	3000	2	—	1959	4800	5	—
1947	3000	2	—	1960	4800	6	—
1948	3000	2	—	1961	4800	6	—
1949	3000	2	—	1962	4800	6.25	—

年份	课税的上限薪资	社保信托基金税率（%）	医保税率（%）	年份	课税的上限薪资	社保信托基金税率（%）	医保税率（%）
1963	4800	7.25	—	1991	53400	12.4	2.9
1964	4800	7.25	—	1992	55500	12.4	2.9
1965	4800	7.25	—	1993	57600	12.4	2.9
1966	6600	7.7	0.7	1994	60600	12.4	2.9
1967	6600	7.8	1.0	1995	61200	12.4	2.9
1968	7800	7.6	1.2	1996	62700	12.4	2.9
1969	7800	8.4	1.2	1997	65400	12.4	2.9
1970	7800	8.4	1.2	1998	68400	12.4	2.9
1971	7800	9.2	1.2	1999	72600	12.4	2.9
1972	9000	9.2	1.2	2000	76200	12.4	2.9
1973	10800	9.7	2.0	2001	80400	12.4	2.9
1974	13200	9.9	1.8	2002	84900	12.4	2.9
1975	14100	9.9	1.8	2003	87000	12.4	2.9
1976	15300	9.9	1.8	2004	87900	12.4	2.9
1977	16500	9.9	1.8	2005	90000	12.4	2.9
1978	17700	10.1	2.0	2006	94200	12.4	2.9
1979	22900	10.16	2.1	2007	97500	12.4	2.9
1980	25900	10.16	2.1	2008	102000	12.4	2.9
1981	29700	10.7	2.6	2009	106800	12.4	2.9
1982	32400	10.8	2.6	2010	106800	12.4	2.9
1983	35700	10.8	2.6	2011	106800	10.4	2.9
1984	37800	11.4	2.6	2012	110100	10.4	2.9
1985	39600	11.4	2.7	2013	113700	12.4	2.9
1986	42000	11.4	2.9				
1987	43800	11.4	2.9				
1988	45000	12.12	2.9				
1989	48000	12.12	2.9				
1990	51300	12.4	2.9				

资料来源：Social Security Administration, accessed 7 Nov 2013.

社会保障的增长：1937—2008

Year	受益人数	发放金额（千美元）
1937	53236	1278
1938	213670	10478
1939	174839	13896
1940	222488	35000
1950	3477243	961000
1960	14844589	11245000
1970	26228629	31863000
1980	35584955	120511000
1990	39832125	247796000
1995	43387259	332553000
1996	43736836	347088000
1997	43971086	361970000
1998	44245731	374990000
1999	44595624	385768000
2000	45414794	407644000
2001	45877506	431949000
2002	46444317	453746000
2003	47038486	470778000
2004	47687693	493263000
2005	48434436	520748000
2006	49122624	546238000
2007	49864838	584939000
2008	50898244	615344000

各州人口数变化

排名	州	2000 年美国人口普查	2010 年美国人口普查	变化	百分比变化（％）
1	加利福尼亚州	33871648	37253956	▲3382308	▲ 10.0
2	得克萨斯州	20851820	25145561	▲4293741	▲ 20.6
3	纽约州	18976457	19378102	▲ 401645	▲ 2.1
4	佛罗里达州	15982378	18801310	▲2818932	▲ 17.6
5	伊利诺伊州	12419293	12830632	▲ 411339	▲ 3.3
6	宾夕法尼亚州	12281054	12702379	▲ 421325	▲ 3.4
7	俄亥俄州	11353140	11536504	▲ 183364	▲ 1.6
8	密歇根州	9938444	9883640	▼ － 54804	▼ － 0.6
9	佐治亚州	8186453	9687653	▲1501200	▲ 18.3
10	北卡罗来纳州	8049313	9535483	▲1486170	▲ 18.5
11	新泽西州	8414350	8791894	▲ 377544	▲ 4.5
12	弗吉尼亚州	7078515	8001024	▲ 922509	▲ 13.0
13	华盛顿州	5894121	6724540	▲ 830419	▲14.1
14	马萨诸塞州	6349097	6547629	▲ 198532	▲ 3.1
15	印第安纳州	6080485	6483802	▲ 403317	▲6.6
16	亚利桑那州	5130632	6392017	▲1261385	▲ 24.6
17	田纳西州	5689283	6346165	▲ 656822	▲ 11.5
18	密苏里州	5595211	5988144	▲ 393716	▲ 7.0
19	马里兰州	5296486	5773552	▲ 477066	▲ 9.0
20	威斯康星州	5363675	5686986	▲ 323311	▲ 6.0
21	明尼苏达州	4919479	5303925	▲ 384446	▲ 7.8
22	科罗拉多州	4301261	5029196	▲ 727935	▲ 16.9
23	亚拉巴马州	4447100	4779736	▲ 332636	▲ 7.5
24	南卡罗来纳州	4012012	4625364	▲ 613352	▲ 15.3
25	路易斯安那州	4468976	4533372	▲ 64396	▲ 1.4
26	肯塔基州	4041769	4339367	▲ 297598	▲ 7.4
27	俄勒冈州	3421399	3831074	▲ 409675	▲ 12.0
28	俄克拉荷马州	3450654	3751351	▲ 300697	▲ 8.7
29	康涅狄格州	3405565	3574097	▲ 168532	▲ 4.9

续表

排名	州	2000 年美国人口普查	2010 年美国人口普查	变化	百分比变化（％）
30	艾奥瓦州	2926324	3046355	▲ 120031	▲ 4.1
31	密西西比州	2844658	2967297	▲ 122639	▲ 4.3
32	阿肯色州	2673400	2915918	▲ 242518	▲ 9.1
33	堪萨斯州	2688418	2853118	▲ 164700	▲ 6.1
34	犹他州	2233169	2763885	▲ 530716	▲ 23.8
35	内华达州	1998257	2700551	▲ 702294	▲ 35.1
36	新墨西哥州	1819046	2059179	▲ 240133	▲ 13.2
37	西弗吉尼亚州	1808344	1852994	▲ 44650	▲ 2.5
38	内布拉斯加州	1711263	1826341	▲ 115078	▲ 6.7
39	爱达荷州	1293953	1567582	▲ 273629	▲ 21.1
40	夏威夷州	1211537	1360301	▲ 148764	▲ 12.3
41	缅因州	1274923	1328361	▲ 53438	▲ 4.2
42	新罕布什尔州	1235786	1316470	▲ 80684	▲ 6.5
43	罗得岛州	1048319	1052567	▲ 4248	▲ 0.4
44	蒙大拿州	902195	989415	▲ 87220	▲ 9.7
45	特拉华州	783600	897934	▲ 114334	▲ 14.6
46	南达科他州	754844	814180	▲ 59336	▲ 7.9
47	阿拉斯加州	626932	710231	▲ 83299	▲ 13.3
48	北达科他州	642200	672591	▲ 30391	▲ 4.7
49	佛蒙特州	608827	625741	▲ 16914	▲ 2.8
50	华盛顿哥伦比亚特区	572059	601723	▲ 29664	▲ 5.2
51	怀俄明州	493782	563626	▲ 69844	▲ 14.1
合计	美国	281421906	308745538	27323632	9.7

2010 年美国城市人口排行

排名	城市	州	人口
1	纽约市	纽约	8175133
2	洛杉矶	加利福尼亚	3792621

续表

排名	城市	州	人口
3	芝加哥	伊利诺伊斯	2695598
4	休斯敦	德克萨斯	2099451
5	费城	宾夕法尼亚	1526006
6	凤凰城	亚利桑那	1445632
7	圣安东尼奥市	德克萨斯	1327407
8	圣地亚哥	加利福尼亚	1307402
9	达拉斯	德克萨斯	1197816
10	圣荷西	加利福尼亚	945942
11	杰克逊维尔	佛罗里达	821784
12	印第安纳波利斯	印第安纳	820445
13	旧金山	加利福尼亚	805235
14	奥斯汀	德克萨斯	790390
15	哥伦布	俄亥俄	787033
16	沃思堡	德克萨斯	741206
17	夏洛特	北卡罗来纳	731424
18	底特律	密歇根	713777
19	艾尔帕索	德克萨斯	649121
20	孟菲斯	田纳西	646889
21	巴尔的摩	马里兰	620961
22	波士顿	马萨诸塞	617594
23	西雅图	华盛顿	608660
24	华盛顿哥伦比亚特区	哥伦比亚特区	601723

六 美国科技教育

2012 年美国各级教育机构人员构成

（单位：百万）

	总计	中小学教育			高等教育		
		公立学校	私立学校	合计	公立学校	私立学校	合计
在校生	76.3	49.8	5.3	55.1	15.3	6.0	21.3
教职员工	4.7	3.3	0.4	3.7	0.7	0.4	1.0
工勤辅助人员	5.6	3.3	0.3	3.6	1.3	0.7	2.0
总计	86.7	56.4	6.0	62.4	17.2	7.0	24.2

美国中小学教师工资情况

学年	现值美元价格			2011—2012 年美元价格		
	小学	中学	平均	小学	中学	平均
1999—2000	41306	42546	41807	55524	57191	56198
2000—2001	42910	44053	43378	55770	57255	56378
2001—2002	44177	45310	44655	56417	57864	57028
2002—2003	45408	46106	45686	56742	57615	57090
2003—2004	46187	46976	46542	56480	57445	56914
2004—2005	47122	47688	47516	55940	56612	56408
2005—2006	48573	49496	49086	55547	56603	56134
2006—2007	50740	51529	51052	56563	57442	56911
2007—2008	52385	53262	52800	56310	57253	56756
2008—2009	53998	54552	54319	57245	57832	57585
2009—2010	54918	55595	55202	57662	58373	57960
2010—2011	55217	56225	55623	56835	57872	57253
2011—2012	56384	57008	56643	56384	57008	56643

美国学校的生师比例

学年	公立学校	私立学校	平均
1955	26.9	31.7	27.4
1965	24.7	28.3	25.1
1975	20.4	19.6	20.3
1985	17.9	16.2	17.6
1995	17.3	15.7	17.1
2000	16.0	14.5	15.9
2001	15.9	14.3	15.7
2002	15.9	14.1	15.7
2003	15.9	13.8	15.7
2004	15.8	13.6	15.5
2005	15.6	13.5	15.4
2006	15.6	13.2	15.3
2007	15.5	13.0	15.2
2008	15.3	12.8	15.0
2009	15.4	12.5	15.0
2010	16.0	12.2	15.5
2011	15.3	12.3	14.9
2012	15.2	12.3	14.8

历年美国大学毕业生总数

学年	毕业人数	学年	毕业人数
1869—1870	16000	1919—1920	311266
1879—1880	23634	1929—1930	666904
1889—1890	43731	1939—1940	1221475
1899—1900	94883	1949—1950	1199700
1909—1910	156429	1959—1960	1858023

学年	毕业人数	学年	毕业人数
1969—1970	2888639	2004—2005	3106499
1979—1980	3042214	2005—2006	3122544
1989—1990	2574162	2006—2007	3199650
1999—2000	2832844	2007—2008	3312337
2000—2001	2847973	2008—2009	3347828
2001—2002	2906534	2009—2010	3434672
2002—2003	3015735	2010—2011	3402920
2003—2004	3054438	2011—2012	3392650

美国公立学校的电脑设备普及情况

年份	教学电脑	校均台数	平均多少学生拥有一台电脑
1995	5621	72	
2000	8776	110	6.6
2005	12672	154	3.8
2008	15434	189	3.1

美国公立学校的互联网接入情况

年份	联网电脑台数	联网比例%
1995	447	8
2000	6759	77
2005	12245	97
2008	15162	98

大学教育的生均花费（2011—2012 年美元价格）

年份	四年制大学	两年制学院	平均
1969—1970	10180	6824	9502
1979—1980	9284	5802	8234
1989—1990	12925	6640	11125
1999—2000	16600	7285	14020
2000—2001	16795	7104	14062
2001—2002	17418	7302	14533
2002—2003	18043	7813	15012
2003—2004	18961	8199	15840
2004—2005	19599	8423	16375
2005—2006	19957	8275	16735
2006—2007	20591	8323	17260
2007—2008	20813	8210	17447
2008—2009	21636	8733	18120
2009—2010	22147	8959	18531
2010—2011	22740	9170	19039
2011—2012	23066	9308	19339

高中以上学历持有者占美国人口的比例

年份	百分比（%）	年份	百分比（%）
1910	13.5	1980	68.6
1920	16.4	1990	77.6
1930	19.1	1991	78.4
1940	24.5	1992	79.4
1950	34.3	1993	80.2
1960	41.1	1994	80.9
1970	55.2	1995	81.7

续表

年份	百分比（%）	年份	百分比（%）
1996	81.7	2005	85.2
1997	82.1	2006	85.5
1998	82.8	2007	85.7
1999	83.4	2008	86.6
2000	84.1	2009	86.7
2001	84.3	2010	87.1
2002	84.1	2011	87.6
2003	84.6	2012	87.6
2004	85.2		

本科以上学历持有者占美国人口的比例

年份	百分比（%）	年份	百分比（%）
1910	2.7	1998	24.4
1920	3.3	1999	25.2
1930	3.9	2000	25.6
1940	4.6	2001	26.1
1950	6.2	2002	26.7
1960	7.7	2003	27.2
1970	11.0	2004	27.7
1980	17.0	2005	27.7
1990	21.3	2006	28.0
1991	21.4	2007	28.7
1992	21.4	2008	29.4
1993	21.9	2009	29.5
1994	22.2	2010	29.9
1995	23.0	2011	30.4
1996	23.6	2012	30.9
1997	23.9		

美国教育支出占国内生产总值的比例

年份	比例（%）	年份	比例（%）
1949	3.2	1990	6.8
1959	4.4	1991	7.0
1969	6.5	1992	6.9
1970	6.9	1993	6.9
1971	6.8	1994	6.8
1972	6.7	1995	6.9
1973	6.6	1996	6.9
1974	6.9	1997	6.8
1975	7.0	1998	6.9
1976	6.7	1999	6.9
1977	6.5	2000	7.1
1978	6.3	2001	7.3
1979	6.2	2002	7.5
1980	6.3	2003	7.5
1981	6.1	2004	7.4
1982	6.3	2005	7.3
1983	6.3	2006	7.4
1984	6.1	2007	7.5
1985	6.1	2008	7.6
1986	6.3	2009	7.9
1987	6.4	2010	8.0
1988	6.5	2011	7.8
1989	6.7		

美国高等教育支出占国内生产总值的比例

年份	百分比（%）	年份	百分比（%）
1929	0.6	1989	2.5
1939	0.8	1990	2.5
1949	0.8	1991	2.6
1959	1.1	1992	2.6
1969	2.1	1993	2.6
1970	2.3	1994	2.6
1971	2.3	1995	2.6
1972	2.3	1996	2.6
1973	2.2	1997	2.5
1974	2.3	1998	2.5
1975	2.4	1999	2.5
1976	2.3	2000	2.6
1977	2.3	2001	2.7
1978	2.2	2002	2.8
1979	2.2	2003	2.8
1980	2.3	2004	2.8
1981	2.2	2005	2.8
1982	2.3	2006	2.8
1983	2.3	2007	2.9
1984	2.3	2008	3.0
1985	2.3	2009	3.2
1986	2.4	2010	3.2
1987	2.4	2011	3.2
1988	2.4		

美国注册资产和创办企业所需时间

年份	注册资产所需时间（天）	创办企业所需时间（天）
2003		6
2004	12	6
2005	12	6
2006	12	6
2007	12	6
2008	12	5
2009	12	5
2010	12	5
2011	12	5
2012	12	5

美国的科技期刊文章总数

年份	科技期刊文章	年份	科技期刊文章
1985	137771	1998	190431
1986	178266	1999	188004
1987	172585	2000	192743
1988	177662	2001	190593
1989	187224	2002	190496
1990	191559	2003	196445
1991	194015	2004	202097
1992	198864	2005	205564
1993	197397	2006	209272
1994	199769	2007	209898
1995	193336	2008	212883
1996	193161	2009	208600
1997	189751		

美国居民的专利申请量

年份	数量	年份	数量	年份	数量
1963	66715	1980	62098	1997	119214
1964	67013	1981	62404	1998	134733
1965	72317	1982	63316	1999	149251
1966	66855	1983	59391	2000	164795
1967	64118	1984	61841	2001	177513
1968	67180	1985	63673	2002	184245
1969	71008	1986	65195	2003	188941
1970	72343	1987	68315	2004	189536
1971	71089	1988	75192	2005	207867
1972	65943	1989	82370	2006	221784
1973	66935	1990	90643	2007	241347
1974	64093	1991	87955	2008	231588
1975	64445	1992	92425	2009	224912
1976	65050	1993	99955	2010	241977
1977	62863	1994	107233	2011	247750
1978	61441	1995	123962		
1979	60535	1996	106892		

历年美国受理的商标申请总数

年份	非本地居民申请	本地居民申请
1965	1843	24557
1970	3053	30273
1975	3230	31343
1980	5537	41300
1985	11100	53577
1990	20653	106693

续表

年份	非本地居民申请	本地居民申请
1995	25063	163787
2000	41244	251220
2001	34595	181713
2002	30944	181693
2003	28825	191902
2004	27801	213495
2005	28359	224269
2006	30255	233311
2007	33065	256429
2008	32105	246220
2009	28406	224984
2010	30742	236826
2011	33371	256774

美国的互联网普及情况

年份	固定宽带互联网用户	固定宽带互联网用户（每百人）
1998	705900	0.255773777
1999	2754286	0.986138813
2000	7069874	2.502642955
2001	12792812	4.480142165
2002	19881549	6.89213247
2003	27744342	9.524619318
2004	37352520	12.70221169
2005	51156350	17.23478842
2006	60237701	20.10842641
2007	70206000	23.22513564
2008	75707000	24.82285725
2009	78349000	25.46388668
2010	82758000	26.66310566
2011	85630000	27.35036686
2012	88520000	28.03117264

美国安全的互联网服务器总数

年份	安全的互联网服务器	安全互联网服务器（每百万人）
2001	78126	274. 1561796
2002	—	—
2003	138514	477. 4567816
2004	198098	676. 5519659
2005	232029	785. 1640171
2006	259881	870. 9735125
2007	319836	1061. 762502
2008	357246	1174. 78819
2009	378887	1235. 078761
2010	446992	1445. 050448
2011	487069	1563. 183716
2012	462733	1474. 075514

美国教育支出占国民总收入的比例

年份	比例（%）	年份	比例（%）
1970	7. 454724	1982	6. 642656
1971	7. 436737	1983	6. 628008
1972	7. 436737	1984	6. 4809
1973	7. 436737	1985	4. 488344
1974	7. 436737	1986	6. 751399
1975	7. 41875	1987	4. 556655
1976	7. 036641	1988	4. 671429
1977	7. 036641	1989	4. 680167
1978	7. 036641	1990	4. 747493
1979	7. 036641	1991	5. 087796
1980	6. 654533	1992	5. 428099
1981	6. 430429	1993	5. 262084

续表

年份	比例（%）	年份	比例（%）
1994	5. 355872	2003	4. 789324
1995	4. 789324	2004	4. 789324
1996	4. 789324	2005	4. 789324
1997	4. 789324	2006	4. 789324
1998	4. 789324	2007	4. 789324
1999	4. 789324	2008	4. 789324
2000	4. 789324	2009	4. 789324
2001	4. 789324	2010	4. 789324
2002	4. 789324	2011	4. 789324

高等学院女生与男生的入学比例

年份	百分比（%）	年份	百分比（%）
1971	69. 162	1991	124. 883
1972	72. 248	1992	—
1973	77. 716	1993	127. 019
1974	80. 823	1994	127. 409
1975	84. 081	1995	129. 07
1976	84. 018	1996	130. 315
1977	91. 586	1997	—
1978	96. 751	1998	131. 72
1979	101. 068	1999	131. 88
1980	104. 892	2000	132. 569
1981	107. 464	2001	133. 381
1982	108. 965	2002	136. 16
1983	108. 28	2003	138. 523
1984	109. 521	2004	141. 251
1985	111. 671	2005	142. 301
1986	113. 602	2006	142. 922
1987	115. 769	2007	142. 35
1988	118. 813	2008	141. 094
1989	121. 558	2009	140. 884
1990	123. 293	2010	140. 637

美国中小学的师生比例

年份	小学	中学
1993	16.09671	15.53341
1994	16.08709	15.69765
1995	16.17298	15.4257
1996	16.03388	15.40349
1997	—	—
1998	15.67606	15.18828
1999	15.41492	14.92401
2000	15.00811	14.6058
2001	15.44419	15.16271
2002	14.82712	14.88345
2003	14.81356	14.91553
2004	14.21109	14.97542
2005	14.12972	14.94408
2006	13.80787	14.61822
2007	13.79556	14.56391
2008	13.68908	14.37659
2009	13.87215	13.96017
2010	13.59084	13.75943

美国的高等院校入学率

年份	入学率	年份	入学率
1971	47.12958	1976	54.80174
1972	48.09201	1977	52.87945
1973	48.66811	1978	53.24076
1974	49.09851	1979	52.4001
1975	51.15793	1980	53.32487

续表

年份	入学率	年份	入学率
1981	55. 42848	1996	79. 10613
1982	56. 71685	1997	—
1983	57. 36611	1998	71. 36106
1984	58. 30944	1999	72. 826
1985	58. 33665	2000	68. 71078
1986	59. 74233	2001	69. 48836
1987	62. 5058	2002	79. 47531
1988	65. 22263	2003	81. 20632
1989	67. 89734	2004	81. 33311
1990	71. 45181	2005	82. 17795
1991	73. 23548	2006	82. 63953
1992	77. 81939	2007	83. 40297
1993	79. 59928	2008	85. 40345
1994	79. 44966	2009	89. 08218
1995	79. 63316	2010	94. 80865

高等教育阶段女性教师的比例

年份	百分比（%）	年份	百分比（%）
1975	25. 27646	1999	41. 38434
1988	33. 1652	2000	41. 38437
1989	—	2001	41. 3829
1990	35. 19417	2002	42. 1017
1991	35. 18824	2003	42. 13475
1992	—	2004	43. 41527
1993	36. 3971	2005	43. 35618
1994	38. 70683	2006	44. 63433
1995	38. 6401	2007	44. 63434
1996	38. 62754	2008	45. 76218
1997	—	2009	46. 45694
1998	—	2010	47. 11891

美国学生支出占人均国内生产总值的比例

年份	小学生	中学生	大学生
1998	17. 19881	22. 39199	27. 30578
1999	17. 69365	22. 278	26. 76646
2000	19. 06116	22. 70905	
2001	20. 68551	23. 88517	30. 9495
2002	21. 06672	24. 31659	25. 28192
2003	21. 13521	25. 40307	26. 21603
2004	21. 58969	24. 23522	23. 08146
2005	20. 4373	22. 79905	23. 08046
2006	21. 82573	24. 20242	24. 96875
2007	22. 04829	24. 22836	21. 73859
2008	22. 576	24. 82603	21. 18011
2009	22. 55624	25. 32977	19. 55493
2010	22. 92714	25. 25202	21. 66195

美国劳动力的最高学历

（单位:%）

年份	小学	中学	高等教育及以上
1997	14. 5	52. 5	33
1998	14. 39999962	51. 90000153	33. 8
1999	14	51. 70000076	34. 2
2000	13. 69999981	51. 5	34. 8
2001	13. 39999962	50. 79999924	35. 7

美国每百万人研究人员数

年份	总数
1997	4254.30528
1998	—
1999	4514.57166
2000	4579.11195
2001	4623.81186
2002	4653.74822
2003	4911.07384
2004	4708.2963
2005	4633.45832
2006	4721.32546
2007	4673.20849

美国信息和通信技术产品（ICT）进口占产品总进口的比例

年份	百分比（%）
2000	17.39626
2001	14.99686
2002	14.82314
2003	14.05552
2004	14.17134
2005	13.6688
2006	13.46386
2007	12.80473
2008	11.83626
2009	14.39712
2010	14.2423
2011	12.84218

美国信息和出口占产品通信技术（ICT）产品总出口的比例

年份	百分比（%）
2000	20.07733
2001	17.58034
2002	16.07675
2003	15.87254
2004	15.17249
2005	14.2582
2006	13.53035
2007	11.7174
2008	10.61626
2009	10.70842
2010	10.53543
2011	9.499539

美国高科技出口情况

年份	高科技出口（现价美元）	高科技出口占制成品出口的百分比
1989	76767867475	32.16239
1990	89516989741	32.52997
1991	97807009781	32.4015
1992	104700910870	32.56329
1993	105184845720	31.46513
1994	115535095940	30.99909
1995	126759299130	30.30064
1996	138093562430	30.75879
1997	163407329180	31.72875
1998	171969190090	33.21589

续表

年份	高科技出口（现价美元）	高科技出口占制成品出口的百分比
1999	181431870160	34. 25823
2000	197466008780	33. 78761
2001	176163628690	32. 59152
2002	162082323850	31. 75945
2003	160291329040	30. 82052
2004	176281664560	30. 27627
2005	190737242710	29. 90199
2006	219026015640	30. 057
2007	218115501900	27. 22266
2008	220884471210	25. 92033
2009	132406674890	21. 48769
2010	145497804510	19. 93439
2011	145273374430	18. 09131

美国研发支出占国内生产总值的比例

年份	百分比（%）
1996	2. 551795
1997	2. 576259
1998	2. 596202
1999	2. 640017
2000	2. 708621
2001	2. 718797
2002	2. 616249
2003	2. 612776
2004	2. 542206
2005	2. 568002
2006	2. 608007
2007	2. 666559
2008	2. 785177

《泰晤士报》2013 年世界大学排名

世界排名	大学名称	国家/地区	总得分
1	加州理工学院	美国	95.5
2	牛津大学	英国	93.7
2	斯坦福大学	美国	93.7
4	哈佛大学	美国	93.6
5	麻省理工学院	美国	93.1
6	普林斯顿大学	美国	92.7
7	剑桥大学	英国	92.6
8	帝国理工学院	英国	90.6
9	加州大学伯克利分校	美国	90.5
10	芝加哥大学	美国	90.4
11	耶鲁大学	美国	89.2
12	瑞士联邦理工学院-苏黎世	瑞士	87.8
13	加州大学洛杉矶分校	美国	87.7
14	哥伦比亚大学	美国	87
15	宾夕法尼亚大学	美国	86.6
16	约翰霍普金斯大学	美国	85.6
17	伦敦大学学院	英国	85.5
18	康奈尔大学	美国	83.3
19	西北大学	美国	83.1
20	密歇根大学安娜堡	美国	82.6
21	多伦多大学	加拿大	82.2
22	卡内基梅隆大学	美国	81.5
23	杜克大学	美国	81.2
24	华盛顿大学	美国	79.9
25	佐治亚理工学院	美国	78.8
25	德克萨斯州大学奥斯汀分校	美国	78.8
27	东京大学	日本	78.3
28	墨尔本大学	澳大利亚	77.9
29	新加坡国立大学	新加坡	77.5

续表

世界排名	大学名称	国家/地区	总得分
30	英属哥伦比亚大学	加拿大	77.3
31	威斯康星麦迪逊大学	美国	76.9
32	爱丁堡大学	英国	76.1
33	伊利诺伊大学香槟分校	美国	75.8
34	麦吉尔大学	加拿大	75.7
35	加州大学圣芭芭拉分校	美国	75.6
35	香港大学	中国香港	75.6
37	澳大利亚国立大学	澳大利亚	75.4
38	加州大学圣地亚哥分校	美国	75.2
39	伦敦政治经济学院	英国	73.1
40	洛桑联邦高等工业学院	瑞士	73
41	纽约大学	美国	72.8
42	卡罗林斯卡学院	瑞典	72.4
42	北卡罗来纳州大学教堂山分校	美国	72.4
44	加州大学戴维斯分校	美国	71.8
44	圣路易斯华盛顿大学	美国	71.8
46	北京大学	中国	70.7
47	明尼苏达大学	美国	70.5
48	慕尼黑大学	德国	70.4
49	曼彻斯特大学	英国	70.1
50	浦项科技大学	韩国	69.4
51	布朗大学	美国	68.9
52	清华大学	中国	67.1
53	俄亥俄州立大学	美国	67
54	波士顿大学	美国	66.8
54	京都大学	日本	66.8
56	南加州大学	美国	66.3
57	伦敦大学国王学院	英国	66.2
58	比利时天主教鲁汶大学	比利时	66.1
59	韩国首尔国立大学	韩国	65.9
59	巴黎高等师范大学	法国	65.9
61	宾州州立大学	美国	65.8

世界排名	大学名称	国家/地区	总得分
62	巴黎高等理工学院	法国	65.7
62	悉尼大学	澳大利亚	65.7
64	莱顿大学	荷兰	65.1
65	昆士兰大学	澳大利亚	64.4
65	香港科技大学	中国香港	64.4
67	乌特列支大学	荷兰	64.1
68	韩国先进科技学院	韩国	64
69	普渡大学	美国	63.8
70	哥廷根大学	德国	63.2
70	瓦格宁根大学	荷兰	63.2
72	马萨诸塞大学	美国	62.9
72	鹿特丹大学	荷兰	62.9
74	布里斯托大学	英国	62.5
75	莱斯大学	美国	62
76	匹兹堡大学	美国	61.7
77	代尔夫特理工大学	荷兰	61.6
78	海德堡大学	德国	61.4
79	埃默里大学	美国	61.3
80	杜伦大学	英国	60.7
81	巴黎第六大学	法国	60.5
82	隆德大学	瑞典	60.3
83	阿姆斯特丹大学	荷兰	60.1
84	蒙特利尔大学	加拿大	59.8
85	新南威尔士大学	澳大利亚	59.6
86	南洋理工大学	新加坡	59.4
87	塔夫斯大学	美国	59.1
88	麦克马斯特大学	加拿大	59
89	格罗宁根大学	荷兰	58.8
89	苏黎世大学	瑞士	58.8
91	科罗拉多大学波尔得分校	美国	58.7
92	巴黎第十一大学	法国	58.6
93	根特大学	比利时	58.4

续表

世界排名	大学名称	国家/地区	总得分
94	密歇根州立大学	美国	58.3
94	圣母大学	美国	58.3
96	加州大学欧文分校	美国	58.2
97	马里兰大学帕克分校	美国	57.9
98	亚利桑那大学	美国	57.7
99	莫纳什大学	澳大利亚	57.5
99	柏林洪堡大学	德国	57.5
99	罗格斯，新泽西州立大学	美国	57.5

《美国新闻与世界报道》2013 年美国大学排名

排名	大学名称	录取率（%）	在册学生
1	哈佛大学	6.3	19872
2	普林斯顿大学	8.5	7859
3	耶鲁大学	7.7	11875
4	哥伦比亚大学	7.0	22885
4	芝加哥大学	16.3	12316
6	麻省理工学院	9.7	10894
6	斯坦福大学	7.1	19945
8	杜克大学	14.0	15427
8	宾夕法尼亚大学	12.4	19919
10	加州理工学院	12.8	2231
10	达特茅斯学院	10.1	6144
12	西北大学	18.0	19968
13	约翰霍普金斯大学	18.4	21139
14	圣路易斯华盛顿大学	16.5	13908
15	布朗大学	8.9	8768
15	康奈尔大学	18.0	21131
17	莱斯大学	18.8	6224
17	圣母大学	24.3	12004
17	范德堡大学	16.4	12836
20	埃默里大学	26.7	13893

排名	大学名称	录取率（%）	在册学生
21	乔治敦大学	18.1	17130
21	加州大学伯克利分校	21.6	36142
23	卡内基梅隆大学	30.4	12058
24	加州大学洛杉矶分校	25.5	40675
24	南加州大学	23.0	38010
24	弗吉尼亚大学	33.3	24297
27	维克森林大学	39.9	7351
28	塔夫斯大学	21.9	10775
29	密歇根大学安娜堡分校	40.6	42716
30	北卡罗来纳大学教堂山分校	31.4	29137
31	波士顿学院	28.0	13906
32	纽约大学	32.7	43911
33	布兰迪斯大学	40.0	5828
33	威廉玛丽学院	34.6	8200
33	罗切斯特大学	34.1	10319
36	佐治亚理工学院	51.2	20941
37	凯斯西储大学	51.3	9636
38	里海大学	33.4	7055
38	加州大学戴维斯分校	46.0	31732
38	加州大学圣地亚哥分校	35.5	28593
41	伦斯勒理工学院	39.6	6914
41	加州大学圣芭芭拉分校	45.7	21685
41	威斯康星大学麦迪逊分校	50.5	42441
44	加州大学欧文分校	47.5	27189
44	迈阿密大学	38.3	16068
46	宾州州立大学帕克分校	52.4	45628
46	伊利诺伊大学香槟分校	67.6	44407
46	德克萨斯大学奥斯汀分校	46.6	51112
46	华盛顿大学	58.4	42428
46	叶史瓦大学	69.4	6563
51	波士顿大学	49.4	32439
51	乔治·华盛顿大学	33.0	25260

续表

排名	大学名称	录取率（%）	在册学生
51	杜兰大学	25.0	13359
54	佩帕代因大学	31.6	7539
54	佛罗里达大学	43.2	49589
56	东北大学	34.5	19719
56	俄亥俄州立大学	63.4	56867
58	福特汉姆大学	42.4	15189
58	南卫理公会大学	54.6	10982
58	雪城大学	49.4	20829
58	马里兰大学帕克分校	44.7	37580
58	匹茨堡大学	57.9	28766
63	康涅狄格大学	47.3	25868
63	佐治亚大学	63.0	34816
65	普渡大学西拉法叶校区	68.3	39637
65	德州农工大学	63.5	49861
65	伍斯特理工学院	56.7	5778
68	杨百翰大学	62.8	34101
68	克拉门森大学	63.3	19914
68	罗格斯、新泽西州立大学	61.1	39950
68	明尼苏达大学双城分校	46.6	52557
72	密歇根州立大学	72.9	47954
72	爱荷华大学	79.8	29810
72	弗吉尼亚理工学院	66.6	30936
75	斯蒂文斯理工学院	41.7	5541
75	特拉华大学	58.2	20737
77	美国大学	41.6	12724
77	贝勒大学	39.7	15029
77	科罗拉多矿业学院	44.6	5346
77	纽约州立大学环境科学与林业科学学院	46.8	2346
77	阿拉巴马大学	43.5	31647
77	加州大学圣克鲁兹分校	67.4	17454
83	克拉克大学	67.9	3462
83	德雷赛尔大学	57.5	18489

排名	大学名称	录取率（%）	在册学生
83	印第安纳大学伯明顿分校	72.3	42731
83	马凯特大学	56.8	12002
83	丹佛大学	68.2	11797
83	塔尔萨大学	41.0	4092
89	奥本大学	70.0	25469
89	纽约州立大学宾汉姆顿分校	40.7	14746
89	迈阿密牛津大学	74.1	17395
92	圣路易斯大学	61.3	14073
92	纽约州立大学石溪分校	39.2	24059
92	德克萨斯基督教大学	37.7	9518
92	圣地亚哥大学	47.5	8317
92	佛蒙特大学	75.4	13478
97	佛罗里达州立大学	58.5	41087
97	科罗拉多大学波尔得分校	86.9	32252
97	麻省大学阿默斯特分校	65.6	28084
97	密苏里大学	82.3	33805

七 中美关系

2013 年中美双边贸易概况

据美国商务部统计，2013 年美国与中国双边货物进出口额为 5624.5 亿美元，增长 4.9%。其中，美国对中国出口 1220.2 亿美元，增长 10.4%，占美国出口总额的 7.7%，提升 0.6 个百分点；美国自中国进口 4404.3 亿美元，增长 3.5%，占美国进口总额的 19.4%，提升 0.7 个百分点。美方贸易逆差 3184.2 亿美元，增长 1.1%。中国是美国第二大贸易伙伴、第三大出口市场和第一大进口来源地。

根据中国商务部统计，2013 年，中美货物贸易额为 5821.1 亿美元，同比上升 4.9%，占美货物贸易总额的 14.9%，占比同比上升 0.6 个百分点。中国是美国第二大贸易伙伴（美与最大贸易伙伴加拿大的货物贸易额为 6385.8 美元，比美中货物贸易额多 564.7 亿美元；美与第三大贸易伙伴墨西哥的货物贸易额为 5092.1 亿美元，比美中货物贸易少 728.9 亿美元）。中国是美国第三大出口市场（美对最大出口市场加拿大的货物出口额为 3003.5 亿美元，比对华出口额多 1783.3 亿美元；对第二大出口市场墨西哥的出口额为 2261.5 亿美元，比对华出口额多 1041.4 亿美元）。中国是美国第一大进口来源地（美自第二大进口来源地加拿大进口 3382.3 亿美元，比自华进口少 1218.6 亿美元）。

2013 年中美经贸数据统计

美国对华商品贸易统计——美方数据

（单位：百万美元）

月份	出口	进口	逆差额
1 月	9384.6	37172.0	-27787.4

续表

月份	出口	进口	逆差额
2 月	9302.6	32715.0	−23412.5
3 月	9435.4	27321.7	−17886.3
4 月	8991.9	33101.8	−24109.9
5 月	8786.5	36646.2	−27859.7
6 月	9181.5	35831.3	−26649.8
7 月	8735.2	38818.4	−30083.2
8 月	9280.9	39171.7	−29890.8
9 月	9596.0	40067.4	−30471.4
10 月	13060.0	41921.5	−28861.5
11 月	13178.9	40109.6	−26930.7
12 月	13082.9	37557.0	−24474.1
2013 年总量	122016.3	440433.5	−318417.2

中国对美商品贸易统计——摘自中国海关总署进出口国别总值表

月份	出口	进口	逆差额（未统计）
1 月	30459.411	13256.953	
2 月	22395.946	9653.927	
3 月	26759.581	15710.501	
4 月	28119.015	13453.904	
5 月	31267.267	11916.349	
6 月	29300.730	11810.958	
7 月	31714.534	12591.720	
8 月	32859.899	12536.547	
9 月	33111.835	12292.376	
10 月	33692.528	10830.101	
11 月	35458.836	13049.623	
12 月	33341.727	15504.088	
2013 年总量	3684267.63	1525753.26	

　　根据中国商务部的统计，美国对中国出口的主要商品为机电产品、运输设备和植物产品，2013 年出口 235.7 亿美元、230.4 亿美元和 171.0 亿美元，占其对中国出口总额的 19.3%、18.9% 和 14.0%，机电产品和运输设备增长 11.1% 和 48.2%，植物产品下降 1.4%。运输设备增长较快，主要原因是其中的航空航天器出口 126.2 亿美元，增长 50.9%；车辆及零附件出口 102.9 亿美元，增长 46%。

　　美国自中国的进口商品以机电产品为主，2013 年进口额 2179.8 亿美元，占其自中国进口总额的 49.5%，增长 3.9%。其中，电机和电气产品进口 1175.3 亿美元，增长 6.2%；机械设备进口 1004.5 亿美元，增长 1.3%。在自中国的进口商品中，家具玩具、纺织品及原料和贱金属及制品分别居第二、第三和第四位，进口额 482.9 亿美元、406.7 亿美元和 217.0 亿美元，占自中国进口总额的 11.0%、9.2% 和 4.9%，增长 3.2%、3.5% 和 2.7%。中国的家具玩具、鞋靴伞等轻工产品和皮革制品箱包占美国同类商品进口总额的 60.7%、69.7% 和 62.6%，具有绝对竞争优势，中国产品的竞争者主要来自墨西哥、越南和意大利等国家。中国是美国纺织品及原料的首要来源地，所占比重为 37.8%，而来自其他国家的进口占比均不超过 10%。在机电产品进口中，中国也居美国进口来源的首位，占其机电产品进口市场总额的 36.2%，居第二位的墨西哥占比为 16.6%。

美国对中国出口主要商品构成

（2013 年 1—12 月）　　　　　　　　　　　　　　　　　（金额单位：百万美元）

HS 编码	商品类别	2013 年 1—12 月	上年同期	同比%	占比%
章	总值	122016	110484	10.4	100.0
12	油籽；子仁；工业或药用植物；饲料	13764	15147	-9.1	11.3
88	航空器、航天器及其零件	12617	8364	509	10.3
84	核反应堆、锅炉、机械器具及零件	12196	11555	5.6	10.0
85	电机、电气、音像设备及其零附件	11377	9664	17.7	9.3
87	车辆及其零附件，但铁道车辆除外	10289	7028	46.7	8.4
90	光学、照相、医疗等设备及零附件	7666	7034	9.0	6.3
39	塑料及其制品	4745	4700	1.0	3.9

续表

HS 编码	商品类别	2013 年 1— 12 月	上年同期	同比%	占比%
47	木浆等纤维状纤维素浆；废纸及纸板	3610	3820	−5.5	3.0
74	铜及其制品	3485	3941	−11.6	2.9
29	有机化学品	2970	3247	−8.5	2.4
27	矿物燃料、矿物油及其产品；沥青等	2747	2439	12.7	2.3
10	谷物	2678	1535	74.5	2.2
76	铝及其制品	2591	2757	−6.0	2.1
52	棉花	2365	3521	−32.8	1.9
44	木及木制品；木炭	2351	1643	43.2	1.9
38	杂项化学产品	1992	1691	17.8	1.6
23	食品工业的残渣及废料；配制的饲料	1798	947	89.8	1.5
41	生皮（毛皮除外）及皮革	1769	1471	20.3	1.5
26	矿砂、矿渣及矿灰	1492	1725	−13.5	1.2
72	钢铁	1403	1582	−11.3	1.2
30	药品	1220	1067	14.4	1.0
71	珠宝、贵金属及制品；伪首饰；硬币	1156	523	121.3	1.0
03	鱼及其他水生无脊椎动物	1094	1114	−1.8	0.9
02	肉及信用杂碎	1062	1002	6.0	0.9
28	无机化学品；贵金属等的化合物	958	1291	−25.8	0.8
40	橡胶及其制品	949	1029	−7.8	0.8
48	纸及纸板；纸浆、纸或纸板制品	767	729	5.2	0.6
73	钢铁制品	753	642	17.4	0.6
37	照相及电影用品	601	516	16.6	0.5
34	洗涤剂、润滑剂、人造蜡、塑型膏等	576	460	25.1	0.5
	以上合计	113044	102185	10.6	92.7

美国自中国进口主要商品构成

（2013 年 1—12 月）　　　　　　　　　　　　　　　　　（金额单位：百万美元）

HS 编码	商品类别	2013 年— 12 月	上年同期	同比%	占比%
章	总值	440434	425579	3.5	100.0
85	电机、电气、音像设备及其零附件	117532	110671	6.2	26.7

续表

HS 编码	商品类别	2013 年— 12 月	上年同期	同比%	占比%
84	核反应堆、锅炉、机械器具及零件	100445	99133	1.3	22.8
94	家具；寝具等；灯具；活动房	24124	22443	7.5	5.5
95	玩具、游戏或运动用品及其零附件	21683	21978	-1.3	4.9
64	鞋靴、护腿和类似品及其零件	17009	17148	-0.8	3.9
61	针织或钩编的服装及衣着附件	15578	14985	4.0	3.5
62	非针织或非钩编的服装及衣着附件	14901	14711	1.3	3.4
39	塑料及其制品	12928	12149	6.4	2.9
87	车辆及其零附件，但铁道车辆除外	9813	9388	4.5	2.2
90	光学、照相、医疗等设备及零附件	9523	8778	8.5	2.2
73	钢铁制品	8925	9368	-4.7	2.0
42	皮革制品；旅行箱包；动物肠线制品	8651	8415	2.8	2.0
63	其他纺织制品；成套物品；旧纺织品	6796	6373	6.6	1.5
29	有机化学品	6712	6436	4.3	1.5
40	橡胶及其制品	5279	4698	12.4	1.2
83	贱金属杂项制品	4202	3839	9.4	1.0
71	珠宝、贵金属及制品；仿首饰；硬币	3671	3601	2.0	0.8
82	贱金属器具、利口器、餐具及零件	3338	3098	7.8	0.8
44	木及木制品；木炭	3337	3167	5.4	0.8
48	纸及纸板；纸浆、纸或纸板制品	2606	2535	2.8	0.6
96	杂项制品	2485	2380	4.4	0.6
76	铝及其制品	2344	1897	23.6	0.5
69	陶瓷产品	2214	2262	-2.1	0.5
70	玻璃及其制品	2094	1958	7.0	0.5
03	鱼及其他水生无脊椎动物	1957	1955	0.1	0.4
49	印刷品；手稿、打字稿及设计图纸	1936	1884	2.8	0.4
72	钢铁	1546	1548	-0.1	0.4
28	无机化学品；贵金属等的化合物	1489	1637	-9.0	0.3
67	加工羽毛及制品；人造花；人发制品	1440	1550	-7.1	0.3
65	头饰	1299	1370	-5.1	0.3
	以上合计	415858	401354	3.6	94.4

美国对中国出口主要商品构成

（2013 年 1—12 月）　　　　　　　　　　　　　　　　　　（金额单位：百万美元）

海关分类	HS 编码	商品类别	2013 年 1—12 月	上年同期	同比%	占比%
类	章	总值	122016	110484	10.4	100.0
第 16 类	84—85	机电产品	23573	21219	11.1	19.3
第 17 类	86—89	运输设备	23037	15547	48.2	18.9
第 2 类	06—14	植物产品	17099	17348	1.4	14.0
第 6 类	28—38	化工产品	9652	9460	2.0	7.9
第 15 类	72—83	贱金属及制品	9072	9794	7.4	7.4
第 18 类	90—92	光学、钟表、医疗设备	7690	7059	8.9	6.3
第 7 类	39—40	塑料、橡胶	5693	5729	-0.6	4.7
第 10 类	47—49	纤维素浆；纸张	4527	4705	-3.8	3.7
第 5 类	25—27	矿产品	4440	4361	1.8	3.6
第 11 类	50—63	纺织品及原料	3545	4626	-23.4	2.9
第 1 类	01—05	活动物；动物产品	2943	2616	12.5	2.4
第 4 类	16—24	食品、饮料、烟草	2828	1844	53.1	2.3
第 9 类	44—46	木及制品	2355	1646	43.1	1.9
第 8 类	41—43	皮革制品；箱包	1987	1633	21.7	1.6
第 14 类	71	贵金属及制品	1156	523	121.3	1.0
		其他	2416	2373	1.8	2.0

美国自中国进口主要商品构成

（2013 年 1—12 月）　　　　　　　　　　　　　　　　　　（金额单位：百万美元）

海关分类	HS 编码	商品类别	2013 年 1—12 月	上年同期	同比%	占比%
类	章	总值	440434	425579	3.5	100.0
第 16 类	84—85	机电产品	217977	209803	3.9	49.5
第 20 类	94—96	家具、玩具、杂项制品	48292	49801	3.2	11.0
第 11 类	50—63	纺织品及原料	40674	39290	3.5	9.2
第 15 类	72—83	贱金属及制品	21701	21134	2.7	4.9
第 12 类	64—67	鞋靴、伞等轻工产品	20241	20558	-1.5	4.6

续表

海关分类	HS 编码	商品类别	2013 年 1—12 月	上年同期	同比%	占比%
第 7 类	39—40	塑料、橡胶	18207	16847	8.1	4.1
第 6 类	28—38	化工产品	12697	12501	1.6	2.9
第 17 类	86—89	运输设备	10824	10431	3.8	2.5
第 18 类	90—92	光学、钟表、医疗设备	10820	10116	7.0	2.5
第 8 类	41—43	皮革制品；箱包	8756	8533	2.6	2.0
第 13 类	68—70	陶瓷；玻璃	5499	5270	4.4	1.3
第 10 类	47—49	纤维素浆；纸张	4546	4425	2.7	1.0
第 14 类	71	贵金属及制品	3671	3601	2.0	0.8
第 9 类	44—46	木及制品	3662	3505	4.5	0.8
第 4 类	16—24	食品、饮料、烟草	2916	3126	-6.7	0.7
		其他	9950	9636	3.3	2.3

美国贸易代表办公室数据："2013 年中国是美国第三大货物出口市场"

2013 年中国是美国第三大出口市场，美国对华商品出口 1221 亿美元，同比上升 10.4%；对华出口占据美国出口总额的 7.7%。主要的出口商品是各种谷物、种子、水果 138 亿美元，飞机 126 亿美元，机械 122 亿美元，电子机械 114 亿美元，汽车 103 亿美元。2013 年美国对华农产品出口总额达到 259 亿美元，中国成为美国最大的农产品出口市场，主要种类包括：大豆 134 亿美元，棉花 22 亿美元，皮毛 17 亿美元，酒糟谷物 14 亿美元。

2012 年美国对华出口私人商业服务 300 亿美元，教育与商务、职业技术服务、旅游。版税和专利费用等占据了大部分。

中国是美国最大的商品进口国，2013 年美国从中国进口总额 4404 亿美元，同比上升 3.5%；最大的五类进口商品包括：电子机械 1175 亿美元，机械 1104 亿美元，家具与床 241 亿美元，玩具和运动装备 217 亿美元，鞋袜 170 亿美元。2012 年从中国进口私人商业服务贸易 130 亿美元，商务、专业和技术服务，运输和旅游占据了其中的大部分。

2013 年对华贸易逆差 3184 亿美元，同比上涨 1.1%。对华贸易逆差占到美国全部商品逆差的 46.3%；2012 年美国对华服务贸易顺差 170 亿美元，同比上升 9.9%。2012 年美国在华外国直接投资 5140 亿美元，，同比上升 7.1%，主要涉及制造业、批发业，银行金融保险业。2012 年中国在美直接投资 52 亿美元，同比上升 38.2%，主要涉及银行业和批发业。2011 年美国占据主要份额公司的对华服务贸易 352 亿美元，中国占据主要份额公司对美服务贸易 14 亿美元。

美国统计局关于美中历年贸易的统计数据

2013	122016.3	440433.5	−318417.2
2012	110483.6	425578.9	−315095.3
2011	103986.5	399378.9	−295392.4
2010	91911.1	364952.6	−273041.6
2009	69496.7	296373.9	−226877.2
2008	69732.8	337772.6	−268039.8
2007	62936.9	321442.9	−258506.0
2006	53673.0	287774.4	−234101.3
2005	41192.0	243470.1	−202278.1
2004	34427.8	196682.0	−162254.3
2003	28367.9	152436.1	−124068.2
2002	22127.7	125192.6	−103064.9
2001	19182.3	102278.4	−83096.1
2000	16185.2	100018.2	−83833.0
1999	13111.1	81788.2	−68677.1
1998	14241.2	71168.6	−56927.4
1997	12862.2	62557.7	−49695.5
1996	11992.6	51512.8	−39520.2
1995	11753.7	45543.2	−33789.5
1994	9281.7	38786.8	−29505.1
1993	8762.9	31539.9	−22777.0
1992	7418.5	25727.5	−18309.0
1991	6278.2	18969.2	−12691.0
1990	4806.4	15237.4	−10431.0
1989	5755.4	11989.7	−6234.3

续表

1988	5021.6	8510.9	-3489.3
1987	3497.3	6293.6	-2796.3
1986	3106.3	4771.0	-1664.7
1985	3855.7	3861.7	-6.0

2013 年中美高层领导会晤一览

1 月 31 日，中国国务院副总理李克强在人民大会堂会见美国众议院外委会主席爱德华·罗伊斯率领的代表团。

2 月 25 日，在首尔出席韩国新任总统朴槿惠就职仪式的中国国务委员刘延东会见了美国总统国家安全事务助理多尼隆。

3 月 20 日，中国国务院总理李克强在中南海紫光阁会见了美国总统特别代表、财政部长雅各布·卢。

3 月 22 日，中共中央政治局常委、中央纪委书记王岐山在人民大会堂会见美国前国务卿亨利·基辛格。

3 月 25 日，中共中央政治局常委、国务院副总理张高丽在中南海紫光阁会见了美国前国防部长、科恩集团总裁兼首席执行官威廉·科恩。

3 月 25 日，中国国务院总理李克强在人民大会堂会见了美国前国务卿基辛格。

4 月 11 日，中国国务院总理李克强在中南海紫光阁会见美国加利福尼亚州州长布朗。

4 月 13 日，中国国家主席习近平、国务院总理李克强、国务委员杨洁篪在京会见美国国务卿克里。

4 月 15 日，中国国家主席习近平在人民大会堂会见参加第二届中美省州长论坛的双方代表。

4 月 23 日，中国国务委员杨洁篪在中南海会见了美军参联会主席登普西一行。

4 月 24 日，中国国家主席习近平在人民大会堂分别会见美国前国务卿基辛格、前财长保尔森。

4 月 25 日，中国国家副主席李源潮、国务委员杨洁篪在京会见美国常务副国务卿伯恩斯。

5月27日，中国国家主席习近平在人民大会堂会见美国总统国家安全事务助理多尼隆。

5月28日，中国国务院副总理汪洋、外交部部长王毅在京会见美国总统国家安全事务助理多尼隆。

6月5日，中国国务院总理李克强在人民大会堂会见美国前财长保尔森。

6月6日，中国国务院副总理刘延东在中南海会见了美国前国务卿奥尔布赖特。

6月8日，中国国家主席习近平和夫人彭丽媛在加利福尼亚州安纳伯格庄园会见了美国总统奥巴马。双方进行了亲切友好的交谈。

6月8日，中国国家主席习近平在美国加利福尼亚州会见该州州长布朗。

6月28日，中国国务院总理李克强在人民大会堂会见美国前国务卿基辛格。

7月10日，第五轮中美战略与经济对话在美国华盛顿开幕。中国国家主席习近平特别代表、国务院副总理汪洋和国务委员杨洁篪，同美国总统奥巴马特别代表、国务卿克里和财政部部长雅各布·卢共同主持。美国副总统拜登出席开幕式并致辞。

7月11日，美国总统奥巴马在白宫会见中国国务院副总理汪洋和国务委员杨洁篪，汪洋会见美国农业部部长维尔萨克。

7月12日，中国国务院副总理汪洋在华盛顿会见美国商务部部长普利兹克和贸易代表弗罗曼，以及美国参议院多数党领袖瑞德等国会议员；国务委员杨洁篪在华盛顿会见美国总统国家安全事务助理赖斯，以及美国国防部长哈格尔。

8月20日，中国国务委员杨洁篪在中南海会见了美国参议院外委会主席梅南德斯。

8月23日，中国国务委员杨洁篪在中南海会见来访的美国联邦参议员麦凯恩、怀特豪斯一行。

9月6日，中国国家主席习近平在圣彼得堡会见美国总统奥巴马。

10月28日，中国国务院副总理张高丽在中南海会见了美国能源部长欧内斯特·莫尼兹。

11月1日，中国国务院总理李克强在人民大会堂会见美国知名华人组织百人会访华团代表；国务院副总理汪洋在中南海会见了美中贸委会董事会代表团。

11 月 15 日，中国国务院副总理汪洋在京与美国总统特别代表、财政部长雅各布·卢举行会谈。

11 月 18 日，中国国家主席习近平在人民大会堂会见美国前总统克林顿。

11 月 18 日，中国国务院副总理刘延东在芝加哥会见芝加哥市长伊曼纽尔。

11 月 19 日，中国国家副主席李源潮在北京会见以众议院外交委员会前主席伯曼、共和党全国委员会司库帕克为团长的美国民主、共和两党代表团。

11 月 20 日，中国国务院副总理刘延东在华盛顿会见美国副总统拜登。

11 月 21 日，中国国务院副总理刘延东在华盛顿与美国国务卿克里共同主持第四轮中美人文交流高层磋商，磋商主题为"青年与创新"。刘延东和克里签署了中美人文交流高层磋商机制谅解备忘录。

12 月 4 日，中国国家主席习近平、副主席李源潮在北京分别同美国副总统拜登举行会谈。

12 月 5 日，中国国务院总理李克强在北京中南海紫光阁会见美国副总统拜登。

12 月 19 日，中国国务院总理李克强在北京中南海紫光阁会见来华出席第 24 届中美商贸联委会的美国商务部长普利兹克、贸易代表弗罗曼和农业部长维尔萨克。国务院副总理汪洋是主持此次中美商贸联委会的中方代表。

2013 年中美军事交流情况一览

3 月 12 日，中央军委委员、总参谋长房峰辉应约与美军参谋长联席会议主席邓普西通过中美国防部直通电话进行了通话。

4 月 3 日，中国国务委员兼国防部长常万全上将应约与美国防部长查克·哈格尔通过中美国防部直通电话进行了通话。

4 月 23 日，中央军委副主席范长龙上将在八一大楼会见了来访的美军参联会主席邓普西上将。中国人民解放军总参谋长房峰辉与邓普西举行了会谈并举行了联合记者会。24 日，邓普西参观访问了陆军航空兵部队和国防大学。

5月6日，美国国防部发布了《2013年度中国军力和防务发展报告书》。中方对此表示强烈不满和坚决反对，向美方提出严正交涉。

5月23日，中央军委委员、总参谋长房峰辉应约与美军参联会主席登普西通过中美国防部直通电话进行了通话。

5月28日，中央军委副主席范长龙在八一大楼会见了来访的美国总统国家安全事务助理多尼伦一行。中央军委委员、海军司令员吴胜利在京会见了来访的美国海军太平洋舰队司令塞西尔·黑尼上将。

6月6日，中国副总参谋长戚建国中将在八一大楼会见了来华出席中美战略安全与多边军控磋商的美国国务院代理副国务卿高特莫勒。

6月7—8日，中国国家主席习近平同美国总统奥巴马举行中美元首会晤。习主席提出了四点建议。其中之一是"探索管控分歧新办法，积极构建与中美新型大国关系相适应的新型军事关系。"

6月24日，中央军委副主席许其亮、总政治部主任张阳在京会见了美军参联会前副主席欧文斯率领的美国高级退役将领代表团。

6月29日，中国人民解放军副总参谋长、中国国际战略学会会长戚建国在京会见了美国前总统国家安全事务助理布热津斯基。

7月11日，美军参联会主席邓普西在五角大楼会见了中国副总参谋长王冠中。

7月25日，中国国防部透露将会派军舰参加2014年美国环太平洋军演。

8月1日，美国众议院外交委员会通过《2013台湾政策法案》，规定提高台湾与美国高层互访待遇及提供多项防御需求。

8月19日，中国国务委员兼国防部长常万全访问美国，会晤美国国防部长哈格尔、美国总统国家安全事务助理赖斯，并参观太平洋总部、北方总部等军事设施。双方就两军关系发展、高层互访、建立相关交流机制等方面达成五项共识。陪同常万全访美的中国国防部外事办公室主任关友飞表示，为了解决影响中美两军关系发展的对台售武等障碍，中方提出可以成立工作组，与美方详细探讨解决问题的办法。

8月24日，中国海军和美国海军第五舰队在亚丁湾举行首次联合反海盗演习。

9月6日，中国海军第5次访问美军太平洋舰队母港。

9月 8—14 日，吴胜利率中国人民解放军海军代表团对美国进行了正式友好访问。访问期间，吴胜利会见了美国防部常务副部长卡特、参联会副主席温尼菲尔德、海军部长马布斯、海军陆战队总司令阿莫斯等，与美海军作战部长格林纳特就构建"和谐共进、务实合作"的中美新型海军关系问题进行了坦诚、务实、深入的会谈。

9月 9 日，中国人民解放军副总参谋长王冠中与美国国防部副部长米勒在八一大楼共同主持了第 14 次中美国防部防务磋商。

9月 10 日，中美在夏威夷海域举行海上联合搜救演习。

9月 14 日，中国副总参谋长王冠中在八一大楼会见了美国负责亚太事务的助理国务卿拉塞尔。

9月 26 日，中央军委副主席许其亮在八一大楼会见了来访的美国空军参谋长威尔什。

10月 24 日，中国副总参谋长兼中国国际战略学会会长孙建国在八一大楼会见了美国外交政策全国委员会主席乔治·施瓦布一行。

10月 29 日，中国国家原子能机构与美国能源部在京联合举行中美核安保示范中心开工仪式。国防科工局局长、国家原子能机构主任马兴瑞与美国能源部部长欧内斯特·莫尼兹等共同主持了这一迄今为止两国政府在核领域直接投资的最大合作项目的启动。

11月 8 日，以"乔治·华盛顿"号核动力航母为首的美国海军战舰集群停靠在香港水域，中国人民解放军驻港部队司令部代表已于 7 日应邀登上该航母，并观摩了 F/A-18 战斗机在航母上的起降过程。

11月 13 日，美国海军作战部副部长福格森海军上将参观了刚刚入列的 052C 级驱逐舰"长春"号、056 级轻型护卫舰"上饶"号和新型 AIP 潜艇，还跟随"上饶"号出海，动态观摩中国官兵训练及舰上指挥、武备、通信和动力系统的运作。

11月 14 日，中美两军人道主义救援减灾首次联合实兵演练在夏威夷美军贝洛斯军营训练场举行。这也是中国军队首次派出实兵到美国本土参加演习。

11月 25 日，中国总政治部副主任吴昌德上将在钓鱼台国宾馆会见了以美军太平洋总部陆军前司令弗朗西斯·维尔钦斯基中将为团长的美国夏威夷退役将领代表团。

12月 5 日，美国"考彭斯"号巡洋舰在南海辽宁舰航母编队附近航行时，被一艘中国登陆舰阻住，两船最近时相距不到500米。

12月9日，中央军委委员、总政治部主任张阳在八一大楼会见了参加第五次中美高级退役将领交流活动的美方代表团。

冷战后中美首脑会晤及主要成果

1993年11月19日，江泽民主席在美国西雅图出席亚太经济合作组织领导人非正式会议期间，在西雅图与美国总统克林顿举行了自1989年2月以来两国元首间的首次正式会晤。克林顿承诺美国奉行一个中国的政策，恪守中美三个联合公报中的各项原则。

1994年11月14日，江泽民主席在印度尼西亚出席亚太经合组织领导人非正式会议期间，在雅加达同克林顿总统会晤。双方就两国关系及共同关心的国际及地区问题广泛交换了意见。

1995年10月24日，江泽民主席参加联合国成立50周年庆典时，在纽约同克林顿总统会晤。两国领导人就双边关系和共同关心的国际问题交换了意见。

1996年11月24日，江泽民主席在菲律宾出席亚太经合组织领导人非正式会议期间，在马尼拉会晤克林顿总统。双方就双边关系、地区和国际问题广泛交换了意见，并商定中美两国元首在1997年、1998年相互进行国事访问。

1997年10月26—11月3日，中国国家主席江泽民对美国进行国事访问。这是中国国家主席事隔12年后首次访美。江泽民主席与克林顿总统举行会谈。10月29日，双方发表《中美联合声明》，宣布中美两国将加强合作，致力于建立面向21世纪的建设性战略伙伴关系。

1997年11月24日，江泽民主席在加拿大出席亚太经合组织领导人非正式会议期间，在温哥华同克林顿总统会晤。

1998年6月25日—7月3日，美国总统克林顿对中国进行国事访问。江泽民主席与克林顿总统举行会谈，双方就中美关系和重大国际与地区问题深入地交换了意见。访问期间，克林顿公开表示，美国不支持台湾独立，不支持"一中一台""两个中国"，不支持台湾加入任何必须由主权国家才能参加的国际组织。

1999年9月11日，江泽民主席在新西兰出席亚太经合组织领导人非正式会议期间，在奥克兰同美国总统克林顿会晤。双方就中美关系以及共同关心的国际和地区问题坦诚交换了意见。

2000 年 9 月 8 日，江泽民主席在参加联合国千年首脑会议时，在纽约同美国总统克林顿会晤。双方就中美关系以及共同关心的重大国际和地区问题交换了意见。克林顿表示，美国一定会继续奉行一个中国的政策。

2000 年 11 月 16 日，江泽民主席在文莱出席亚太经合组织领导人非正式会议期间，在斯里巴加湾与美国总统克林顿会晤。双方就双边关系等重大问题交换了看法，讨论了中国加入世界贸易组织及其他共同关心的问题。

2001 年 10 月 19 日，江泽民主席在出席上海举行的亚太经合组织领导人非正式会议期间，与美国总统布什首次举行会晤。双方就中美关系和反对恐怖主义、维护世界和平与稳定等重大问题深入交换了意见。布什重申美国政府奉行一个中国的政策，遵守中美三个联合公报。

2002 年 2 月 21—22 日，美国总统乔治·沃克·布什对中国进行工作访问。访问期间，江泽民主席与布什总统举行了会谈，双方一致认为，在复杂多变的国际形势下，中美作为对世界有重要影响的国家，应当加强对话与合作，妥善处理分歧，共同推动中美建设性合作关系进一步向前发展。

2002 年 10 月 22—25 日，江泽民主席对美国进行工作访问，访问期间，江泽民主席和布什总统就双方共同关心的重大问题深入地交换了看法。两国元首认为，中美两国拥有广泛而重要的共同利益，双方应扩大在经贸、文化、教育等领域的交流与合作，加强在重大国际和地区问题上的对话与协调，推动中美建设性合作关系不断向前发展。

2003 年 6 月 1 日，中国国家主席胡锦涛出席在法国埃维昂举行的南北领导人非正式对话会议期间会见布什总统。布什高度赞赏中国为防治非典型肺炎所作出的积极努力和取得的显著成果。胡锦涛重申了中国在台湾问题上的原则立场。在谈到朝核问题时，两国领导人表示，双方将致力于维护朝鲜半岛的和平稳定，支持半岛无核化，通过对话和平解决问题并就此保持沟通与合作。

2003 年 10 月 19 日，中国国家主席胡锦涛在泰国首都曼谷出席亚太经合组织第 11 次领导人非正式会议前夕会见布什总统，双方就中美关系及共同关心的国际和地区问题深入交换了意见。布什说，良好的美中关系对美国很重要，他将继续致力于进一步发展两国关系。胡锦涛说，中方赞赏美方多次重申坚持一个中国政策、遵守中美三个联合公报和反对"台独"的立场,希望美方切实履行这些承诺。

2004 年 11 月 20 日,国家主席胡锦涛在智利首都圣地亚哥出席亚太经合组织领导人非正式会议期间会见布什总统,双方就中美关系及共同关心的国际和地区问题深入交换了意见,肯定了过去四年中两国发展建设性合作关系取得的积极进展,并表示将继续加强合作以及在重大国际和地区问题上的磋商与协调。

2005 年 7 月 7 日,国家主席胡锦涛在英国苏格兰鹰谷出席八国集团与中国、印度、巴西、南非、墨西哥五国领导人对话会期间会见了布什总统,双方就中美关系和共同关心的国际和地区问题交换了意见。

2005 年 9 月 13 日,国家主席胡锦涛在纽约出席联合国成立 60 周年首脑会议时与布什总统举行会晤。双方表示将增进互信,加强合作,共同致力于发展中美建设性合作关系,促进世界的和平、稳定、发展。

2005 年 11 月 19—21 日,美国总统乔治·沃克·布什对中国进行正式访问。访问期间,中美两国元首举行了会谈,双方就中美关系和重大国际及地区问题深入交换了意见,并达成广泛而重要的共识。两国元首一致同意,增进了解,扩大共识,加深互信,全面推进 21 世纪中美建设性合作关系。

2006 年 4 月 18—21 日,国家主席胡锦涛对美国进行国事访问。20日,胡锦涛主席在白宫同美国总统布什举行会谈。中美双方一致认为,中美拥有广泛而重要的共同战略利益,不仅是利益攸关方,而且应该是建设性合作者,良好的中美关系对维护和促进亚太地区和世界的和平、稳定、繁荣具有战略意义。双方同意从战略高度和长远角度看待和处理两国关系,全面推进 21 世纪中美建设性合作关系。

2006 年 7 月,胡锦涛主席在俄罗斯圣彼得堡出席八国集团同发展中国家领导人对话会议期间与美国总统布什会晤。双方就中美关系和共同关心的重大国际及地区问题深入交换了意见。

2006 年 11 月,出席亚太经合组织第十四次领导人非正式会议的胡锦涛主席在越南首都河内会见美国总统布什。

2007 年 6 月 8 日,国家主席胡锦涛在德国海利根达姆出席八国集团同发展中国家领导人对话会议期间会见了美国总统布什。胡锦涛就发展中美关系提出 5 点意见。

2007 年 9 月 6 日,国家主席胡锦涛在悉尼会见前来出席亚太经济合作组织第十五次领导人非正式会议的美国总统布什。

2008 年 7 月 9 日，国家主席胡锦涛在日本北海道洞爷湖出席八国集团同发展中国家领导人对话会议期间同美国总统布什会晤，就中美关系和共同关心的国际和地区问题交换意见。

2008 年 8 月 7—11 日，美国总统乔治·沃克·布什应邀来华出席北京奥运会开幕式及其相关活动。

2008 年 11 月 21 日，国家主席胡锦涛在利马出席亚太经济合作组织第十六次领导人非正式会议期间会见美国总统布什。双方就中美关系和共同关心的应对国际金融危机、促进世界经济发展、维护世界和平等重大国际和地区问题深入交换了意见。

2009 年 4 月 1 日，国家主席胡锦涛在伦敦与美国总统奥巴马举行首次会晤，就中美关系、如何应对当前的国际金融危机，及其他共同关心的国际和地区问题交换意见。双方一致同意共同努力建设 21 世纪积极合作全面的中美关系。

2009 年 9 月 22 日，国家主席胡锦涛在纽约同美国总统奥巴马举行会晤，就中美关系和共同关心的国际和地区问题交换意见。

2009 年 11 月 15—18 日，美国总统奥巴马对中国进行国事访问，两国元首就中美关系及共同关心的重大国际和地区问题深入交换了意见。达成许多重要共识。双方一致同意，共同努力建设 21 世纪积极合作全面的中美关系，并将采取切实行动稳步建立应对共同挑战的伙伴关系。

2010 年 4 月 12 日，出席核安全峰会的国家主席胡锦涛在华盛顿会见美国总统奥巴马，双方就中美关系及共同关心的重大国际和地区问题交换了意见，达成重要共识。胡锦涛就下阶段中美关系发展提出 5 点重要主张。奥巴马重申美方继续坚持一个中国政策，尊重中国主权和领土完整，尊重中国核心利益，将谨慎处理敏感问题。

2010 年 6 月 26 日，国家主席胡锦涛在多伦多会见美国总统奥巴马。两国元首就中美关系及共同关心的重大国际和地区问题深入交换意见，达成新的重要共识。

2010 年 11 月 11 日，国家主席胡锦涛在首尔会见美国总统奥巴马。两国元首就中美关系及共同关心的重大国际和地区问题深入交换意见，一致认为中美关系对两国和世界都具有重要意义，一致同意共同推动中美关系取得更大发展。

2011 年 1 月 18—21 日，中国国家主席胡锦涛对美国进行国事访问，在华盛顿同美国总统奥巴马举行会谈，讨论中美关系及共同关心的重大国际和地区问题。两国发表联合声明，表示"中美致力于共同努力建设相互尊重、互利共赢的合作伙伴关系"。

2011 年 11 月 3 日，国家主席胡锦涛在出席二十国集团领导人戛纳峰会期间同美国总统奥巴马举行会见。双方就中美关系以及二十国集团领导人戛纳峰会等共同关心的问题交换了意见。

2011 年 11 月 12 日，国家主席胡锦涛在美国夏威夷州首府檀香山会见了美国总统奥巴马。两国元首就双边关系及共同关心的国际和地区问题坦诚深入交换了意见，达成广泛共识，表示将共同努力，把中美合作伙伴关系不断推向前进。

2012 年 3 月 26 日，国家主席胡锦涛在韩国首尔核安全峰会期间会见了美国总统奥巴马。两国元首就进一步推动中美合作伙伴关系发展以及共同关心的国际和地区问题深入交换了意见，达成积极重要共识。会晤是富有建设性的。胡锦涛就两国关系发展提出 4 点建议。

2012 年 6 月 19 日，国家主席胡锦涛在洛斯卡沃斯会见美国总统奥巴马。两国元首就中美关系和共同关心的重大问题深入交换意见。胡锦涛表示，中方愿同美方一道，牢牢把握共建合作伙伴关系大方向，不断增进互信和合作，妥善处理分歧和敏感问题，推动中美关系持续健康稳定向前发展。奥巴马表示，中美双方打造了一个务实、积极的合作模式，在世界经济、双边贸易、重要国际和地区问题上开展了富有成效的合作，符合美中两国及全球利益。

2013 年 6 月 7—8 日，国家主席习近平在美国加利福尼亚州安纳伯格庄园同美国总统奥巴马举行中美元首会晤。习近平表示此次会晤目的是为中美关系发展规划蓝图，开展"跨越太平洋的合作"。习近平强调，他和奥巴马总统都认为，面对经济全球化迅速发展和各国同舟共济的客观需求，中美应该也可以走出一条不同于历史上大国冲突对抗的新路。双方同意，共同努力构建新型大国关系，相互尊重，合作共赢，造福两国人民和世界人民。国际社会也期待中美关系能够不断改善和发展。中美两国合作好了，就可以做世界稳定的压舱石、世界和平的助推器。奥巴马表示，中国继续和平发展非常符合美国利益。一个和平稳定繁荣的中国对美国、对世界都有利。美方希望同中国保持强有力的合作关系。

2013 年 9 月 6 日，国家主席习近平在二十国集团领导人第八次峰会前夕圣彼得堡会见美国总统奥巴马。两国元首再次确认共同致力于构建新型大国关系，同意加强对话，深化合作，管控分歧。在双边关系中寻找更多合作契合点，在国际和地区事务中加强沟通与协调。

美国对台出售武器统计[①]

——以下是总统批准并已经通知国会，但尚未全部实际送达

年份	类别	价值（百万美元）
1990	联合后勤供应支持系统	108
	C130 运输机	45
1991	MK46 鱼类	28
	标准防空导弹	55
	M60A3 坦克	119
	霍克防空系统配件	170
1992	3 艘租借舰艇的武器、通讯与支持系统	212
	供应支持布置系统	107
	标准防空系统	126
	F16A/B 战斗机	5800
	爱国者防空系统	1300
	SH-2F 反潜直升机	161
1993	C130 运输机	620
	供应支援布置系统	156
	鱼叉反舰导弹	68
	T38 教练及后勤服务	70
	E-2T 鹰眼预警机	700
	MADS 后勤支援服务	175
	MK46 鱼类	54
	3 艘租借护卫舰的武器、通讯与支持系统	238
	MK41 垂直发射系统	103

[①] Shirley A. Kan, Taiwan: Major U. S. Arms Sales Since 1990, Congressional Research Service, March 3 2014.

年份	类别	价值（百万美元）
1994	AN/ALQ-184 电子对抗吊舱	150
	MK45 舰炮系统	21
1995	MK75 舰炮系统	75
	供应支援布置系统	192
1996	改进移动用户装备通信系统	188
	TH67 训练直升机、AN/AVS-6 夜视镜	53
	毒刺导弹与发射系统	84
	M60A3 坦克	223
	复仇者车载导弹发射器、高机动性多用途车	420
	MK46 反潜鱼雷	66
1997	鱼叉反舰导弹	95
	陶式反坦克导弹与发射架	81
	超级眼镜蛇武装直升机	479
	OH-58 武装侦察直升机	172
	F16 训练和后勤支援系统	280
	不同种类的飞机部件	140
1998	诺克斯级护卫舰、MK15 谨防武器系统	300
	F16 导航和目标吊舱	160
	鱼叉反舰导弹	101
	毒刺防空导弹	180
	MK46 反潜鱼雷	69
	CH47 支奴干直升机	486
1999	地狱火反坦克导弹	23
	电台、情报电子战系统等	64
	F-5E/C-130H/F-16A/B 经国号飞机部件	150
	E-2T 鹰眼预警机	400
2000	TPS-43F 防空雷达现代化改装	96
	霍克防空导弹	106
	F-16 导航和目标指示吊舱	234
	F-16AN/ALQ-184 吊舱	122
	SINCGARS 电台系统	405

年份	类别	价值（百万美元）
	AIM-120C 空对空导弹	150
	鱼叉反舰导弹	240
	改进移动装备通信系统	513
2001	联合战术信息交换系统	725
	AGM-65G 幼畜空对地导弹	18
	标枪反坦克导弹系统	51
	飞机部件	228
2002	AN/MPN-14 空中交通管制雷达	108
	AAV7AI 两栖攻击车	250
	飞机、雷达与其他系统的配件	174
	AIM-9M 空对空导弹	36
	地狱火反坦克导弹	60
	陶式反坦克导弹	18
	基德级驱逐舰	875
2003	多功能信息交换系统	775
2004	甚高频远距预警雷达	1776
2005	响尾蛇导弹/麻雀导弹	280
2007	先进中距空对空导弹和幼畜空对地导弹	421
	鱼叉反舰导弹	125
	标准防空导弹	272
	P-3C 巡逻机	1960
	爱国者地面系统升级	939
2008	爱国者 3 防空导弹	3199
	潜射鱼叉反舰导弹	200
	飞机部件	334
	标枪反坦克导弹	47
	E-2T 预警机升级改造	250
	AH-64 长弓阿帕奇直升机、毒刺空对空导弹、地狱火反坦克导弹	2532
2010	爱国者 3 导弹系统	2810
	黑鹰直升机	3100

年份	类别	价值（百万美元）
	鱼叉训练导弹	37
	Po Sheng C4 技术支援系统	340
	鹗级猎雷舰	105
2011	F-16A/B 技术升级	5300
	F-16 飞行员训练	500
	飞机部件	52

中美友好城市和省州[①]

中美友好城市一览表
China-US Sister Cities

序号	中国城市		美国城市		结好时间
1	南京	Nanjing, Jiangsu	圣路易斯	St. Louis	1979. 11. 02
2	上海	Municipality Shanghai	旧金山	MO San Francisco	1980. 01. 28
3	天津	Municipality Tianjin	费城	CA Philadelphia, PA	1980. 02. 10
4	北京	Municipality Beijing	纽约	New York,	1980. 02. 25
5	广州	Guangzhou, Guangdong	洛杉矶	NY Los Angeles, CA	1981. 12. 08
6	大连	Dalian, Liaoning	奥克兰	Oakland, CA	1982. 03. 30
7	杭州	Hangzhou, Zhejiang	波士顿	Boston, MA	1982. 05. 01
8	武汉	Wuhan, Hubei	匹兹堡	Pittsburgh, PA	1982. 09. 17
9	无锡	Wuxi, Jiangsu	查塔努加	Chattanooga, TN	1982. 10. 12
10	重庆	Chongqing	西雅图	Seattle, WA	1983. 06. 03
11	北京	Beijing	华盛顿	Washington, D. C.	1984. 05. 15
12	青岛	Qingdao, Shandong	长滩	Long Beach, CA	1985. 04. 12
13	淄博	Zibo, Shandong	伊利	Erie, PA	1985. 05. 28
14	济南	Jinan, Shandong	萨克拉门托	Sacramento, CA	1985. 05. 29
15	长春	Changchun, Jilin	弗林特	Flint, MI	1985. 06. 08
16	烟台	Yantai, Shandong	圣迭戈	San Diego, CA	1985. 07. 25
17	石家庄	Shijiazhuang, Hebei	得梅因	Des Moines, IA	1985. 08. 08
18	沈阳	Shenyang, Liaoning	芝加哥	Chicago, IL	1985. 09. 05
19	上海	Shanghai	芝加哥	Chicago, IL	1985. 09. 05
20	秦皇岛	Qinhuangdao, Hebei	托莱多	Toledo, OH	1985. 10. 28
21	厦门	Xiamen, Fujian	巴尔的摩	Baltimore, MD	1985. 11. 07
22	开封	Kaifeng, Henan	威奇托	Wichita, KS	1985. 12. 03
23	深圳	Shenzhen, Guangdong	休斯敦	Houston, TX	1986. 04. 02

---

① http://www.friendcityusa.org/dqyx.html.

续表

序号	中国城市		美国城市		结好时间
24	桂林	Guilin, Guangxi	奥兰多	Orlando, FL	1986.05.14
25	昆明	Kunming, Yunnan	丹佛	Denver, CO	1986.05.15
26	东营	Dongying, Shandong	米德兰	Midland, TX	1986.06.22
27	北海	Beihai, Guangxi	塔尔萨	Tulsa, OK	1987.03.06
28	拉萨	Lhasa, Tibet	博尔德	Boulder, CO	1987.04.10
29	丹东	Dandong, Liaoning	威尔明顿	Wilmington, N.C.	1987.04.16
30	成都	Chengdu, Sichuan	菲尼克斯	Phoenix, AZ	1987.05.13
31	吉林	Jilin, Jilin	斯波坎	Spokane, WA	1987.05.29
32	保定	Baoding, Hebei	夏洛特	Charlotte, NC	1987.09.29
33	辽阳	Liaoyang, Liaoning	乔利埃特	Joliet, IL	1988.04.15
34	柳州	Liuzhou, Guangxi	辛辛那提	Cincinnati, OH	1988.05.05
35	长沙	Changsha, Hunan	圣保罗	St. Paul, MN	1988.05.09
36	岳阳	Yueyang, Hunan	泰特斯维尔	Titusville, FL	1988.05.12
37	宁波	Ningbo, Zhejiang	威尔明顿	Wilmington, DE	1988.05.31
38	苏州	Suzhou, Jiangsu	波特兰	Portland, OR	1988.06.07
39	合肥	Hefei, Anhui	哥伦布	Washington, D.C.	1988.11.17
40	镇江	Zhenjiang, Jiangsu	坦佩	Tempe, AR	1989.03.06
41	西安	Xian, Shaanxi	堪萨斯	Kansas City, MO	1989.04.29
42	营口	Yingkou, Liaoning	杰克逊维尔	Jacksonville, FL	1990.05.22
43	自贡	Zigong, Sichuan	米德兰	Midland, MN	1990.10.29
44	潍坊	Weifang, Shandong	普韦布洛	Pueblo, CO	1991.03.30
45	福州	Fuzhou, Fujian	锡拉丘兹	Syracuse, N.Y.	1991.08.25
46	长治	Changzhi, Shanxi	雷丁	Reading, PA	1992.07.27
47	海口	Haikou, Hainan	俄克拉荷马	Oklahoma, OK	1992.11.20
48	徐州	Xuzhou, Jiangsu	纽瓦克	Newark, N.J.	1993.04.21
49	昆山	Kunshan, Jiangsu	南艾尔蒙地	South El Monte, CA.	1993.06.07
50	南平	Nanping, Fujian	斯坦福	Stanford, CT	1993.07.02
51	哈尔滨	Harbin, Heilongjiang	明尼阿波利	Minneapolis, MN	1993.09.18
52	珠海	Zhuhai, Guangdong	雷德伍德	Redwood, CA	1993.10.11
53	曲阜	Qufu, Shandong	戴维斯	Davis, CA	1993.11.06
54	新余	Xinyu, Jiangxi	罗马	Rome, N.Y.	1993.11.07
55	泉州	Quanzhou, Fujian	蒙特雷帕克	Monterey Park, CA	1994.02.24
56	佛山	Foshan, Guangdong	斯托克顿	Stockton, CA	1994.03.04
57	扬州	Yangzhou, Jiangsu	肯特	Kent, WI	1994.04.09

续表

序号	中国城市		美国城市		结好时间
58	长春	Changchun, Jilin	小石城	Little Rock, AR	1994.06.02
59	南海	Nanhai, Guangdong	里诺	Reno, NV	1994.07.18
60	舟山	Zhoushan, Zhejiang	里士满	Richmond, CA	1994.09.06
61	郑州	Zhengzhou, Henan	里士满	Richmond, VA	1994.09.14
62	德阳	Deyang, Sichuan	曼西	Munice, IN	1994.09.15
63	清远	Qingyuan, Guangdong	布里奇波特	Bridgeport, CT	1994.09.22
64	三亚	Sanya, Hainan	阿尔汉布拉	Alhambra, CA	1994.10.05
65	衢州	Quzhou, Zhejiang	雷德温	Red Wing, MN	1994.10.05
66	开平	Kaiping, Guangdong	梅萨	Mesa, AZ	1994.10.14
67	包头	Baotou, Inner Mongolia	埃尔帕索	El Paso, TX	1994.10.17
68	赣州	Ganzhou, Jiangxi	麦卡伦	McAllen, TX	1994.10.27
69	湘潭	Xiangtan, Hunan	南艾尔蒙地	South El Monte, CA	1994.11.01
70	本溪	Benxi, Liaoning	皮奥里亚	Peoriz, IL	1994.11.08
71	福州	Fuzhou, Fujian	塔科马	Tacoma, WI	1994.11.16
72	威海	Weihai, Shandong	圣巴巴拉	Santa Barbara, CA	1994.12.01
73	咸阳	Xianyang, Shaanxi	罗切斯特	Rochester, MN	1995.01.18
74	常熟	Changshu, Jiangsu	惠蒂尔	Whittier, CA	1995.05.12
75	扬州	Yangzhou, Jiangsu	西港	Westport, CT	1995.06.06
76	阳泉	Yangquan, Shanxi	芒特弗农	Mount Vernon, N.Y.	1995.09.16
77	济宁	Jining, Shandong	劳顿	Loudoun, VA	1995.10.18
78	四平	Siping, Jilin	沃索	Wausau, WI	1995.10.31
79	邯郸	Handan, Hebei	杜布克	Dubuque, IA	1995.11.08
80	抚顺	Fushun, Liaoning	福斯特	Foster, CA	1995.11.10
81	榆树	Yushu, Jilin	圣贝纳迪诺	San Bernardino, CA	1995.11.11
82	长沙	Changsha, Hunan	泽西	Jersey, N.J.	1995.11.29
83	兰州	Lanzhou, Gansu	阿尔伯克基	Albuquerque, NM	1996.04.18
84	南通	Nantong, Jiangsu	泽西	Jersey, N.J.	1996.04.29
85	新沂	Xinyi, Jiangsu	特拉伯尔	Trumbull, CT	1996.05.09
86	鞍山	Anshan, Liaoning	伯明翰	Birmingham, AL	1996.11.05
87	江门	Jiangmen, Guangdong	里弗塞德	Riverside, CA	1997.05.20
88	唐山	Tangshan, Hebei	锡达拉皮兹	Cedar-Rapids, IA	1997.06.16
89	天津	Tianjin	奥兰治	County-of-Orange, CA	1997.08.01

续表

序号	中国城市		美国城市		结好时间
90	三明	Sanming, Fujian	兰辛	Lansing, MI	1997. 09. 10
91	中山	Zhongshan, Guangdong	檀香山	Honolulu, HI	1997. 10. 13
92	荆门	Jingmen, Hubei	里奥兰曹	Rio Rancho, NM	1997. 10. 16
93	洛阳	Luoyang, Henan	拉克罗斯	La Crosse, WI	1997. 10. 21
94	泰兴	Taixing, Jiangsu	阿卡迪亚	Arcadia, CA	1997. 11. 04
95	淮阴	Huaiyin, Jiangsu	亚伯林达	Yorba-Linda, CA	1998. 03. 05
96	凉山州	Liangshan, Sichuan	波莫纳	Pomona, CA	1998. 05. 22
97	荆州	Jingzhou, Hubei	韦斯特切斯特郡	Westchester, NY	1998. 06. 12
98	温州	Wenzhou, Zhejiang	尤宁县	Union-county, CA	1998. 06. 12
99	呼和浩特	Hohhot, Inner Mongolika	洛杉矶郡	Los-Angeles-County, CA	1998. 10. 03
100	泰州	Taizhou, Jiangsu	纽波特纽斯	Newport-News, VA	1998. 11. 04
101	北京西城区	West-city, Beijing	帕萨迪纳	Pasadena, CA	1999. 10. 15
102	西双版纳	Xishuangbanna, Yunnan	奥斯汀	Austin, TX	1999. 10. 18
103	常州	Changzhou, Jiangsu	罗克福德	Rockford, IL	1999. 10. 25
104	枣庄	Zaozhuang, Shandong	布罗克顿	Brockton, MA	2000. 09. 27
105	南宁	Nanning, Guangxi	普罗沃	Provo, UT	2000. 09. 27
106	乌鲁木齐	Urumqi, Xinjiang	奥勒姆	Orem, UT	2000. 09. 27
107	肇庆	Zhaoqing, Guangdong	库恩拉皮兹	Coon Rapids, MN	2000. 11. 12
108	东莞	Dongguan, Guangdong	哈特福德	Hartford, CT	2001. 02. 22
109	文登	Wendeng, Shandong	密苏里	Missouri, TX	2001. 02. 25
110	淮北	Huaibei, Anhui	斯普林戴尔	Springdale, AR	2001. 04. 15
111	锡林浩特	Xilinhaote, Inner Mongolia	莫塞德县	Merced, CA	2001. 06. 07
112	郴州	Chenzhou, Hunan	拉雷多	Laredo, TX	2002. 03. 27
113	承德	Chengde, Hebei	达科他县	Dakota, MN	2002. 09. 24
114	安庆	Anqing, Anhui	加拉巴萨斯	Calabasas, CA	2002. 10. 27
115	绍兴	Shaoxing, Zhejiang	萨默塞特郡	Somerset, NJ	2003. 06. 23
116	江都	Jiangdu, Jiangsu	斯坦福	Stanford, CT	2003. 09. 27
117	盐城	Yancheng, Jiangsu	圣迭戈郡	San Diego, CA	2003. 10. 20
118	富阳	Fuyang, Zhejiang	里弗班克	Riverbank, CA	2003. 12. 22
119	九江	Jiujiang, Jiangxi	路易斯韦尔	Louisville, KY	2004. 09. 09
120	惠州	Huizhou, Guangdoong	米尔皮塔斯	Milpitas, CA	2004. 09. 30

续表

序号	中国城市		美国城市		结好时间
121	余姚	Yuyao, Zhejiang	沃尔纳特	Walnut, CA	2005.01.26
122	武夷山	Wuyishan, Fujian	火奴鲁鲁	Honolulu, HI	2005.02.21
123	青岛	Qingdao, Shandong	迈阿密	Miami, FL	2005.08.30
124	吉安	Ji'an, Jiangxi	索拉洛郡	Solano County, CA	2005.10.26
125	娄底	Loudi, Hunan	拉姆西	Ramsey, MN	2005.11.17
126	咸阳	Xianyang, Shaanxi	罗切斯特	Rochester, NY	2006.01.26
127	许昌	Xuchang, Henan	博灵布鲁克	Bolingbrook, IL	2006.01.26
128	宜昌	Yichang, Hubei	华盛顿郡	Washington County, OR	2006.08.31
129	儋州	Danzhou, Hainan	力湖	Lakewood, WA	2006.10.28
130	泉州	Quanzhou, Fujian	圣迭戈	San Diego County, CA	2006.11.06
131	曲靖	Qujing, Yunnan	泰勒	Tyler, TX	2006.11.21
132	太原	Taiyuan, Shanxi	纳什维尔	Nashville, TN	2007.04
133	宝应县	Baoying, Jiangsu	阿特波罗市	Attleboro, MA	2007.05.18
134	张家港	Zhangjiagang, Jiangsu	丽浪多	Redondo Beach, CA	2007.05.21
135	菏泽	Heze, Shandong	莫比尔	Mobile, AL	2007.7
136	莆田	Putian, Fujian	贝茨维尔	Batesville, AR	2007.09.24
137	厦门思明区	Siming Distrcit, Xiamen	萨拉索塔	Sarosota, FL	2007.10.10
138	三亚	Sanya, Hainan	毛伊县	Maoi, HI	2007.10.15
139	临沂	Linyi, Shandong	雷顿	Renton, WA	2007.11.16
140	北京宣武区	Xuanwu District, Beijing	丽浪多市	Redondo Beach, CA	2008.03.21
141	榆林	Yulin, Shaanxi	贝敦	Bayton, TX	2008.03.24
142	重庆万州区	Wanzhou District, Chongqing	韦恩斯伯勒	Waynesboro, VA	2008.04.24
143	马鞍山	Ma'anshan, Anhui	盖尔斯堡	Galesburg, IL	2008.05.16
144	抚州	Fuzhou, Jiangxi	欧文顿	Irvington, NJ	2008.07.01
145	长沙	Changsha, Hunan	安纳波利斯市	Annapolis, MD	2008.10.25
146	无锡惠山区	Huishan District, Wuxi	戴维斯市	Davis, CA	2008.10.30
147	金昌	Jinchang, Gansu	邵尼	Shawnee City, OK	2008.10.30
148	九江	Jiujiang, Jiangxi	萨凡纳	Savannah, GA	2008.11.08
149	晋城	Jincheng, Shanxi	罗马	Rome, N.Y.	2008.11.18
150	郴州桂东县	Guidong County, Chenzhou, Hunan	莫尔郡	Moore County, NC	2008.11.25

续表

序号	中国城市		美国城市		结好时间
151	宜宾	Yibin, Sichuan	哥伦比亚	Columbia, SC	2008. 12. 06
152	张家界	Zhangjiajie, Hunan	圣菲	Santa Fe, NM	2009. 10. 29
153	菏泽	Heze, Shandong	巴吞鲁日	Baton Rouge, LA	2009. 12. 01
154	宜春	Yichun, Jiangxi	罕斯维尔	Hinesville, GA	2009. 12. 07
155	襄樊	Xiangfan, Hubei	罗利	Raleigh, NC	2010. 05. 18
156	琼海	Qionghai, Hainan	杜邦	DuPont, WA	2010. 05. 21
157	景德镇	Jingdezhen, Jiangxi	门县	Door County, WI	2010. 06. 01

中美友好省州一览表 （China-US Sister States/Provinces）

序号	中国省市区	Chinese Provinces	美国州	US States	结好时间
1	湖北	Hubei	俄亥俄	Ohio	1979. 10. 30
2	安徽	Anhui	马里兰	Maryland	1980. 06. 10
3	河南	Henan	堪萨斯	Kansas	1981. 05. 01
4	浙江	Zhejiang	新泽西	New Jersey	1981. 05. 11
5	辽宁	Liaoning	伊利诺伊	Illinois	1982. 09. 30
6	四川	Sichuan	华盛顿	Washington	1982. 10. 17
7	黑龙江	Heilongjiang	威斯康星	Wisconsin	1982. 10. 18
8	陕西	Shaanxi	明尼苏达	Minnesota	1982. 10. 19
9	四川	Sichuan	密歇根	Michigan	1982. 11. 09
10	河北	Hebei	艾奥瓦	Iowa	1983. 07. 22
11	广东	Guangdong	马萨诸塞	Massachusetts	1983. 11. 02
12	湖南	Hunan	科罗拉多	Colorado	1984. 01. 23
13	福建	Fujian	俄勒冈	Oregon	1984. 09. 25
14	黑龙江	Heilongjiang	阿拉斯加	Alaska	1985. 02. 05
15	广东	Guangdong	夏威夷	Hawaii	1985. 05. 21
16	甘肃	Gansu	俄克拉荷马	Oklahoma	1985. 06. 12
17	湖北	Hubei	亚拉巴马	Alabama	1985. 10. 07
18	江西	Jiangxi	肯塔基	Kentucky	1985. 10. 16
19	山西	Shanxi	爱达荷	Idaho	1985. 10. 28

续表

序号	中国省市区	Chinese Provinces	美国州	US States	结好时间
20	山东	Shandong	康涅狄格	Connecticut	1986.05.27
21	江西	Jiangxi	犹他	Utah	1986.07.10
22	山西	Shanxi	田纳西	Tennessee	1986.12.24
23	辽宁	Liaoning	北卡罗来纳	North Carolina	1987.07.13
24	浙江	Zhejiang	印第安纳	Indiana	1987.07.24
25	江苏	Jiangsu	纽约	New York	1989.04.21
26	海南	Hainan	夏威夷	Hawaii	1992.06.30
27	云南	Yunnan	德克萨斯	Texas	1992.09.10
28	吉林	Jilin	缅因	Maine	1993.09.16
29	山东	Shandong	德克萨斯	Texas	1993.12.07
30	河北	Hebei	密苏里	Missouri	1994.01.25
31	广西	Guangxi	蒙大拿	Montana	1999.10.26
32	内蒙古	Inner Mongolia	加利福尼亚	California	2000.05.11
33	青海	Qinghai	内华达	Nevada	2002.06.05
34	福建	Fujian	弗吉尼亚	Virginia	2004.06.08
35	贵州	Guizhou	内布拉斯加	Nebraska	2004.06.17
36	福建	Fujian	宾夕法尼亚	Pennsylvania	2009.10.23

八　附　录

1. 2013 年美国政治与社会大事记

1 月 14 日，美国著名自行车运动员兰斯·阿姆斯特朗在接受名嘴奥普拉·温弗里的采访时，首次承认在其运动生涯中服用了违禁药品。

2 月 12 日，奥巴马发表第二任期的"国情咨文"。萎靡不振的经济和居高难下的失业率，仍然是他声称最需着重解决的问题。其次是控制枪支、移民、气候变化和健康保障的问题。

2 月 18 日，众议院法律委员会主席鲍勃·古德莱特说，如果法律委员会不能得到必要的信息，未能达成一定的共识，那么当有关移民的议院辩论结束之后，就什么事也不能做，移民问题就不能着手解决，而只能是束之高阁。

3 月初发表的失业报告显示，2 月美国经济又创造了 23.6 万个就业机会，最多的机会是由建筑业和保健业提供的。不过仍有 1200 万美国人被官方登记为失业。

3 月 26 日和 27 日，美国最高法院受理两例同性恋权利案件，都是有关同性婚姻的。这两个案件的判决有可能成为划时代的历史事件。判决结果将影响到数以亿计美元的联邦婚姻津贴。

3 月 27 日，正就移民改革进行讨价还价的国会议员们说，移民改革需要一个"边境安全扳机"才能启动。但是何谓"边境安全扳机"？这在国会本身就是一个有争议的定义，两党议员要就它的定义达成协议，本身就是很不容易的事。移民改革的目标，两党基本一致，就是要将 1200 万非法移民的身份合法化。但是主张"边境安全"的鹰派议员，要求在此之前，必须把美国边境的大门关好，以免十年二十年之后，国会又要面临将新的一波数以百万计的非法移民身份合法化的问题。

4 月 6 日，一位名叫让·史蒂文斯的女子在半年一次的摩门教集会上引领了祈祷。这是该教派创立 183 年以来的首次。这次事件有可能是一月间女权组织施压的结果，目的在于显示性别平权。

4 月 15 日，来自俄罗斯车臣的移民兄弟俩塔墨兰·查涅夫和卓哈尔·查涅夫在波士顿马拉松的路线上引爆炸弹，炸死 3 人（其中一人为中国公民），伤 141 人。美国国会大厦降半旗，悼念波士顿爆炸案死难者。

4 月 16 日，著名体育解说员帕特·萨摩洛与世长辞，终年 82 岁。他本人原是橄榄球队员，40 年来详细解说过 16 次超级碗和美国网球公开赛。

5 月 4 日，奥巴马说，关闭关塔那摩拘禁中心的理由之一，就是在那里拘禁一个犯人的花费极其浩大，平均在每个囚犯身上要花费 90 万美元。

5 月 23 日美国童子军的约 1400 名地方部队领袖在得克萨斯州的格拉培文投票表决，是否解除禁止同性恋男孩参加该组织的禁令。童子军内部和之外的一些保守派谴责这个动议，认为童子军的传统会受到公开同性恋者的玷辱。他们威胁说，如果禁令解除，将有大批人员退出童子军队伍。

6 月 6 日至 9 日，皮尤研究中心举行了一项民意调查，发现相当大一部分美国公民乐于牺牲隐私权，换取安全。调查发现，56% 的美国人可以接受国家安全局获取"秘密的法院命令，追踪数以百万计的美国人，以调查恐怖主义"，只有 41% 的美国人觉得这"不可接受"。这是皮尤中心第一次问这个问题。

6 月 12 日，盖洛普调查显示，美国人对小乔治·布什的看法，自从 2005 年以来首次正面超过了负面：49% 的人正面看法，46% 的人负面。2009 年 1 月他离任的时候，这对数字是 40% 比 59%。正面看法最低数字在 2008 年 4 月曾经达到 32% 的低点。

7 月 1 日，美国"监控门"事件揭秘者斯诺登 1 日当天晚些时候通过"维基解密"网站发表新声明，抨击美国总统奥巴马和美国政府，并威胁向外界披露更多机密。斯诺登在发表该声明数分钟前还同时披露了他写给厄瓜多尔总统科雷亚的信件。斯诺登在信中称自己目前依然自由，可以"继续发表公众感兴趣的信息"。

7 月 2 日，美国中央情报局日前发起了一个旨在避免更多员工向媒体爆料的内部活动。中央情报局局长约翰·布伦南日前签署了一份名为"信守誓言"的备忘录，要求情报人员和其他工作人员保守工作秘密，加强内部安全审查。内部安全审查是布伦南的前任戴维·彼得雷乌斯将军在一系列匿名泄密事件和前高管发表文章或出版书籍披露内幕事件出现后立下的规矩。

7月3日，美国"棱镜"监控项目爆料人斯诺登的父亲2日给儿子写了一封公开信，称赞儿子的行为是"号召美国民众与暴政持续增长的危险作斗争"。他承认儿子"因泄露机密信息而触犯了美国法律"，但他坚持认为斯诺登没有犯下叛国罪。

7月4日，美国国务院日前被曝为吸引数百万 Facebook 粉丝点"赞"支持，在2011年和2012年有两笔总计63万美元（约合386万元人民币）的广告花费，目的是通过增加4个主题网页的 Facebook 粉丝数量"建立面向外国受众的全球推广平台"。在美国政府实施严厉紧缩措施之际，国务院此举引发广泛批评。

7月6日，当地时间7月6日11点半，韩亚航空公司一架波音777型客机在美国旧金山国际机场着陆时失事，机尾折断，引发大火。机上乘客和机组人员共307人，其中乘客291人，包括141名中国公民。据旧金山机场救援人员介绍已造成至少2人死亡，181人受伤。当天坠毁的客机是韩亚航空214号航班，从韩国首尔起飞，目的地是旧金山。有美国官员称初步判断飞机是在准备着陆时发生坠落，引发机尾碰撞，导致事故发生。

7月8日，美国国防部8日起开始对绝大多数文职雇员实施无薪酬的强制性轮休（无薪假），以期达到大幅削减本财年国防预算的目标。美国国防部约有80万文职雇员，其中超过65万人将受到"无薪假"影响，相当于变相缩减工作时间和薪酬。国防部官员预计，"无薪假"可在本财年内为国防部减少18亿美元预算。

美国电子私人信息机构 EPIC 负责人日前发出请愿，要求美国最高法院废除关于授权政府搜集电话用户信息的判决。EPIC 主席 Marc Rotenberg 在其请愿书中表示，FISC 要求获取大量电话用户信息的行为已经超出了其职能权限，并且触及包括 EPIC 在内的 Verizon 用户的利益。

7月10日，美国波士顿警察局长爱德华·戴维斯10日在国会作证时说，波士顿爆炸案表明美国联邦执法部门缺乏与地方执法部门的反恐情报共享。他建议美国国会应该通过立法确保执法部门对反恐情报的共享。波士顿4月15日在举行国际马拉松赛事期间突发爆炸案，造成3人死亡、逾260人受伤。

美国空军10日表示，曾雇佣美国"棱镜"监控项目揭秘者斯诺登的中情局承包商博思艾伦咨询公司，对斯诺登泄密一案不负有责任。这一结论预示该公司能够继续履行与美国军方的合同。

7月11日，美国总统奥巴马提名出任下任联邦调查局（FBI）局长的詹姆斯·科米日前在参议院出席提名听证会。听证会过程顺利，科米的提名有望顺利过关。科米曾在乔治·W.布什政府内担任司法部副部长，在执法部门和国家安全领域工作超过20年。

7月12日，为杜绝未来泄密者和其他安全违规者，奥巴马总统命令联邦政府工作人员举报同事的可疑行为，并开始实施"内部威胁计划"。根据"内部威胁项目"的要求，数百万联邦官员和承包人必须提防同事中的"高危人物或行为"。那些不举报的人则有可能面临处罚，包括刑事指控。

"棱镜"泄密者斯诺登最新透露的资料显示，微软公司曾与美国政府合作，帮助美国国家安全局（NSA，简称国安局）获得互联网上的加密文件数据。斯诺登提供的机密文件称，微软曾向美国联邦调查局（FBI）和国安局提供Skype（一款网络即时语音沟通工具）视频通话、Outlook（微软开发的office套装软件的组件之一，可收发电子邮件）以及Hotmail邮件的数据。

7月14日，美国纽约、华盛顿、芝加哥、旧金山、亚特兰大等城市均爆发示威，抗议警方判决。2012年2月26日晚，在佛罗里达州桑福德，17岁的马丁在步行途中被协警齐默尔曼认定为"形迹可疑者"，在报警后跟踪马丁并与其发生对峙，随后开枪将其击毙。13日晚间，陪审团在佛罗里达州法院判定齐默尔曼无罪。总统奥巴马发表声明表示马丁的死对美国来说是一个悲剧，承认该案引起"强烈情绪"，呼吁对事件"冷静反思"。

7月16日，全美环保组织、人权活动分子、教堂领袖和枪支权利维护者等19个民间团体组成的"电子前线基金会"向旧金山一家联邦法庭提起诉讼，起诉美国联邦政府，要求停止国家安全局的电子监控项目。并要求对美国国家安全局、司法部、联邦调查局和那些机构主管发出禁令，诉讼者称电子监控是"非法和违宪的项目"。

美国防部长查克·哈格尔7月16日表示，到2019年前将把国防部高级军官和高级文官的数量缩减20%，此举旨在精简该军事机构。哈格尔的这一指示预计将使国防部和军方指挥部减少 3000—5000 个工作岗位。

16 日佛罗里达州发生一起枪击案，造成包括枪手在内的 7 人死亡。枪手佩德罗·巴尔加斯曾挟持 2 名人质与警方展开对峙，后被打死，部分人质随后被解救，但仍有 6 人死亡。

7 月 19 日，美国"汽车之城"底特律市负债累计达 185 亿美元，于日前正式申请破产保护，成为美国历史上申请破产保护的最大城市。密歇根州州长里克·斯奈德授权底特律紧急财政管理人凯文·奥尔向美国破产法院正式递交破产申请。底特律市曾经是美国汽车制造业的中心，人口数量一度达到 180 万，随着经济衰落目前已锐减至 70 万。从 6 月开始，底特律市便停止偿还其部分债务，债务数额之高在美国城市申请破产保护案例中居榜首。

美国众议院司法委员会 19 日对美国国家安全局的监控计划进行听证，来自民主和共和两党的众议员均向奥巴马政府官员表示，他们认为政府在监控计划上已超越了国会授予的监控权限，并警告奥巴马政府，将来国会可能不会重新授予类似的权力。

7 月 25 日，为庆祝伊斯兰教的斋戒月，美国总统奥巴马于 25 日在白宫主持晚宴，赞扬美国伊斯兰教徒在打造国家成为企业中心、科技创新者和医学先驱上的贡献。这是奥巴马第五次在白宫国宴厅（State Dining Room）主持斋戒月晚宴，与会者还包含政府阁员，民选官员、宗教领袖和外交使节。

7 月 26 日，美国众议院经过投票表决，以微弱多数批准国家安全局（NSA）继续对民众进行电话监听。报道说，共和党众议员阿玛什递交了一项修正案，要求对国安局监听民众电子信息的行动进行限制。但众议院在经过激烈辩论后以 217 票反对、205 票赞同的微弱多数否决了阿玛什的议案。这一结果显示了共和党保守派和民主党自由派在同一问题上罕见的一致。

7 月 29 日，美国达特茅斯大学塔克商学院一个研究小组的研究报告称，受移民潮、白人妇女老化及新生少数族裔婴儿增加等影响，美国白人儿童比例骤减，而美国白人儿童近年来比例骤减，拉丁裔、非裔等少数族裔人口增加。分析认为，这一人口结构改变意味着美国未来会出现大批低收入者，社会不公现象可能加剧。

7 月 31 日，美国"监控门"事件揭秘者斯诺登 7 月 31 日再度爆料将美国更大规模监控计划"Xkeyscore"的细节曝光。斯诺登发布的文件资料显示，这项名为"Xkeyscore"的监控计划"几乎可以涵盖所有网上信息"，可以"最大范围收集互联网数据"，内容包括电子邮件、网站信息、搜索和聊天记录等等。

美国国家安全局局长亚历山大（Keith Alexander）7月31日出席了在拉斯维加斯举行的"黑帽"安全大会。亚历山大当天就监控计划辩护举例称，美国国家安全局的监控计划粉碎了50多个"与恐怖主义有关"的阴谋。但他也表示，对于如何平衡隐私权和国家安全，愿接受更广泛的讨论。

美国联邦储备委员会7月31日宣布，将维持现有的高度宽松货币政策，以支持经济增长和就业。

8月5日，美国总统奥巴马在8月5日的一份演讲中，提出对于美国住房抵押贷款融资系统进行检修的建议。奥巴马提议逐渐废除美国住房抵押贷款融资公司房利美和房地美。取而代之的将会是一套新的运作系统，届时私人市场将可以购买贷款人的抵押品，在经过重新包装以后，这些抵押品可以被用来吸引更多的投资。政府的作用将转变为提供某种形式的保险或担保，并监督整个交易流程。美国政府2008年已接管了房地美和房地美这两家公司。

美国《华盛顿邮报》公司5日宣布，亚马逊创办人杰夫—贝索斯个人以2.5亿美元买下公司旗舰报《华盛顿邮报》及旗下数家地方报纸。第一份《华盛顿邮报》于1877年由格拉汉姆家族在华盛顿创办发行。目前，邮报公司旗下拥有报纸、杂志、教育服务、电视台、有线电视、电子媒体和健康保险公司等，员工近2万名。

8月6日，美国胡德堡军事基地枪击案嫌疑人哈桑当天在军事法庭上承认自己是凶手。2009年11月5日，时任得克萨斯州北部基林市外胡德堡军事基地心理健康医师的陆军少校哈桑在基地开枪行凶，造成13人死亡、30多人受伤，这是发生在美军基地的最严重的枪击案之一。哈桑受到13项蓄意谋杀罪名以及32项企图蓄意谋杀罪名的指控，如果罪名成立将面临死刑判决。

8月12日，美国总统奥巴马12日下令美国国家情报局局长詹姆斯·克拉珀正式组建一个外部的专家小组，专门审核美国的情报收集和监控的技术手段，并要求该小组限期在60天内向总统提交初步审核报告。

美国 2016 年总统选举的可能候选人，美国前国务卿希拉里·克林顿 12 日开始了一系列演讲。在当天的演讲中，她呼吁美国进行选举改革，但对民众关心的她是否参选 2016 年总统问题未表态。

8 月 13 日，美国 FATCA（Foreign Account Tax Compliance Act），即《海外账户纳税法案》将于 2014 年生效，为免税责，美国公民弃籍者连续两季突破新高，第二季度人数更比去年同期暴增 5 倍，共有 1131 名美国公民申请放弃美国国籍，刷新历史纪录。

8 月 14 日，美国国家安全局局长亚历山大（Keith B. Alexander）在纽约福德汉大学的网络安全会议表示，美国国家安全局将辞退 1000 名系统管理员，此比例占全体系统管理员总数的 90%。

美国国会 8 月休会，盖洛普 14 日公布 8 月最新民意调查，称只有 14% 的美国民众对国会满意，接近历史低点，不满意比率逾 80%。

8 月 16 日，盖洛普民调报告说，奥巴马在处理经济上的支持率只有 35%，比 6 月下降 7 个百分点。在税收和联邦预算赤字上的支持率分别为 36% 和 26%，均下降 5 个百分点。总统总的支持率也从 2 个月前的 47% 下降到 44%。这次民调是在 8 月 7—11 日举行的。

美国德克萨斯大学一份最新调查报告称，全美国 107 座核电设施"没有一座得到能免受恐怖分子强力攻击的严密保护"。报告指出，有些炸弹级核燃料有可能遭盗窃，有些可能会遭破坏导致熔毁。该报告由德克萨斯大学的核扩散防止项目（NPPP）和约翰逊公共事务学院（LBJ School of Public Affairs）受五角大楼委托完成。

8 月 18 日，美国参议院司法委员会主席莱希宣布召开听证会调查《华盛顿邮报》依据审议报告和前中情局雇员斯诺登此前提供的机密文件所作的报道是否属实。

8 月 20 日，美国纽约市警方宣布侦破历史上最大一起走私枪械案，分别在纽约、南卡罗莱纳与北卡罗来纳州，共拘捕 19 名疑犯。

8 月 21 日，马里兰州米德堡军事法庭法官丹尼斯·林德当天宣布，美军泄密士兵布拉德利·曼宁（Bradley Manning）判处 35 年徒刑，由陆军一等兵降级为列兵，被开除军籍，取消所有军队工资与福利。该判决宣布前，曼宁已被监禁 3 年半。法庭指出，这段时间将被记入曼宁的刑期，在监狱里度过三分之一刑期后，曼宁将有资格申请假释。

8 月 23 日，美国国家安全局 23 日在对美国媒体发布的一项声明中承认，过去 10 年间曾有分析员或承包商雇员蓄意越权监控而触犯美国人隐私权。

8 月 26 日，美国财政部长雅各布·卢在一份当天披露的信件中发出警告，联邦政府将在 10 月中旬达到其法定债务上限，政府被迫财务违约的概率正在上升。

8 月 28 日，美国当地时间 28 日下午 3 点，美国总统奥巴马在林肯纪念堂前发表讲话，纪念马丁·路德·金在 1963 年的今天发表的《我有一个梦想》著名演说。奥巴马赞扬了当年的民权运动改变了整个美国社会以至全世界。马丁·路德·金的家人和当年参加大游行的成员、美国前总统克林顿和卡特以及美国著名的黑人活动人士也出席了当天的纪念活动。

9 月 3 日，当地时间 3 日，位于美国加州最北部、紧邻俄勒冈州界的锡斯基尤县（Siskiyou County）县政委员会以 4 票对 1 票，表决通过推动脱离加州的法律程序，并结合俄勒冈州最南部的县，共创名称为"杰斐逊"的新州。联邦政府暂未对此表态。

9 月 9 日，美国众议院共和党人 9 日准备了一项修改后的医保方案，该方案反对总统奥巴马的医保法。共和党领袖希望方案能使政府有足够资金运转到 12 月中旬，并满足众议院保守派共和党议员的一个关键诉求。

9 月 11 日，11 日，美国"9·11"恐怖袭击事件 12 周年。当日，美国纽约、华盛顿、宾夕法尼亚、新泽西、洛杉矶等地的民众纷纷举行活动，悼念在此次恐怖袭击中的遇难者。

9 月 16 日，美国海军海洋系统司令部总部大楼发生枪击案，前美国国防部合约雇员、海军预备役人员亚伦·阿莱克希斯持枪打死 13 人，打伤数人，阿莱克希斯在与警方的枪战中被击毙。

9 月 17 日，美国联邦调查局（FBI）官员透露，由于"财政悬崖"逼近白宫，FBI 已决定在 2014 年关闭 10 天，通过"精打细算"节约机构预算开支。

9 月 19 日，美国联邦储备委员会 18 日宣布，将维持现行的宽松货币政策不变，暂时不削减第三轮量化宽松货币政策规模。美国联邦储备委员会没有削减每月购债 850 亿美元的规模，表示需要见到更多经济改善的迹象。

9 月 20 日，美国国会众议院 20 日当天以 230 票赞成，189 票反对的表决结果通过临时拨款议案，决定自 10 月 1 日起继续为联邦机构提供运作资金至 12 月 15 日，但拒绝为奥巴马医改法案拨款。同日，美国总统奥巴马 20 日警告共和党国会议员迅速解决两项恶化中的预算议题，避免造成美国政府停摆并造成债务违约，违约会让美国经济陷入失控状态。

9 月 21 日，总统奥巴马 21 日敦促他的支持者，请求他们帮助继续推动控枪。当地时间 19 日深夜，1—3 名枪手在芝加哥的康奈尔广场公园篮球场向人群开枪，打伤 13 人。多数伤者手臂和腿部受伤，包括一名 3 岁男童在内 3 人伤势严重。

9 月 25 日，美国德克萨斯州共和党议员克鲁兹在美国国会上进行时长达 21 小时 19 分钟的发言，反对美国总统奥巴马所进行的医疗保健体系改革。

9 月 26 日，美国参议院情报特别委员会主席 26 日在公开听证会上说，该委员会正在草拟一项议案，通过一系列新举措加强秘密情报监控系统的透明度和受监控力度。这是情报特别委员会自"棱镜门"风波延宕 3 个多月来首度举行公开听证会。

9 月 27 日，美国国会参议院 27 日通过了临时预算案版本，删除此前众议院通过的议案中有关禁止向医改拨款的内容，并将临时预算案的到期日缩短至 11 月 15 日。

9 月 29 日，美国众议院 29 日通过法案，拟推迟奥巴马医改政策一年，并废除医疗设备征税，以获取开支避免政府关门。民主党议员已表态将拒绝众院的提案，白宫方面也发布声明称会否决该措施。

美国战略司令部称，负责掌管美军核武的战略司令部副司令贾尔迪纳因涉及艾奥瓦州一宗赌场假筹码案，已于 9 月 3 日起停职受查，并被禁止接触核武等高度机密工作。

9 月 30 日，当地时间 9 月 30 日晚间，美国众议院以 228 票赞成、201 票反对通过一项紧急支出法案，该预案附加新条款，以修改总统奥巴马的医改法。

10 月 1 日，美国国会未就政府预算达成妥协，美国政府面临 17 年以来的首次停摆。美国总统奥巴马告知军方部分官员，称他将与国会协调，尽快重开政府。

美国总统奥巴马 1 日午后对全美发表电视讲话，指责国会共和党人为阻挠由奥巴马和民主党人主推的医疗改革法案顺利实施而导致联邦政府关门。

10 月 2 日，美国总统奥巴马与共和党领袖 2 日首度举行会晤，拉开两党谈判的序幕，但双方分歧未见缩小，谈判没有取得结果。

10 月 3 日，美国总统奥巴马当天在美国马里兰州的一家建筑企业发表讲话时说，若美债半个月后违约，将引发甚于 2008 年的金融危机。奥巴马呼吁国会众议院尽快举行投票通过不附加任何条件的政府预算，尽快结束政府停摆。

10 月 5 日，美国五角大楼 5 日表示，因美国联邦政府停摆奉命休无薪假的约 40 万名国防部文职员工，大部分将会被召回。分析称此举可大幅减轻政府停摆对美国武装部队造成的影响。

10 月 6 日，美国众议院议长、共和党人博纳在记者会上重申，预算谈判须与修改"奥巴马医保"捆绑进行，除非政府愿意以削减支出作为交换，否则共和党不会支持提高债限。

10 月 7 日，美国加州州长杰瑞·布朗 7 日成为该州历史上任期最长的州长。其创下的纪录还有曾在 1974 年 36 岁时成为加州第二年轻州长并连任，2010 年 72 岁时再次获选，以及加州最年长州长掌管美国人口第一大州。布朗打破了前州长厄尔·沃伦从 1943 年 1 月—1953 年 10 月任期 10 年的最长纪录。

10 月 8 日，美国众议院议长约翰·博纳日前表示，如果不解决长期支出和预算难题，其不会批准提高美国债务上限的议案，这一表态使国会共和党与白宫之间的谈判僵局还将延续。

美国联合技术公司、波音公司、高盛、美国银行、花旗集团、摩根大通、美国国际集团、摩根士丹利和富国银行等多家公司高管向国会施加警告说，若政府机构还是停摆，且决策者未能在 10 月中旬前提高举债上限，将会带来一系列不良后果。

大量移民改革支持者 8 日聚集在华盛顿国家广场举行集会游行，敦促国会早日通过相关法案，允许非法移民走上合法化路径。警察在集会现场逮捕了包括 8 名民主党众议员在内的 200 多名抗议者。此前自 5 日起全美约有 40 个州已发生了 150 多次关于全面移民改革的集会和游行。

10 月 9 日，美国总统奥巴马、美联储主席伯南克和现任美联储副主席珍妮特·耶伦在华盛顿白宫出席提名会。奥巴马当日宣布提名美联储现任副主席珍妮特·耶伦接替伯南克出任下一任美联储主席。

10 月 10 日，美国的党派僵局周三出现松动迹象，保守的共和党议员对短期提高美国债务上限的建议表示欢迎，众议院共和党领袖则准备与总统奥巴马会面磋商。

美国劳工部 10 日公布的数据显示，受政府关门和加利福尼亚州计算机系统升级影响，上周美国首次申请失业救济人数大幅攀升，增幅创去年"桑迪"飓风以来新高。

美国底特律市前市长基尔帕特里克（Kwame Kilpatrick）10 日因腐败罪被判处 28 年监禁。现年 43 岁的基尔帕特里克受到 24 项指控，其中包括诈骗、行贿以及索贿等。

美国总统奥巴马在 10 月 10 日晚间签署法令，在美国联邦政府关门期间继续向阵亡将士家属发放抚恤金。该法令此前已经在参议院获得通过。

美国民调机构盖洛普公司 10 日发布的最新民调结果显示，受美国联邦政府停摆风波影响，美民众对政府的满意度已跌至 1971 年来最低点。

美国国防部"二号人物"、常务副部长阿什顿·卡特 10 日宣布将于 12 月辞职，该辞呈已获防长哈格尔接受。

10 月 12 日，美国国家情报总监詹姆斯·克拉珀（James Clapper）公开了对美国电话通信记录信息的搜集情况。此前，克拉珀曾向美国国会表示，他们的机构并没有搜集此类信息。

美国自由女神像、大峡谷等因预算僵局关门的一些著名景点 12 日重新向游客开放。这些旅游景点所在的州政府已同联邦政府达成协议，由州政府的预算以维持景点开放。

10 月 13 日上午，民主党籍的参议院多数党领袖里德与共和党参议院领袖麦康奈尔举行了初步会谈。双方形容会谈富有建设性，但还处于非常初期的阶段。这是目前这场财政危机爆发以来，里德和麦康奈尔首次举行面对面谈判。

美国联邦政府停摆对州政府产生了连带效应，目前超过 10 个州的数千名雇员已被迫开始休无薪假。

10 月 16 日，美国参议院民主和共和两党就延长美国举债期限和结束政府停摆达成一致。这项议案的具体内容包括结束政府停摆、向联邦政府拨款日期延长至 2014 年 1 月 15 日，同时将举债期限延长至 2014 年 2 月 7 日。

10 月 18 日，美国总统奥巴马 18 日在白宫提名国防部前任法律总顾问杰·约翰逊为新任国土安全部长，接替今年 7 月辞职的纳波利塔诺。

10月21日，美国总统奥巴马21日承诺，政府新的医保市场网站出现的技术问题会"得到解决"，创建医保市场网站的法律会给美国人民带来好处。

10月22日，美国第一条高速铁路在加州中部城市佛雷斯诺动工，首期30英里（48千米）长的工程将穿越昔日中国城。人口约50.9万的佛雷斯诺是加州第5大城市，位于加州粮仓圣华金谷的中心地带，拉丁裔和亚裔移民总数近半。

10月24日，美国广播公司（ABC）上周的深夜脱口秀节目中出现"杀光中国人"言论，美国华裔大为愤慨，该事件持续发酵。24日，美国东西海岸的华裔社会团体和华人纷纷表达强烈抗议，要求美国广播公司为此不当言论做出正式道歉。

美国总统奥巴马当地时间24日敦促国会今年底前通过陷入停滞状态的移民改革法案。该议案包括拨款数十亿美元来加强边境检查，并为美国的非法移民开通一条为期13年成为公民的通道。

10月30日，美国国家情报总监克莱佩在29日举行的众议院情报委员会听证会上说，搞清楚外国领导人的意图是美国情报工作的一项关键任务。但克莱佩又说，美国不会不加分辨地对各国采取间谍行动。

美国卫生和公共服务部部长凯瑟琳·赛比留斯（Kathleen Sebelius）在众议院能源与商务委员会对新在线医保交易网站故障不断公开道歉，称将在11月底解决问题。

11月5日，美国5日同时有多地改选州长和市长，其中民主党籍候选人麦考利夫（Terry McAuliffe）当选为弗吉尼亚州州长，白思豪（Bill de Blasio）当选为纽约市市长，共和党籍候选人克里斯蒂（Chris Christie）当选为新泽西州州长。

11月12日，盖洛普最新民调显示，美国国会和总统奥巴马的支持率双双创新低：国会的支持率跌至9%，创下39年来的最低纪录；奥巴马的支持率首次跌破40%"危险红线"。CBS新闻调查的结果如出一辙。

11月15日，美国联邦调查局（FBI）新任局长詹姆斯·柯米（James Comey）14日表示，美国正受到前所未有的来自网络的威胁，必须与私人企业紧密合作才能保障国家安全。

11月19日，美国奥巴马政府宣布其考虑将在医保法上做出重要让步，使数百万有资格获得退税津贴的民众直接在保险公司登记购买医保。

该计划实施后民众将可直接向保险公司登记购买如医保市场上销售的、符合标准的医保产品。

19 日，美国宾夕法尼亚州葛底斯堡举行活动，纪念林肯葛底斯堡演说 150 周年，美国总统奥巴马亲自撰文回顾了讲话意义。

11 月 20 日，美国总统奥巴马奥巴马将于 20 日在白宫，向十多位杰出的美国人颁发总统自由勋章。受表彰者中包括前总统比尔·克林顿，脱口秀主持人奥普拉·温弗里。该奖项由颁发由美国前总统约翰·F. 肯尼迪设立。

11 月 21 日，美国参议院银行委员会 21 日以 14 票赞成 8 票反对投票通过了奥巴马总统提名的珍妮特·耶伦出任美联储主席。

美国参议院 21 日以 52 票对 48 票的结果，结束了所谓的使用"借助冗长发言等方式阻碍议事程序"规则（filibuster）反对总统提名的做法，推翻了参议院允许少数党阻扰白宫提名的传统，今后美国总统在提名内阁成员和法官上将拥有更大权力。

12 月 1 日，奥巴马政府 12 月 1 日称，医改网站"健保交易所"在线平台最严重的故障、崩溃和延迟应该已经被修复。

12 月 5 日，纽约、芝加哥、波士顿、华盛顿、休斯敦、亚特兰大、底特律等美国约 100 个城市快餐店工人举行大罢工，要求将最低工资提高至每小时 15 美元。本次罢工活动由工会、民主党和其他员工权益活动组织发起。

12 月 9 日，美国在线、苹果、谷歌、微软、雅虎、Facebook、Linkedin 和推特 8 家美国互联网巨头，于 12 月 9 日向美国总统奥巴马和美国国会发出公开信，要求政府停止大量收集用户数据的行为，重塑公众对互联网的信任，并制定保护个人权利的方法。科技公司提出了 5 项原则，包括限制政府收集用户数据的权力、进行监督和问责、对监控请求保持透明、尊重信息的自由流通和避免政府之间的冲突。

美国航空公司和全美航空公司 9 日宣布已经完成了合并，组建成为全球最大的航空公司，新合并的航空公司被称为美国航空集团，每天将提供约 6700 架次航班，通航地区遍布全球 50 多个国家的 330 多个目的地。合并后新航空公司的全球员工将超过 10 万人。

12 月 10 日，美国国会 10 日宣布两党达成 850 亿美元的预算协议，结束了共和党与民主党之间将近三年来的僵持局面。

12月12日，美国国会众议院12日晚以332票赞成、94票反对的表决结果通过2014和2015财年的政府预算案，参议院预计下周对预算案进行表决。该预算案为2014财年设定了10120亿美元政府预算，为2015财年设定了10140亿美元政府预算。

12月16日，美国参议院当地时间16日以78：16票的表决结果通过批准了美国总统奥巴马对杰·约翰逊（Jeh Johnson）出任国土安全部长的提名。约翰逊将接替纳波利塔诺（Janet Napolitano）出任美国国土安全部长。

12月17日，美国总统奥巴马与副总统拜登17日会晤包括苹果和谷歌在内多家高科技巨头公司的首席执行官。白宫称，奥巴马与CEO们讨论了情报收集工作曝光对美国国家安全与经济造成的冲击，奥巴马重申了网络自由的信心。

12月19日，美国参议院19日深夜以84票赞成、15票反对的表决结果通过2014财年国防预算法案，批准超过6000亿美元的国防开支和海外紧急行动费用。众议院12日已经通过2014年国防预算法案，法案将在总统奥巴马签署后生效。

12月20日，美国总统奥巴马20日举行年终新闻发布会，就内政、经济和外交等事宜回答提问，回顾过去，展望新年。奥巴马不肯承认2013年是其总统生涯中最糟糕的一年，并说未来一年将是"突破性"的一年。

2. 2013年美国经济大事记

1月7日，美国纽约华尔街10家金融机构与美国监管机构达成和解协议，以支付85亿美元赔款的代价，终止了监管机构对其在办理房屋止赎手续过程违规操作行为的严格审查。其中赔付款额的33亿美元将用于给房屋贷款者提供现金赔付，52亿美元用于房屋贷款者重组住房抵押贷款等用途。美国监管机构表示，大约49.5万名购房贷款者向金融机构提出了索赔要求。10家金融机构分别是美国银行、富国银行、摩根大通、花旗银行、MetLife、Aurora、U. S. Bank、PNC、Sovereign以及SunTrust。

1月12日，美国财政部发言人科利在声明中表示，相互独立的财政部和美联储都认为，不会通过发行1万亿美元白金硬币这样的途径来避免上调美国债务上限。白宫发言人卡尼 12 日也表示，面对债务上限只有两条路：美国国会拿出有效方案应对，或是令国家违约。此前美国智库两党政策中心发布研究报告称，美国在 2 月 15 日至 3 月 1 日将面临"财政资金枯竭"的命运，共和党正寻求缩减开支来避免增加债务上限。

1 月 14 日，美国总统奥巴马、财政部长盖特纳和美联储主席伯南克当天一齐敦促尽快达成债务上限协议，但白宫与共和党议员围绕债务上限和减支问题的谈判仍僵持不下。奥巴马表示，美国债务违约风险正在伤害美国经济，如果真的发生违约，则将拖累美国陷入另一轮衰退，同时将增加赤字规模并引发市场混乱。奥巴马警告共和党领袖切勿使用迫使政府停止运作的手段来达到他们的目的。

1 月 19 日，美联储公布的经济形势调查报告显示，去年 11 月中旬至今年 1 月初，美国个人消费增长，房地产市场持续改善，经济继续扩张。数据还显示，截至去年第三季度，美国经济已经实现连续 13 个季度的增长。随着美国经济温和复苏，美国国内关于何时终止量化宽松政策出现不同的声音，显示出美联储内部存在着较大的分歧。

1 月 20 日，美联储主席伯南克表示，美联储推出的刺激计划压低了长期利率，为经济增长提供了支持。尽管美国经济取得了某些进展，例如能源热带动一些州的经济增长、住宅市场反弹、消费者信心坚挺等，但是经济复苏仍然有很长的路要走，美联储希望看到更强劲的劳动力市场。

1 月 21 日，美国总统奥巴马举行宣誓仪式，开始其第二任期。奥巴马在就职演说中提出要加强重点领域的投资，确保美国拥有先进的公路、铁路等基础设施，加强员工技能培训和理工科教师的培养，加大科技研发投入，逐渐壮大美国中产阶级，进一步缩小贫富差距。

美国石油协会发布的数据显示，2012 年衡量美国国内石油（原油与成品油）需求的石油交货量比上年下降 2%，降至日均 1860 万桶（1 桶约合 159 升）。2012 年的石油交货量是 1996 年以来的最低水平，其中衡量消费者汽油需求的汽油交货量下降 0.4%，降至日均 870 万桶，为 11 年来的最低水平；蒸馏燃料（柴油与取暖油）日均交货量为 370 万桶，比 2011 年下降 4.0%。

1 月 23 日，美国众议院以 285 票赞成、144 票反对的结果通过了提高联邦政府法定举债权限至 5 月 19 日的议案。该议案暂时解除了对美国联邦政府总发债规模不得超过 16.4 万亿美元的限制，允许其在今年 5 月 19

日前继续通过发行国债维持运营。此举使美国政府暂时避免债务违约的风险。

1月24日，美国劳工部发布数据显示，1月13—19日的一周中，美国首次申请失业救济的人数为33万人，连续两周下降，创5年来新低。自2012年11月以来，美国首次申请失业救济人数波动幅度加大，但总体数量呈下降趋势，就业市场得到略微改善。

1月25日，美国商务部公布数据，2012年美国新房实际销量约为36.7万套，比2011年的新房销量上涨19.9%，为2009年以来的新高，显示美国房地产市场的复苏势头。在美国住房市场上，旧房销售是主力军，其销量约占整个楼市销量的90%。新房销售虽在整个美国房地产销售市场上所占比重不足10%，但对拉动经济增长仍有重要影响。

1月29日，美国商务部公布的数据显示，受运输设备订货大增推动，去年12月美国工厂耐用品订货环比上升4.6%，增幅超过市场预期，高于去年11月0.7%的增幅。去年12月，美国工厂耐用品订货经季节调整后比前一个月增加100亿美元，达到2307亿美元。如果扣除波动性较大的运输设备，当月美国工厂耐用品订货环比上升1.3%。此外，衡量企业投资热情的核心资本货物订货环比上升0.2%。

美国行业研究机构世界大型企业联合会公布的报告显示，美国1月消费者信心指数继去年12月下跌后再度下滑，显示美国消费者对经济前景的看法持续悲观。报告显示，当月美国消费者信心指数由去年12月修正后的66.7下降至58.6，为2011年11月以来的最低水平。与此同时，消费者对未来6个月经济活动预期指数从上月修正后的68.1下降至59.5，消费者对当前经济条件的评估指数从上个月修正后的64.6下滑至57.3。另外，消费者对就业市场以及收入的预期也在恶化。

2月1日，美国商务部公布最新数据显示，美国经济在2012年第四季度突然减速，GDP萎缩0.1%，出乎市场预料。美国商务部报告指出，国防开支骤减、企业去库存化和出口下降，是去年第四季度美国经济出现负增长的主要因素。另外，飓风"桑迪"也在一定程度上造成了经济出现下滑。美联储表示，虽然美国经济暂时出现停滞，但仍然出现一些积极信号，如就业继续改善，家庭消费和企业投资增长，房地产市场进一步好转。美国经济将受益于宽松政策继续温和增长，失业率将逐步降至正常水平。数据显示，去年第四季度，占美国经济总量超过70%的个人消费增长 2.2%，增速较前一季度明显提升；同时反映企业投资热情的非居民住房固定投资大幅增长 8.4%，其中企业在软件和设备方面的投资大增 12.4%。此外，反映房地产市场的住宅类固定投资增长 15.3%，增幅超过前一季度的 13.5%。

美联储决定在本年度首次货币政策会议后，宣布将继续执行每月购买 400 亿美元抵押贷款支撑证券和 450 亿美元长期国债的"开放式"量化宽松政策，并将利率保持在接近于零的历史低位。

2 月 3 日，美国主要汽车厂商公布的数据显示，美国汽车销量 1 月大幅增长 14%，为美国汽车业连续第四年强势复苏开了个好头。美国三大汽车厂商通用、福特和克莱斯勒当月销量同比增幅分别达到 16%、22% 和 16%。其中，美国最大汽车厂商通用 1 月在美国市场的销量达 19.47 万辆；福特为 16.65 万辆，是 2006 年以来最好的当月表现；克莱斯勒为 11.77 万辆，也创五年来 1 月最好业绩。

2 月 4 日，美国财政部发布声明称，在今年 1—3 月，计划发行净适销债务 3310 亿美元，比去年 10 月预计该季度的发债规模要少 110 亿美元；今年 4—6 月，计划发行净适销债务 1030 亿美元。美国财政部计划在今年 1—6 月底发行 4340 亿美元的净适销债务，显示美国联邦政府将延续"寅吃卯粮"的财政习惯。

2 月 5 日，美国司法部长埃里克·霍尔德宣布，美国司法部已正式对国际信用评级机构标准普尔公司提起民事诉讼，指控其在金融危机前给予债务抵押债券等结构性金融产品过高评级，导致投资者损失数十亿美元。这是美国联邦政府首次追究主要评级机构在次贷危机中的责任。标普 4 日发表声明，对其指控予以否认，称"由司法部提起的诉讼完全不具备法律依据"。

2 月 6 日，美国联邦政府宣布，决定对苏格兰皇家银行及旗下的 RBS 证券日本公司处以总共 4.75 亿美元罚款。因该公司在 2006—2010 年期间成功操纵和虚假汇报日元和瑞士法郎的伦敦银行间同业拆借利率（LI-BOR）报价。

2 月 19 日，美国全国住宅建筑商协会（NAHB）发布的数据显示，今年 2 月美国住宅建筑商信心指数 10 个月来首次出现环比下降，表明美国房地产市场复苏仍面临不少阻力。数据显示，今年 2 月美国住宅建筑商信心指数下滑 1 点至 46 点，低于经济学家平均预期的 48 点，为去年 4 月以来首次出现环比下滑，但仍然保持在 2006 年 5 月以来的高水平。

美国联邦调查局表示，他们正在调查亨氏公司收购案中可能存在的内部交易。联邦调查局发言人唐纳德当天称："联邦调查局察觉到亨氏公司收购案宣布前的交易异常。我们正向美国证券交易委员会询问此事，以确定是否存在犯罪行为。"

2 月 20 日，美国商务部终裁认定中国向美国出口的不锈钢水槽存在倾销行为，此类产品的中国出口商也收到超出允许范围的补贴。美国商务部当天发布终裁结果说，中国不锈钢水槽的生产商或出口商在美国销售此类产品时存在倾销行为，倾销幅度为 27.14%—76.53%。此外，中国输美的此类产品也接受了 4.80%—12.26% 不等的补贴，超出对发展中国家允许的 2%。按照美国贸易救济程序，除美国商务部外，此案还需美国国际贸易委员会做出终裁。

2 月 24 日，美国白宫发布一份报告，详细描述自动削减财政赤字措施将对美国的影响，涉及国防、教育和交通运输方面。联邦政府将削减教育支出，其中，大约 7 万名 5 岁以下儿童将被排除在一项学龄前儿童教育计划之外，意味减少 1.4 万个教育就业岗位。医疗卫生方面，联邦政府资助的研究项目将延迟或停止，包括慢性病和新疗法研究。食品和药物管理局人手将减少，因而新药批准过程将延长。按照美国两党达成的"财政悬崖"协议，本财年约 240 亿美元的开支削减将通过减少政府项目拨款等方式得以体现，其余 850 亿美元的政府开支削减延期至 3 月 1 日执行。

2 月 25 日，美国石油协会发布的数据显示，今年 1 月衡量美国国内石油（原油与成品油）需求的石油交货量降至日均 1800 万桶以下，创 18 年来同期新低。数据显示，今年 1 月美国国内石油交货量为日均 1796.2 万桶，同比下降 1.7%，为 1995 年以来同期最低水平。其中，当月衡量消费者汽油需求的汽油交货量同比上升 2.4%，至日均 838.4 万桶；蒸馏燃料（柴油与取暖油）日均交货量则同比下降 6%，至日均 359.5 万桶。

美国全国房地产经纪人协会公布的报告显示，美国旧房销售量今年 1 月环比增加 0.4%，旧房销售价格同比继续增长，显示美国楼市持续复苏。报告显示，1 月，美国旧房销售量经季节调整按年率计算为 492 万套，高于前月修正后的 490 万套，比去年同期的 451 万套增加 9.1%，美国楼市正在持续复苏。

2 月 26 日，美国联邦储蓄保险公司公布数据显示，2012 年第四季度，该公司承保的商业银行和储蓄机构盈利情况继续改善，显示美国银行业在持续复苏。由于非利息收入上升、贷款损失准备金更低等原因，美国银行业去年第四季度的利润总和为 347 亿美元，比 2011 年同期增加 93 亿美元，为连续第 14 个季度同比增长。此外，该季度具有较大倒闭风险的"问题"银行数量比上一季度减少 43 家，降至 651 家，为连续第 7 个季度下降。

全球历史最长、规模最大的全能金融服务集团之一的摩根大通当天宣布在未来两年削减 17000 个工作岗位，这些被削减的职位主要集中在抵押贷款和消费者业务部门。这是摩根大通迄今为止最大规模的裁员举动之一，裁员人数占雇员总数的 6.5%。该行宣布，由于美国房地产市场显示出复苏迹象，处理问题贷款违约问题所需的员工人数将减少，未来两年将在抵押贷款部门减少 13000—15000 个工作岗位。而由于自动化取代人工，消费者业务部门也将裁减 3000—4000 名员工。

2 月 27 日，美国航空公司与全美航空公司历史性的并购计划获得美国破产法院批准。这一合并交易将造就全球最大的航空公司。美国航空公司自 2011 年 11 月起就已深陷破产泥沼，此次并购能够帮助其摆脱困境。美国航空公司律师斯蒂芬·卡罗特金称，此次并购将是一个分水岭，这意味着美国航空公司终于有望走出 16 个月的破产保护程序。法官兰尼表示，此项收购是一个皆大欢喜的结果。由于此前美国航空公司一直拒绝启用破产程序的保护来削减人力及其他费用，此次诉之于《美国破产法》并获批准具有重大意义。

3 月 1 日，由于美国政府未能就减赤协议的替代性措施达成协议，美国总统奥巴马当天签署了自动减支令，正式启动强制性支出削减机制。奥巴马的指令将要求超过 20 家联邦机构、白宫和国会在未来七个月收缩预算，以削减约 850 亿美元的预算资金。减支措施涉及国防（占比超过一半）和国内项目。医疗保险计划中支付给医生和医院的资金也将缩减。3 月 1 日午夜，随着美国总统奥巴马签署行政令，本财年联邦政府削减 850 亿美元开支的计划正式启动。

美国行业研究机构世界大型企业联合会公布的报告显示，美国消费者信心指数继 1 月下跌后 2 月反弹，显示美国消费者对经济前景的看法改善。数据显示，2 月美国消费者信心指数上升至 63.3，该指数 1 月修正后为 58.4 并创下 2011 年 11 月以来最低水平。报告还显示，2 月消费者对当前经济条件的评估指数从 1 月的 56.2 上升至 63.3；消费者对未来 6 个月经济活动预期指数由上个月的 59.9 大幅上升至 73.8。美国"财政悬崖"带来的不确定性对消费者信心的打击开始缓解，是 2 月消费者信心反弹的主要原因。

3 月 4 日，美国联邦住房金融署（FHFA）当天表示，美国两大住房抵押贷款机构房利美和房地美将联合成立一家新的房贷证券化公司，以削弱政府在抵押信贷市场中的角色。此举被视为在金融危机之后，美国改革联邦住房金融体系的第一步。

3 月 8 日，美国劳工部当天公布的数据显示，今年 2 月美国非农业部门失业率较前月下降 0.2 个百分点，降至 7.7%，为 2008 年 12 月以来最好水平。当月非农部门新增就业岗位 23.6 万个，好于市场预期的 15 万人。此前一天，美国劳工部的数据显示，经季节调整后，在截至 3 月 2 日的一周内，美国首次申请失业救济人数继续回落，减少 7000 至 34 万，低于经济学家平均预期的 35.5 万。这也是近六周以来最低水平。同时，波动性更小的首次申请失业救济人数四周移动平均值也减少 7000 至 34.875 万，为 2008 年 3 月 8 日以来最低水平。

3 月 12 日，欧盟委员会贸易委员德古赫特称，已获得授权与美国进行双边自由贸易协定——"跨大西洋贸易和投资伙伴协定"（TTIP）谈判。同日美国总统奥巴马发表讲话时表示，正在进行的包括与欧盟的数项自贸谈判将对促进就业和改善经济起到重要作用。显示欧美双方的自贸协定谈判提速。

3 月 15 日，IBM 公司宣布，将以"智慧的分析洞察"为核心推进在中国的大数据战略，整合"大数据平台"和"大数据分析"两大优势，完善大数据价值体系。IBM 全球副总裁兼大中华区软件集团总经理胡世忠表示，IBM 正利用领先方法和全面大数据技术，帮助企业重新思考已有的 IT 模式，助力企业业务转型。目前，IBM 的大数据实践已经深入到包括中国在内的全球各个行业。

3 月 17 日，美国劳工部公布的数据显示，受能源价格上涨推动，美国消费价格指数 2 月环比上升 0.7%，为自 2009 年 6 月以来的最大涨幅。当月美国能源价格环比上涨 5.4%，其中汽油价格环比上涨 9.1%，为能源价格上涨的主要推手；当月食品价格环比微增 0.1%。如果扣除价格波动较大的能源和食品两大类商品，2 月美国核心消费价格指数增幅为

0.2%。过去 12 个月以来，美国核心消费物价上涨 2.0%

　　3 月 18 日，美联储公布的数据显示，包括工厂、矿业和公共事业企业产出在内的美国工业生产今年 2 月环比上升 0.7%，为 3 个月来的最大涨幅。数据显示，今年 2 月美国制造业生产比前一个月上升 0.8%；采矿业生产环比下降 0.3%；公共事业生产环比增长 1.6%。数据还显示，当月美国工业总设备开工率为 79.6%，比前一个月经修正后的数值高 0.4 个百分点，但是低于 1972—2012 年美国工业整体设备开工率 80.2% 的平均值。

　　3 月 19 日，美国新任财政部长杰克－卢出访北京，与中国新一届领导人会晤，双方将讨论包括人民币汇率、知识产权、网络安全在内的一系列议题。此外，杰克－卢还将与美国企业的驻华高层会面。然而，对于新财长的首次外事活动，华尔街却普遍不抱太高期望，少数媒体甚至认为首选访华就是个错误。

　　3 月 22 日，由于自动减支机制生效，美国联邦航空管理局表示，将从 4 月起关闭全美 149 座小机场的控制塔台，并称关闭控制塔将能协助实现 6.37 亿美元的减支目标。受影响机场的控制塔台将分四周关闭，预计有 750—1100 名工人会失业。这些机场将照常开放，机师们可通过共同的无线电频率自行宣布起飞或降落。

　　3 月 25 日，美国商务部公布的报告显示，2 月美国新房开工量在前月环比大降后恢复增长，增幅为 0.8%。数据显示，2 月美国新房开工量经季节调整按年率计算为 91.7 万套，高于 1 月经修正后的 91 万套，比 2012 年同期增长 27.7%。当月，占新房开工量约七成的独栋房屋开工量为 61.8 万套，环比增加 0.5%，同比增幅为 31.5%；波动性较大的公寓楼开工量为 28.5 万套，环比微升 0.7%，同比上升 18.8%。当月反映未来行业走势的新房建筑许可证发放量经季节调整按年率计算为 94.6 万套，比前月修正后的数据增加 4.6%，比 2012 年同期增长 33.8%。

　　3 月 28 日，美国政府一项针对中国 IT 企业的新法案被曝光。在美国总统奥巴马本周签署的减支法案中，美国国会加入网络间谍新审查流程，并要求禁止美国国家航天航空局、美国商务部和司法部在未经联邦执法机构的许可下，采购来自中国的 IT 设备——除非获得联邦执法官员首肯。该项减支法案规定，上述机构在考虑采购信息技术系统时，应与执法机构一起对"网络间谍和破坏"风险做出正式评估。评估必须包括"此类系统在一家或多家由中国直接或间接控制的企业，或者由中国所资助的企业中生产、制造或组装时，所存在的任何风险"。

美国波音公司和中国东方航空公司在西雅图举行仪式，共同庆祝波音向中国交付第 1000 架波音飞机。第 1000 架交付给中国的波音飞机是新一代 737—800，采用了可显著改善乘客飞行体验的天空内饰，并喷涂了孔雀彩绘。据波音民用飞机集团总裁兼首席执行官雷蒙德·康纳介绍，波音飞机占中国运营的大型民用飞机的半数以上；同时，中国的供应商为所有现役波音民用机型提供零部件，具体包括波音 737、747、767、777 和 787。迄今，中国伙伴已经为 737 飞机生产了近 3000 架份垂直尾翼和超过 3000 架份水平安定面。目前，全世界有超过 7000 架现役波音飞机安装了中国制造的主要部件和组件。

4 月 1 日，美国经济研究机构大型企业联合会公布的报告显示，3 月美国消费者信心指数下降至 59.7，该指数 2 月修正后为 68.0。1 月修正后为 58.4，并创下 2011 年 11 月以来最低水平。报告还显示，3 月消费者对当前经济条件的评估指数从 2 月的 61.4 下降至 57.9；对未来 6 个月经济活动预期指数由上个月的 72.4 大幅下跌至 60.9。

美国供应管理学会（ISM）公布数据显示，处于扩张中的美国制造业活动 3 月出现放缓。3 月美国制造业采购经理人指数（PMI）从 2 月的 54.2 降至 51.3。与此相关的 3 月美国新订单指数从 2 月的 57.9 大幅下降至 51.4，创去年 12 月以来最低水平。生产指数也从 2 月的 57.6 降至 52.2。数据还显示，油气部分的出口未来将有所放慢。

4 月 8 日，美联储主席伯南克表示，与几年前相比，美国银行业抗风险能力已显著增强，有利于美国经济复苏。他还表示，针对美国大型银行进行的年度"压力测试"，也有助于美国金融系统更好地掌控风险，避免"大到不能倒"的事件再次发生。除大型银行外，美国中小银行抗风险能力也得到增强，所有中小银行在 2012 年末的平均一级普通资本充足率为 12.4%，较 2008 年末提高了 4 个多百分点；此外，金融危机期间美国银行业面临的流动性危机已经消除，各家银行当前持有的现金和流动性强的证券总计超过 2.5 万亿美元。美国联邦存款保险公司日前公布的统计数字显示，2012 年，破产的美国商业银行与储蓄银行的数量为 51 家，为 4 年来新低。进入 2013 年，美国银行的破产数量还保持在个位数。

4 月 9 日，美国劳工部公布的数据显示，3 月美国非农业部门新增就业岗位 8.8 万个，失业率较前月下降 0.1 个百分点至 7.6%。数据显示，当月失业率降至 4 年多来的最低点，但新增岗位数量远不及市场预期的 20 万个。在之前的 12 个月里，美国非农部门月均新增岗位 16.9 万个。报告显示，3 月美国整体劳动力人口为 1.550 亿，少于前月的 1.555 亿，近 50 万人因为放弃求职而脱离劳动力大军。美国总失业人数约为 1170 万，低于前月的 1200 万，其中失业时间超过 27 周的长期失业者总数约为 460 万。

4 月 10 日，美国总统奥巴马公布了规模 3.778 万亿美元的 2014 财政年度预算方案，首次纳入了旨在减缓社会保障、联邦医疗保险以及其他联邦福利开支增速的一系列措施，希望参议院共和党人重返谈判桌。该预算方案的要点为：在 10 年内筹集超过 7000 亿美元新税收；2014 财年的预算赤字为 7440 亿美元，约占 GDP 的 4.4%；允许债务占经济的比重在 2014 年攀升至 78.2%；预算赤字占 GDP 的比例将在 2015 年降至 3.2%，2023 年降至 1.7%。该预算方案将道路、桥梁和其他基础设施的支出增加 500 亿美元，并在未来 2 年内拿出 35 亿美元用于支撑濒临破产的邮政总局，用 1.12 亿美元帮助学校发展应急准备项目。

4 月 15 日，美国全国住宅建筑商协会发布的数据显示，今年 4 月美国住宅建筑商信心指数连续第 3 个月环比下滑。数据显示，今年 4 月美国住宅建筑商信心指数环比下滑 2 点至 42 点，低于此前经济学家平均预期的 45 点，降至去年 10 月以来的最低水平。

美国第二大卫星电视供应商 Dish Network Corp 表示，计划以 255 亿美元收购美国第三大无线服务运营商斯普林特。此举将影响其他电信公司和视频公司考虑自身的兼并前景。

4 月 17 日，美联储发布全国经济形势调查报告"褐皮书"，今年 2 月底至 4 月初，美国经济整体温和增长。报告显示，美国大部分地区制造业活动增强，与住房建筑和汽车相关的产业尤其明显，汽车销售保持强劲势头。同期，美国多数地区个人消费增长，有些企业认为油价上涨、薪资税减税政策到期和天气因素制约了商品销售的增长。部分地区零售商预测销售近期将继续增长。此外，美国大部分地区住房市场活动继续增强，房价继续回升，房屋建筑活动继续升温；贷款需求稳中有升，商业和消费贷款质量提升；就业情况变化不大。美联储每年发布 8 次"褐皮书"，通过地区储备银行对全美经济形势进行摸底。该报告是美联储货币政策决策例会的重要参考资料。

4月24日，中国美国商会今天发布的《美国企业在中国2013白皮书》显示，美国在华企业继续看好中国市场，大多数企业将中国列为优先投资目的地，愿意将在华实现的利润用于再投资。该白皮书认为，随着中国市场的成熟，在中国促进消费、服务和创新等领域的发展过程中，在华外资企业可以发挥重要的助推作用。调查显示，2012年，美国在华企业业绩表现强劲，9%的企业盈利颇丰，68%的企业有所盈利。但该白皮书认为，尽管中国仍然是美国企业重要的盈利中心，但随着中国企业变得越来越富有竞争力，美国企业的利润略显下滑趋势。

4月29日，美国财政部表示，在今年4—9月底的半年间，将发行1880亿美元的净适销债务。美国财政部在当天的一份声明中说，在今年4—6月计划偿还债务350亿美元，这是自2007年第二季度以来美国财政部首次偿还债务而非发行新适销债务。在今年7—9月，计划发行新适销债务2230亿美元。这样算来，半年内财政部将总共发行净适销债务1880亿美元。美国财政部表示，今年第二季度发债规模减小，主要是因为政府税源增加超预期且支出下降。

美国全国房地产经纪商协会公布的数据显示，经季节性调整后，3月美国成屋签约销量指数比2月初的104.8上升了1%，达到近三年来的最高水平。房地产价格上涨不仅对房地产业而言是一个正面因素，也有助于消费者支出的增加。3月美国个人支出增长了0.2%，个人收入也增长了0.2%。美国4月的消费者信心指数出现反弹，主要是美国人收入增加，对经济前景的看法也更好。不过，值得注意的是，掣肘美国经济的劳工市场和美国整体经济面的疲弱有可能会影响到房地产市场的复苏。美联储4月发布的褐皮书显示，目前来看，美国房地产市场仍是对美国经济增长贡献最大的行业。制造业则拉动有限，甚至还有出现负面影响的可能。

5月1日，为期两天的政策会议结束后，美联储表示，将继续推行每月850亿美元的债权购买计划，同时暗示，如果就业或通胀率未达到预期，不排除进一步加大行动力度。美联储这一计划旨在压低长期利率，推升股票和其他资产价格，进而促进信贷、支出和就业。理论上，当央行增加金融系统的流动性供应时，货币购买力将减弱，从而催生通胀。但目前的问题是，低迷的全球消费需求加大了许多企业提价的难度。美国商务部公布的数据显示，截至今年3月的12个月内，美国消费者价格指数

（CPI）仅上升 1%，远低于美联储 2% 的目标。

美国加州南部城市兰开斯特（Lancaster）和中国汽车制造商比亚迪公司联合宣布，比亚迪将在兰开斯特市开办美国第一家中国独资大巴工厂，联手推广新能源汽车发展。比亚迪高级副总裁、美国业务负责人李柯表示，新厂预计在 2014 年电动巴士的产量为 50 辆至 100 辆之间。该厂第一批将总装 10 辆 K9 电动大巴，总价值约为 1400 万美元，计划将于明年 5 月交付加州长滩市。比亚迪兰开斯特大巴工厂的管理团队和员工将从当地聘请，部分生产线和模具将引自国内。除电动大巴工厂外，比亚迪还将在兰卡斯特市新建一家电池工厂，用于电动大巴的生产。美国加州州长杰里·布朗近日在访问深圳时表示，为实现 2025 年零排放车数量达到 100 万辆的目标，加州政府希望与比亚迪公司联手在美推广新能源汽车发展。

5 月 2 日，美国劳工部发布的报告显示，今年一季度美国生产率增长 0.7%，从去年第四季度的大幅下降中反弹。报告显示，一季度产品与服务产值增长 2.5%，工作小时数增长 1.8%。单位劳动成本增长 0.5%，增幅较去年第四季度的 4.4% 大幅下降。美国工人一季度的每小时工资增长了 1.2%，但在对通胀进行调整后，工资实际下降了 0.3%。美国制造业一季度生产力增长 3.8%，增幅大于去年第四季度的 2.2%

5 月 3 日，美国劳工部公布的数据显示，4 月美国非农部门新增就业岗位 16.5 万个，失业率降至 7.5%，创四年以来来新低。2、3 月美国非农就业数据也大幅向上修正。3 月就业人数增加 13.8 万，比原先报道的多出 5 万。2 月新增就业人数经修正上调 6.4 万，至 33.2 万，是 2010 年 5 月以来的最大增幅。显示美国经济形势好转。

5 月 5 日，美国总统奥巴马表示，将支持建设更多设施以出口液化天然气。目前美国正将日益飙升的能源产量视为国家安全政策的一个新要素。他还说，到 2020 年，美国可能会成为天然气净出口国。美国能源部正在审核新的液化天然气终端的建设申请，可能会在几个月内批准德克萨斯州的一个项目。这将仅仅是第二个获准向尚未与美国签订贸易协定的国家（如全球最大液化天然气进口国日本）销售天然气的出口终端。由于过去 10 年间兴起的北美页岩气革命，美国天然气价格已降至欧洲进口液化天然气价格的 1/3 左右，亚洲液化天然气价格的 1/4。

苹果公司发行 170 亿美元债券，创下投资级公司债发行规模的最高纪录，引来投资者争相抢购。苹果公司此次发行了六类债券中，固定利率债券年限分为三年、五年、十年和三十年，收益率分别高过美国国债收益率20 个到 100 个基点不等；而发行的浮动利率债券年限分为三年和五年，收益率分别高于伦敦银行同业拆借利率（L ibor）5 个和 25 个基点。据电子交易平台 Market Axess 的数据，截至 5 月 2 日，高级别最活跃债券中，苹果十年期、五年期和三十年期债券的预估交易量位列前三名，显示出投资者对苹果债券的巨大需求。苹果的巨额现金大多数都在海外，所以苹果选择在国内的债券市场筹集现金。这样做可以为苹果省去 50 亿美元的税款，这是最切实的利益。

5 月 6 日，美国参议院当天对允许各州对网店征收销售税的"市场公平法案"进行投票，最终以 69∶27 通过。白宫认为该法案将削弱网购的价格优势，一定程度上解决实体店沦为线下体验店的局面，州外销售低于100 万美元的网店将被豁免，目前，美国各州仅可向在本州有实体形式的网店收销售税。该法案仍需众议院通过。

美国全国住宅建筑商协会发布数据显示，今年 5 月美国出现持续复苏的地方住房市场销售数量环比下降，表明房地产行业复苏势头减缓。数据显示，今年 5 月美国 361 个城市地区中有 258 个住宅市场持续改善，比 4月减少 15 个。数据还显示，当月有 4 个城市地区晋级到持续复苏房地产市场名单，而且全美 50 个州都有部分地区呈持续复苏之势。

5 月 9 日，美国抵押贷款巨头房利美表示将向美国财政部支付 594 亿美元的股息。此次付息后，其支付给财政部的全部股息将达到 960 亿美元。在房利美宣布这一消息的前一天，其竞争对手房地美表示，到今年 6月，该公司向财政部支付的全部股息将达到 366 亿美元。本月 18 日是该国提高其债务上限的最后期限，"两房"此举将有助于暂时缓解美国政府资金紧张的局面。

5 月 11 日，据《华尔街日报》报道，美联储已为第三轮量化宽松（QE3）制定了退出策略，以结束每月 850 亿美元的购债行为，同时保持自身灵活性并防止市场反应过激。只是何时实施仍在讨论之中。自 2012年 9 月美联储推出 QE3 以来，美国股市和债市进入上升通道，道琼斯等主要股指连创新高。退出策略中还包括暂停并观望。美联储可在缩小购债规模后将其维持一段时间评估效果，也可连续采取行动，还可在经济信心不足时加大购债规模。尽管美联储官员看起来已对退出策略心中有数，但对何时实施仍有争论。

美国第三大汽车制造商克莱斯勒集团宣布，因部分车辆的电路板发送错误指令导致车辆意外换至空挡，该集团将在全球共召回大约46.9万辆运动型多功能汽车，以对软件进行升级。此次召回车辆涉及2006—2010款吉普指挥官、2005—2010款吉普大切诺基，其中包括美国市场的29.5万辆，加拿大市场的2.85万辆，墨西哥市场的4200辆，以及北美以外地区的14.1万辆。

5月13日，美国商务部公布的数据显示，4月美国商品零售总额为4190亿美元，环比意外上升0.1%，而3月为下降0.5%。该数据显示美国消费需求仍然强劲，减缓了市场对美国财政减支计划对经济造成负面影响的担忧。5月13日，美国商务部公布的数据显示，4月美国商品零售总额为4190亿美元，环比意外上升0.1%，而3月为下降0.5%。该数据显示美国消费需求仍然强劲，减缓了市场对美国财政减支计划对经济造成负面影响的担忧。

5月14日，美国商务部宣布，对从中国、墨西哥和泰国进口的预应力混凝土钢轨用钢丝产品发起反倾销调查。美国商务部说，发起这项调查是应北卡罗来纳州Insteel钢丝制品公司和华盛顿州戴维斯钢丝公司的请求。它们声称中国、墨西哥和泰国出口至美国的此类产品存在倾销行为，幅度分别为67.43%、159.44%和53.72%。根据美方程序，美国国际贸易委员会定于6月7日左右对该调查做出初裁。如果该机构认定从中国、墨西哥和泰国进口的此类产品给美国相关产业造成实质性损害或威胁，美国商务部将继续实施反倾销调查，并定于9月30日做出初裁。美国商务部的数据显示，2012年美国从中国、墨西哥和泰国进口的上述产品总价值分别约为3560万、1470万和37.3万美元。今年以来，美国已对中国产品发起多次"337调查"和反补贴调查。

5月15日，得益于过去两年美国采取的各种削减预算的措施和该国经济的日益恢复，从2007年经济危机爆发以来就一直困扰着华盛顿的财政赤字问题正在得到改善。四年多以来，美国的预算赤字均多于1万亿美元，但国会预算办公室预计，今年美国的赤字将大幅下降至6420亿美元，占该国经济总产量的4%。

5月17日，美联储公布的数据显示，包括工厂、矿业和公共事业企业产出在内的美国工业生产4月环比下降0.5%，降幅大于市场预期。4月美国制造业生产比3月下降0.4%，为连续第二个月下降；采矿业生产环比上升0.9%；因3月异常寒冷天气而增长的家庭取暖需求逐渐回归正常水平，4月公共事业生产环比下降3.7%。

5月19日，美国联邦政府举债额度再度"撞线"。为避免用尽举债空间，美国财政部此前2天启动了"非常规措施"，暂停发行各州及地方政府系列债（SLGS），以维持联邦政府运营。同时，由于政府财政状况随着经济恢复而改善，较为充足的现金流暂时缓解了调整债务上限的紧迫性。据悉，9月前美国财政部能为政府挤出足够的举债空间，债务上限问题能够推迟至9月甚至更久。今年1月，美国国会两党达成协议，同意将债务上限的期限延长至5月18日，从而使得白宫与国会可以对新的支出与税收计划进行谈判。

5月20日，美国参议院发布报告称，经过调查发现，苹果公司通过众多的海外联营公司，每年避税数额高达数十亿美元。报告指出，苹果采用了许多其他跨国公司均采用过的合法的课税方法，避免向美国缴纳在海外的利润所得税。苹果的公司架构设计令其大部分海外收入可以很少缴纳甚至无须缴纳公司税。

5月22日，美联储主席伯南克表示，美联储的货币刺激举措正在帮助美国经济复苏，提前收紧政策可能放缓或结束复苏进程。他强调，央行需看到经济前行动力进一步增强的迹象，才会降低刺激的力度；只要有必要，就将维持政策宽松。他还表示，如果经济持续改善，就业好转且有信心持续，美联储将考虑缩减资产购买计划规模。

5月25日，纽约联储银行公布预期数字美国失业率明年底将降至6.5%，美联储主席伯南克等多名储局官员近期均谈论准备减少放水，作为退市先声。该行研究人员预计明年末美国失业率将降至6.5%，较3月20日公布的预测降到6.7%—7%还低；如该行预测无误，显示美联储或需早于明年底因失业率达标，开始考虑出售资产以至加息；4月美国失业率为7.5%。预期失业率将加快下滑，主因预期明年美国经济增长更强，由今年的2.5%加快至3.25%；该行同时预期今年通胀率持续放缓，明年才加速升向储局的2%目标水平。

美国商务部的数据显示，受运输设备订货大幅增加推动，今年4月美国工厂耐用品订货环比上升3.3%。数据显示，4月，美国工厂耐用品订货经季节调整比3月增加72亿美元，升至2226亿美元。修正数据显示，3月美国工厂耐用品订货环比下降5.9%。

5月28日，穆迪投资者服务公司将美国银行系统的评级展望从"负面"上调至"稳定"，这是该评级机构自2008年以来首次上调这一评级。穆迪称，评级展望上调的原因是美国银行业运营环境持续改善，能够更好地应对未来可能出现的经济滑坡。同时，低迷的经济状况对银行造成的下行风险有所减少。该机构预计，2013—2014年美国国内生产总值将增长1.5%—2.5%，就业市场环境也会持续好转。这些因素将有助于银行保护目前已经有所改善的资产负债表。

5月29日，双汇国际宣布将收购全球规模最大的生猪生产商及猪肉供应商史密斯菲尔德，收购金额约为71亿美元。根据收购协议，双汇国际以每股34美元的价格从史密斯菲尔德的股东手中购得全部股份。

6月3日，由于出口增长放缓和货币政策收紧导致工厂生产减缓，美国5月制造业产出意外下降到四年来的最低水平。美国供应管理协会公布的制造业指数从4月的50.7下降至49，这表明美制造业自2012年11月以来出现了首次收缩（指数低于50），而那时美国东海岸遭遇了飓风袭击。该指数也降至自2009年6月以来的最低点，当时这一指数为45.8。不过许多分析师仍乐观地认为，制造业生产在下半年将会出现增长。

美国商务部发布的数据显示，美国4月贸易逆差增加8.5%，至403亿美元，此前经过向下修正的3月贸易逆差为371亿美元。彭博调查的经济学家此前预期，贸易逆差将达到412亿美元。美国4月贸易逆差从三年多来最低位反弹，反映出消费品和商用设备进口增长，这缓解了人们对于经济增长放缓的担忧。但贸易逆差扩大可能抑制增长，因为它意味着，相比美国企业的海外销售所得，美国消费者和企业在海外产品上的支出更多。

当日，美国新的30年期按揭贷款利率达到4.1%，而5月初只有3.4%。美国平均按揭利率一年多来首次飙升到4%以上，反映出最近债券市场的动荡，并可能会破坏美联储促进美国经济复苏所做的努力。

6月4日，截至5月，美元指数累计上涨1.9%，是2月以来最好月度表现。此外，美国商品期货交易委员会报告显示，截至5月28日当周，美元净多头头寸增至426亿美元，是该委员会2007年开始追踪这一数据以来的最高水平。美元正处在趋势性上升的"周期拐点"。美国国债收益率曲线大幅陡峭化上移的趋势已经显现，这是美元中长期走强的一个明显信号。金融危机以来，美联储三次量化宽松并未对美元产生太大影响。由于全球复苏异常艰难，特别是欧债危机不断反复，使得美元避险资产地位重新回归。从资本流向看，金融项目下资金的整体流动仍然是从新兴经济体流向美国的格局，这也是美元为何没有出现大幅贬值的原因所在。

美国亚马逊公司正加速拓展新的业务领域，抢占美国一年1000亿美元的食品市场。亚马逊生鲜食品宅送业务，已在西雅图经营6年，有自己专用的运送车队。亚马逊公司拟将该业务扩至加利福尼亚州，并在2014年前在海内外约20个城市推行这一业务。

6月5日，美国国际贸易委员会（ITC）裁定苹果公司一些iPhone和iPad models产品侵犯了三星电子专利权；该委员会同时做出对部分苹果产品的进口禁令，这使得苹果公司在全球专利权诉讼方面遭受挫折。被禁止进入美国市场的产品，包括适用于美国电话电报公司（AT&T）网络的iPhone和iPad设备，例如iPhone4、iPhone3GS、iPad3G、iPad23G以及iPad3。这些产品面市都已超过一年时间，但销售情况仍然很好。不过，苹果公司最新产品iPhone 5与第四代iPad未受影响。对于ITC的最新决定，苹果公司表示将进行上诉，并指出ITC否决了早些时候对苹果公司有利的一个裁定。苹果公司新闻发言人称，相关决定不会影响苹果公司在美国市场的产品供应。

6月10日，美联储发布的家庭财富报告显示，截至今年一季度，美国家庭的房地产、股票等资产总额减去信用卡等债务后的家庭资产净额超过金融危机前的水平，也创下了自1945年有该项统计以来的新高。从2003年开始至此次金融危机前的2007年，美国家庭资产净额持续上扬，直至在2007年达到峰值。在本次金融危机前，美国家庭财富攀升的过程中，股市财富累积和房价上升成为齐头并进的双引擎，金融资产和住房市值占2003年家庭总资产的比例分别为63%和27%，到了2007年这两项比值变化不大，为63%和28%。

6月13日，美国商务部当天公布的数据显示，美国5月零售销售额4211.5亿美元，环比增0.6%，好于此前市场预期的增0.4%，表明消费者能推动美国经济进一步改善。美国商务部表示，消费者购置轿车和卡车是5月零售销售大幅上升的主要推动因素。在不计汽车行业零售额的情况下，美国5月零售额增长0.3%。此外，6月上旬，美国首次申请失业金人数大幅减少1.2万人，至33.4万人，低于预期的34.5万人，为连续第二周下降，并回落至近五年低点，表明就业市场稳步改善。美国发布一系列 5 月经济数据好于预期，这或将进一步刺激美联储退出量化宽松政策的预期。

6 月 14 日，国际货币基金组织（IMF）公布了美国经济年度评估报告，该报告表示，美国经济基本面正在逐步改善，但受制于财政紧缩等因素，预计 2013 年的经济增速将从 2012 年的 2.2% 降至 1.9%。同时该报告将美国 2014 年度经济增长预期下降 0.3 个百分点至 2.7%。IMF 还预测，2013 年的美国的失业率将从 2012 年的 8.1% 降至 7.5%，2014 年通胀率将维持在 1.8% 的水平。该报告对美国的紧缩性财政政策提出了批评，称美国的预算削减措施过于激进并且在设计上存在缺陷，不仅在短期内对经济增长造成重创，而且对于教育、科技及基础设施等领域开支的无差别削减将影响到经济的中期增长潜力。报告建议，美联储的大规模量化宽松（QE）政策应至少持续到 2013 年底。报告指出，如若美国政府不采取削减预算赤字的措施，美国经济的增长率有望得到 1.75 个百分点的提升。

6 月 17 日，在北爱尔兰八国集团峰会上，美国和欧盟共同宣布，双方将正式展开《跨大西洋贸易与投资伙伴关系协定》（Transatlantic Trade and Investment Partnership，简称 TTIP）的谈判。首轮谈判将于 7 月 8 日在华盛顿开始，预计全部谈判在两年内完成。如果双方最终达成全面协议，将诞生世界最大的自由贸易区。目前，欧盟和美国分别占世界国内生产总值（GDP）的 25.1% 和 21.6%，占世界贸易总额的 17.0% 和 13.4%。来自美国贸易代表办公室的资料说，2012 年跨大西洋贸易流量（包括商品贸易、服务贸易、投资收益等）平均每天超过 40 亿美元；2011 年跨大西洋两岸对外直接投资（FDI）总规模高达 3.7 万亿美元。美国政府估算，跨大西洋贸易与投资活动支持了美国和欧盟约 1300 万个就业岗位。从贸易关系看，美国与欧盟彼此互为最重要的贸易伙伴，双方的货物与服务贸易额每年约为 1 万亿美元。美国对欧盟货物与服务出口占美国出口总额的 21%，自欧盟货物与服务进口占美国进口总额的 19%。美国购买了欧盟货物出口总额的 17% 和服务出口总额的 25%；而欧盟货物进口的 11% 和服务进口的 31% 由美国提供。

美国劳工部公布的数据显示，由于能源和食品价格双双回升，5 月美国批发物价指数经季节调整后 4 月上升 0.5%，为连续 2 个月下降后的首次上升。数据显示，5 月美国能源价格环比上升 1.3%，其中汽油价格上

升 1.5%，占当月能源价格升幅的 40%。当月美国食品价格环比上升
0.6%。如果扣除价格波动性较大的能源和食品，5 月美国核心批发物价
指数比前一个月上升 0.1%，涨幅与前月持平。该数据还显示，在截至今
年 5 月的 12 个月里，美国批发物价指数上升 1.7%。

　　6 月 19 日，美联储主席伯南克在为期两天的美联储政策例会后，用
明确、清楚、肯定的语言向市场阐明，经济形势已经趋暖，美联储将于今
年晚些时候减缓购买资产步伐，每个月值达 850 亿美元的货币宽松政策
（QE）将于 2014 年中期结束。可以预见，退出 QE，必将引发美债波动和
美元走强。

　　美国商务部公布的数据显示，在 4 月新房开工量环比大降之后，5 月
美国新房开工量环比回升，当月反映未来走势的新房建筑许可证发放量则
环比下降。该数据显示，5 月美国新房开工量经季节调整按年率计算为
91.4 万套，高于 4 月经修正后的 85.6 万套，环比增加 6.8%，比 2012 年
同期增长 28.6%。3 月，美国新房开工量曾升至近 5 年来的最高水平。5
月反映未来行业走势的新房建筑许可证发放量经季节调整按年率计算为
97.4 万套，比 4 月修正后的数据下降 3.1%，比 2012 年同期增长 20.8%。

　　6 月 22 日，美国商务部公布的数据显示，5 月美国商品零售额经季节
调整环比上升，表现好于市场预期。数据显示，5 月美国商品零售总额为
4211 亿美元，比 4 月上升 0.6%，比去年同期上升 4.3%。其中，汽车及
零部件、建材等商品零售额环比上升，电子和电器商品、汽油等零售额环
比下降。同时公布的修正数据显示，4 月美国商品零售额环比上升 0.1%，
增幅与初步数据持平。

　　美国全国地产经纪商协会公布的数据显示，经季节因素调整后，5 月
房屋销量较 4 月增长 4.2%，折合成年率为 518 万套，创下 2009 年 11 月
以来的最高水平，较 2012 年同期增长 12.9%。5 月房屋售价中值为
208000 美元，较 2012 年同期上升 15.4%，也创下了 2008 年 7 月以来的
最高水平。与此同时，住宅建筑商信心指数也大幅上升，今年 6 月，美国
住宅建筑商信心指数环比上升 8 点至 52，是 2006 年 4 月以来首次超过门
槛线 50。

　　6 月 24 日，美国通用电气公司（GE）宣布推出第一个支持"工业互
联网"战略的大数据与分析平台，将云计算中由大型工业机器产生的数
据转化为实时信息，可惠及制造、航空、医疗、能源及交通运输等全球主

要行业。GE工业强化平台由基于Hadoop的历史数据管理软件Proficy Historian HD最新版提供支持。Historian在一个安全而封闭的架构中提供实时数据管理、分析以及机器与运营的连接，让全球重要行业从被动的"工业运营"模式转向"预测模式"。基于上述强化平台，GE和合作伙伴将通过整合服务及提升软件、分析及云计算能力，继续推动"工业互联网"战略的发展。

6月26日，美国商务部公布的数据显示，第一季度美国国内生产总值按年率计算增长1.8%，增幅小于此前估测的2.4%。这一数字低于市场预期，但高于前一季度的0.4%。截至2013年第一季度，美国经济已实现连续15个季度增长。美国商务部指出，个人消费开支增幅不及预期和进出口数据调整是今年第一季度经济增速相对此前估测下调的主要原因。占美国经济总量近70%的个人消费开支当季增长2.6%，增幅低于此前估测的3.4%，但高于前一季度的1.8%。数据显示，第一季度美国出口由此前估测的增长0.8%调整为下降1.1%，降幅小于前一季度的2.8%；当季进口从此前估测的增长1.9%调整为下降0.4%，而前一季度为下降4.2%。

美国商务部公布的数据显示，美国5月耐用品订单月率连续第二个月上升，升幅超出市场预期，预示着该国制造业未来数月的产值或将增加。数据显示，受商用飞机需求增加的推动，美国5月耐用品订单月率上升3.6%，预期上升3.0%。5月扣除运输的耐用品月订单率上升0.7%，预期持平；扣除国防的耐用品订单月率上升3.5%，预期上升2.7%。5月，通用机械订单增加1.2%，电气设备订单增加1.4%，防务飞机及零部件订单增加3.7%。

7月1日，美国公司即将开始新一轮财报季。今年上半年美股表现为十多年来最佳。由于投资者在美联储削减购债被"越炒越热"的大环境下，试图证明股价的合理性，因此第二季度公司财报情况将比第一季度受到市场更密切的审视。美联储主席伯南克关于减少资产购买规模的表态引发全球股市出现剧烈回调。而6月19日在联邦公开市场委员会会议结束后为退出量化宽松货币政策勾勒出时间表，则让全球资本市场遭遇恐慌式抛盘。今年第二季度，美国10年期国债收益率上涨了34%，而抵押贷款利率则跃升至近两年来高位。

全球主要经济体6月制造业数据亮相，全球PMI指数仍维持在50.6，不过全球制造业整体就业数据 7 个月来出现下降。综合前几个月数据看，日本、英国、欧元区的制造业均呈现出改善迹象，而除日本外的多些亚洲国家则有下降趋势。各国数据表现不一或显示未来经济走势将形成差异。6 月美国制造业指数从 5 月的 49 回升至 50.9，增幅略高于预期。其中新订单分项指数从 48.8 升至 51.9，生产分项指数从 48.6 跳涨至 53.4。制造业成本压力小幅上升，支付价格指数从 5 月的 49.5 升至 52.5。与此同时，美国制造业的就业分项指数从 5 月的 50.1 下跌到 48.7，行业的就业情况是 2009 年 9 月以来最差的。美国经济复苏仍可能受到制造业复苏不力的挑战。

7 月 2 日，美国白宫决定推迟一年执行《平价医保法》中要求企业为员工提供医疗保险的规定，奥巴马总统推行的医保改革正在进入关键的阶段，这对其是一个挫折。这条规定通常被称为"雇主托讨"，该项规定要求拥有员工数量在 50 名及其以上的企业需要为员工提供付得起的医保，或为每名员工支付 2000 美元的罚款。商业团体对这一规定表示抗议，而这一规定现在将会在 2015 年 1 月生效。

当日美联储宣布，美国银行业从明年开始将逐步采用更加严厉的银行业资本金标准，以提高银行业的抗风险能力和为美国经济复苏服务的能力，防止大型银行陷入"大而不倒"的困境，进而威胁金融及经济发展的稳定性。美联储官员表示，各银行必须从明年 1 月起执行新的、更严格的《巴塞尔协议 III》的资本规定，要求全美各家银行机构将银行股本与留存收益组成的核心资本比率提升到至少 7%，其中一级普通资本充足率提升到 4.5% 以上，并设立 2.5% 的一级普通资本留存缓冲。《巴塞尔协议 III》曾受到许多美国银行家的批评，认为将对美国经济复苏产生不利影响，原因在于银行可能会减少贷款、退出某些业务或将增加的成本转嫁给消费者。不过此次，美联储采纳的巴塞尔协议 III 最终版本几乎未向银行业做任何让步，只是在两方面做出了一些妥协，包括修订抵押贷款的风险权重，以及允许银行针对某些贷款持有较少资本。另外，小型社区银行将实施较宽松版本的规则。美国各家银行机构将有一段时间的政策过渡期，大型银行机构将从 2014 年 1 月 1 日就开始执行新规，资产规模不足 100 亿美元的中小银行可以从 2015 年 1 月 1 日开始执行新规。

7 月 3 日，美国劳工部公布的数据显示，刚刚过去的一周，美国首次申请失业救济人数连续第二周下挫，且四周移动平均值比去年同期下降

9%，表明美国就业市场持续稳定复苏。数据显示，经季节调整后，在截至 6 月 29 日的这一周内，美国首次申请失业救济人数减少 5000 至 34.3 万，低于经济学家预期的平均 34.5 万。同时，波动性更小的首次申请失业救济人数四周移动平均值减少 750—34.55 万，接近上月创下的 5 年来最低水平 33.8 万。根据以往经验，若首次申请失业救济人数稳定在 37.5 万以下，则表明美国就业市场雇佣需求强劲，失业率也会下降。自今年 4 月以来，该数字基本保持在 33 万—36 万波动，表明尽管美国经济复苏放缓，就业市场仍然稳步改善。不过，全球市场的疲弱仍在制约着美国的产出，今年 5 月海外市场对美资企业产品和服务的需求不旺。美国商务部 7 月 3 日公布的数据显示，经季节性因素调整后，5 月进口较 4 月增加 1.9%，至 2320.9 亿美元，与此同时，出口环比下降 0.3%，至 1870.6 亿美元。5 月美国贸易逆差扩大 12%，至 450.3 亿美元，为去年 11 月以来最高且远超市场预期的 408 亿美元。剔除石油进口下降带来的影响，5 月贸易逆差为 415.8 亿美元，创 2007 年 9 月以来的最高水平。

7 月 5 日，美国劳工部公布的最新统计数据显示，美国 6 月非农就业人数增加 19.5 万人，4 月和 5 月的非农就业人数被修正后，均比之前公布的数据增加了 7 万人。根据美国劳工部统计局的数字，美国失业率仍维持在 7.6%。失业率未能下降的主要原因是，更多年轻人重新加入到求职的队伍中来，原本依靠低保生活的失业者重新确立就业意愿，对美国经济来说应该算是一件好事。两周前，美联储主席伯南克曾表示，美联储预计将在今年晚些时候开始削减每月 850 亿美元规模的购债方案，如果经济增长符合其预期，美联储可能将在 2014 年中期彻底退出量化宽松（QE）。本次公布的就业报告，与相对强劲的住房市场数据、汽车销售数据和制造业数据，共同增加了执行此退出计划的可能性。

7 月 8 日，欧盟 27 国和美国之间的自由贸易谈判——"跨大西洋贸易与投资伙伴关系协定"（TTIP）首轮谈判今天在华盛顿举行。第一轮谈判将持续两年。欧盟在谈判之初就处于弱势地位。原因首先在于，有关欧盟内部设定的不能跨越的谈判红线的文件已经被泄露，并被美方掌握。而美国则没有这样的问题，其谈判框架在年底之前不会确定。欧洲的弱势也表现在，欧洲在对待美国监控事件（"棱镜门事件"）的所引起的欧美关系紧张上。美国对包括两个法国机构在内的欧洲 40 个外交代表机构进行监控。涉及的欧盟成员国最终将和美国单独谈论此事。在自贸谈判之初就间谍事件划定条件已变得不可能。

美国白宫发布报告指出，将于 9 月底结束的本财政年度联邦预算赤字，预计将缩减至 7590 亿美元，比 3 个月前预计的 9730 亿美元少了 2000 多亿美元。这将是奥巴马总统上台以来，美国预算赤字首次低于 1 万亿美元。美国预算赤字下降，主要原因是经济好转、政府税收增加，以及今年 3 月开始实施的自动全面减支措施。当日发布的报告同时预计，美国明年的经济增长比今年 4 月预测的略为缓慢；今明两年的增速分别为 2% 和 3.1% ，略低于 4 月预测的 2.3% 和 3.2% 。

7 月 9 日，金融危机爆发 5 年后，美国监管机构首次对大型银行风险过高问题打出重拳，在今天公布的最新计划中要求大银行显著提高资本拨备。按照该计划的第一步，银行需要将每笔贷款、每项投资、每幢建筑、每张证券和账上所有其他资产（不光是风险资产）的损失拨备提高一倍。美国八大银行控股公司需将杠杆率提高至 5% ，这些银行旗下由美国联邦存款保险公司承保的银行子公司需将杠杆率提高至 6% ，远高于全球监管机构约定的 3% 。

纽约泛欧交易所集团宣布，将从 2014 年初开始接手伦敦银行间拆放款利率（Libor）的管理。旗下拥有伦敦国际金融期货期权交易所（Liffe）的纽约泛欧交易所是击败伦敦证交所集团和汤森路透而赢得 Libor 管理合同的。作为收购 Libor 的部分措施，纽约泛欧交易所集团将在英国建立一个新的法人实体来负责这项基准利率的管理。新的法人实体将定名为 NYSE Euronex Rate Administration Ltd. ，将接受英国金融市场行为监管局的管辖。

第五轮中美战略与经济对话于今天在美国首都华盛顿举行。出席本轮对话的两国领导人有中国国务院副总理汪洋、国务委员杨洁篪以及美国国务卿约翰·克里和美国财政部长雅各布·卢。当日开幕式后，还举行了关于能源安全和气候变化的两场主题讨论。

7 月 10 日，美国和中国今天同意收紧重型卡车的污染标准、提高建筑物的节能水平并采取一系列其他的措施来遏制温室气体的排放。根据双方政府对加强全球变暖合作的要求，来自中美两国的官员在 4 月成立了一个工作组。环保主义者称，鉴于两国的整体面积和影响力，这种合作的潜力十分巨大，目前两国正在努力就全球战略达成一致。当天两国的官员在日确定了五个整顿领域，从最基本的措施，如提高建筑物的节能环保，到通过最先进的技术革新来减少发电厂的碳排放。

美国一位联邦法官今天做出判决，认定苹果公司与五家图书出版商串通提高电子书价格，违反了反垄断法。做出判决的美国地方法官科特表示，苹果在与出版商共谋和执行操纵电子书价格行为的过程中扮演了一个核心角色，目的是联合对付亚马逊，以保证苹果在2010年能成功推出电子书服务。苹果公司此次诉讼案的原告方是美国司法部。美国司法部提出了有力论据并最终向科特法官证明，拥有数以亿计消费者的苹果iTunes商店提供了一个强大的平台，并借此破坏了亚马逊的定价系统。

美国能源部能源情报署发布的美国商业原油库存数据显示，截至7月5日的上一周，美国商业原油库存减少987万桶至3.739亿桶，减幅大于市场预期的380万桶。当日，美联储公布的货币政策会议纪要显示未来政策倾向宽松政策，令美元兑主要货币纷纷走低，支持了原油期货价格的涨势。

7月11日，第五轮中美战略与经济对话结束，双方达成共识，将就双边投资协定（BIT）进行实质性谈判。在第五轮中美战略与经济对话中，中方同意以准入前国民待遇和负面清单为基础与美方进行投资协定实质性谈判。这意味着，我国对外资的"国民待遇"将首次延伸至"准入前"。美国财政部部长雅各布·卢称之为"重要的突破"。中美双边投资协定谈判扫除了一项关键而核心的障碍，在未来一两年内，将进入实质性谈判阶段。除了负面清单本身内容需谈判商定之外，涉及知识产权保护、劳工条款、环保要求等具体内容也需经谈判予以确认，直至中美双边投资协定全面谈成签署。

7月12日，为期一周的《跨大西洋贸易和投资伙伴关系协定》（TTIP）首轮谈判结束。美欧双方完成了首轮谈判的主要目标，即对TTIP所涉及的全部议题进行了充分讨论。欧盟在谈判结束后发表声明显示，美欧双方已初步确定TTIP谈判框架，包括农业和工业产品市场准入、政府采购、投资、服务、能源和原材料、监管、知识产权、中小企业和国有企业等议题。美欧双方还确定下一轮技术方面的正式会议将在10月7日于布鲁塞尔举行，并且表示，希望在2014年年底前完成谈判。TTIP谈判不仅仅是涉及关税减免，更重要的是消除非关税贸易壁垒，让欧美市场融为一体。美欧双方表示，需要互相接受对方的标准而非要求对方进行改变。

7月13日，美国联邦快递公司宣布成功扩建其位于北京首都国际机场的口岸操作中心，提升了国际货物处理能力，满足华北地区快速增长的客户需求。这是该公司在中国区设立的首个国际货物口岸操作中心。

7月15日，由于担心投资者焦虑，美联储决定推迟讨论是否退出量化宽松（QE）。美联储已经在近5年的时间里把短期目标利率控制在接近于零的水平，同时还将资产负债表的规模增至为原来的3倍，以此来促进经济复苏。美联储表示，正在重新考虑是否真的需要改变原有的经济刺激计划。

美国商务部公布的数据显示，6月美国商品零售额经季节调整环比持续上升，表明美国经济延续复苏势头。数据显示，受汽车等商品销售增加带动，6月美国商品零售总额为4228亿美元，5月上升0.4%，比去年同期上升5.7%。如剔除波动性较大的汽车和零部件销售，当月美国商品零售额约为3423亿美元，环比基本持平，同比上升4.5%。同时公布的修正数据显示，5月美国商品零售额环比上升0.5%，增幅略低于上月公布的0.6%。消费开支约占美国经济活动总量的70%，是衡量美国经济走势的重要风向标。美国商务部的数据显示，第一季度美国国内生产总值按年率计算增长1.8%，其中个人消费开支增长2.6%。

7月17日，美联储主席伯南克在国会进行半年一次的货币政策听证之前，发表公开讲话重申，美联储将在今年晚些时候开始缩减资产购买规模，不过缩减购债无既定时间表，未来美联储的货币政策将根据经济展望的变化而随时调整。调整方向可以是双向的，既可以增加也可以缩减购债规模。购债步伐可能更快或者更慢，这取决于经济前景。伯南克讲话要点，与6月18—19日议息会议后的讲话并无原则性差异。伯南克在讲话中表示，目前美联储还没有开始改变资产购买规模。他详细解释道，如果经济增长速度快于预期，资产购买规模的缩减速度就会较快。如果劳工市场前景变差，或者通货膨胀没有上升至美联储2%的目标，那么目前的债券购买规模将维持更长的时间。他还强调，如果需要的话，美联储将准备动用所有的政策工具，包括加快购债速度，以便在价格水平稳定的情况下恢复到最高就业水平。

7月18日，美联储主席伯南克今天表示，对于何时开始增加短期借贷成本，失业率下降将不会对美联储的决策产生太多影响。自去年12月以来，美联储称，只要通胀率保持在2%左右，将不会提高利率，除非失业率降至6.5%。但是伯南克建议，即使失业率跌破6.5%的关口，美联储还是应在一段时间内保持现有的利率水平。他称，如果低通胀伴随着失业率下降，美联储可能不会急于结束低息贷款。

　　美国密歇根州东部地区破产法院今天收到来自底特律紧急管理人凯文·奥尔（Kevyn Orr）递交的破产申请。底特律这座昔日辉煌的"汽车城"，成为五年前金融危机肇始的最大的城市牺牲品。奥尔于 6 月 14 日在债权人会议上递交的提案报告显示，目前底特律所欠无担保债权人的债务总额估计在 114.49 亿美元。此外奥尔还曾表示，总共有大约 54 亿美元的债务由城市公用事业收入提供保障。奥尔估计，底特律目前的总体债务在 180 亿—200 亿美元，包括截至 6 月底资产负债表上的 90.5 亿美元债务，以及表外至少 92 亿美元债务。作为美国现代汽车工业的心脏，汽车城底特律在持续衰退多年后最终申请破产，这是美国历史上最大的一宗市镇破产案。

　　7 月 20 日，美国石油协会发布数据显示，今年 6 月衡量美国国内石油（原油与成品油）需求的石油交货量达日均 1870 万桶，同比下降 1.0%。该数据还显示，当月衡量消费者汽油需求的汽油交货量同比下降 1.9%，至日均 886.5 万桶，降至 12 年来的同期最低水平；蒸馏燃料（柴油与取暖油）日均交货量则同比增加 5.5%，至日均 393.5 万桶。从供给方面看，6 月美国国内原油产量为日均 722.1 万桶，同比增加 15.3%。石油进口量则降至日均 983.9 万桶，同比减少 13.6%，为 17 年同期最低水平。

　　7 月 24 日，据法新社报道，截至当日的数据显示，随着中国经济的放缓，美国富国银行已经取代中国工商银行成为世界最大银行。依据纽交所的数据显示富国银行总市值达 2360 亿美元。而据中方的数据显示，中国工商银行目前的总市值为 2230 亿美元。

　　美国总统奥巴马在盖尔斯堡诺克斯学院发表关于经济政策的演讲，谈论有关教育、住房、退休保障、医疗健康、贫困与就业等多方面的问题。他表示，第二任期中经济问题将成为首要任务，以及他所采取的政策能如何促进就业增长和经济稳定性。他希望为经济和国内政策议程注入更多的动力，并促使众议院的共和党人认同他的方法。奥巴马在演讲中对其第一任期内处于衰退中的政府经济管理进行了辩护，并称现在需要投入新的基础设施建设和教育开支来扩大中产阶级，这将提振美国经济。他还表示，在未来的任期中，他将为所有美国人的发展而努力。奥巴马称，美国未来的经济需要依赖强大的中产阶级。尽管美国经济复苏取得进展，但贫富悬殊的局面仍在加剧，美国要解决严重的贫富悬殊问题并壮大中产阶级。

7月25日，美国商务部表示，美国6月的新房销售增长速度达到5年内的最快水平，这显示美国房地产市场的复苏正在增强。6月的新房销售上升了8.3%，达到季节调整后的49.7万套。而5月修改调低后的数字为45.9万套。目前新房销售仍然低于70万套，属于健康市场。在过去的12个月中，新房销售已经上涨了38%，这也是自1992年1月以来美国新房销售的最大年度增长。在其他行业普遍低迷的情况下，房地产业推动了美国经济的增长。

7月26日，摩根大通银行表示，由于华盛顿的监管者和立法者对华尔街在原油、糖、玉米和金属等商品交易中的行为的监督日益加强，该行正在寻求出售或分离其实物商品业务。该行称，它将出售其在发电厂、燃油储存库、库房以及在原油、天然气和煤炭交易平台等业务上的股份。据知情人士称，上述业务在今年上半年共为摩根带来了约7亿美元的收入。不过，该行称将一如既往地"全心专注于商品市场中传统银行业务"，包括金融衍生产品和贵金属交易。

7月30日，美国联邦破产法院法官就底特律申请破产保护的关键时间点提出建议，其中包括债权人提出反对底特律具备申请破产资格动议和底特律市政提出债务重组计划的时间表。联邦破产法院法官史蒂文·罗兹建议，债权人所有反对底特律具备申请破产保护资格的动议应在8月19日之前递交。另外，罗兹建议，底特律市需要在明年3月1日前递交债务重组计划。依照美国城市破产惯例，超过180亿美元的债务重组计划需经由一定比例的债权人批准。

7月31日，美国商务部公布的今年第二季度数据显示美国国内生产总值按年率计算增长1.7%，增幅大于前一季度修正后的1.1%。这是美国经济连续第3个季度增速低于2%，但表现好于市场预期。美国商务部表示，第二季度经济增长主要受个人消费、出口、住宅类固定投资和非居民住房固定投资以及私人库存投资等因素推动；增长较前一季度提速的主要原因是非居民住房固定投资和出口增长，以及联邦政府开支削减幅度下降。数据显示，第二季度占美国经济总量约70%的个人消费开支增长1.8%，增幅不及前一季度的2.3%；非居民住房固定投资增长了4.6%，而前一季度为下降4.6%；住宅类固定投资增长13.4%，增幅大于前一季度的 12.5%。此外，美国当季出口增长 5.6%，进口增长 9.5%；联邦政府支出下降 1.5%，降幅小于前一季度的 8.4%；私人库存投资为经济增长贡献了 0.41 个百分点，低于前一季度的 0.93 个百分点。

8 月 1 日，美联储在货币政策例会后发表声明称，将维持现有的高度宽松政策。纽约股市标准普尔 500 种股票指数 1 日开盘后不久即打破里程碑式关口，历史上首次突破 1700 点大关。

美国劳工部就业数据公布，7 月美国创造就业数量 16.2 万个，为 4 个月来最低，低于预期。同时美国失业率也降至 7.4%，创 2008 年 12 月以来最低水平。

8 月 3 日，纽约时报公司宣布，以 7000 万美元现金将《波士顿环球报》和其他新英格兰媒体集团资产出售给波士顿红袜棒球队所有者约翰·亨利。然而 1993 年纽约时报公司收购该报时却支付了 11 亿美元。

8 月 4 日，美国贸易代表办公室推翻苹果旧款产品禁售令，苹果将可以继续自由出售其 iPhone 手机和 iPad 平板电脑旧款产品。原因是禁售令事关美国经济的竞争状态和对消费者的影响。这是 1987 年以来美国贸易代表办公室首次动用否决权。

美国数码新闻（IBT Media）收购了拥有 80 年历史的《新闻周刊》，交易金额尚未公开，预计几日内完成交易。

8 月 5 日，美国与加拿大能源巨头筹措 5000 亿美元的项目来出口北美新发现的天然气资源，加拿大西部和美国墨西哥湾海岸能源公司望得到投资的最大份额，争抢大型天然气项目。

网络购物公司亚马逊创始人杰夫·贝索斯将以 2.5 亿美元现金收购美国最负盛名的报纸之一《华盛顿邮报》。该报已由格雷厄姆家族经营 80 年之久，贝索斯还将购买《华盛顿邮报》公司旗下所有报纸，但公司将保留《外交政策》《纪事》等刊物。

8 月 6 日，奥巴马提议逐步取消房利美和房地美这两家抵押贷款融资机构，并以一个新体系取而代之；在该体系之下，私人市场从借款方手中购买部分房屋贷款，并将其重新打包为证券出售给投资者。另外，根据政府官员和白宫声明的说法，政府的角色将缩减为提供某种形式的保险或担保以及进行相关监管工作。

8 月 7 日，美国房地美报告显示，公司第二季度利润达到有史以来第二高的 50 亿美元。房地美周三表示，将支付美国财政部 44 亿美元。支付这笔资金后，房地美偿还给纳税人的钱达到 410 亿美元。

美国资产最大的银行摩根大通表示，该行正面临来自美国监管机构对其抵押贷款担保证券业务的刑事调查；同时，有关其抵押贷款担保证券的民事调查已经认定其违法了证券法。上周摩根大通已经同意接受 4.1 亿美元罚款的和解协议，了结有关其操纵电力市场的指控。

8 月 12 日，美国财政部公布数据显示，7 月美国联邦政府财政赤字约为 976 亿美元，高于去年同期的 696 亿美元，但截至今年 7 月的 2013 财年前 10 个月，美国联邦财政赤字总计 6074 亿美元，同比下降 38%，财政收入同比上升 14%，财政开支同比下降 3%。数据显示，7 月，美国联邦政府财政收入为 2000 亿美元，较去年同期上升约 8%。财政支出为 2976 亿美元，较去年同期增长 17%。

8 月 13 日，美国商务部公布的数据，7 月美国商品零售额经季节调整环比继续上升，受汽油等商品销售增加带动，7 月美国商品零售总额为 4245 亿美元，比前一个月上升 0.2%，比去年同期上升 5.4%。数据显示，6 月美国企业库存总额增至 1.6552 万亿美元，与前一个月修正后的数据基本持平，比去年同期增长 3.5%；当月企业销售额为 1.2858 万亿美元，比前一个月增长 0.2%，比去年同期上升 4.9%。企业库存和销售增加是美国经济复苏的重要支撑。

美国全国独立企业联合会发布报告，今年 7 月美国小企业信心指数继上个月下降后小幅反弹，环比上升 0.6 点至 94.1，处于去年 4 月以来第二高位。小企业信心指数是反映美国经济状况的重要参考指标。美国中小企业有 2500 多万家，占公司总数的 99%，吸收了美国一半以上的就业人口，在美国经济中发挥着重要作用。

美国商务部作出最终裁定，对来自中国、印度、厄瓜多尔、马来西亚和越南的冰冻温水虾，计划分别征收 18.16%、10.54%—11.14%、10.13%—13.51%、10.8%—54.5%、1.15%—7.88% 的反补贴税，而泰国和印度尼西亚的出口商获得的补贴额度由于不超过 2%，免征反补贴税。

8 月 14 日，美国劳工部公布数据显示，受能源等商品价格上升带动，7 月美国消费价格指数比前一个月上升 0.2%，连续第三个月上涨。美国能源价格经季节调整后环比上涨 0.2%，食品价格环比上涨 0.1%。扣除波动性较大的能源和食品的核心消费价格指数当月上涨 0.2%，涨幅与前月持平。在截至 7 月的 12 个月里，美国消费价格指数未经季节调整的涨幅为 2%，除去能源和食品的核心消费价格指数涨幅为 1.7%，低于美国联邦储备委员会设定的 2% 的目标水平。

8 月 15 日，美国上市公司会计监管委员会（PCAOB）一致投票通过议案，要求该国审计事务所在为客户企业的财务报告签字时，提供更加详细信息，以防范会计丑闻。该项新规是委员会七十多年以来对所谓的标准"审计报告"的首次全面改革。

8 月 16 日，美国联邦储备委员会宣布，将对在美国运营的总资产超过 500 亿美元的大型银行控股公司、存贷款机构以及被认为具有系统重要性的非银行金融机构收取年度费用。其中美国国际集团和通用电气资本公司在上个月成为首批被认定为具有系统重要性的非银行金融机构，被置于美联储监管之下。

8 月 19 日，美国《华尔街日报》报道今年上半年美国制成品的贸易逆差从上年同期的 2270 亿美元缩小至 2250 亿美元。在十多年来一直落后于中国和其他出口大国之后，美国制造企业终于出现了恢复竞争力的迹象。

美国农业部发布的数据显示，截至 8 月 8 日的一周内，美国出口玉米 3380 万蒲式耳，比此前一周增长大约 1000 万蒲式耳，出口量占农业部先前预计的 25%，高于过去 5 年出口的平均值 21%，玉米市场的升势利好小麦期价。此外，受不利天气和出口强劲的提振，芝加哥农产品期货市场玉米、小麦和大豆期货价格当日全线上涨，其中玉米涨幅超过 4%。

8 月 21 日，美联储公布的 7 月货币政策会议纪要，在此次会议纪要中，美联储官员认为，美国经济"喜忧参半"。纪要显示，上半年的经济增长弱于预期，他们对经济的评估整体上也略显悲观。美联储官员几乎一致同意伯南克 5 月提出的缩减购债规模的时间表，但所有官员都认为 7 月退出的时机不成熟，支持 Q E 政策视经济前景而改变。

8 月 25 日，全球最大生物技术公司美国安进公司以 104 亿美元收购生物技术公司 Onyx 制药，目的是挖掘抗癌药物行业的增长潜力，拓展产品线，以应对公司旗舰产品贫血药物的销售下滑问题。该项交易将使安进公司获得 Onyx 研发的治疗多发性骨髓癌的新型药物 Kyprolis 的全部权利。此外，安进还将获得来自 Onyx 制药与德国拜耳医药保健公司（Bayer）联合销售的肝癌和肾癌药物 Nexavar 的收益、拜耳公司新型结肠癌药物 Sti-

varga 的特许使用金，以及美国辉瑞制药（Pfizer）正在研发的一种实验性乳腺癌药物未来的特许使用金。

8 月 28 日，美国司法部、美国航空和全美航空 28 日表示，已经做好准备就两大航空公司可否合并的反垄断诉讼进行和解。两大航空公司的合并计划将于 9 月完成，按收入和乘客数量计算，合并后的公司将成为世界最大的航空公司。在 56 个国家和地区拥有 336 个飞行目的地，每天航班数量为 6700 架次。美国司法部认为，这项合并将会减少竞争，使消费者承受更高的成本，80% 的市场将掌握在 4 家航空公司手中，而非现在的 5 家。

9 月 3 日，微软和诺基亚联合宣布，微软将以 71.7 亿美元收购诺基亚的设备及服务部门。此次收购将于 2014 年一季度完成，微软将向诺基亚支付 37.9 亿欧元，另外支付 16.5 亿欧元购买诺基亚专利资产，共计 54.4 亿欧元，约合 71.7 亿美元。11 月，诺基亚特别股东大会批准了向微软出售手机业务的交易。

9 月 4 日，美国《华盛顿邮报》称，美国 8 月汽车销量在全国范围内都出现了增长，报告发布的最新数据显示，美国 8 月汽车总销量为 150 万辆，同比增长 14%；新车消费支出接近 360 亿美元。

美联储发布全国经济形势调查报告称，今年 7 月初到 8 月下旬，美国经济延续温和增长态势，大多数行业均在稳步或加速发展。受汽车和住房相关商品带动，全美大多数地区的个人消费保持增长，住宅楼市回暖，商业地产需求也在增加。

9 月 7 日，美国媒体报道，苹果公司向中国移动运送新款的低价 iPhone 手机，以更好地同其对手三星公司在新兴市场上竞争。为了同中国移动这家拥有 7.4 亿用户的全球最大移动电话运营商达成协议，苹果公司已经进行多年的努力。

9 月 9 日，美国联邦储备委员会公布的数据显示，7 月美国消费信贷总额增至约 2.85 万亿美元，高于前一个月修正后的 2.84 万亿美元，但增幅低于市场预期。数据还显示，当月美国用于教育、休假和购买汽车等方面的非周转性信贷按年率计算增长 7.4%，增至约 2 万亿美元；用于信用卡消费方面的周转性信贷按年率计算下降 2.6%，降至 8498 亿美元，为连续第二个月下降。

9 月 10 日，美国密歇根州在北京举办"淳静密西根"旅游推介会。

重点推荐五大湖及其淡水海岸线，代表工业革命历史的亨利福特汽车博物馆等景点，超过 800 个公共高尔夫球场的运动设施，麦基诺岛和特拉费斯城等度假胜地，以及底特律、大溪城和安娜堡等主要城市的艺术、文化和运动资源。密歇根州州长瑞克·斯奈德表示，随着中国游客赴美旅游人数的急剧上升，现在是密歇根州作为旅游目的地在中国推广的最佳时刻。

9 月 11 日，美国众议院决定将有关政府《持续运作议案》的表决延至下周。该议案是避免美国联邦政府于 10 月 1 日关闭的关键。表决延后使美国政府面临关门危机。

9 月 12 日，标准普尔道琼斯指数公司声明将进行 10 年来最大成分股调整，美国铝业公司、惠普公司和美国银行从下周起被剔除出道琼斯平均工业指数。耐克公司将取代美国铝业，维萨卡公司将取代 1997 年成为成分股的惠普，高盛集团取代成为成分股 5 年的美国银行。这些调整将从 9 月 20 日收盘后生效，作出调整是因为这些公司前景黯淡和股价低迷。

9 月 13 日，纽约商品交易所黄金期货市场交投最活跃的 12 月黄金期价连续第四个交易日下跌，最终收于每盎司 1308.6 美元，为 8 月 7 日以来最低水平。纽约金价当周总计下跌 5.6%。

9 月 17 日，17—18 日美国联邦储备委员会货币政策决策机构联邦公开市场委员会（FMOC）举行年内第五次货币政策会议。本次会议就退出量化宽松政策（QE）作出决定，因此成为全球市场共同关注的焦点。

9 月 18 日，美联储宣布，将维持现行宽松货币政策不变，暂时不削减第三轮量化宽松货币政策（QE3）规模，美联储还需进一步观察美国经济表现，在美国就业市场大幅改善之前，美联储将维持现有货币政策刺激力度。此前市场普遍预计，美联储可能会选择在本月开始缩减 QE3 规模。

9 月 25 日，美联储 25 日发布的数据显示，美国家庭净资产——房屋评估价值，股票和其他投资减去债务和其他负债的价值——在 4—6 月攀升了 1.8% 至 748200 亿美元。除去通胀因素，这是自 1945 年有记录以来的最高水平。美国家庭净资产 2013 年前两个季度上升 6%，在接下来的几个月还可能继续增长。自二季度结束以来，股票价格以及房地产估价继续上升。

9 月 29 日，美国共和党控制下的美国国会众议院于 29 日凌晨投票以 231 票赞成、192 票反对的表决结果通过了附加共和党利益诉求的临时拨款议案。由于美国政府和民主党控制下的参议院之前明确表示反对这项议案，美国政府非核心部门将于 10 月 1 日暂时关闭、公职人员停岗。此外，美国众议院还通过了一项法案，联邦政府若被迫关门，美国军方还能获得财政拨款，军事人员将持续领薪不变。

10 月 1 日，当地时间 1 日 0 时，美国联邦政府时隔 17 年再次宣布关闭，美国两党就奥巴马医改分歧仍旧无法弥合，国会两院没有通过新财年法案，导致白宫下令联邦政府机构关闭。除国家安全等基本职能外，很多政府部门将受影响，预计约 1/3 的联邦政府雇员停工。

10 月 7 日，《华尔街日报》文章分析美国政府停止运转将近一周，对经济的破坏表现为商业合同搁置，旅游收入蒙受损失。但是，延长的关门期限有可能演变成美国借贷额度之争，这种风险让经济学家和政策执行者承受压力。政府关门造成的整体影响难以估量。

10 月 8 日，美联储决定继续实施史上最大胆的一项实验，即每月 850 亿美金的债券购买计划，这一计划旨在促进经济增长。而这一决定是在美联储进行长达 6 个月的紧张谈判后做出的。

10 月 9 日，美国总统奥巴马当天下午提名现任美国联邦储备委员会（美联储）副主席珍妮特·耶伦接替本·伯南克，出任下一届美联储主席。如果这一任命获得国会批准，耶伦将成为美联储百年历史上首位女舵手。如何处理量化宽松政策，将成为耶伦明年初履新后的最大考验。

美国联邦储备委员会 9 日公布的最近一次货币政策例会纪要显示，美联储内部对于 9 月是否开始削减量化宽松（QE）规模、减缓每个月 850 亿美元资产购买规模的问题上意见存在明显分歧。主张维持政策不变的官员认为，经济数据没有达到期望值，就业市场尽管出现改善，但对势头能否持续没有足够把握。这其中有人对近来金融市场收紧是否会对房地产市场和整体经济产生影响，以及财政政策不确定性所带来的风险提出疑问。也有人质疑，9 月若开始削减量化宽松规模，是否会造成金融环境的进一步收紧。上个月，当美联储选择保持其资产购买规模不变时，股市和债市反弹，资金开始回流新兴市场。

10 月 14 日，瑞典皇家科学院宣布，将 2013 年诺贝尔经济学奖授予美国经济学家欧仁·法马、拉尔斯·彼得·汉森和罗伯特·席勒（Eugene Fama, Lars Peter Hansen and Robert Shiller），以表彰他们对资产价格所做的经验性分析。诺贝尔经济学奖评选委员会的评委们说，"可预期性"是今年获奖成就的核心。人们无法预期股票和债券在接下来三五天内的价格，但是却可以预测更长期的走势，例如在未来三年至五年内的走势，这些看似矛盾却又令人惊喜的发现，正是基于法马、汉森和席勒的研究贡献。

10 月 15 日，当日雅虎宣布对"阿里巴巴的长期潜力和价值抱有信心"，已与阿里巴巴达成协议，在阿里巴巴上市时，将仅出售自己所持阿里巴巴股份的 40%。雅虎目前持有阿里巴巴 24% 的股份。阿里巴巴第三季度净利润同比飙升 145%，至 7.17 亿美元，营收增长 61% 至 17.4 亿美元，但增速较第二季度有所放缓。上市可能让阿里巴巴估值达 600 亿美元。

10 月 16 日，美国国会参议院和众议院当地时间 16 日晚间先后投票通过联邦政府临时拨款议案，给予联邦政府各部门预算运营至 2014 年 1 月 15 日，同时将财政部可以发行国债的权限延长至 2014 年 2 月 7 日。

国际信用评级机构标准普尔公司 16 日发布报告称，此次联邦政府关门至少已造成美国经济损失 240 亿美元，并将美国经济第四季度按年率计算的增长率从上月预测的 3% 调降至 2%。

全球知名社交网络推特向美国证券交易委员会提交的文件显示，该公司已选择在纽约证券交易所首次公开招股上市，预计将发行 5000 万—5500 万股股票，每股发行价介于 28—30 美元，融资规模约为 14 亿至 16.5 亿美元。上市后该公司的市值有望达到 150 亿美元。文件显示，三季度推特营收达 1.686 亿美元，上年同期为 8230 万美元，同比增长 105%。

10 月 17 日，美国总统奥巴马在当地时间 17 日凌晨签署议案，结束美国联邦政府持续 16 天的关门风波。美国政府已经要求联邦政府部门雇员 17 日返回工作岗位，结束联邦政府暂时关门的局面，美国债务违约的警报也暂时解除。但这场政府关门风波已经给美国经济造成数百亿美元损失，并且尚未根本解决美国新财年预算的分歧。

10 月 18 日，作为世界上资产最高的公司之一，谷歌当天股价第一次突破每股 1000 美元，一股谷歌股票的价格比三个 iPad mini 还要贵。近日公布的一份报告显示，在最近的一个季度里，谷歌的收入与去年同期相比增长了 18%。

10 月 19 日，美国摩根大通银行已经与美国司法部监管者达成临时性协议，将向美国司法部等联邦机构支付 130 亿美元罚金，以结束其对摩根大通在金融危机前向投资者出售不良按揭贷款的调查。130 亿美元将是美国政府与企业和解的历史最高罚金。

10 月 22 日，美国劳工部当天公布的数据显示，9 月美国非农部门新增就业岗位 14.8 万个，不及市场预期，而失业率从前一个月的 7.3% 小幅降至 7.2%。9 月美国总失业人数降至约 1126 万，低于前月的 1132 万，其中失业时间超过 27 周的长期失业者总数约为 410 万，占总失业人数的 36.9%，衡量在职和求职人口总数占劳动年龄人口比率的劳动参与率处于 63.2% 的历史低位。另外，美国商务部 22 日公布的数据显示，由于私人和公共建筑活动增加，8 月美国建筑开支环比增长 0.6%，经季节调整按年率计算约为 9151 亿美元。

美国《华盛顿邮报》称，苹果发布最新版本的 iPad 平板电脑。新款 iPad 将更加轻薄，其宽度只相当于一根铅笔，同时它还有了一个新的名字 iPad Air。尺寸略小的 iPad mini 将配置分辨率更高的显示屏、更快的处理器并拥有新的颜色。两款产品将在 11 月发售，正好可以赶上假期的购物季。

10 月 23 日，芝加哥农产品期价全线上扬，当天，玉米市场交投最活跃的 12 月合约收于每蒲式耳 4.4275 美元，比前一交易日上涨 4.5 美分，涨幅为 1.03%。小麦 12 月合约收于每蒲式耳 7.0175 美元，比前一交易日上涨 1 美分，涨幅为 0.14%。大豆 11 月合约收于每蒲式耳 13.10 美元，比前一交易日上涨 7.75 美分，涨幅为 0.60%。

《华尔街日报》报道，波音公司宣布在提高了其主力 737 客机和远程 777 客机等多款机型的产量后，计划到今年年底将 787 客机的月产量增至 10 架，在 2016 年达到 12 架，并在 2020 年之前增至 14 架；预计今年全年交付逾 60 架。同时公布了好于预期的第三季度业绩，并上调了其全年收益预期。公司 2013 年第三季度利润同比增长 12%，达 12 亿美元，超过市场预期；总收入为 221 亿美元，增长 11%。

当日美国商会发布报告称，美国未来十几年巨大的基础设施需求为中国企业提供了投资良机，但中国企业应关注在美投资的五项挑战。根据美国商会提供的数据，从目前直到 2030 年，美国能源、交通和饮用水与污水处理基础设施投资需求高达 8 万多亿美元，年均需求约 4550 亿美元，其中能源投资占 57%，交通投资占 36%，而饮用水与污水处理投资占 7%。

10 月 25 日,《华盛顿邮报》报道,房利美、房地美的监管机构美国联邦住房金融局就不良住房抵押贷款一案与摩根大通达成 51 亿美元的和解协议,而非继续等待美国司法部最终敲定 130 亿美元临时和解协议中的份额。

美国商务部当日宣布,对从中国、捷克、德国、日本、韩国、波兰和俄罗斯进口的取向电工钢发起贸易救济调查。发起这项调查是回应美国 A K 钢铁有限公司、阿勒格尼技术公司和美国钢铁工人联合会的申诉。这三家美国机构宣称,中国出口到美国的取向电工钢倾销幅度高达 159.24%,补贴幅度也超过 2%,其他六国出口到美国的倾销幅度也从 38.54% 到 257.61% 不等。根据美国商务部的数据,美国去年从中国进口的取向电工钢金额为 120 万美元,从其他六国进口的金额从 510 万—3820 万美元不等。

10 月 28 日,《金融时报》报道称,奥巴马本周将出席在首都华盛顿举行的"招商引资"会议,为外国投资者和美国经济发展机构及地方官员"牵线搭桥",并呼吁投资者摆脱对美国政治瘫痪的顾虑。除奥巴马外,多名美国政府要员也将在这场为期两天的会议上发言,宣传美国投资环境。

10 月 30 日,美国《华尔街日报》报道称,奥巴马政府准备减少国内的燃煤电厂,也希望削减海外燃煤电厂的融资。财政部官员表示,美国政府将为海外燃煤电厂申请同国内一样的温室气体排放标准。财政部颁布的准则充实了奥巴马 6 月宣布的气候变化计划。环境保护署将基本上排除所有使用现行标准技术构建的新厂。它们旨在应对全球燃煤电厂的扩散,这种扩散有可能增加温室气体排放量。

当日美国联邦储备委员会宣布,将维持现行的宽松货币政策不变,暂时不削减第三轮量化宽松货币政策规模,以推动经济增长和创造就业。声明说,美联储在调整第三轮量化宽松货币政策规模之前,将进一步观察美国经济是否有持续走强表现,美联储将维持每月总额 850 亿美元的资产购买计划,即每月购买 400 亿美元抵押贷款支持证券和 450 亿美元中长期国债,还将继续把到期的机构债券和抵押贷款支持证券本金进行再投资,并把即将到期的国债展期,以压低长期利率,维持宽松的金融环境推动更强劲的经济复苏。

美国能源信息局 30 日公布的数据显示,截至 10 月 25 日的一周内,美国商业原油库存增加 410 万—3.839 亿桶，为连续第六周上涨，高于市场预期的增加 350 万桶。美国商业原油库存高企给油价带来压力。

美国财政部宣布，在截至 9 月底的 2013 财年，由于税收增加和政府开支减少，美国联邦政府的财政赤字约为 6800 亿美元，为过去 5 个财年中首次低于 1 万亿美元，但是当年财政赤字占国内生产总值的比例依旧超过 3% 的国际警戒线。报告显示，2013 财年联邦政府的财政收入为 2.774 万亿美元，比 2012 财年要高 3250 亿美元；2013 财年联邦政府财政支出为 3.454 万亿美元，比 2012 财年要少 840 亿美元；2013 财年联邦政府的财政赤字低于 2012 财年约 1.09 万亿美元的财政赤字规模，2013 财年联邦政府的财政赤字占国内生产总值的比例为 4.1%。

11 月 1 日，美国三大汽车制造商当天发布销售数据显示，通用汽车公司 10 月在美国的销售增长 15.7%，达 22.6402 万辆，高于市场预期。福特汽车公司 10 月汽车销售增长 14%，达 19.1985 万辆，创 2004 年以来最佳同期销售纪录，旗下的福特和林肯品牌销量均实现增长。克莱斯勒集团公司的数据显示，克莱斯勒 10 月汽车销售增长 11%，为 14.0083 万辆，创 2007 年以来最佳同期销售纪录，但低于业内预期的 14.3536 万辆。

11 月 3 日，美国《华尔街日报》报道，美国制造业 10 月创造其连续第五个月的生产扩张，扭转了联邦政府 16 天停摆带来的不利局面。美国供应管理协会称，其衡量的指数从 9 月的 56.2 微升至 56.4。基于对企业采购经理的调查，该报告结果显示，美国制造业在新订单、出口、订单积压等方面都表现出增长，并显现出持续的迹象。

11 月 4 日，美国联邦检察官在纽约宣布，美国对冲基金巨头 SAC 资本合伙公司已就内幕交易的指控认罪，并与监管机构达成支付 18 亿美元罚金的和解协议。根据和解协议条款，SAC 将向美国政府支付近 12 亿美元的罚金。在此之前，SAC 已同意向美国证券交易委员会支付 6.16 亿美元的罚金。SAC 将永久不能再提供投资咨询业务。这是美国政府对内幕交易开出的最大罚单。

11 月 8 日，美国财政部长杰克·卢访问亚洲五国中国、日本、新加坡、马来西亚和越南，期间就人民币汇率问题对中国施压，同时希望说服其他亚洲国家在年底之前达成一个自由贸易协定。

11 月 9 日，美国联邦法庭认定美国银行（Bank of America）旗下 Countrywide 金融公司出售抵押贷款时存在欺诈，美国政府正催促美国银行为此支付 8.636 亿美元罚金。有业内专家称，这是银行首次在民事诉讼中因抵押贷款有关的不当行为被认定为欺诈。

11 月 11 日，美国和欧盟 11—15 日在布鲁塞尔展开第二轮《跨大西洋贸易与投资伙伴关系协定》（TTIP）谈判，涉及的领域包括服务、投资、能源和原材料等，谈判的关键问题是如何协调监管以减少贸易壁垒。此时正逢美国大规模窃听欧洲盟友的丑闻风波曝出，不少分析认为，虽然丑闻会对两国关系造成一定损害，但对谈判不会造成实质性影响。

11 月 12 日，美国《华盛顿邮报》电讯，三大评级机构被控提供高估评级，贝尔斯登公司两家对冲基金的清算人周一对三家美国评级机构提起诉讼，指控其在金融危机之前为证券公司提供被高估的评级。起诉方希望能从穆迪公司、标准普尔和惠誉三家评级机构处获得 10 亿美元的赔偿，以弥补对冲基金公司受到的损失。

美国劳工部公布数据显示，10 月美国非农部门新增就业岗位 20.4 万个，尽管经历政府关门风波，失业率从前一个月的 7.2% 升至 7.3%，但新增就业岗位数量仍明显超出市场预期。

美国司法部宣布，美国航空公司（American Airlines）和全美航空公司（USAir ways）通过合并事宜与两家公司正式达成和解协议，两家公司合并案的反垄断障碍被扫清。两家公司合并后的市值估计达 110 亿美元，将成为全球最大的航空公司。

美司法部长埃里克·霍尔德当天在一份声明中说，该协议有可能改变当前航空业的布局，通过保证低价航空公司在美国主要机场占据更大份额，能够确保国内存在更多的竞争，使得消费者在国内各直达航线中有更多选择。

11 月 14 日，美国能源情报署表示，美国 10 月的原油生产超过原油进口，这主要是由于该国国内页岩油开采量的持续增加和美国对石油产品的消费量保持相对平稳。

美联储副主席耶伦 14 日参加美国参议院银行委员会的听证会发表讲话。耶伦证词继续释放出货币政策的温和基调。耶伦在证词中表示，当前经济增长和劳动力市场远没有发挥出应有的潜能。在经济和劳动力市场明显好转前，美联储不会减少货币政策刺激。美联储"正使用货币政策来促进经济更积极地复苏"。

11 月 15 日，美国国会众议院通过一项新法案，将奥巴马医改法案中的主要内容删除，允许投保人保留原有的医保计划；民主党的众议员当中有 39 人倒戈支持这项新法案，凸显党内一些人对"奥巴马医改"计划的不满。

摩根大通银行同意支付 45 亿美元，以了结机构投资者提出的指控。美国房地产市场崩盘前夕，这些机构投资者因购买不良抵押贷款证券而遭受损失。此前达成的初步和解方案为支付 60 亿美元，其与最终协议的差额在于，协议未包括同样由摩根大通于金融危机期间收购的华尔街互惠银行出售的证券。受罚款、业务萎缩等影响，摩根大通今年第三季度亏损 3.8 亿美元。

11 月 17 日，美国《华尔街日报》报道称，美国的原油产量 20 年来头一次超过了其进口量。截至 11 月 8 日结束，美国每天产油量比进口量多 137000 桶。但这并不意味着能源独立的时代即将到来。美国石油产量飙升，是因为在北达科他州、得克萨斯州和其他地区出现水力压裂热潮。

11 月 18 日，美国劳工部的数据显示，现在有 6750 万女性在工作，创下自 2008 年初以来的新高。相较而言，仅有 6900 万男性在工作，低于 2007 年 6 月 7090 万的记录。女性就业主要分布在医疗卫生、教育、酒店服务以及零售业。这些行业近年来平安度过经济危机。以男性主导的行业，如建筑业、制造业，受到了经济衰退的主要冲击，而男性在这期间及其后续影响中丢掉了超过 600 万个工作岗位，而女性丢掉了 270 万个。

11 月 19 日，美国联邦储备委员会主席伯南克在全国经济学家俱乐部就货币政策发表讲话时说，美国经济仍远未达到合理水平，所以还需要一段时间才能使货币政策回归正常化。只要形势需要，美联储将保持货币政策高度宽松以支持经济增长。

美国司法部宣布，美国摩根大通银行同意支付 130 亿美元，以了结其不当销售住房抵押贷款支持证券而引发的民事诉讼。这一支付金额成为美国历史上一家企业与政府达成的最大数额的和解金。和解金中，90 亿美元用于支付美国联邦及州的民事指控的罚款，40 亿美元用于救济因摩根大通非法行为而陷入困境的购房者。

11 月 20 日，美国证券交易委员会的数据显示，外汇交易是高盛在第三季度唯一亏损的业务。今年第三季度，高盛在固定收益、货币和大宗商品交易业务（FICC）的营业收入为 12.5 亿美元，同比下滑 44%，比上一季度下滑 49%。《华尔街日报》称，外汇交易业务亏损是高盛第三季度

FICC 营业收入下滑的一个重要原因。

美联储的数据显示，高盛第三季度外汇交易损失达 13 亿美元。与此同时，摩根大通外汇交易亏损 6500 万美元，摩根士丹利外汇交易收入为 5.94 亿美元，花旗集团外汇交易收入为 558 万美元，美国银行外汇交易收入 2.15 亿美元。高盛三季度外汇交易巨亏 13 亿美元

11 月 28 日，美国失业人口七周内第六次下降，显示劳工市场正在稳步向好。美国劳工部表示，作为失业率标尺的初次申请失业救济金人数下降了 1 万人，在截至 11 月 23 日结束的一周达到 31.6 万人。

12 月 1 日，全球化商业公司 Shopper Trak 初步的市场调查显示，感恩节及黑色星期五的大幅折扣吸引了一些美国人去商店消费。在感恩节和黑色星期五这两天，商场客流量上升了 2.8%，零售额上涨了 2.3% 至 123 亿美金。据统计，假期期间（11 月 28 日感恩节至 12 月 1 日），购物人群达到 1.41 亿人次，这一数字比去年的 1.39 亿有所增加，但是购物者的平均支出却由去年的 424 美元下降至 407 美元。

12 月 2 日，美国联邦住房金融署公布的房价指数显示，经季节性调整，今年第三季度美国房价环比上涨 2%，为连续第九个季度上涨，显示美国住房市场呈持续复苏趋势。数据显示，与去年同期相比，今年第三季度美国房价上涨 8.4%，但考虑到过去一年内其他商品与服务价格上涨 1.2%，房价实际涨幅约 7.2%。当季，全美 9 个房价统计区域中夏威夷州、俄勒冈州、加利福尼亚州等地的房价涨幅最大，环比涨幅达 4.2%，同比涨幅达 19.2%。

12 月 3 日，美国联邦破产法院法官罗兹做出裁决，底特律市符合联邦破产法第 9 章的相关规定，符合申请破产保护的资格。这意味着底特律提交的破产保护申请正式得到通过，成为美国历史上规模最大的破产城市，负债超过 180 亿美元。

当日美国商务部宣布，对从中国进口的一种制冷剂产品发起反倾销和反补贴调查。美国商务部说，此次接受"双反"调查的产品是 1，1，1，2—四氟乙烷或者同类化学产品。发起这项调查是回应 Mexichem Fluor 有限公司的申诉。此类制冷剂主要用于车载空调系统，也可用于商用建筑、民宅的固定空调系统。美国去年从中国进口的这类产品金额为 5320 万美元。

12 月 4 日，美国最高法院驳回了就重新评估在线零售商缴纳销售税

的纽约州相关法律举行听证会的请求，亚马逊等在该州没有实体店的在线零售商将需继续缴纳销售税。此前亚马逊和 Overstock. com 公司均对纽约州的这项法律提出异议。两家公司分别提起诉讼，之后被合并受理为一次裁决。他们表示，纽约州的法律违反了 1992 年美国最高法院的裁决，即邮购零售商在有"实体店"的情况下才需缴纳销售税。

美国供应管理协会公布，11 月 ISM 制造业指数高达 57.3，创下 2011 年 4 月以来最高水平，大大高于市场预期的 55.2，也高于前值 56.4。11 月 ISM 制造业就业分项指数的强劲增长也为本周五即将公布的非农就业数据提供了积极支持。这些分项指数中，就业指数由上个月的 53.2 激增至 56.5，新增订单指数激增 3 点至 63.6，制造业生产力指数也由 10 月的 60.8 上升至 62.8。在该数据所包含的 18 个行业领域中，有 15 个行业的活动指数都实现了增长。强劲的制造业数据让市场对美联储 12 月开始缩减 Q E 的预期有所加强。

当日，美联储发布了当前美国经济形势报告"褐皮书"，显示美国经济以"缓慢到适度"速度增长。最新公布的美国经济数据则喜忧参半。私人部门人力资源公司 ADP 就业数据显示，美国 11 月 ADP 就业增长 21.5 万人，远高于预期的 17 万人，且前值由增加 13 万人上调至 18.4 万人。目前市场预期 11 月官方的非农就业岗位将增长 18 万个。美国 10 月新屋销售年化 44.4 万，高于预期的 42.9 万，也高于美国 9 月新屋销售年化 35.4 万。10 月美国出口额为有记录以来最高水平，其中石油出口额创新高，但当月的进口总额也创下 2012 年 3 月以来新高，使得美国 10 月贸易逆差额达到 406.4 亿美元，高于预期的 400 亿美元。

12 月 5 日，奥巴马当天在白宫发表讲话，为俗称"奥巴马医改"的全面医保改革进行辩护。他表示，希望通过这次讲话向公众传递"不走回头路"的信息，只要他本人尚在白宫一日，就绝不允许有人推翻医改。奥巴马说，经技术团队全力抢修，平价医保网站"健保交易所"已能供绝大多数用户正常使用。人们不应为这个网站糟糕的"首秀"而影响自己对医改益处的判断，整个医改法案今后仍将继续奏效。

12 月 6 日，中国移动同苹果签署了长期商谈的协议，苹果授权中国移动在其网内提供苹果手机。这项协议将会使苹果公司在中国这个全世界最大的手机市场再向前进一步。两个熟悉中国移动业务的知情人士透露，作为世界上最大的手机信号提供商，拥有 7 亿用户，将在 12 月 18 日中国移动广州会议前后，开始销售苹果手机。

美国劳工部公布数据显示，11 月失业率从前一个月的 7.3% 降至 7%，较年初下降近 1 个百分点，创 2008 年 11 月以来新低。11 月美国非农部门新增岗位 20.3 万个，超过市场预期。美国已经连续两个月达到 20 万个就业岗位门槛。服务行业的私营企业仍是就业创造主力，制造就业 15.2 万个。尽管期间遭遇联邦政府关门，美国人 10 月消费仍旧超出预期，消费者信心提高。

12 月 9 日，美国航空公司和全美航空公司宣布已经完成了合并，组建成为全球最大的航空公司。这标志着美国大型航空运营商近年来合并浪潮的结束。新合并的航空公司被称为美国航空集团，每天将提供约 6700 架次航班，通航地区遍布全球 50 多个国家的 330 多个目的地。合并后新航空公司的全球员工将超过 10 万人。

纽约市场黄金期货价格收于每盎司 1234.2 美元，较去年底收盘价 1675.8 美元大跌近 26%，扭转黄金在过去 12 年连续上涨趋势，也创下 1981 年以来的最大年度跌幅。

美国财政部宣布已经将持有的通用汽车公司股票出售完毕，标志着政府对这一汽车巨头长达 5 年的救助完全结束。声明指出，财政部已经将持有的通用汽车公司股票全部出售完毕，共计收回资金 390 亿美元。2008 年至 2009 年金融危机期间，美国财政部共向陷入困境的通用汽车公司注资 495 亿美元。这意味着政府在救助通用汽车项目上损失超过 100 亿美元。

12 月 10 日，据英国媒体报道，斯诺登揭秘事件之后，八家全球领先的科技公司日前向美国政府的监听计划提出抗议，要求其对政府监视政策做出改革，成立名为"改革政府监视政策小组"的联盟组织，并联名向美国总统奥巴马和美国国会致信，称目前的政府监视措施损害了美国公民的自由。

经过近两个月的艰苦谈判，美国国会众议院预算委员会主席保罗·瑞安和参议院预算委员会主席帕蒂·默里 10 日宣布达成未来两个财年的联邦政府预算方案。该方案如果获得国会投票通过，将可以避免两财年内再次出现联邦政府关门局面，但该方案未有效帮助解决美国财政可持续性难题。

12 月 11 日，美国五大金融监管机构批准最终版本的"沃尔克规则"，对银行机构自营交易作出严格限制，以避免银行业追逐高风险投资交易导致金融机构巨额亏损或威胁美国金融体系。这项新规主要包括三方面内容：一是禁止银行机构从事大多数自营交易，但代理客户买卖证券的做市交易和风险对冲交易可得到豁免；二是限制银行机构投资对冲基金和私募股权基金；三是要求银行机构设立确保遵守"沃尔克规则"的内部合规计划，并向监管机构提交相关计划和报告重大交易活动情况。

12月12日，美国大豆出口协会中国首席代表张晓平告诉新华社记者，在2010—2011年度，美国对华大豆出口曾创下2450万吨的历史高点。其后两个年度，出口量分别为2300万吨和2150万吨。已经开始的新年度大豆贸易再创新高，说明中国"买盘强劲"，美中大豆贸易前景看好。从2005—2006年度起，中国就已成为美国大豆第一大出口市场，美中大豆贸易见证了中国经济的快速发展、中国人民生活水平的不断提高以及美中贸易的平稳发展。

12月14日，美国劳工部最新公布的就业报告显示，11月美国失业率从10月的7.3%降至7%，创下自2008年11月起5年来的新低，大大超出市场预期。美国10月至11月连续两个月新增就业岗位超过20万个，再加上美国第三季度经济同比增长达3.6%，表明美国经济正在持续回暖。11月新增的20.3万个就业岗位中，私营部门新增19.6万个，服务业领域的私营公司创造的就业岗位最多，达到15.2万个，遍布休闲娱乐、酒店、运输、仓储及医疗保健等行业。建筑业新增就业岗位1.7万个。制造业增加就业岗位2.7万个，连续第四个月上升，而且是2012年3月以来的最大增幅。政府部门的就业岗位也在增加，由于各州及地区政府增加雇员，抵消了联邦政府雇员的下降人数。

12月15日，美国财政部宣布，美国联邦政府11月财政赤字约为1352亿美元。数据显示美国联邦政府还在延续寅吃卯粮的财政局面。今年11月是美国联邦政府2014财年的第二个月。财政部的报告显示，当月联邦政府财政收入约为1825亿美元，财政支出约为3177亿美元，财政赤字约为1352亿美元，同比下降21.4%。数据显示，在截至9月底的2013财年，由于税收增加和开支减少，美国联邦政府的财政赤字约为6800亿美元，是过去5个财年中首次低于1万亿美元，但财政赤字占当年国内生产总值的比例依旧超过3%的国际警戒线。

12月16日，美国联邦储备委员会公布数据显示，美国工业生产11

月环比上升 1.1%，涨幅为 2012 年 11 月以来最大。数据显示，11 月美国制造业生产环比上升 0.6%；采矿业生产环比上升 1.7%；由于寒冷天气导致居民取暖需求上升，当月公共事业生产环比上升 3.9%。显示经济复苏势头持续。

美国商务部公布的数据显示，11 月美国商品零售额经季节调整环比上升，显示美国经济持续复苏的势头。数据显示，11 月美国商品零售总额为 4323 亿美元，较前 10 月上升 0.7%，比去年同期上升 4.7%。其中，汽车及零部件、家具、电子和电器商品等零售额环比上升，食品、汽油等零售额环比下降。如剔除波动性较大的汽车和零部件销售，11 月美国商品零售额约为 3490 亿美元，环比上升 0.4%，同比上升 3.5%。

12 月 17 日，美国供应管理协会发布的报告显示，11 月美国非制造业活动连续第 47 个月扩张，但扩张步伐与 10 月相比有所放缓。数据显示，11 月美国非制造业活动指数为 53.9，低于 10 月的 55.4，表现不及市场预期。从细项来看，11 月美国非制造业的商业活动、雇佣和新订单三大分项指数均较 10 月有不同程度下降，其中前两项降幅明显。分行业来看，11 月美国共有 11 个非制造业行业出现扩张，包括运输仓储、批发、零售业等；但采矿、建筑等 6 个行业出现收缩。

美国能源情报署在《年度能源展望》中预测，随着页岩能源繁荣使美国能源产出飙升，已将 2016 年美国原油产量的估测值大幅上调至 950 万桶/日。这将接近 1970 年创下的 960 万桶/日的历史最高纪录，几乎两倍于 2008 年 500 万桶/日的低谷。在天然气方面，美国能源情报署预计产量将无限期保持增长，到 2040 年，美国的页岩气产量将比 2012 年的水平高出 56%。

美国国际贸易委员会作出日落复审裁定，继续对从中国大陆、印度、印尼、泰国、乌克兰和中国台湾进口的热轧碳钢板产品征收反倾销税，同时对从印度、印尼、泰国进口的该类产品征收反补贴税。

12 月 18 日，美联储在结束本年度最后一次政策例会后正式宣布，从 2014 年 1 月起将长期国债和抵押贷款支持证券的购买规模各缩减 50 亿美元。将从明年 1 月起联储月度资产购买额度将从现在的 850 亿美元缩减至 750 亿美元，迈出了削减量化宽松政策的第一步。

美国参议院在预算协议程序性投票中，以 67 票赞成、33 票反对通过了预算协议。这份为期两年的预算案为 2014 财年设定了 10120 亿美元政府预算，2015 财年的预算额被设定为 10140 亿美元。未来两年，美国政府支出将增加 630 亿美元，补贴国防和非国防项目开支，平衡因自动减赤机制而被迫削减的支出。议案还包含了几十项旨在削减赤字的条款，赤字削减总额超 200 亿美元。此外，未来两年，奥巴马政府必须再削减 230 亿美元的赤字。

12 月 20 日，美国与欧盟在华盛顿结束为期五天的"跨大西洋贸易和投资伙伴关系协定"（TTIP）第三轮谈判，定于明年初对今年的谈判进展进行评估并提出关税减让建议。

美国商务部公布的修正数据显示，今年第三季度美国实际国内生产总值按年率计算增长 4.1%，增幅高于此前估计的 3.6%，也高于前一季度的 2.5%。这是美国经济连续第 10 个季度保持增长，增速为 2011 年第四季度以来最高，且好于市场预期，数据推动国际油价连续第三天上涨。截至当日收盘时，纽约商品交易所 2014 年 2 月交货的轻质原油期货价格上涨 0.28 美元，收于每桶 99.32 美元。2014 年 2 月交货的伦敦布伦特原油期货价格上涨 1.48 美元，收于每桶 111.77 美元，涨幅为 1.34%。本周国际金价跌至 1200 美元关口，受美联储开始削减购债规模的影响，黄金市场表现不佳。黄金价格一度大幅下挫，周五止跌反弹，报收 1202.8 美元/盎司。

12 月 23 日，美国新兴市场基金研究公司（EPFR）最新研究报告显示，在美联储宣布削减债券购买计划后，资金流出现大幅下滑。EPFR 全球追踪的股票、债券、平衡、黄金能源以及新兴市场债券基金都出现了大量的赎回。据统计，到 12 月 18 日为止的一周中，投资者从债券基金中抽出 94.1 亿美元资金，股票基金流出 34.1 亿美元资金，货币市场基金的赎回达到了 352 亿美元。

美国商务部公布的数据显示，在感恩节购物季来临之际，今年 11 月美国个人消费开支和个人收入都呈现环比上涨势头。报告显示，11 月美国个人消费开支比 10 月增长 630 亿美元，增幅为 0.5%，涨幅高于 10 月的 0.4%；11 月美国个人收入环比增长 301 亿美元，增幅为 0.2%，10 月为环比下降 0.1%。

12 月 24 日，美国破产城市底特律表示，已经与一些有担保债权人达成新条款，美银美林银行和瑞士银行将减记 5500 万美元的债务合同。在原协议中，美银美林银行和瑞士银行同意以 2.2 亿美元的终止费，终止底特律为帮助员工退休基金筹措资金而背负的债务。这相当于底特律所欠2.93亿美元担保债务减记25%左右。

12月25日，美国14个州的州长致信国会和总统奥巴马，称"为提振美国在全球经济中的竞争力"，国会应尽快通过美国和欧洲以及12个太平洋沿岸国家的贸易协定。英国《金融时报》分析称这一举动显示，未来这些州将采取更激进的态度支持奥巴马政府在第二任期内推动贸易自由化。

12月31日，美国福克斯新闻台公布的民调结果显示，多数选民认为美国经济2014年表现将好于今年。在1000多名登记选民中54%的人认为美国经济明年将更好，这其中40%的选民认为经济将小幅改善，14%的人认为经济将明显改善。同时，35%的受访者认为美国经济明年的表现将逊于今年。其中19%的人认为经济将变得更糟。

3. 2013年美国外交大事记

1月2日，奥巴马签署2013年财年国防授权法案。2013财年美国军费预算总计约6330亿美元。法案包括涉钓鱼岛条款和涉台条款。涉钓鱼岛条款称美国对钓鱼岛主权归属不持立场，但承认日本对钓鱼岛的"行政管辖权"。涉台条款建议（不具约束力）美国向台湾地区出售F-16C/D或类似机型的战斗机。

1月3日，美国第113届国会正式宣誓就职。参议院和众议院的政治格局与上届相比没有发生大的变化，民主党和共和党在参议院和众议院仍然各占多数席位。参议院多数党领袖仍然由民主党人哈里·雷德（Harry Reid）担任，共和党人约翰·博纳（John Boehner）继续担任众议院议长。

1月4日，首批27名美军士兵抵达土耳其部署"爱国者"反导系统。该系统由北约控制、美军操作。

1月7日，美国总统奥巴马提名前共和党参议员查克·哈格尔（Chuck Hagel）担任下任国防部长，提名反恐顾问约翰·布伦南（John Brennan）担任中央情报局局长。

1月8日，美国参议院"台湾连线"共同主席、参议院军事委员会共和党首席议员詹姆斯·殷霍夫（James Inhofe）率领代表团访问中国台湾。殷霍夫向马英九表示，美国将会在2013年、2014年及2015年分别售予中国台湾 30 架"阿帕奇"直升机、60 架"黑鹰"直升机及"爱国者-3"型导弹。

1 月 9 日，美国国防部长帕内塔（Leon E. Panetta）会见以色列国防部长巴拉克，帕内塔重申了美国对以色列的安全和双方防务关系的承诺。双方表示将继续在许多地区问题尤其是叙利亚、伊朗和加沙问题上展开合作。这是帕内塔就任国防部长后两人的第 11 次会面。

美国国务院发布简报介绍援助叙利亚的情况，称美国的援助包括对新组建的叙利亚反对派联盟大力提供外交支持，为受冲突影响的叙利亚人提供人道主义援助，以及向叙利亚境内的非政府组织提供"非武器援助"。

1 月 11 日，奥巴马总统在白宫与阿富汗总统卡尔扎伊举行会谈，双方同意美军提前退出在阿的作战任务。美军向阿富汗安全部队移交作战任务主要职责的期限将由原定的 2013 年夏提前到 2013 年春。此后，驻阿多国部队将转入支持角色，为阿富汗部队提供培训、建议和协助。

1 月 13 日，美国奥巴马致信国会两院领导人，称根据《战争授权法》，他已指示美国空军协助法国军队 1 月 11 日在索马里采取行动，解救被激进组织青年党（al-Shabaab）绑架的法国人质。

1 月 14 日，帕内塔对记者表示，美法国防部领导人已敲定美军为法国在马里的军事行动提供情报、后勤和空中支援的细节。帕内塔称，此类援助表明了美国的决心，即"美国有责任在任何地方打击基地组织"。

帕内塔访问葡萄牙，开始其欧洲四国之行。这是 30 年来美国国防部长首次访问葡萄牙，也是帕内塔作为国防部长的最后一次出访。此行的目的在于强调北约以及美国双边同盟关系的重要性。帕内塔赞扬葡萄牙、西班牙、意大利和英国作为北约在阿富汗的"国际安全援助部队"的成员所发挥的作用。帕内塔称，此行要在各国同时面临国家安全挑战和财政挑战的时候，为未来合作打下基础。

1 月 15 日，美国助理国务卿坎贝尔（Kurt M. Campbell）、国防部负责亚太安全事务的助理部长马克·李普特（Mark Lippert）和国家安全委员会亚洲事务高级主任丹尼尔·拉塞尔（Daniel Russel）开始为期三天的韩国、日本之行，与韩国和日本官员讨论朝鲜半岛问题、在联合国安理会讨论制裁朝鲜"导弹试验"、加强美日和美韩同盟、"海上安全"问题等。关于中日、日韩之间的争议，坎贝尔称，美国鼓励它们之间私下磋商，美国无意扮演调停角色，但美国希望各方保持头脑冷静，维持和平与稳定的局势。

希拉里·克林顿与利比里亚总统瑟利夫举行会谈。双方举行启动"美国—利比里亚伙伴对话"仪式，承诺展开高层次的外交和经济合作。

美国国防部长帕内塔开始欧洲之行，先后访问葡萄牙、西班牙、意大利、英国，以推进相互间合作。

1 月 16 日，美国负责东亚和太平洋事务的助理国务卿坎贝尔在美国国务院网站发表题为"展示美国对亚太地区的承诺"的文章，称自 2011 年底希拉里·克林顿宣布"转向亚洲"以来，美国显著增加了重新聚焦和加强与亚太地区关系的努力，急剧改善了美国在这一地区的双边关系，美国对该地区多边机制的参与也达到了前所未有的程度。

美国参谋长联席会议主席邓普西（Martin E. Dempsey）在布鲁塞尔北约总部出席北约盟国及伙伴国参谋长会议。会议讨论了阿富汗局势和向阿富汗移交安全职责的进程和计划以及 2014 年后北约在阿富汗的任务。会议还评估了北约的军事机构和能力，以确保其胜任集体防卫的任务。

1 月 18 日，希拉里·克林顿在美国国务院与日本外相岸田文雄会谈。双方讨论了朝鲜和地区安全、加强日美安全同盟、美军基地搬迁、跨太平洋伙伴关系（TPP）等问题。克林顿表示，美国不在钓鱼岛主权归属上持立场，但美国承认钓鱼岛属于日本行政管辖范围，反对任何侵害日本行政管辖权的单边行为。

帕内塔在伦敦国王学院发表讲话，阐述北约的未来发展战略。他特别提到，北约应当与美国一道，增加和深化在亚太地区的防卫努力。北约盟国不但"不要担心美国的亚太'再平衡'，而且要参与进来"。

1 月 17 日，日本防卫相小野寺五典在防卫省与美国驻日本大使鲁斯举行会谈。鲁斯对于中日两国在钓鱼岛问题上的对抗加剧表示担忧，要求日本政府尽快使事态冷静化。鲁斯还就日本自卫队准备对"侵犯日本领空"的中国飞机实施警告射击一事，向日本政府提出了警告，要求日本政府自制。

美国总统奥巴马在白宫会见索马里总统哈桑·谢赫·马哈茂德（Hassan Sheikh Mohamud）。奥巴马表示愿与索马里政府一道，推进索马里和平、安全和社会进步。美国国务卿希拉里·克林顿与马哈茂德会谈后宣布美国正式承认索马里政府，这是 1991 年以来的第一次。

1 月 21 日，奥巴马发表就职演讲。关于外交问题，他表示持久的安全与和平不需要通过持久的战争来实现，承诺将确保美国在世界上的联盟的稳固，"支持从亚洲到非洲、从美洲至中东的民主国家"。

1月22日，日本自卫队与美国海军陆战队在美国西海岸开始举行联合夺岛实战演习。这个代号为"铁拳作战"的实战演习有280名日本自卫队员参加，到2月25日结束。这一次演习是日美两国军队在美国实施的第八次联合军演，但是此次规模最大，日本自卫队员参加的人数和投放的武器也最多。

联合国安理会以15票赞成的表决结果，一致通过关于朝鲜发射卫星问题的第2087号决议。决议谴责朝鲜2012年12月卫星发射之举，称其严重违反了安理会相关决议，并决定将朝鲜6个机构以及4人列入制裁名单，要求朝鲜立即停止弹道导弹计划的所有活动，不进行核试验和进一步挑衅。决议同时重申，希望寻求以和平、外交和政治方式解决有关问题，呼吁重启六方会谈。

1月23日，希拉里·克林顿分别在参议院对外关系委员会和众议院外交事务委员会就美国驻利比亚班加西领事馆遭袭接受质询。

美国国务院朝鲜政策特别代表格林·戴维斯（Glyn Davies）开始访问韩国、中国和日本，讨论对朝政策问题。

1月24日，希拉里·克林顿出席"10万人留学中国计划基金会"（The 100000 Strong Foundation）成立仪式并致辞。该基金会的成立源自2010年美方提出的"10万人留学中国计划"。该计划提出，到2014年，在中国留学的美国学生人数要达到10万。希拉里在致辞中强调美国人到中国留学的重要性、对中美战略关系的推动和留学中国的经历对美国学生本人的好处。

美国参议院对外关系委员会就克里的国务卿提名举行听证会。克里陈述了他对美国外交的基本看法。关于中美关系，他表示中美不是战略对手，希望强化中美关系，继续重新平衡两国关系。

1月26日，美国军方在加利福尼亚州范登堡空军基地试射"陆基中段防御"导弹防御系统（GMD）拦截导弹。导弹成功完成预定动作，而后飞向外太空。这次试射是2010年12月失败以来GMD拦截导弹第一次试射。

1月25日，美国国际贸易委员会对包括中国在内的9家美国国内外企业生产的便携式电子设备保护壳、移动手持设备和相关触摸式键盘软件等产品发起"337 调查"。根据该条款，美国国际贸易委员会有权调查有关专利和注册商标侵权的申诉，也开展涉及盗用商业机密、商品包装侵权、仿制和虚假广告等内容的调查。如果涉案企业最终被裁定违反了第337 条款，美国国际贸易委员会将发布相关产品的排除令和禁止进口令，涉案产品将彻底丧失进入美国市场的资格。

1 月 28 日，美国贸易代表罗恩·柯克（Ron Kirk）和美国农业部长（Tom Vilsack）宣布，美日已就美国扩大向日本牛肉出口达成协议，其中规定，把美国向日本出口牛肉的牛龄从 20 个月扩大到 30 个月，新条款将会增加美国对日出口牛肉数亿美元。新协议将于 2013 年 2 月 1 日生效。

美国众议院外交委员会主席爱德华·罗伊斯（Ed Royce）率领国会议员代表团访问中国台湾。

美国贸易代表柯克（Ron Kirk）宣布，美国与约旦就促进投资、信息和通讯　技术服务和推进约旦劳工权利、改善工作条件等达成协议。

1 月 29 日，奥巴马在拉斯维加斯戴尔索尔高中发表讲话，就移民改革提出四部分建议：第一，继续加强边界管理；第二，打击雇佣无身份工人的公司；第三，登记无身份移民；第四，对涉及移民家庭、工人和雇主的制度进行合理的改革。

奥巴马宣布，他已批准对遭受内战摧残的叙利亚民众和逃离叙利亚的难民提供新一轮人道主义援助，追加援助 1.55 亿美元，使美国向叙提供援助的总额达到 3.65 亿美元，成为向叙利亚民众提供援助最多的捐助国。

美国参议院以压倒多数票批准参议员约翰·克里出任下任国务卿。现任国务卿希拉里·克林顿定于 2 月 1 日卸任。

1 月 31 日，中国国务院副总理李克强在人民大会堂会见美国众议院外委会主席罗伊斯率领的代表团。李克强说，发展好两国相互尊重、互利共赢的合作伙伴关系，处理好"两个利益"是关键。一方面，要充分照顾彼此核心利益，这是两国关系发展的基础；另一方面，要发展与扩大双方的共同利益，这是两国关系的基石。李克强指出，中美处于不同的发展阶段，互补性远大于竞争性，做互利共赢的合作伙伴，就会产生"利益倍增"效应。罗伊斯等 5 位来自美国共和、民主两党的议员发言表示，美中关系是世界上最重要的双边关系，美国共和，民主两党都积极支持发展美中关系。

美国参议院军事委员会就哈格尔出任国防部长举行听证会。哈格尔阐述了他对美国国防政策的看法。称他的指导原则是使美国的政策"值得美国军人及其家人为之牺牲奉献"，他表示他如果就任，首要任务是处理阿富汗安全过渡问题，打击恐怖主义、阻止伊朗核武器开发也是他列举的美国面临的安全问题。

美国国际贸易委员会宣布，对华为、中兴、三星和诺基亚公司的 3G 和 4G 无线设备发起"337 调查"，以确定这些产品是否侵犯美国公司专利权。

希拉里·克林顿在对外关系委员会就美国的领导地位发表演讲，介绍过去 4 年来美国取得的外交业绩。关于中美关系，她指出中美已建立了具有足够广度和弹性的关系，并称太平洋足够大容得下中美两国，美国将继续欢迎中国的崛起。

2 月 1 日，约翰·克里（John Kerry）宣誓就任美国国务卿。

2 月 2 日，美国副总统拜登（Joe Biden）出席第 49 届慕尼黑安全会议并发表讲话。他表示，欧洲仍然是美国与世界关系的基石，是美国全球合作的推动力量。关于伊朗核问题，他强调，"时间依然是有的，球在伊朗宫廷政府的手中，并且对德黑兰来说，仍有时间采取真正诚恳的措施来进行谈判。"关于中美关系，拜登表示，他个人以及美国总统奥巴马都相信，美中新领导人建立个人关系、开展直接对话对美中两国都非常重要。"美国对中国不怀敌意，美中可以既合作又竞争。和平的、负责任的中国的崛起有利于世界的安全与繁荣。"但他称，应鼓励中国"以共同的全球关注而不是自视的关注界定自己的利益"。

2 月 3 日，美国国务卿克里与日本外相岸田文雄、韩国外交通商部长金星焕通电话，三国一致同意，要充分实施安理会 2087 号决议，如果朝鲜"采取进一步的挑衅措施，必定要面临严重后果"。

2 月 4 日，韩美两国海军在韩国东部海岸开始举行为期三天的联合海上演练，演习旨在防范朝鲜动用潜艇进行的攻击。

美国副总统拜登访问法国，在巴黎会见法国总统奥朗德。双方讨论了马里、叙利亚、伊朗、中东和平进程等问题。

2 月 5 日，美国白宫发言人杰伊·卡尼（Jay Carney）表示，美国使用无人机空袭和定点清除身处国外、被认定为恐怖组织成员的美国公民，并不违反美国宪法。

美国国防部长帕内塔在乔治城大学发表演讲，阐述美国安全尤其是美国"领导地位"面临的挑战以及美国的国防战略。

美国国防部宣布,因担心预算削减,无限期推迟部署"杜鲁门"号航母战斗群,美国驻扎在波斯湾的航空母舰数量也将从目前的两艘减少到一艘。

2月6日,美国财政部宣布,《2012年减少伊朗威胁及保障叙利亚人权法》(Iran Threat Reduction and Syria Human Rights Act of 2012)的主要条款开始生效。这些条款限制伊朗对其存储在国外金融机构的石油收入加以利用的能力,同时防止这些资金流回伊朗,从而扩大了对与伊朗中央银行及其他被列为制裁对象的伊朗金融机构进行的交易实施制裁的范围。美国财政部通过与国务院协商,还将参与伊朗政府审查活动的一名个人和四个实体列为制裁对象。美国此项制裁的依据是第13628号行政令。

2月8日,美国代理商务部长丽贝卡·布兰克(Rebecca Blank)发表声明表示,2012年美国的商品和服务出口增加926亿美元,总额达2.2万亿美元,创有史以来的最高纪录。

2月10日,驻阿富汗美军和北约驻阿富汗国际安全援助部队在喀布尔举行指挥权交接仪式,美国海军陆战队上将约瑟夫·邓福德(Joseph F. Dunford)接替约翰·艾伦(John Allen)出任美军驻阿富汗最高指挥官,同时担任国际安全援助部队司令官。

2月11日,美国国务院根据美国"伊朗、朝鲜、叙利亚防扩散法",以"违反防止武器扩散机制"为由,宣布对一些公司和个人实施制裁,其中有包括保利科技公司在内的四家中国公司和一名中国人。中方表示,美国援引其国内法对中方有关公司和个人实施制裁,严重违反国际关系准则,损害中方利益。

由美军和泰军主办的东南亚地区最大规模的代号"金色眼镜蛇"的联合军事演习在泰国北部城市清迈举行开幕式。自1982年以来,"金色眼镜蛇"联合军演每年举行一次,今年已是第32次。除美国和泰国外,还有日本、新加坡、印尼、马来西亚、韩国,共7个国家参加。本次军演首次允许缅甸以观察员身份参加。中国也派出观察员参加。

俄罗斯根据对莱克多巴胺零容忍的原则,禁止进口所有美国牛肉、猪肉、火鸡以及其他肉制品。美国贸易代表柯克和美国农业部长汤姆·维尔萨克(Tom Vilsack)对此发表声明,对俄罗斯的做法表示十分失望,呼吁俄罗斯立即恢复美国的肉类进口准入。

2月12日，美国、澳大利亚和日本三国代表在华盛顿举行第五届安全和防务合作论坛会议，讨论了在人道救援、灾难救济、海上安全等领域的政治军事和防务合作，并就地区安全问题交流了看法。朝鲜核试验也是会议讨论的热点问题。美、澳、日三国自2007年以来一直定期举行安全和防务合作论坛。

白宫发布关于阿富汗问题的简报，阐述美军在阿富汗的使命、安全过渡时期美军的任务以及2014年后美国在阿富汗的作用。称美军将在一年内将驻阿美军人数减少一半，从2013年春天开始，阿富汗武装力量将在全国承担主导角色。但美国的部队会继续向阿富汗部队提供培训、咨询和协助。

美国总统奥巴马就朝鲜举行核试验发表声明，称这是"一次极具挑衅性的行为"，破坏了区域性稳定，对美国国家安全及国际和平与安全构成了威胁。表示朝鲜的"危险性"活动所构成的威胁要求国际社会必须进一步迅速采取有公信力的行动。称美国将增进同盟国及合作伙伴的密切协调，并与六方会谈伙伴方、联合国安理会及其他联合国会员国共同寻求采取坚决有力的行动。

奥巴马向国会发表他连任后的第一份国情咨文，重点强调了经济议题，在外交政策方面只对阿富汗撤军、朝鲜半岛和伊朗核问题略作提及。他表示，将在一年内从阿富汗撤出现在驻扎的66000人中的34000人的部队，到2014年结束阿富汗战争。

奥巴马签署"关于增进关键基础设施网络安全"的行政命令，称对关键基础设施的网络威胁在不断增长，成为美国国家安全面临的最严重挑战之一。奥巴马呼吁国会尽快通过提高美国网络防御能力的法案。

2月13日，奥巴马和欧洲理事会主席范龙佩、欧盟委员会主席巴罗佐分别在华盛顿和布鲁塞尔发表联合声明，宣布美国和欧盟将启动各自内部的必要程序，以正式展开"跨大西洋贸易与投资伙伴关系"（Transatlantic Trade and Investment Partnership）谈判，即自贸协定谈判。

美国参议院财政委员会就雅各布·卢的财长提名举行听证会。卢阐述了他对美国财政政策理念。关于人民币汇率问题，他表示奥巴马政府一直非常努力地推动中国在包括人民币汇率和贸易等许多领域改变做法。"我相信我们已经取得了进展，中国的货币已经升值了15%。"但卢也指出，人民币币值仍被低估，仍有进一步升值的空间，需要取得更大的进展。在被问及将如何解决使美国的出口处于不利地位的货币政策时，卢说："我将投入大量精力来发展（与中国的）关系，以便推动（中国）撤回我们认为不公平的做法。"

美国导弹防御局和海军"伊利湖"号巡洋舰利用太空跟踪与监控系统卫星，成功完成一次宙斯盾反导系统试验。

2月14日，国务卿克里与欧盟高级代表阿什顿举行会谈。克里称，奥巴马的"亚太再平衡"政策绝不会以损害美国与欧盟的关系为代价。美国要与欧洲进行更多的接触，这也是奥巴马提出建立美欧贸易和投资伙伴关系计划的原因之一。

2月15日，奥巴马在白宫会见意大利总统纳波利塔诺，双边讨论的焦点是世界经济和奥巴马在国情咨文中提出的美国—欧盟自由贸易协定问题。

2月16日，北约发表声明宣布，北约计划在土耳其部署的六套"爱国者"反导系统已经全部部署完毕，并投入使用。

2月19日，美国网络安全公司 MANDIANT 发布一份长达60页的报告，指责中国政府正在支持网络间谍攻击美国大公司。报告称，中国秘密网络部队在过去的六年里不断对美国大公司进行网络攻击，某些来自中国的攻击可以追踪到"中国网军"在上海的总部61398部队。对此，中国外交部发言人洪磊表示，出于各种目的，就黑客攻击进行无端猜测和指责，既不专业，也不负责，无助于解决该问题。中国政府一贯坚决反对并依法打击网络攻击行为。

2月20日，美国驻华大使骆家辉宣布新的签证申请程序。从2013年3月16日起，申请赴美非移民类签证的中国公民将可以通过网络预约面谈时间，查询申请进度。

克里在弗吉尼亚大学发表他就任国务卿后的第一次公开演讲，阐述美国的对外政策。他认为，美国的外交政策开创了市场、开放了机会、建立了法制；美国付出的投资支持了美国在世界各地打击恐怖主义和暴力极端主义。克里表示，美国对外政策所面临的最大挑战不是来自外交，而是来自国会。

奥巴马政府公布"减少美国商业机密盗窃战略"（The Administration's Strategy to Mitigate the Theft of U. S. Trade Secrets），称将严厉打击日益严重的外国盗窃美国商业机密的违法活动。

2月21日，帕内塔在北约总部会见阿富汗国防部长穆罕默迪，双方主要讨论了阿富汗军队增强能力和力量以承担更大安全责任等问题。

2月22日，奥巴马在白宫会见日本首相安倍晋三，双方讨论了包括美日同盟、经济和贸易问题以及深化双边合作在内的双边、地区和全球问题。双方还就《跨太平洋战略经济伙伴协定》（TPP）发表了联合声明。两国政府确认，如果日本加入TPP谈判，谈判将包含所有商品。同时两国确认，在加入TPP谈判时，不必事先承诺单方面取消所有关税。

美国国防部长帕内塔在布鲁塞尔表示，美国决定在2013年春夏的作战季节保留逾6万美军，至2014年2月削减到3.4万人，"等到阿富汗大选结束，美国将开始最后阶段的撤军行动"。

2月24日，克里开始为期十一天的欧洲、中东之行。

2月25日，美国参议院通过"防止朝鲜核扩散及相关责任法"（The North Korea Nonproliferation and Accountability Act）议案，称朝鲜核试验公然违背国际社会对朝鲜的制裁，要求联合国其他成员国对朝鲜实施更严厉的制裁。

克里在伦敦会见英国首相卡梅伦，与英国外交大臣黑格举行会谈。双方讨论了缔结跨大西洋贸易协定、支持利比亚和突尼斯等民主政体"虚弱"的国家、叙利亚问题、伊朗核问题、阿富汗安全职责过渡问题以及中东和平等问题。

克里在柏林会见德国总理默克尔、外长韦斯特韦勒，双方讨论了阿富汗问题、叙利亚问题、两国经贸关系等问题。

2月27日，克里在巴黎会见法国总统奥朗德、外长法比尤斯。双方讨论了美法经贸关系、跨大西洋贸易和投资伙伴关系、全球环境保护问题、马里问题、阿富汗问题和伊朗核问题。

查克·哈格尔（Chuck Hagel）宣誓就任美国国防部长。

2月28日，克里在罗马出席"叙利亚之友"国际会议，并与意大利外长特兹和叙利亚反对派理事会主席哈提卜举行联合新闻发布会。他宣布，美国将直接向叙利亚反对派提供6000万美元的援助，用于加强反对派的组织能力和人道主义援助。

雅各布·卢（Jacob J. Lew）宣誓就任美国财政部长。

3月1日，代号为"秃鹫"的韩美联合军演开始举行。演习从3月1日进行到4月30日，将有20余万名韩军和1万余名美军联合进行地面、海上、空中以及特殊作战训练。

奥巴马向国会提交 2013 年贸易政策议程和 2012 年度报告。报告列举的 2013 年贸易工作重点包括：继续推进到 2014 年底实现出口倍增的计划；加快跨太平洋伙伴关系协定（TPP）谈判；与欧盟进行跨大西洋贸易与投资伙伴协定（TTIP）谈判；在世界贸易组织继续推动贸易自由化。

在与国会领导人协商失败后，奥巴马签署行政命令，正式启动 2013 财年大幅削减政府开支的自动减赤机制。到 10 月 1 日，美国政府机构将减少支出 850 亿美元，其中一半是对国防支出的削减。

美国国务卿克里访问土耳其，在安卡拉会见土耳其总统、总理和外长。克里称土耳其是美国打击恐怖主义的强有力伙伴。他感谢土耳其在结束叙利亚冲突和向叙利亚难民提供人道主义援助方面发挥的领导作用。双方还讨论了两国经贸关系和跨大西洋贸易协定问题。

3 月 2 日，克里访问埃及，承诺向埃及的民主变革提供直接援助，敦促埃及为与国际货币基金组织达成协议而进一步努力和进行广泛改革。

3 月 4 日，美国副总统拜登在美国以色列公共关系委员会年度政策会议上发表演讲称，奥巴马誓言阻止伊朗获取核武器不是在"虚张声势"。

3 月 5 日，哈格尔在五角大楼同以色列国防部长巴拉克举行会谈。这是他就任国防部长后首次正式会见外国政要。哈格尔表示，尽管美国面临财政限制，但依然对以色列安全保持强有力的承诺。双方讨论了叙利亚问题和伊朗核问题。

美国太平洋司令部司令塞缪尔·洛克里尔（Samuel J. Locklear III）对众议院军事委员会表示，自动减支计划和预算的不确定性已经影响了太平洋司令部的运行，并且会像"雪崩"一样最终削弱美国的"亚太再平衡"战略。

朝鲜人民军最高司令部发言人说，朝鲜将从美韩开始联合军演的 3 月 11 日开始，宣布《朝鲜停战协定》"完全无效"。对此，美方表示，"朝鲜的威胁和挑衅不会取得任何结果，只会让朝鲜更加孤立，并且破坏确保东北亚和平和稳定的国际努力。"

3 月 7 日，安理会以一致赞同的结果通过了美国提出的制裁朝鲜的新决议。决议决定，为防止有助于朝鲜的核或弹道导弹计划的活动，将根据安理会相关决议规定，在金融服务、现金携带或移交、过境货物、船只、飞机以及外交人员往来方面加强检查。决议还扩大了旅行禁令、资产冻

结、受到限制的进口材料、设备、货物和技术以及进口奢侈品的内容和
范围。

3月8日，哈格尔访问阿富汗，评估阿富汗的军事进展情况。这是他
第五次访问阿富汗，也是他就任国防部长后的首次出访。

白宫宣布，通知国会授权商务部而不是国务院控制军民两用物品的出
口计划，其目的在于通过对非敏感产品简化出口程序，便利美国制造商在
国际市场的竞争。奥巴马就此发布了行政命令。

约翰·布伦南（John Owen Brennan）宣誓就任美国中央情报局局长。

3月11日，美国总统国家安全顾问多尼隆（Tom Donilon）在亚洲协
会发表题为"2013年的美国和亚太"的演讲。他指出，美国在亚太的首
要目标是维持稳定的安全环境和植根于经济开放、争端和平解决、尊重自
由人权的地区秩序。为此，美国推行一项全面、多维的战略，加强同盟，
深化与正在崛起的大国的伙伴关系，与中国建立稳定、富有成效和建设性
的关系，赋予地区机制以活力，以及建设一个能够维持共同繁荣的区域经
济架构，这些就是美国的战略支柱。多尼隆表示，在奥巴马的第二任期，
亚太地区仍将是美国的战略重点。

美韩开始代号为"关键决断"的联合军演。与历届不同，此次"关
键决断"军演由韩国联合参谋本部主导制定作战计划并予以实施，而不
是由美韩联合司令部主导进行，这主要是为定于2015年进行的战时作战
指挥权移交做准备。

美日两国政府讨论开展太空开发与利用的"综合对话"在东京召开
首次会议，双方发表联合声明。

美国宣布对被控涉嫌大规模杀伤性武器扩散的朝鲜四名官员和一家银
行实施制裁。

3月12日，奥巴马在白宫会见文莱苏丹博尔基亚，双方讨论了将于
2013年10月在文莱召开的东亚峰会将要商讨的问题。

美国国家情报总监克拉珀（James Robert Clapper）在参议院情报委员
会作证，称网络攻击是美国面临的突出跨国威胁。关于恐怖威胁，克拉
珀表示，核心的基地组织正处于困境，可能无法对西方发动复杂的、大规
模的攻击。

美国国防部网络司令部司令凯斯·亚历山大（Keith B. Alexander）在
美国参议院军事委员会表示，该司令部正在建立在网络空间保护美国利益

的队伍。称"这些队伍不是防守性的，而是进攻性的，在国家网络空间遭到进攻时保卫国家"。网络司令部打算到2013年9月建立起三分之一的队伍，到2014年9月再建立三分之一，到2015年9月建立起最后三分之一的队伍。

3月13日，奥巴马在白宫会见来自美国军工、科技、能源和金融界的大公司的首席执行官，讨论政府如何与民间机构合作改善美国网络安全的问题。

3月14日，奥巴马与习近平通电话。他祝贺习近平当选为中国国家主席，希望同中方继续推动美中关系沿着正确的方向稳定向前发展，努力构建基于健康竞争而非战略博弈的新型大国关系。习近平指出，中美有着巨大的共同利益，也存在一些分歧。中方坚定不移维护和促进中美关系发展，愿同美方一道，牢牢把握两国关系大方向，增进互信，扩大合作，管控分歧，保持高层交往，维护和发展好战略与经济对话、人文交流高层磋商等机制，推进合作伙伴关系建设，走出一条新型大国关系之路。双方还就朝鲜半岛形势、网络安全等问题交换了意见。

3月15日，哈格尔在国防部新闻发布会上宣布，为应对来自朝鲜和伊朗的威胁，美国将在阿拉斯加和加利福尼亚州新增14套陆基导弹拦截装置。这使美国导弹拦截装置总数从30套增加到44套。新增拦截装置使美国的导弹防御能力提高了50%。

3月19日，美国总统特别代表、财政部长雅各布·卢（Jacob J. Lew）访华，同中方讨论了朝鲜半岛形势、网络安全、中美经贸关系、两国宏观经济政策特别是财政政策、世界经济形势和国际经济合作等问题。

3月20日，奥巴马访问以色列，与以方讨论了关于以色列和巴勒斯坦之间的"两国方案"、叙利亚局势和伊朗核问题，承诺延长美国对以色列的军事援助，资助以色列"铁穹"导弹防御体系。奥巴马表示，美国倾向于通过外交手段解决伊朗核问题，但会为阻止伊朗获得核武器做一切必要的事。这是奥巴马连任总统后的首次出访。

3月21日，奥巴马在约旦河西岸城市拉马拉会见"巴勒斯坦民族权力机构主席"阿巴斯。奥巴马称，巴勒斯坦人有权要求结束占领和屈辱，美国支持在"两国方案"的基础上建立具有完整主权的独立巴勒斯坦国。他还表示，以色列在巴勒斯坦被占领土上建设定居点的行为"是不合适的，对实现地区和平没有帮助"。

3月22日，韩国联合参谋本部议长郑承兆与韩美联合司令部司令官詹姆斯·瑟曼（James D. Thurman）签署《关于韩美联合应对局部挑衅的计划》，以应对朝鲜发起的"挑衅"。

奥巴马访问约旦，承诺保护约旦的安全，宣布向约旦提供2亿美元的援助，以帮助约旦照顾叙利亚难民和救济受叙利亚危机影响的约旦社区。

3月24日，美国国务卿克里访问伊拉克，与伊方讨论了打击伊拉克境内的恐怖组织和防止伊朗经伊拉克领空向叙利亚运送武器的问题。

3月25日，美联储主席伯南克（Ben S. Bernanke）在伦敦政治经济学院发表题为"货币政策与全球经济"的演讲，阐述美国和其他发达国家的宽松货币政策的积极作用。

3月26日，奥巴马签署"2013财年合并拨款与进一步持续拨款法"（Consolidated and Further Continuing Appropriations Act，2013）。该法案为联邦政府机构提供2013财年（至9月30日）的日常运转资金，并另外为阿富汗和伊拉克提供870亿美元的军事开支。法案的第516条规定，美国政府部门购买中国信息技术系统，必须由联邦调查局或其他适当机构进行网络安全风险评估。

3月27日，美国空军宣布，由于财政预算削减，原定于4月进行的为期两周的"红旗—阿拉斯加"（Red Flag Alaska）多国联合军演取消。

3月28日，奥巴马在白宫会见塞拉利昂总统科罗马、塞内加尔总统萨勒、马拉维总统班达和佛得角总理内韦斯，讨论加强美非关系、美国支持非洲国家的民主制度建设和经济发展等问题。

4月1日，美国贸易代表办公室向奥巴马和国会递交三份报告，详细说明奥巴马政府在减少外国政府对美国出口设置的贸易障碍方面所取得的成就。这三份报告分别是"2013年外国贸易障碍评估报告"（National Trade Estimate Report on Foreign Trade Barriers）、"关于对贸易设置的卫生和动植物检疫障碍的报告"（Report on Sanitary and Phytosanitary Barriers to Trade）和"关于对贸易设置的技术障碍的报告"（Report on Technical Barriers to Trade）。

4月2日，美国总统奥巴马在白宫会见新加坡总理李显龙。他表示，美新有极其密切的军事合作，新加坡是美国杰出的贸易伙伴，新加坡在东盟和东亚峰会内为亚太国家有效合作提供了稳定的见解，是国际规范的有力推动者。奥巴马说，在美国推进亚太再平衡之际，美国希望继续倾听新加坡关于在亚太实现安全与繁荣的建议。

美国国务卿克里与韩国外交通商部长尹炳世举行会谈。双方表示，两国将进一步强化"可靠和有力的威慑力"，以应对朝鲜。双方一致认为维持朝鲜半岛的和平和无核化十分重要，朝鲜半岛南北方改善关系最终将有助于实现这一目标。双方还讨论了在全球安全问题上的合作。这是尹炳世就职后首次访问美国。

美国国务卿克里在美国国务院与菲律宾外长德尔罗萨里奥举行会谈。双方同意进一步加强与深化两国关系，继续实施增加美国军队在菲律宾轮换部署及演习等计划，以帮助菲律宾打造防卫能力，加强对海域监视。双方还讨论了美菲经贸关系尤其是跨太平洋伙伴关系（TPP）。

4月3日，美国国防部长查克·哈格尔在美国国防大学发表演讲，阐述美国国防面临的挑战和机遇。他声称，美国面临着恐怖主义袭击、大规模杀伤性武器扩散、国家和非国家行为体拥有的先进军事技术不断增加、美国可能被拖入地区冲突和网络威胁等安全挑战，而国防费用却在减少。哈格尔强调说，他正考虑对美国军事管理和指挥系统的规模进行根本性的改革，以应对挑战。这是他上任后的首次公开演讲。

中国国务委员兼国防部长常万全应约与美国防部长哈格尔通话。双方就共同努力推进两军关系向前发展达成共识，还讨论了朝鲜半岛局势。

4月5日，日美两国政府就冲绳岛嘉手纳美军基地以南5处设施和区域的归还计划达成协议。日本首相安倍晋三与美国驻日大使鲁斯（John Roos）在首相官邸会谈，批准并正式公布了归还计划。

4月7日，美国国务卿克里抵达土耳其伊斯坦布尔，开始为期10天的欧亚之行。克里在伊斯坦布尔分别会见土耳其总理埃尔多安、外长达武特奥卢（Ahmet Davutoglu），讨论叙利亚问题、中东和平进程等问题。

4月8日第二届"中美省州教育厅长对话"在美国哈佛大学召开。中美省州教育厅长对话是第三轮中美人文交流高层磋商的重要成果。本次对话围绕两国省州基础教育界共同关切的"教师质量""薄弱学校提升"和"中美省州合作与交流"议题展开讨论。美国前助理国务卿坎贝尔在华盛顿接受共同社采访时透露，2012年日本将钓鱼岛"国有化"前，奥巴马政府认为此举将遭到中国的强烈反对并引发危机，曾向当时的野田佳彦政府表达了反对意见。

美国国防部常务副部长艾什·卡特（Ash Carter）在战略与国际研究

中心（CSIS）发表题为"美国向亚洲的国防再平衡"的演讲。卡特称，美国的战略东移势在必行，必将继续下去并逐渐加速。卡特同时强调，积极的、建设性的对华关系对美国再平衡战略的成功必不可少；美军在亚太地区的积极部署并非意在围堵中国。

4月10日，奥巴马向国会递交2014财年预算案，预算总额为3.77万亿美元。其中国务院和国际开发署的预算为478亿美元，国防预算为5266亿美元（阿富汗战争等海外紧急行动的费用没有包含在内）。

奥巴马签署"2014财年自动减支令"（Sequestration Order for Fiscal Year 2014）。根据该法令，在2013年10月1日起的2014财年，美国将削减国防和国内项目预算1090亿美元。

4月11日美国国家情报总监克拉珀在众议院情报委员会作证时说，美国国家安全面临的威胁比以往任何时候都更多样、更相互联系。在美国情报界评估的2013年全球安全威胁中，第一位的是网络威胁，其后是恐怖主义和跨国有组织犯罪、大规模杀伤性武器扩散、太空间谍活动、对自然资源的竞争、健康和传染病威胁、大规模屠杀等。

奥巴马向美国国务卿和国防部长发布备忘录，授权向叙利亚反对派追加1000万美元的非致命性援助。

克里在伦敦出席八国集团外长会议。会议讨论了朝鲜半岛局势、叙利亚局势、伊朗核问题、中东和平进程、网络安全、冲突中的性暴力犯罪等一系列国际问题。会议发表公报，阐明了八国集团在这些问题上的立场，并强烈谴责了朝鲜近期的核活动及其"挑衅"活动。

4月12日，美国国务卿克里到访首尔，并分别会见韩国总统朴槿惠和外交通商部长尹炳世，双方讨论了朝鲜问题、修改"美韩核能协定"问题、美韩自由贸易协定等问题。双方就朝鲜半岛局势发表了联合声明。声明表示，美国站在韩国一边，保卫本国和盟友。双方承诺致力于和平实现朝鲜无核化的目标。两国将于六方会谈伙伴国和国际社会一道，要求朝鲜遵守国际义务和承诺，否则将面临孤立。如果朝鲜做出正确选择，美韩将履行在2005年六方会谈共同声明中做出的承诺。

美国财政部向国会提交"国际经济和汇率政策报告"（Semi-Annual Report to Congress on International Economic and Exchange Rate Policies），认为包括中国在内的美国主要贸易伙伴并未操纵货币汇率以获取不公平贸易优势。这是奥巴马政府在第二任期首度、也是其两个任期内第九度拒绝将中国列为"汇率操纵国"。报告同时指出，人民币兑美元仍有进一步升值的必要，并强调日本不应采取针对别国的日元"竞争性贬值"政策。

美国国务院会同美国财政部，根据"2012 年谢尔盖·马格尼茨基法律责任裁决法"（Sergei Magnitsky Rule of Law Accountability Act of 2012）向国会提交"马格尼茨基名单"，18 名俄罗斯人被美国禁止入境，并被冻结其在美国的财产。其中 16 人被美国认定对马格尼茨基的关押、虐待和致死负有责任。

4 月 13 日，克里到访中国，与中国国家主席习近平、国务院总理李克强、国务委员会杨洁篪和外交部部长王毅会面。双方讨论了深化中美合作的问题，并就朝鲜半岛局势、伊朗核问题、网络安全、气候变化等热点问题交换看法。双方宣布在中美战略与经济对话框架下成立气候变化工作组，推进相关合作；同时在中美战略安全对话框架下设立网络工作组。

4 月 14 日，克里在东京会见日本外相岸田文雄。双方讨论了朝鲜问题、驻日美军基地安排、钓鱼岛争端、中东和平进程、气候变化、跨太平洋伙伴关系（TPP）、网络安全等问题。克里在会见后的记者会上表示，当务之急是推动朝鲜问题和平解决；美国对钓鱼岛的最终主权不持立场，但承认钓鱼岛处于日本的管理之下，希望各方以和平方式处理领土问题；任何可能增加紧张或导致误判的行动都会影响该地区的和平、稳定与繁荣；美国反对任何旨在改变现状的单方面或强制的行动。

4 月 15 日，克里在东京工业大学发表题为"21 世纪的太平洋伙伴关系"演讲，表示美国将继续加强对亚太事务的参与。克里提出要实现"太平洋梦"，将价值观转化为经济、安全和社会合作，在亚太地区维护国家安全，促进经济繁荣，创造新的就业机会，发展伙伴关系。这是克里就任国务卿后首次全面阐述美国的亚洲政策。

4 月 16 日，由美国主持的"南苏丹经济伙伴论坛"在华盛顿召开，来自美国、南苏丹、欧盟、挪威、英国等 40 多个国家的政府和国际组织的代表出席会议。美国常务副国务卿伯恩斯出席会议并致辞。会议讨论了南苏丹面临的挑战与机遇、美国和南苏丹的伙伴关系以及南苏丹与国际社会的关系。

美国总统奥巴马在白宫与阿联酋王储 Abu Dhabi Mohammed bin Zayed Al Nahyan 共进工作午餐，发表联合声明。声明强调发展两国关系、推进共同战略利益、扩大经济联系、加强防务合作。

4 月 17 日，哈格尔在参议院军事委员会作证时宣布，他已于上周下令在约旦部署一批美军人员，帮助约旦保卫其与叙利亚的边界。他同时警告国会，美国直接军事干预叙利亚可能产生不利后果。

美国财政部长雅各布·卢在约翰斯·霍普金斯大学高级国际问题研究院就推动世界经济和贸易发展发表演讲。演讲要点包括：增加全球需求至关重要；必须平衡全球需求以使其可持续；迫切需要加强国际金融监管改革议程；推进贸易和发展。

美国常务副国务卿伯恩斯在中国驻美大使馆参加崔天凯大使举行的招待会上表示，美中关系已进入关键发展阶段。从亚太和平与繁荣，到气候变化、防扩散、减贫、反恐等全球性问题，都离不开美中合作。美方愿与中方一道，共同建设开放、包容、共享安全与共同繁荣的国际体系。

第三届中美省州长论坛在天津举行。中美省州长就经济、贸易和环境问题进行了交流。

4 月 18 日，美国众议院通过旨在帮助工商业公司阻挡外国黑客攻击的"网络情报共享和保护法议案"（The Cyber Intelligence Sharing and Protection Act）。

美国财政部长雅各布·卢与日本财务相麻生太郎在华盛顿举行会谈，双方确认将遵循"财政与货币政策仅针对国内而不设定汇率目标"的国际协议，日本政府将不引导日元贬值。此外双方一致认为强化对朝 金融制裁至关重要。

美国海军首艘濒海战斗舰"自由"号抵达新加坡樟宜海军基地，正式开始在该国为期 8 个月的部署。这是"自由"号首次被部署在亚太地区。

美国参联会主席邓普西与韩国联合参谋本部议长郑承兆（Jung Seung-jo）通过视频举行第 37 次韩美军事委员会会议，称双方将根据"韩美反挑衅计划"（Republic of Korea-United States Bilateral Counter-Provocation Plan），坚定应对朝鲜挑衅。

4 月 19 日，克里向美国国会递交"2012 年国别人权状况报告"（2012 Country Reports on Human Rights Practices）。报告赞扬了缅甸、南苏丹在人权方面的进步，谴责叙利亚、朝鲜等国践踏人权，指出埃及和利比亚的民主进程面临严重阻碍。报告污蔑中国是"共产党独裁国家"，打压支持人权的组织和个人，指责中国在新疆和西藏推行的政策。

4月20日，APEC贸易部长会议在印尼泗水市举行，美国代理贸易代表迪默特里斯·马兰蒂斯（Demetrios Marantis）、副贸易代表兼美国驻世贸大使旁克（Michael Punke）出席会议。会议间隙，马兰蒂斯主持召开了TPP11国贸易部长会议，为解决现存谈判问题和完成2013年的谈判制定计划。与会各国一致同意日本加入TPP谈判（在各国履行国内批准程序后）。

克里访问土耳其，在伊斯坦布尔出席"叙利亚人民之友"主要国家部长级会议，讨论国际社会援助叙利亚反对派和加快推进叙利亚政治过渡的问题。克里宣布，美国对叙利亚反对派和非政府组织的非致命性援助将增加1.23亿美元，达到2.5亿美元。他同时呼吁其他国家将援助叙利亚反对派的总额增加到10亿美元，并宣布美国向叙利亚提供2500万美元的人道主义援助。

美国国防部长哈格尔开始为期8天的中东之行，出访以色列、约旦、沙特、埃及和阿联酋，与各国领导人讨论叙利亚局势和伊朗核问题，缔结提升以色列、沙特、阿联酋军事能力的协定。这是他就任后的首次出访。

4月22日，美国参谋长联席会议主席马丁·邓普西（Martin E. Dempsey）访华，与中方就加强两军合作关系和台湾、钓鱼岛、南海、反导、朝核、网络安全及其他共同关心的国际和地区问题坦诚交换了意见。这是中美领导层换届后两军首次进行的高级别接触。也是邓普西2011年就任美国参联会主席后首次访华。

美国国防部长哈格尔到访以色列，双方宣布两国已就美国向以色列出售武器装备达成协议。美以还就伊朗核问题、叙利亚局势交换了意见。以色列是哈格尔担任美国国防部长以来出访的第一个国家，也是他此次中东之行的第一站。

4月23日，美国Verizon公司发布"2013年数据外泄调查报告"（The 2013 Data Breach Investigations Report），称在已确认的2012年的621起黑客攻击事件中，30%的攻击来自中国，28%的攻击来自罗马尼亚，18%的攻击来自美国。该报告是由Verizon联合世界19家电脑安全公司共同编撰的。

克里在布鲁塞尔参加北约国家外长会议，讨论保持联盟、应对地区性和全球性安全挑战、保护北约成员国安全问题。会议就阿富汗问题、叙利亚局势、朝鲜半岛局势进行了磋商，并就朝鲜半岛局势发表共同声明。

美国国务卿克里在布鲁塞尔出席北约—俄罗斯理事会部长级会议，与俄罗斯讨论双方在阿富汗的合作、在涉及双方的安全问题上的透明性和可预见性的重要性。

4月24日，美国总统国家安全顾问多尼隆在哥伦比亚大学全球能源政策研究所发表演讲，称能源和气候是美国国家安全的至关重要的因素，已经上升到美国外交议程的首要位置；如何应对能源经济和气候面临的挑战，将是未来许多年内衡量美国领导地位的重要标准。

美国国务院代理副发言人帕特里克·温特瑞尔（Patrick Ventrell）就新疆巴楚县发生的严重暴力事件表态说，美国呼吁中国当局对这一事件进行彻底、透明的调查，为包括维吾尔族在内的所有中国人提供不仅中国宪法赋予、而且符合中国所做的国际人权承诺的正当的保护。

美国和韩国政府决定将2014年3月19日到期的《美韩原子能合作协定》的期限延长两年，至2016年3月结束。在此期间，两国将谈判缔结一项替代协议。

美国总统奥巴马政府正式通知国会，美国准备同意日本加入"跨太平洋伙伴关系"（TPP）协定谈判。

4月25日，美国常务副国务卿伯恩斯到访北京，同中方就中美关系及相互关切的全球和地区问题交换意见。

哈格尔在阿布扎比对记者说，美国情报机构认为叙利亚政府已经小规模地使用了化学武器，特别是沙林毒气。白宫官员随后也表示，叙利亚政府使用了化学武器，但"世界在采取行动前还需要充分可靠的事实"。

美国负责东亚和太平洋事务的代理助理国务卿约瑟夫·云（Joseph Yun）在参议院外交委员会作证，阐述美国的亚太"再平衡"政策。约瑟夫·云强调美国与亚太的安全和防务合作仅是美国亚太政策的一部分，非军事因素对美国和东亚的繁荣与安全至关重要，美国必须更加重视加强在亚太的非军事参与。

4月26日，邓普西访问日本，与日方讨论了加强美日军事合作、应对朝鲜"威胁"、中美关系和钓鱼岛争端等问题。邓普西表示，朝鲜的挑衅为美日间更大的合作、整合和协调带来了机遇。关于中美关系，他表示，美国确实寻求与中国发展新型关系，但前提是美国保持与该地区重要盟国特别是日本的现有关系。

美国总统奥巴马在白宫与约旦国王阿卜杜拉二世举行会谈。双方讨论了中东和平进程、叙利亚局势及其对约旦的影响。

4 月 27 日，为期三天的第七届民主国家共同体（Community of De-mocracies）部长级会议在蒙古乌兰巴托举行，美国常务副国务卿伯恩斯率领的美国代表团与来自约 110 个国家的代表出席会议。会议议题涉及管理公开、政治过渡、妇女与民主、民主教育、打击腐败、阿拉伯之春的教训与挑战、网络与新闻自由等。

4 月 28 日，由美国中央司令部部署、12 国（主要是海湾国家）参加的"鹰之决心"（Eagle Resolve）海陆空联合军演在卡塔尔、阿联酋和巴林举行，主要演习如何应对军事对峙、导弹袭击、化学物品泄露、海盗、恐怖袭击等情况。

4 月 29 日，哈格尔在美国国防部与到访的日本防卫大臣小野寺五典举行会晤，双方宣布成立情报、监控与侦察工作组，加强在这些领域的合作。双方同意在导弹防御方面加强合作与协调，以应对朝鲜的挑衅。哈格尔表示，美国不在钓鱼岛的最终主权问题上采取立场，但承认钓鱼岛由日本管理，属于美国的安全义务范围内；美国反对任何试图削弱日本对钓鱼岛的管理权的单方面的和强制性的举动。

4 月 30 日，美国宗教自由委员会发布 2013 年年度报告（2013 Annual Report of the U. S. Commission on International Religious Freedom），时间跨度为 2012 年 1 月 31 日至 2013 年 1 月 31 日。该报告"记录"了 29 个国家"践踏"和"违背"宗教自由的情况。包括中国在内的 15 个国家被列为"应格外关注的国家"。报告涉华部分称，过去一年来，中国西藏佛教徒和新疆穆斯林的宗教自由显著恶化。

美国总统奥巴马在白宫举行新闻发布会。关于叙利亚化武问题，奥巴马表示，在这个问题上以审慎方式行事很重要，但一旦确定叙利亚使用了化学武器，他将重新考虑迄今尚未采用的"一系列选项"。关于关塔那摩囚犯绝食问题，奥巴马表示，美国需要关闭关塔那摩监狱，关塔那摩监狱对维护美国安全是不必要的，损害了美国的国际形象，削弱了美国与盟友间的反恐合作，为极端分子增加了口实。

5 月 1 日，针对中国驻美大使崔天凯批评哈格尔有关钓鱼岛的错误言论，美国国务院代理副发言人温特瑞尔在记者会上表示，美国呼吁各方在钓鱼岛问题上避免采取会增加紧张或误判的行为，美国的话是说给中日双方听的。美国在钓鱼岛主权问题上不持立场。

美国贸易代表办公室发布关于知识产权问题的"特别301年度报告"（"Special 301"Report），评价美国95个贸易伙伴在保护和实施知识产权方面的表现。乌克兰被列为损害知识产权的首要国家（Priority Foreign Country），包括中国在内的10个国家被列入首要观察名单（Priority Watch List）、30个国家被列入观察名单（Watch List）。报告称对中国"盗用"商业机密严重关注，指责中国"自主创新"政策损害美国在华知识产权持有者的利益。

5月2日，美国国防部长哈格尔向国会提交"2012年朝鲜军力报告"（Military and Security Developments Involving the Democratic People's Republic of Korea 2012），称朝鲜在谋求核能力和发展远程导弹，是美国在东北亚面临的最严峻的安全威胁之一。

美国总统奥巴马和墨西哥总统培尼亚·涅托在墨西哥城举行会谈，讨论两国之间的贸易、教育、安全、贩毒和移民问题。双方决定成立一个由双方内阁级官员主持的"高级别经济对话"，讨论扩大和深化双边经济联系事宜。双方重申将在年内完成两国间的TPP伙伴关系谈判。两位元首还承诺合作加强对全球和地区事务的领导。

5月3日，美国总统奥巴马在圣何塞会见中美洲一体化组织（Central American Integration System leaders）领导人，讨论了美国对深化与该地区经济合作、扩大这一地区繁荣和社会包容的承诺；还讨论了民事安全合作和建设有利于工商业和投资的安全社区的重要性。

5月4日，美国常务副国务卿伯恩斯（William J. Burns）在普林斯顿大学伍德罗·威尔逊国际关系学院发表题为"美国与变化中的中东"的演讲，阐述中东对美国外交政策的影响、中东正在发生的变化以及美国在塑造中东未来方面所能做的事。伯恩斯称，美国承受不起忽略正处于紧要关头、正在经历"自身觉醒"的中东地区。他暗示，美国应当根据中东正在变化的形势，对中东进行"再平衡"。

5月6日，美国国防部发布"2013年中国军力报告"（2013 Military and Security Developments Involving the People's Republic of China），内容涉及中国的安全与军事战略、中国军事理论的发展、军力结构和先进技术、台湾海峡安全局势、美中军事联系、美国的对华接触战略、中国针对美国国防部的网络行为等。报告称中国正在增加对军事现代化的投入，指责中国军事现代化缺乏透明度，影响其他国家的安全考量，带来不确定性。报告还指责说，2012年包括美国政府部门电脑系统在内世界各地的众多电脑系统遭到入侵，其中一些入侵可以直接追溯到中国政府和军事机构。不过，报告对过去一年中美军事交流和合作做了积极评价。

5月7日，美国总统奥巴马在白宫与韩国总统朴槿惠举行会谈，探讨了美韩同盟关系与朝鲜问题、双边实质性合作方案、东北亚问题、国际合作、美国向韩国移交战时作战指挥权、修改"韩美原子能协定"等事宜。双方重申将坚决应对朝鲜挑衅，但会敞开对话的窗口。奥巴马说，朝鲜以制造危机换取让步的时代已经结束。两国就美韩关系今后的发展方向发表了联合宣言——"纪念美韩结盟60周年联合宣言"。双方还发表了"应对全球气候变化的联合声明"。

美国国务卿克里在莫斯科会见俄罗斯外长拉夫罗夫，主要讨论了叙利亚问题。美俄承诺把谈判作为结束叙利亚冲突的根本手段，将协调叙利亚冲突双方坐到谈判桌前，与国际社会有关各国一道，在"日内瓦公报"框架内找到政治解决办法。双方同意，在月底之间尽快召开一次有叙利亚政府和反对派代表参加的国际会议，探讨如何实施"日内瓦公报"。

5月8日，美国国务院宣布向受冲突影响的叙利亚人和叙境外难民追加提供1亿美元的人道主义援助。

5月9日，为期两天的首届美日网络对话（U. S. -Japan Cyber Dialogue）在东京举行，美国国务卿的网络问题协调员克里斯托弗·彭特（Christopher Painter）率领由美国国务院、国土安全部、司法部和国防部组成的跨部门代表团与由日本负责网络政策的担当大使今井治率领的日方代表团与会，对话旨在交换网络威胁信息，协调国际网络政策，对比国家网络战略，在网络领域强化美日同盟关系。

美国国防部长哈格尔在华盛顿近东政策研究所索瑞福研讨会（Soref Symposium）发表演讲，阐述美国在中东的防务政策、介绍他上个月对中东的访问情况。哈格尔称，美国在中东地区的战略利益面临着"令人震惊的挑战"。哈格尔强调，美国战略把中东视为对美国安全利益极其重要的地区，美国将继续在这一地区保持强大存在。

美国国务院宣布，四家伊朗核公司为伊朗核项目提供原料、技术和服务，帮助伊朗提高铀浓缩和建造重水核反应堆的水平，为此美国严禁本国公民与上述公司发生业务往来，并冻结它们在美国境内的全部资产。

5月10日，美国总统奥巴马签署"国家北极地区发展战略"（National

Strategy for the Arctic Region），把推进美国安全利益、追求对北极地区负责任的管理和加强国际合作确定为美国发展北极地区的优先要务。

美国国务卿克里在美国国务院参加"谷歌视频群聊"（Google + Hangout），与美国各地网民就美国外交政策问题举行网上对话。在对话中，克里称美国认为有"强有力的证据"证明叙利亚政权使用了毒气。

美国国务卿克里在美国国务院与乌克兰外长里奥尼德·科扎拉（Leonid Kozhara）举行会谈，双方讨论了美乌关系、防扩散与安全问题、乌克兰与欧盟关系等问题。

5月11日，美国常务副国务卿伯恩斯在喀布尔与阿富汗外长扎尔迈·拉苏尔（Zalmai Rassoul）举行美阿双边委员会（U. S. -Afghanistan Bilateral Commission）会议，双方主要就美阿安全协议相关问题进行了讨论。

美国国防部常务副部长卡特访问阿富汗，评估美军减少驻军情况和阿富汗局势。

5月13日，美国总统奥巴马在白宫会见来访的英国首相卡梅伦。双方讨论了即将在英国召开的八国集团峰会议程、美国与欧盟的跨大西洋贸易与投资伙伴关系谈判、阿富汗安全局势、中东和平进程、叙利亚局势、伊朗核问题。

5月14日，美国对朝政策特别代表格林·戴维斯开始访问韩国、中国和日本，分别与三国相关官员讨论朝鲜半岛局势和朝核问题。

北约军事委员会在布鲁塞尔召开会议，讨论阿富汗安全职责移交、2014年后北约在阿富汗的使命以及北约在各成员国面临财政困难之际的改革。美国参联会主席邓普西、北约盟军最高司令菲利普·布瑞德罗夫（Philip M. Breedlove）、北约驻阿富汗国际安全援助部队司令兼驻阿美军司令约瑟夫·邓福德（Joseph F. Dunford）出席。会议强调北约在2014年底驻阿富汗国际安全援助部队使命结束后继续为阿富汗提供支持。

俄罗斯联邦安全总局宣布抓获一位名叫瑞恩·克里斯托弗·福格尔（Ryan ·Christopher·Fogle）的美国中情局间谍。这是约10年来俄罗斯第一次公开宣布抓获身为美国公民的间谍。福格尔随后被俄罗斯驱逐出境。

5月15日，美国国务卿克里出席在瑞典基律纳（Kiruna）举行的北极理事会部长级会议，与7位其他北极圈国家外长和北极居民代表评估北极理事会的成就、批准今后两年的工作计划。

5 月 16 日，美国总统奥巴马在白宫会见土耳其总理埃尔多安，双方主要讨论了两国经贸关系、安全关系和叙利亚局势。双方一致认为，巴沙尔必须下台，这是解决叙利亚危机的唯一出路。

美国财政部发表声明，宣布对叙利亚国防部长、卫生部长、工业部长和司法部长，以及国有的叙利亚阿拉伯航空公司和私立"世间"电视台进行制裁，禁止美国公民与上述个人和实体进行交易，同时冻结他们在美国境内所有资产。

5 月 17 日，美国《外交》杂志网站刊登对中国驻美大使崔天凯的采访全文，崔天凯就中美关系、美亚太"再平衡"战略以及国际和地区热点问题回答了记者提问。

美国总统奥巴马向国会提交海外紧急行动拨款申请，为包括进行阿富汗战争在内的海外紧急行动提出 794 亿美元的预算请求。

美国参联会主席邓普西在国防部记者会上表示，俄罗斯计划向叙利亚出售反舰导弹和 S-300 空防系统"绝对是一个不幸的决定，将会为叙利亚政权打气并延长叙利亚的苦难"。

5 月 20 日，美国总统奥巴马在白宫与缅甸总统吴登盛会谈，奥巴马赞扬了缅甸的政治改革并呼吁缅甸进一步落实并扩大改革，双方还讨论了美国促进与缅甸的贸易和投资，援助缅甸农业发展、道路建设等具体计划。这是近 50 年来缅甸领导人首次访美。

美国国务卿克里出席"国际宗教自由报告"（2012 International Religious Freedom Report）发布会并致辞。该报告包含近 200 个分报告，评价世界各国和地区的宗教信仰状况以及美国政府为推动宗教"自由"而做出的"努力"。报告的中国部分指责中国压制宗教信仰，污蔑中国在新疆和西藏的宗教政策。

美国国防部长哈格尔在美国国防部会见澳大利亚国防部长斯蒂芬·史密斯（Stephen Smith），双方讨论了美国驻澳大利亚军队及其轮换、网络空间领域合作、对关键军事能力的投资等问题。哈格尔表达了美国对亚太地区的持久重视、对亚太地区及美国盟友的安全承诺。

5 月 22 日，美国国务卿克里在安曼出席"叙利亚之友"11 国部长级会议。克里表示，奥巴马总统无意派遣美国军队到叙利亚，但会以其他的方式支持叙利亚反对派。奥巴马政府"在有关如何提供这种支持以及何种支持的问题上不排除任何方案"。克里称，如果召开日内瓦会议的努力失败，那么"叙利亚之友"将继续支持反对派为争取叙利亚的"自由"而战。

5月23日，美国总统奥巴马在美国国防大学发表讲话，阐述美国的反恐战略。奥巴马指出，美国正处在一个新的十字路口，对新形势和新威胁应当采取新的应对措施。对付盘踞在阿富汗、也门等地的基地组织成员的一个最为有效的手段就是无人机轰炸。奥巴马称，针对恐怖分子采取有的放矢的行动、发展有效力的伙伴关系、加强外交接触和援助，通过这样一项全面的战略，美国能够大大减少针对美国本土的大规模攻击发生的概率，并能减轻在海外的美国人所面临的威胁。奥巴马在讲话中还再度提到了关闭关塔那摩监狱的计划。

5月24日，美国总统奥巴马在马里兰州安纳波利斯美国海军学院毕业典礼发表演讲，称尽管面临严峻的财政困难，美国也要保证让军队得到为应对挑战所需的费用和装备，其中包括正在进行的建立一支拥有超越下一个十年各国海军联合起来的实力的舰队的计划。

5月26日，美国国务卿克里在安曼参加"2013年中东北非世界经济论坛"并在论坛上宣布了一项旨在振兴巴勒斯坦经济的总额达40亿美元的投资计划。

5月27日，美国总统国家安全事务助理多尼隆访华，与中方领导人就即将举行的中美首脑会晤深入交换意见，并就双边关系和共同关心的问题交换看法。

5月28日，美国副总统拜登在西班牙港会见来自加勒比地区15个国家的总统、总理和部长，讨论美国深化经济合作、扩大该地区繁荣的承诺，还讨论了民事安全合作和建设有利于商业和投资的安全社区的重要性。拜登和加勒比共同体主席、海地总统马特利分别代表美国和加勒比共同体15国签署了"美国—加勒比共同体贸易和投资框架协议"。

5月30日，美国国务院向国会提交"2012年恐怖主义问题国别报告"（2012 Country Report on Terrorism），内容包括对恐怖主义的战略评估、各国打击恐怖主义的努力、支持恐怖主义和为恐怖分子提供庇护的国家、外国恐怖组织等。报告称，美国面临的恐怖主义威胁更分散、地理分布更广。美国"必须提高合作伙伴的能力，抗击继续在世界各地煽动恐怖主义暴力的意识形态"。

　　5月31日，美国总统奥巴马在白宫与北约秘书长拉斯姆森举行会谈，双方主要讨论了阿富汗局势，探讨了在2014年美国和北约撤出大部分作战部队后，应当采取何种措施继续确保阿富汗安全部队能够有效控制边境以及避免阿富汗今后成为恐怖活动基地问题。两人还讨论了改进北约防卫能力应对新挑战、利比亚局势等问题。

　　6月1日，美国国防部长哈格尔在新加坡举行的香格里拉对话会上表示，美国将在亚太地区投入更多空中、地面力量以及高科技武器，以落实在本地区的"战略再平衡"部署。哈格尔重申美国将坚持上届对话会上宣布的到2020年前将60%的海军军舰部署到太平洋地区的计划，并称在此基础上，美国还将把其本土以外60%的空军力量部署到亚太地区。哈格尔说，与中国建立积极和具建设性的关系是美国"再平衡战略"的一个重要环节。

　　6月2日，美国负责民主、人权和劳工事务的助理国务卿帮办丹尼尔·贝尔（Daniel Baer）在众议院外交委员会作证，谈《2002年西藏政策法》实施情况，称美国的目标是"促进中国政府和达赖喇嘛的代表进行实质性对话，并帮助延续西藏独特的宗教、语言和文化遗产"。

　　6月3日，美国总统奥巴马发布行政命令，授权对从事或为大量买进或卖出伊朗里亚尔交易提供便利或在伊朗境外保持里亚尔账户的金融机构实施制裁。

　　6月5日，美国总统奥巴马宣布任命美国常驻联合国代表苏珊·赖斯（Susan Rice）担任总统国家安全助理，接替将于7月初辞职的多尼隆。奥巴马还提名前总统特别助理、国家安全委员会负责多边和人权事务的高级主任萨曼莎·鲍尔（Samantha Power）为常驻联合国代表，接替赖斯。

　　美国国务卿克里发表声明，宣布中国、印度、马来西亚、韩国、新加坡、南非、斯里兰卡、土耳其和中国台湾大量减少了从伊朗的原油进口或达到了零进口，因此他向国会报告，这些国家和地区在180天内免受2012财年国防授权法第1245条的制裁。

　　北约国家国防部长会议在北约总部闭幕。会议确定北约2014年后将在阿富汗展开一项代号为"坚定支持"（"Resolute Support"）的非战斗行动，会议批准了这项行动的指导准则，在今后数月内，北约军事专家将按照这些准则制定具体的行动计划。

　　6月6日，《华盛顿邮报》披露，美国国家安全局（National Security

Agency）和联邦调查局根据一项秘密计划，从美国9家著名互联网公司的服务商提取音频、视频、照片、电子邮件和文件以对使用互联网的个人进行追踪。该计划名为"棱镜"（PRISM），2007年开始建立，参与该计划的大公司有微软、雅虎、谷歌、脸谱、苹果等。同日，英国《卫报》网站取得的秘密法院命令披露，美国国家安全局正在收集威瑞森（Verizon）通信公司数百万用户的通话记录。报道说，这份标示为"最高级别机密"的命令由美国联邦海外情报监听法庭发布，指示威瑞森商业网络服务公司在命令于2013年7月19日到期以前，"持续、每日"交出包括所有通话记录在内的电子资料。

中美第六轮战略安全与多边军控磋商在北京举行。中国外交部部长助理马朝旭与美国国务院负责军控与国际安全事务的代理副国务卿罗斯·高特莫勒（Rose Gottemoeller）分别代表两国出席磋商会，双方就大国关系、地区热点、多边军控等问题深入交换了意见。

6月7日，英国《卫报》报道，奥巴马于2012年10月发布了一项"最高级别机密"的总统政策命令，指示美国情报系统和国防部为"攻击性网络作用行动"（Offensive Cyber Effects Operations）制订计划，"提供唯一和非常规的能力，以极少警告或不警告对手或目标的方式和以造成从微妙到严重损害的效果的方式，在世界各地推进美国目标"。命令要求确定"具有重要意义的潜在目标，"称"攻击性网络作用行动"在这些目标方面可以提供与其他力量手段相比更能规避危险、获得显著效果的作用。

第十轮中美经济发展和改革论坛在华盛顿召开，美国负责经济增长、能源和环境事务的副国务卿罗伯特·霍马茨（Robert Hormats）主持会议，中国发改委副主任朱之鑫、能源局副局长刘琦率中国代表团出席会议。

6月8日，中国国家主席习近平在美国加利福尼亚州安纳伯格庄园与美国总统奥巴马举行为期两天的会晤。双方同意不断加强两国在经贸、投资、能源、环境、人文、地方等领域务实合作，深化全方位利益交融格局；同意就气候变化、网络安全问题加强对话与合作，充分发挥好有关工作组的作用。双方均强调了改善和发展两军关系的重要性，愿推进中美新型军事关系建设。中方将应邀参加2014年环太平洋军演。两国元首就亚太地区形势和中美在亚太的互动交换了意见。同意继续深化中美在多边机构内的合作，在国际和地区热点问题上保持密切协调和配合，进一步加强在全球性问题上的合作。

美国国家情报总监克拉珀（James Robert Clapper）发表声明，称英国《卫报》和《华盛顿邮报》报道的美国政府进行的侦查行为是根据"对外情报侦查法"（Foreign Intelligence Surveillance Act）进行的，是合法的，得到了国会的授权。侦查行为是为了获得外国情报信息尤其是对挫败针对美国及盟友的恐怖袭击和网络攻击所必要的信息。

6月9日，美国中央情报局前秘密雇员爱德华·斯诺登（Edward Snowden）表示，他是英国《卫报》和《华盛顿邮报》报道的"最高级别机密"的国家安全局计划的主要披露者，披露该计划是为了反对美国政府对无辜平民的系统侦查。

来自19个国家的8000多名军人在约旦参加美国主导的"热切之狮"（Eager Lion）年度多国海陆空军演。演习旨在应对暴乱、边界安全等安全挑战。来自美国中央司令部辖区的5000余名美国空军、海军和海军陆战队军人及飞机、军舰参加演习。

6月10日，《华盛顿邮报》——皮尤研究中心发布民意调查结果，56%的美国公民表示，可以接受国家安全局为反恐跟踪对百万美国人进行电话记录监控，41%的人表示反对。

美军与日本自卫队在美国加利福尼亚州圣克利门蒂岛和彭德尔顿海军陆战队基地开展"离岛防卫"训练。日本海上自卫队投入"日向"号直升机航母和宙斯盾驱逐舰等主力舰艇，陆上自卫队则派出专门用于岛屿特种战的部队，参演兵力超过千人。美军方面则仍以海军陆战队为主。

6月11日，美国总统奥巴马在白宫就移民问题发表讲话，称美国经济上最大的优势之一就是其人口构成，美国源源不断地从世界各地吸引人才。奥巴马列举了美国移民制度存在的问题，他特别提到，美国吸引了世界上最优秀、最聪明的人到美国学习，当他们完成学业、获得发明或创业所需的训练时，美国的移民制度经常要求他们回国，这样其他国家就收获了好处。奥巴马称，这是不明智的，是移民制度存在的漏洞。

6月12日，美国"棱镜"计划揭秘者斯诺登在香港通过《南华早报》表示，美国情报部门早在2009年就开始监控中国内地和香港的电脑系统。

6月13日，美国代理贸易代表梅里艾姆·萨皮罗（Miriam Sapiro）率美国跨部门代表团与东盟国家贸易部长和其他经济官员在华盛顿举行会谈，主要讨论加强美国和东盟国家之间的经贸关系、促进双方的就业和经济机会问题。双方代表团研究了如何推进奥巴马和 10 位东盟领导人于 2012 年发起的"美国—东盟扩大经济合作倡议"（US-ASEAN Expanded Economic Engagement Initiative）的工作。

6 月 17 日，美国总统奥巴马在北爱尔兰厄恩湖八国集团峰会期间宣布，美国向受叙利亚冲突影响的叙利亚人追加提供 3 亿美元的人道主义援助，用于救济叙利亚境内的人以及在叙利亚邻国的难民。

美国总统奥巴马在北爱尔兰厄恩湖与英国首相卡梅伦、欧洲委员会主席巴罗佐、欧盟理事会主席范龙佩共同宣布启动跨大西洋贸易与投资伙伴关系谈判。

美国总统奥巴马在北爱尔兰厄恩湖与俄罗斯总统普京举行会谈，讨论双边经贸关系、朝鲜和伊朗问题、叙利亚局势、反恐问题、核安全和防扩散等。双方发表了"关于加强双边接触的联合声明""关于合作打击恐怖主义的联合声明"和"关于建立信任方面新的合作领域的联合声明"。

6 月 18 日，美国和北约驻阿富汗国际安全援助部队正式向阿富汗安全部队移交主要安全职责，阿富汗总统卡尔扎伊和北约秘书长拉斯穆森出席在喀布尔举行的移交仪式。美国国防部长哈格尔发表声明祝贺。

美国国务卿克里在美国国务院发布"2013 年度人口贩运问题报告"（2013 Trafficking in Persons Report）。报告评估了世界 188 个国家和地区打击人口贩运问题的情况。中国、俄罗斯、朝鲜、伊朗、叙利亚等 21 国被列为表现最差的第三类国家，另有 25 国被列入第二类观察国名单。

6 月 19 日，美国总统奥巴马在柏林勃兰登堡门发表演讲，呼吁将全球战略核武器削减三分之一，并承诺采取更多行动应对气候变化挑战。在谈到应对恐怖主义威胁时，奥巴马说，尽管美国对恐怖主义威胁依然保持警惕，但美国必须超越永久战争的心态。美国将努力关闭关塔那摩监狱、严格控制使用像无人机那样的新技术、在寻求安全与保护个人隐私之间取得平衡。

美国国防部发布《美国核武器运用战略报告》（Report on Nuclear Employment Strategy of the United States）。报告称，美国核武政策新的指导方针是维持可靠的威慑，有能力使任何潜在的对手确信，攻击美国及其盟国的不利后果远远超出他们可能通过攻击获取的任何潜在利益。报告称，中国核武项目缺乏透明度，从而引起外界对中国长期意图的质疑。报告说，美国仍然致力于维持美中关系中的战略稳定，支持就核武议题发起对话，促进与中国更稳定、更有效率和更透明的安全关系。

6 月 20 日，美国负责东亚和太平洋事务的助理国务卿提名人丹尼尔·拉塞尔（Daniel Russel）出席参议院对外关系委员会提名听证会。拉塞尔表示上任后将继续推进美国亚太再平衡战略，但他会做出两点调整，即进行"再再平衡"（rebalance within rebalance），和推动战略多元化。他指出，在美国亚太再平衡战略中，东北亚受到极大关注，但他认为东南亚和太平洋地区更值得美国加大接触和介入，即进行"再再平衡"。对于战略多元化，拉塞尔指军力等"硬实力"固然是美国亚太再平衡战略的基石，但经济、能源、教育、价值观、民间交流、公共外交等才会产生重大和持久的影响，因此美国应兼顾上述领域，力争实现战略多元化。拉塞尔称，保护南中国海航行自由和不受阻碍的合法贸易涉及美国利益，因此美国反对以胁迫、武力威胁或使用武力实现索求。他还说，"无法接受"中国提出的仅与其他主权声索国展开双边协商的做法，且表示美国支持东南亚国家作为一个共同体展开协商，并制定解决争端的"行为准则"。

美国负责政治事务的副国务卿温迪·舍曼与中国外交部副部长翟隽在华盛顿主持中美中东问题对话会。该对话是在中美战略与经济对话机制下设立的。双方讨论了中东局势特别是叙利亚、伊朗和中东和平进程问题，还讨论了推动双方在应对包括能源安全在内的地区问题和全球挑战方面进一步合作的途径。

6 月 21 日，美国总统奥巴马致信国会领导人，称应约旦政府请求，"热切之狮"军演结束后，约 700 人的美军及装备将留在约旦，其中包括"爱国者"导弹系统、战斗机和相关的支持、指挥、控制和通讯人员和系统。这支部队将与约旦政府充分协调，直到安全局势不再需要他们留在那里。

迈克·弗罗曼（Mike Froman）宣誓就任美国贸易代表。

6 月 22 日，香港《南华早报》在其网站上发布消息称，遭美国间谍罪等指控的情报部门前雇员斯诺登向该报表示，美国国家安全局曾入侵中国电信公司以获取手机短信信息，并持续攻击清华大学的主干网络以及电讯公司 Pacnet 香港总部的计算机。

美国国务卿克里在卡塔尔首都多哈参加由 11 个国家外长或外交大臣参加的"叙利亚之友"会议。会议同意向叙利亚境内反对派提供紧急援助，其中包括向叙反对派武装提供军事援助。

6月23日，美国"棱镜"计划揭秘者斯诺登离开香港抵达莫斯科。

美国国务卿克里在印度新德里发表演讲，阐述美印战略伙伴关系。克里表示，印度是美国亚洲再平衡战略的重要伙伴，美国重视印度在确保亚洲稳定方面的作用。

6月24日，美国白宫发言人卡尼（Jay Carney）在记者会上表示，放走斯诺登不是香港移民官员所做的技术性决定，而是中国政府经过深思熟虑后做出的决定，此举将给中美关系带来负面影响。

美国总统奥巴马提名太平洋海军司令赛西尔·汉内（Cecil D. Haney）海军上将接替罗伯特·凯乐（C. Robert Kehler）空军上将，担任战略司令部司令。

美国国务卿克里在新德里出席年度美印战略对话。双方强调继续加强区域联系、通过区域对话机制包括东亚峰会、东盟地区论坛和东盟防长会议等强化美印关系。双方承诺继续通过双边和三边（美印日）形式就关系到该地区的问题密切磋商。

6月25日，美国总统奥巴马在乔治敦大学发表讲话，谈气候变化带来的挑战。奥巴马提出有关降低美国碳排放和为应对气候变化作准备的最新建议。奥巴马称，美国将领导世界帮助其他国家向清洁燃料过渡，使这一代人能为未来留下一个更洁净和更安全的地球。

6月27日，美国参议院通过移民改革法案。法案规定进一步加强美墨边境安全，也提出了使现在美国的非法移民通过13年最终成为合法公民的路径。

美国和菲律宾在黄岩岛以东108公里的海域举行"海上战备训练合作"演习。

美国总统奥巴马在达喀尔与塞内加尔总统萨尔举行会谈。双方讨论了促进双边贸易和投资问题，美国承诺在基础建设、教育、农业发展、消除艾滋病和疟疾等方面帮助塞内加尔。双方同意进一步加强两国年轻人之间的联系和交流。

6月28日，美国国务院新闻办公室主任帕特里克·温特利尔（Patrick Ventrell）在记者会上就中国新疆发生的暴力事件表示，美国对最近关于维吾尔族人和穆斯林在中国受到歧视和限制的报道深表关注，呼吁中国"解决这些适得其反的政策"，呼吁中国对这起暴力事件进行彻底、透明的调查。温特利尔称，美国希望中国公民的权利得到保护。

6月29日，美国总统奥巴马在约翰内斯堡大学索韦托校区举行的市民大会上发表演讲，赞扬年轻人在发展和民主建设中的重要作用。奥巴马宣布美国设立华盛顿年轻非洲领导人奖学金（Washington Fellowship for Young African Leaders），从2014年起，每年接受500名年轻非洲领导人到美国培训领导能力。

德国《明镜》周刊刊登一份从美国"棱镜"计划揭秘者斯诺登处获取的文件。文件显示，美国国家安全局对欧盟总部、欧盟驻华盛顿外交使团和驻联合国的办事机构大楼进行监听，包括监听会议录音、人员谈话及电话通话、窃取电脑文件、监视电子邮件内容等。

6月30日，美国总统奥巴马在南非开普敦大学发表演讲。奥巴马称美国正在超越简单的向非洲提供援助，而发展一种新型的重视非洲本身解决问题的能力和发展的能力的平等伙伴关系。奥巴马赞扬非洲正在崛起，表示要进一步扩大美非贸易。奥巴马在演讲中宣布了美国的"非洲电力"计划（Power Africa）。计划的目标是使非洲撒哈拉以南地区电力供应增加一倍，美国将为这个计划提供70亿美元。

7月1日，美国总统奥巴马在达累斯萨拉姆与坦桑尼亚总统基奎特举行会谈，双方讨论了促进双边经贸关系、非洲电力和基础设施发展，消除艾滋病，维护非洲地区安全等问题。

7月2日，美国国务卿克里在文莱斯里巴加湾参加第20届东盟地区论坛部长级会议。克里呼吁各方停止通过强迫或其他挑衅行动推进在南海的主权声索，强烈敦促各方通过外交的和和平的方式管理和解决在南海的分歧。克里还就朝鲜核问题和网络安全问题阐述了美国的立场。

美国国务卿克里在文莱斯里巴加湾出席第三届东亚峰会外长会议，称美国支持东亚峰会作为处理亚太地区政治和战略议题的主要机制。

7月8日，中美在战略安全对话框架下举行第一次网络工作组会议。双方就网络工作组机制建设、两国网络关系、网络空间国际规则、双边对话合作措施，以及其他共同关心的问题进行了坦诚、深入的交流。

7月9日，在第五轮中美战略与经济对话的战略框架下，第三次中美战略安全对话在华盛顿举行。外交部副部长张业遂和美国常务副国务卿伯恩斯共同主持本次对话，中国人民解放军副总参谋长王冠中、中国驻美国大使崔天凯、美军太平洋总部司令洛克利尔（Samuel J. Locklear III）等参加。双方就共同关心的战略安全、综合安全问题交换了意见。

7月11日，为期两天的第五轮中美战略与经济对话在华盛顿闭幕。中国国家主席习近平特别代表、国务院副总理汪洋和国务委员杨洁篪同美国总统奥巴马特别代表、国务卿克里和财政部部长雅各布·卢共同主持对话。双方围绕落实两国元首安纳伯格庄园会晤共识、推进中美新型大国关系建设坦诚、深入交换了意见，达成广泛共识，取得重要积极成果。双方积极评价中美战略与经济对话机制的重要作用，同意进一步完善这一机制。双方宣布建立元首特别代表热线。

7月12日，美国总统奥巴马签署支持台湾参与联合国国际民航组织法案。法案要求国务卿克里推动联合国国际民航组织在9月的蒙特利尔大会上批准台湾以观察员身份加入。奥巴马表示，"美国全力支持台湾取得不要求以国家身份参与的国际组织的会员资格。"

美国与欧盟在华盛顿结束"跨大西洋贸易与投资伙伴关系协定"（TTIP）首轮谈判，初步确定该协定将涵盖市场准入、投资、服务、监管等20项议题，并定于2013年10月举行第二轮谈判。

7月17日，美国联邦储备委员会主席伯南克（Ben S. Bernanke）在众议院金融委员会作证，重申了美联储对调整量化宽松政策的立场。他说，如果未来经济数据基本符合预期，美联储将于2013年晚些时候开始削减量化宽松规模，并于2014年年中彻底结束资产购买操作。但他同时强调，美联储政策将基于经济和金融形势的发展，绝不是预先设定。

7月18日，美国副总统拜登在乔治·华盛顿大学的美国进步研究中心就美国亚太政策发表演讲，称美国加强对亚太地区的重视和交往不仅是为了使该地区更安全，也是为了使该地区更繁荣。

7月21日，美国参联会主席邓普西访问阿富汗，会见阿富汗总统卡尔扎伊、北约驻阿富汗国际安全援助部队司令邓福德，评估阿富汗局势，讨论美军任务、2014年4月阿富汗选举、2014年后美军在阿富汗的驻留等问题。

7月22日，中国外交部网站报道，7月3日，正在上海的中国前国家主席江泽民在西郊宾馆会见并宴请了美国前国务卿基辛格及家人。基辛格说，美中关系正处在一个重要历史关头。如果美中两国吵架，世界就会分裂。然而，如果美中两国能真诚合作，那么受益的不仅是美中两国，而是整个世界。江泽民说，我们不要怕两国关系存在什么矛盾，只要双方能够坦诚对话，我们就可以期待这个世界会有更美好的未来。

　　美国负责东亚和太平洋事务的新任助理国务卿拉塞尔在其首次新闻发布会上称，奥巴马政府在推行亚太再平衡战略方面不会后退。拉塞尔重申，美国亚太再平衡战略基于以下三个支柱，即改进和提升美国在这一地区的同盟关系，参与并投资地区组织，与地区新兴大国构建更好、更牢靠的关系。他把美国与澳大利亚、泰国、菲律宾、日本和韩国的盟约关系称作地区"和平和稳定的基础"。拉塞尔还希望日本处理好与邻国的关系。

　　7月24日，美国副总统拜登在孟买股票交易所发表演讲，阐述美印伙伴关系的重要性。

　　7月25日，美国总统奥巴马在白宫会见越南国家主席张晋创，双方宣布建立两国"全面伙伴关系"，以推动两国在经贸、科学和技术以及防务和安全等领域的合作。双方声明致力于在2013年底完成跨太平洋伙伴关系谈判。两人还讨论了南海和亚太其他区域存在的争端。奥巴马表示，他非常赞赏越南承诺通过东盟和东亚峰会机制确立行为准则，从而"和平和公正"地解决相关问题。

　　7月27日，美国总统奥巴马、国防部长哈格尔出席在华盛顿举行的朝鲜战争停战纪念活动并讲话。奥巴马表示，这场战争并非打成了平手，而是韩国打了胜仗，因为韩国人民现在正生活在自由与民主当中，与朝鲜人民的生活形成强烈对比。奥巴马称，朝鲜战争也给美国留下教训，提醒美国不能匆促撤军，导致局势失衡。美国必须维持全球最强大的军力，确保盟友的安全。哈格尔表示，朝鲜战争让美国获取的一个重要教训是，盟国和国际机构是美国影响力的"延伸"，而非对美国力量的制约，它们对美国维持和平与稳定这一长远愿景"至关重要"，尤其在亚太地区。奥巴马是首位参加朝鲜战争停战纪念活动的在任总统。

　　7月30日，第18次中美年度人权对话在昆明举行。

　　美国新任驻香港及澳门总领事夏千福抵达香港，接替届满离任的杨苏棣。

　　中断三年的巴以和谈在华盛顿重新举行。

　　7月31日，美国"棱镜"计划揭秘者斯诺登通过英国《卫报》披露美国更大规模监控计划"Xkeyscore"。该计划"几乎可以涵盖所有网上信息"。

　　8月1日，美国国务卿克里在伊斯兰堡分别会见巴基斯坦总统扎尔达里、总理谢里夫和巴国家安全与外交事务顾问阿齐兹。双方讨论了反恐合作、无人机空袭、阿富汗局势和巴基斯坦的经济振兴等问题。美巴两国一致同意重新建立全面伙伴关系，恢复部长级战略对话，以深化两国在各领域的合作。阿齐兹再次要求美国停止对巴部落地区的无人机袭击。

8月5日，丹尼尔·拉塞尔（Daniel Russel）宣誓就任美国负责东亚和太平洋事务的助理国务卿。

8月7日，美国白宫新闻秘书杰伊·卡尼（Jay Carney）发表声明说，鉴于美俄过去几个月在导弹防御、军控、经贸、全球安全、人权、公民社会等领域缺乏进展，也由于俄罗斯为斯诺登提供临时庇护，美国决定推迟原定9月初在莫斯科举行的美俄首脑会谈。

美国总统奥巴马宣布向叙利亚提供1.95亿美元的人道主义，用于为叙利亚境内受冲突影响的人提供食品、医疗和救济物资。自叙利亚危机发生后，美国提供的援助总额达到10亿美元。

美国国务卿克里宣布，任命肖恩·卡西（Shaun Casey）为新设立的国务院"信仰社区倡议办公室"（Office of Faith-Based Community Initiatives）主任。该新办公室将负责确定与全球各地宗教社区的接触政策，并与国务院各局联系，面向全球宗教社区推广美国国务院的外交政策和发展目标。

8月9日，美国总统奥巴马在白宫举行记者会，宣布将采取措施缓解公众对监控计划的顾虑。奥巴马还在记者会上表示，自2012年普京接替梅德韦杰夫重新上台执政以来，"过时的冷战思维仍被俄方一再提起，反美情绪又再度升温。"美国将"暂停"并重估美俄关系。

美国国务卿克里、国防部长哈格尔与俄罗斯外长拉夫罗夫、国防部长绍伊古在美国国务院举行"2＋2"会谈。双方讨论了导弹防御、阿富汗、伊朗、朝鲜、叙利亚以及斯诺登等问题。

8月12日，美国总统奥巴马向国家情报总监克拉珀发出"总统备忘录"，指示克拉珀成立一个"情报和通信技术评估小组"（Review Group on Intelligence and Communications Technologies），负责审核在当前通信技术进步的情况下，美国用来收集情报的技术手段是否最大程度地保护了国家安全、推动了外交政策，同时是否兼顾其他政策需求，例如防止泄密和维护公众信任。这一小组需在成立后的60天内向总统提交初步审核结果，并在2013年12月15日前提交正式报告。

由美国太平洋空军司令部主办的跨国军演"红旗—阿拉斯加"（"Red

Flag Alaska") 联合空中战斗演习在阿拉斯加举行，来自美国、韩国、日本和澳大利亚的空军参加演习。受美国政府自动减赤机制影响，今年的"红旗—阿拉斯加"演习次数由原计划的三次缩减为一次。

第 12 届年度"美国和撒哈拉以南非洲贸易和经济合作论坛"（U. S. - Sub-Saharan Africa Trade and Economic Cooperation Forum）即"非洲增长与机会法论坛"（African Growth and Opportunity Act Forum）在埃塞俄比亚的斯亚贝巴召开，美国贸易代表弗罗曼出席并做题为"美非贸易和经济合作的未来"的演讲。来自"非洲增长与机会法"39 个撒哈拉以南非洲成员国的政府部长、工商业领导人、市民社会领导人参加论坛。本次论坛的主题是"通过贸易和技术实现可持续的转型"。

美国贸易代表弗罗曼在埃塞俄比亚的斯亚贝巴出席美国与东非共同体贸易部长级会议，宣布美国和东非共同体一致同意发起"贸易便利化协议"（Trade Facilitation Agreement）正式谈判并尽可能快地达成协议。

8 月 15 日，美国总统奥巴马发表声明，强烈谴责埃及过渡政府及安全部队采取的镇压行动和恢复《紧急状态法》的决定，宣布取消原定 2013 年 9 月与埃及举行的"光明之星"军演（Bright Star Exercise）。

美国国防部长哈格尔发表声明，表示美国国防部将继续与埃及保持军事关系，但哈格尔说，埃及的暴力和对和解的不适当的举措将会危及双方的军事合作。

美国国务卿克里在华盛顿与伊拉克外长兹巴里举行会谈。克里表示，美国致力于同伊拉克合作应对邻国叙利亚冲突带来的挑战以及威胁其内部稳定的暴力极端主义。

8 月 16 日，《华盛顿邮报》披露斯诺登提供的材料，称 2012 年第一季度中，美国国家安全局 11% 的监听活动是针对春节期间访美的中国游客。

8 月 19 日，美国国防部长哈格尔在华盛顿与中国国防部长常万全举行会谈。双方就涉台、美亚太"再平衡"、朝核、钓鱼岛、南海、网络安全等问题交换意见，还就加强两军务实交流与合作达成了 5 项共识。

美国贸易代表弗罗曼在日本全国新闻俱乐部发表题为"日本、美国和 21 世纪的亚太"的演讲。弗罗曼称，TPP 将加强日本、美国和其他 TPP 国家订立高水平、全面、促进就业的协定的决心，解决 21 世纪的贸易问题并将新规则引入全球贸易体系；将产生一个公开、透明的地区经济秩序。

美韩举行"乙支自由卫士"（Ulchi-Freedom Guardian）例行年度军演。演习项目包括应对局部战争、反军事网络恐怖袭击和清除大规模杀伤性武器等训练。韩方和美方分别动员 5 万和 3 万余名兵力参加此次演习，军演将持续至 8 月 30 日。

8 月 21 日，美国贸易代表弗罗曼与东盟国家经济部长在文莱斯里巴加湾举行磋商，讨论实施"东盟—美国贸易和投资框架安排"（ASEAN-US Trade and Investment Framework Arrangement）等问题。

8 月 22 日，跨太平洋伙伴关系 12 个国家经济部长在文莱斯里巴加湾举行会谈，就 TPP 谈判进入最后阶段尚未解决的关键议题进行磋商，探索如何制定各方均可接受的方案，包括为遗留的敏感和棘手问题寻求可能的解决途径以及最后谈判的议事顺序等问题。

8 月 23 日，美国总统奥巴马在接受美国有线电视新闻网专访时说，美国官员正在收集有关叙利亚境内出现化学武器袭击的信息，叙利亚内战已牵涉到美国"核心国家利益"。

8 月 24 日，中国海军第十四批护航编队与同在亚丁湾海域执行任务的美国海军"梅森"号导弹驱逐舰举行中美海上联合反海盗演练。

8 月 25 日，德国《明镜》周刊根据斯诺登提供的文件报道说，美国国家安全局曾对纽约联合国总部实施窃听。

8 月 26 日，美国北方航空航天防御司令部与俄罗斯东部军区航空航天防御旅举行为期三天的"警戒之鹰"（Vigilant Eagle）联合军演，演习应对民航客机遭恐怖分子劫持的情况。今年是加拿大首次参加该军演。

8 月 27 日，美国负责民主、人权和劳工事务的代理助理国务卿乌兹拉·泽亚（Uzra Zeya）与欧盟人权事务高级代表马拉分别率领美欧代表团在布鲁塞尔举行年度人权问题磋商，交流各自对重要的第三国人权状况的看法、协调在多边组织中的立场。

8 月 28 日，美国总统奥巴马在接受美国公共广播公司（PBS）采访时表示，美国明确地"认定"，巴沙尔政权要对 8 月 21 日叙利亚发生的化武袭击负责。叙利亚使用化武威胁了美国利益，需要予以制止。

8 月 29 日，奥巴马政府高级官员与国会两院领导人、与国家安全事务有关的国会委员会主席及主要议员举行电话会议，就叙利亚化武袭击问题征求他们对美国做何反应的意见。参加对话会议的官员有总统国家安全事务助理赖斯、国务卿克里、国防部长哈格尔、国家情报总监克拉珀、参联会副主席温内菲尔德（Sandy Winnefeld）。

《华盛顿邮报》披露斯诺登提供的一份长达 178 页的情报系统秘密预算文件。美国从 2007 年开始公布情报预算总额，但各情报机构在总的情报预算中所占份额一直是秘密。根据该文件，美国 16 家情报机构共有约 10.7 万名雇员，2013 财年的预算为 526 亿美元，比 2012 年减少 2.4%。其中，侧重人力侦查的中央情报局为 147 亿美元，侧重窃听和信息监控的国家安全局为约 108 亿美元，侧重卫星侦查的国家侦查办公室（National Reconnaissance Office）103 亿美元。预算还根据情报任务划分了预算，其中，"提供战略情报和预警"占所有情报预算的 39%；"打击暴力极端主义"占 33%，"打击武器扩散"占 13%。预算文件还列出了优先的侦查对象国名单，中国、俄罗斯、伊朗、古巴、朝鲜和以色列等国名列其中。文件还表明，美国情报系统对掌握外语的特工有额外的工资奖励，获得工资奖励最多的语言是西班牙语，其次是阿拉伯语、汉语、俄语。美国国安局情报预算显示，美国国安局每年向参与其"公司伙伴进入计划"（Corporate Partner Access Project）的大通信公司提供数以亿计美元作为补偿。美国国安局对这些通信公司的外国目标客户通信往来也包括对大量美国人的电话、电邮和短信进行监控。

美国国防部长哈格尔在文莱斯里巴加湾出席东盟防长扩大会议。哈格尔表示，东盟防长扩大会议为协调处理跨国和非传统威胁树立了正确榜样。哈格尔称，"海盗、恐怖分子、大规模杀伤武器扩散者、疾病、自然灾难和网络犯罪不受国界控制，如果我们不能合作应对，将会危及我们所有国家的未来。"

8 月 30 日，白宫公布情报部门对叙利亚化武袭击事件评估报告的非保密部分，称美国"高度确信"叙利亚政府在 8 月 21 日大马士革郊区的袭击事件中使用了化学武器。

美国国务卿克里就叙利亚问题发表声明，称叙利亚政府使用了化学武器，叙利亚化武事件不仅威胁到美国的安全，也威胁到以色列、约旦、土耳其、黎巴嫩等国的安全。美国已经承诺，如果叙利亚越过化武"红线"，就要被追究责任，全世界都在看美国将如何行动，此事关系到美国在全球的领导力和可信度。

美国国防部长哈格尔在马尼拉分别会见菲律宾总统阿基诺三世、国防部长加斯明、外长德尔罗萨里奥，讨论允许美军使用菲律宾军事基地和在菲律宾领土、领海帮助建设菲律宾军事能力的框架协议（Framework Agreement）等问题。

8月31日，美国总统奥巴马在白宫发表声明，宣布美国应对叙利亚发起在时间和范围上有限度的军事打击行动，他将择机下令展开行动。他同时表示，他将寻求获得美国国会授权进行行动。奥巴马称，"安理会已完全陷入瘫痪，不愿追究巴沙尔的罪责"。

《华盛顿邮报》根据斯诺登提供的秘密文件报道说，美国情报部门2011年实施231次网络攻击，其中近75%针对伊朗、俄罗斯、中国、朝鲜等国家。在代号为"精灵"（Genie）的项目中，美国计算机专家侵入外国计算机网络，将恶意软件秘密植入世界各地的计算机、路由器和防火墙，把它们置于美国的秘密控制之下。

9月1日，美国国务卿克里接受美国哥伦比亚广播公司、美国有线电视新闻网、美国广播公司、美国全国广播公司和福克斯新闻网采访，呼吁美国民众和国会支持对叙利亚采取军事行动。

巴西环球电视台（Globo TV）报道，生活在里约热内卢的英国《卫报》美籍记者格伦·格林沃尔德根据斯诺登向他提供的文件透露，美国国家安全局曾直接监听或监控巴西总统罗塞夫和墨西哥总统培尼亚的通信信息。

9月2日，美国国务卿克里、国防部长哈格尔、总统国家安全事务助理赖斯、参联会主席邓普西就对叙利亚动武问题与127位众议院民主党议员举行电话会议。克里警告议员们说，他们在是否批准对叙利亚动武问题上面临着类似于1938年"慕尼黑协定"时的局势。

9月3日，美国总统奥巴马邀请国会两院领袖、两院军事委员会、外交委员会和情报委员会的领导人在白宫开会，争取他们支持对叙利亚采取军事行动。副总统拜登、国务卿克里出席会议。

美国国务卿克里、国防部长哈格尔、参联会主席邓普西出席参议院对外关系委员会听证会，解释对叙利亚进行军事打击的必要性。

由美国广播公司和《华盛顿邮报》联合进行的民调显示，59%的美国人反对美国单方面对叙利亚发动导弹打击，36%的人支持。如果军事打击有诸如英国、法国参加，46%的人支持，51%的人反对。

微软公司宣布，将以72亿美元收购诺基亚手机业务，交易预计在

2014 年第一季度完成。该收购还需获得诺基亚股东和管理层的批准。

9 月 4 日，美国参议院对外关系委员会以 10：7 的表决结果通过对叙利亚动用武力的决议。决议将美国对叙动武的时限限定为 60 天，在提前通知国会的前提下，行动可以延长 30 天，共计 90 天。决议禁止美军派出地面部队参战。

美国总统奥巴马在访问瑞典时对记者表示，"不是我为叙利亚问题设定了红线，而是世界为叙利亚问题设定了红线"。在叙利亚问题上，"不是我的信誉面临危险，而是国际社会的信誉面临危险，美国和国会的信誉面临危险。"

美国国务卿克里、国防部长哈格尔、参联会主席邓普西出席众议院外交委员会听证会，解释对叙利亚进行军事打击的必要性。克里称，"31 个国家和组织已经公开或私下表态，认同是叙利亚政府实施了化学武器攻击。34 个国家和组织已经表明，如果上述情况属实，他们将支持对叙利亚采取行动。"克里说，"已经谈及行动的一些国家包括沙特、阿联酋、卡塔尔、土耳其和法国"，一些阿盟国家愿意承担费用。

9 月 5 日，《纽约时报》、英国《卫报》根据斯诺登披露的秘密文件报道称，美国国家安全局自 2000 年以来，共投入数十亿美元构建代号"牛市"（Bullrun）的监控项目，通过项目所配置的超高速计算机，在大众技术产品与服务中植入"后门"（backdoors），破解多数信息加密手段，在全球范围内获取网上交易、日常通信、医疗记录等敏感信息。

9 月 6 日，中国国家主席习近平在俄罗斯圣彼得堡同美国总统奥巴马举行会晤，讨论中美关系和其他共同关心的国际和地区问题。

美国总统奥巴马和俄罗斯总统普京在 G20 峰会间隙进行了 20 多分钟交谈，双方讨论了叙利亚问题，但在化武问题上互不赞同。

美国总统奥巴马在俄罗斯圣彼得堡与法国总统奥朗德举行会晤，两人一致认为必须对叙利亚政权使用化武的行为做出强有力的国际反应，美法所做的反应将是有限、适当的，集中于阻止叙利亚政权将来使用化武和削弱其使用化武的能力。

在俄罗斯圣彼得堡举行的 20 国集团领导人会议间隙，澳大利亚、加拿大、法国、意大利、日本、韩国、沙特阿拉伯、西班牙、土耳其、英国和美国的领导人就叙利亚问题发表十一国联合声明，强烈谴责 8 月 21 日在叙利亚首都大马士革郊区发生的化学武器袭击事件，"种种证据明确指明叙利亚政府应对袭击事件负责",敦促国际社会针对这一严重践踏国际准则和良知的行径做出强烈反应。声明称,各签署国"认识到安理会仍处于两年半以来所处的瘫痪状态。全世界不能毫无止境地等待有关程序一次又一次失败,因为这只会加重叙利亚的苦难并加剧该地区的动荡。我们支持美国及其他国家做出的进一步强化禁止使用化学武器的禁令的努力"。

9月7日,美国国务卿克里在巴黎会见法国外长法比尤斯,双方一致认为,叙利亚巴沙尔政权越过了化武"红线"。克里称,绥靖还是予以惩罚,现在正面临着"慕尼黑时刻",良知和对国际准则的承诺迫使美法做出反应。对叙利亚的打击是有限的军事行动,不像伊拉克战争、阿富汗战争,甚至也不像利比亚战争和科索沃战争。打击的目的是削弱叙利亚政权使用化武的能力。叙利亚问题的真正解决是政治解决。

正在韩国访问的美国负责东亚和太平洋事务的助理国务卿拉塞尔在接受韩联社记者采访时表示,只有朝鲜发出明确的无核化信号,才能重启六方会谈。

由北海舰队参谋长魏钢海军少将率领的中国海军舰艇编队访问夏威夷港,访问结束后,中美海军将举行海上联合搜救演习。

9月8日,中国海军司令员吴胜利赴美国进行正式友好访问,就构建新型中美海军关系,建设性地推进中美海军关系向前发展等问题进行交流,并参观美海军、海军陆战队部队。

德国《明镜》周刊网站报道,美国国家安全局能够接入苹果手机和黑莓手机的操作系统以及谷歌公司安卓系统,获取手机的大部分敏感数据,包括通信录、通话记录、短信、备忘录和用户位置信息。

9月9日,美国国务卿克里在伦敦同英国外交大臣黑格举行的联合记者会上说,只要叙利亚总统阿萨德在一周内交出所有的化学武器,就可以避免遭到外国的军事打击。但他强调说,他肯定阿萨德不会这么做。

奥巴马接受美国广播公司、哥伦比亚广播公司、美国有线电视新闻网、福克斯新闻网和公共广播公司记者采访,呼吁美国民众支持对叙利亚发动有限军事打击。奥巴马表示他对获得国会授权动武"没有信心",他还没有决定如果国会不授权,他是否仍会对叙利亚发动军事打击。奥巴马称,如果叙利亚同意将其化学武器置于国际监督之下,那么他将停止对叙进行军事打击的计划。但奥巴马说,他怀疑叙利亚巴沙尔政府会这么做。

白宫就更多国家签署 9 月 6 日关于叙利亚问题的十一国声明并支持声明内容发表声明。除十一国外，最新签署声明的国家是：阿尔巴尼亚、克罗地亚、丹麦、爱沙尼亚、德国、洪都拉斯、匈牙利、科索沃、拉脱维亚、立陶宛、摩洛哥、卡塔尔、罗马尼亚、阿联酋。

中国人民解放军副总参谋长王冠中与美国国防部副部长米勒（James N. Miller）在北京八一大楼共同主持第 14 次中美国防部防务磋商。本次磋商内容涉及东海和南海的海事安全。中方表示，美国应保持立场和政策的连贯性，不应在钓鱼岛和南海问题上释放错误信号，支持和纵容有关国家为所欲为。双方也就网络、太空、核政策、导弹防御、朝鲜核问题交换了意见。

9 月 10 日，美国总统奥巴马在白宫发表全国讲话，称将与俄罗斯等国合作，争取通过联合国迫使叙利亚放弃化学武器。奥巴马表示，他已要求国会推迟就授权动武进行表决。奥巴马称他已经下令美军待命，如果外交途径失败随时准备出动。

美国对朝政策特别代表戴维斯在首尔会见韩国朝鲜半岛和平交涉本部长赵太庸，讨论朝鲜半岛局势和今后应对方案，双方一致认为朝鲜在无核化问题上尚未出现积极变化，在朝鲜表现出无核化决心之前不能重启六方会谈。双方认为，朝鲜应履行朝美在去年 2 月 29 日达成的协议内容，还应以"其他"实际行动证明无核化意志。

美国国防部宣布，美国军方最近在太平洋实施了一次"复杂"的导弹防御试验，配备在驱逐舰上的宙斯盾弹道导弹防御系统与末段高空区域防御系统联手，成功摧毁两枚中程弹道导弹目标，验证了美国多层导弹防御体系的能力。但美国国防部强调试验与当前中东局势无关。

9 月 11 日，白宫新闻秘书卡尼在记者会上说，叙利亚交出化学武器"显然需要一些时间"，美国对叙利亚交出化武的评估没有时间表。

美国国务院发言人普萨基（Jen Psaki）在记者会上表示，由于叙化武问题出现外交解决机会，目前美国对叙奉行"三轨"（"three tracks"）策略：第一，克里与拉夫罗夫将各自携技术专家团队前往日内瓦举行会晤。第二，联合国正就解决叙利亚问题做出外交努力，美方支持并正在推动安理会就叙利亚问题达成一个有约束力的决议。第三，奥巴马政府将继续与国会保持沟通协调。

《华盛顿邮报》报道，美国中央情报局已经开始向叙利亚反对派提供轻武器，美国国务院也在向反对派提供汽车、先进通信设备、作战医疗物资等。

美国《外交政策》杂志网站报道称，美国国家安全局前雇员爱德华·斯诺登披露的机密文件显示，美国安全局设有一个与以色列共同分享情报的项目，前者由此与以色列共享来自美国全球监控网络的数据。

美国总统国家安全事务助理赖斯在华盛顿与巴西外长菲格雷多举行会晤，赖斯表示，斯诺登泄露给媒体的消息曲解了美国国家安全局的监控行动，对美国与巴西深厚的双边关系"造成摩擦"，还引起美国与盟友间的法律问题。

9月14日，美国国务卿克里与俄罗斯外长拉夫罗夫在瑞士日内瓦就销毁叙利亚化学武器问题达成一项框架协议。根据该协议，叙利亚应在一周内提交一份有关其化学武器的详尽明细，包括其化学武器制剂的名称、类型和数量以及存储、制造和研发设施的所在地等细节，联合国武器核查人员必须能在11月之前进入叙利亚，而叙利亚摧毁或撤除化学武器的行动必须在2014年年中完成。如阿萨德政府未能按照协议进行销毁化武的工作，美俄将寻求联合国安全理事会通过决议案，制裁叙利亚。

美国总统奥巴马就美俄达成消除叙利亚化武框架协议发表声明，称协议是朝向将叙利亚化武置于国际监督并最终销毁的重要而具体的一步。如果巴沙尔政权没有遵守该框架协议将会面临后果。如果外交努力失败，美国仍然准备采取行动。

9月16日，德国《明镜》周刊根据斯诺登披露的文件报道，美国国家安全局大范围监视全球大型银行的国际支付、存款以及信用卡交易等信息。

美国总统奥巴马授权美国政府向叙利亚反对派以及在叙利亚工作的国际组织提供与防范化学武器有关的非武器性援助。

美国国务卿克里在巴黎会见法国外长法比尤斯和英国外交大臣黑格，协调三国在叙利亚化武问题上的立场。

9月17日，联合国安理会5个常任理事国的高级外交官在纽约举行磋商，讨论由美、英、法三国共同起草的关于叙利亚化学武器问题的决议草案。在有关决议的措辞方面存在关键性分歧。法国、英国和美国要求这份决议包含威胁对叙利亚采取军事行动的内容，但是俄罗斯反对决议采用这样的措辞。

9 月 18 日，菲律宾与美国在南海附近海域展开代号"Phiblex14"的两栖登陆演习，演习内容包括海上安全和领土防御作战、野战训练演习以及人道主义项目。

美国国防部宣布，美军方利用第二代宙斯盾反导系统和新型标准-3型制导导弹，成功完成迄今难度最大的反导试验。一枚充当目标导弹的分离式短程弹道导弹从位于夏威夷考艾岛的太平洋导弹靶场升空，沿西北方向飞往太平洋海区。为模拟实战，事先并未告知目标导弹的发射时间和发射方位。目标导弹升空后，装备第二代宙斯盾反导系统（4.0 版本）的美军"伊利湖"号巡洋舰启动舰载雷达进行跟踪监控，后经火控系统解算，连续发射两枚标准-3 型 BlockIB 制导导弹，最终首先发射的导弹成功拦截目标导弹。

9 月 19 日，美国国务卿克里在美国国务院与中国外交部部长王毅举行会谈。克里表示，美中新型大国关系的部分内容是就敏感问题进行坦诚对话，特别是就会因误解而导致误判的问题进行对话。美方赞赏中方对政治解决叙利亚问题的支持，期待中国继续发挥积极和建设性作用；在朝核问题上，中国发挥着特别的作用，美中的共同目标是以和平方式实现朝鲜半岛无核化。

美国常驻联合国代表萨曼莎·鲍尔（Samantha Power）在安理会关于阿富汗问题的辩论中发言，称在阿富汗重要的政治、安全和经济过渡时期，联合国必须发挥中心作用。

美联储在结束了为期两天的货币政策会议后发表声明，维持现行的宽松货币政策不变，暂时不削减第三轮量化宽松货币政策规模。

9 月 20 日，美国副总统拜登在墨西哥城出席"美墨高级别经济对话"会议并发表讲话，阐述美墨经贸关系的重要性。出席会议的美国代表团成员还有美国商务部长普利茨克、美国贸易代表弗罗曼、助理国务卿宙斯·佛南德斯（Jose Fernandez）、助理国务卿罗伯特·雅格布森（Roberta Jacobson）、国土安全部代理部长兰德·比尔斯（Rand Beers）、财政部副部长莱尔·布瑞纳德（Lael Brainard）、运输部长安东尼·佛克斯（Anthony Foxx）。

9 月 21 日，美国《纽约时报》发表长篇文章，将中国无人机事业近年来的发展归因于"偷美国的技术"。

9 月 24 日，美国总统奥巴马在纽约举行的联合国大会上发言，呼吁联合国安理会通过迫使叙利亚放弃化武的决议。奥巴马强调，如果叙利亚总统巴沙尔拒绝履行销毁化武的承诺，将承担相应的"后果"。奥巴马还阐述了美国在中东和北非的外交政策，称美国将试图通过对话和平解决伊朗核问题。奥巴马宣布美国将为受叙利亚内战影响的国家和难民额外提供3.39亿美元人道主义援助。

9月25日，美国国务卿克里在纽约参加联合国大会期间签署《武器贸易条约》（Arms Trade Treaty），成为条约开放签署以来第92个签署国。

美国网络司令部司令基思·亚历山大（Keith B. Alexander）在华盛顿国家新闻俱乐部召开的第四届网络安全峰会年会（Annual Cybersecurity Summit）上透露，美国网络司令部已经指示其下属的旨在保护美国国内电网、核电站等基础设施计算机系统的网络部队"全国网络使命部队"（Cyber National Mission Force）开始履行职能。该部队是应对对美国的网络攻击的三支部队之一，其他两支部队分别是协助海外部队策划并执行网络袭击的"进攻性"部队"网络打击使命部队"（Cyber Combat Mission Force）和负责帮助操作和保卫国防部内部网络的"防卫性"部队（Cyber Protection Force）。按照计划，这三支部队将在2015年全部建成。

《印度教徒报》报道，根据其获得的秘密文件，印度属于美国国家安全局高度监控的国家。国安局锁定的监控目标大部分涉及印度的政治、国家战略和商业利益，其中，印国内政治情况、核技术项目、空间项目是其重点监控内容。这些领域相关人员的电子邮件、手机信息以及通话都是国安局监控的对象。此外，印度驻美国使馆、常驻联合国代表团也遭到美国情报机构的监控。

9月26日，伊朗核问题六国（美、英、法、俄、中、德）外长以及伊朗外长扎里夫在纽约就伊朗核问题举行会谈，克里称，扎里夫外长阐述的伊朗立场不仅在调子方面（in tone）与以往有明显不同，而且他介绍的对未来可能性的看法（in the vision）也有明显不同。

在伊核六国外长与伊朗外长会议间隙，克里还同扎里夫举行了私下的边缘会晤（side meeting），双方同意继续推进解决伊朗核问题的进程。双方均表示这次会谈是建设性的。这是美伊30多年来的首次高级别接触。

9月27日，美国总统奥巴马与伊朗总统鲁哈尼通电话，就如何解决伊朗核问题交换意见，这是1979年美伊断绝外交关系后两国元首首次进行交流。

美国总统奥巴马在白宫与印度总理辛格举行会谈，双方讨论了民用核能、打击恐怖组织、安全合作、经贸、气候变化、阿富汗、印巴关系等问题。双方发表联合声明，称美印关系处于67年历史以来最牢固的时期。两国还发表了《美印防务合作联合声明》，称相互视对方为最亲密伙伴，并将在防务技术转让、贸易、研究、共同开发生产军品和服务包括最先进和复杂的技术方面落实这一关系。双方承诺保护对方的敏感技术和信息。

联合国安理会在纽约一致通过处置叙利亚化学武器相关决议，这是安理会自叙内战以来首次成功通过涉叙决议。决议规定，再有不遵守本决议的情况，包括未经批准转让化学武器，或叙利亚境内有人使用化学武器时，采取《联合国宪章》第七章规定的措施。在表决之后，美国国务卿克里警告，如果叙利亚方面没有遵守决议，将面临严重后果。

美国国务卿克里在纽约与东盟国家外长举行会谈。克里称东盟是亚太地区结构的中心，也是美国亚太再平衡的中心。美国承诺，亚太再平衡是美国政府的一项优先要务。

9月30日，美国总统奥巴马在白宫与以色列总理内塔尼亚胡举行会谈。奥巴马表示，美以双方都认为伊朗之所以同意坐在谈判席上，就是因为近几年美国对其"超乎寻常的制裁"。目前要尝试通过外交途径解决伊核问题，但须确保伊朗有诚意遵循国际社会的相关法律及决议，美国也不会放弃通过军事手段来确保伊朗无法拥有核武器的可能性。

美国国防部长哈格尔在首尔会见韩国总统朴槿惠，讨论加强美韩同盟、应对朝鲜威胁以及美日韩三边合作应对朝鲜威胁问题。哈格尔在会谈中提到，构建美、韩、日三方安全关系，需要妥善处理包括韩日两国历史问题在内的各种现实问题。

美国国务院发言人普萨基在记者会上表示，美国对土耳其与中国公司达成防空导弹系统合同表示担忧，因为该中国公司受到了美国的制裁，它的导弹系统也存在和北约的系统、集体防御能力不兼容的问题。

10月1日，由于美国国会未就政府新财年预算达成妥协，美国政府非核心部门被迫暂时"关门"。这也是美国政府17年来发生的又一次"关门"事件。奥巴马随后被迫取消了前往亚洲访问并在印尼参加亚太经合组织领导人峰会、在文莱参加东盟峰会和东亚峰会的安排。

10月2日，美国国防部长哈格尔在首尔与韩国国防部长官金宽镇共同主办第45次韩美安保会议，双方同意建立"一个应对朝鲜核武器和其他大规模杀伤性武器的特定威慑双边战略",以便侦测、防御、遏制和摧毁来自朝鲜的威胁,从而最大限度地发挥威慑效果。双方同意提升联盟指挥和控制系统的互操作性。

10月3日,美国国务卿克里、国防部长哈格尔在东京与日本外相岸田文雄、防卫相小野寺五典举行美日安全磋商委员会会议(2+2会议),讨论加强美日同盟问题。双方发表联合声明称,两国同意在2014年底前完成日美新防卫指针的制定和签署。同时,美国支持日本与美国行使集体自卫权。

美国国防部长哈格尔在东京举行的记者会上称,美方承认钓鱼岛是在日本的行政管理之下,这适用于美日安保条约、美国对日本的义务,美方强烈反对谋求削弱日本在钓鱼岛的行政管辖的任何单方面的行动。

美国国务卿克里和国防部长哈格尔在东京都千代田区千鸟渊战殁者公墓(又称"无名战士墓")各自献上一束花。这是美国政府官员第一次造访这座墓园。

10月4日,美国国务卿克里在印尼巴厘岛与澳大利亚外长毕绍普、日本外相岸田文雄举行第五届美日澳三边战略对话,讨论叙利亚化武问题、伊朗核计划、朝鲜核和导弹活动、东海和南海安全等问题。三国表示,反对任何会导致改变东海现状的强制性和单边行动,强调包括改善海上通信在内的减少冲突、避免误判和意外事件发生的努力的重要性。三方呼吁南海主权声索国保持克制,应保证南海"航行自由"、遵守国际规范。

美国国防部宣布再次成功进行了反导试验。这次试验用的是"宙斯盾4.0"系统,也是该版本系统连续第五次拦截成功。

10月9日,中国国务院总理李克强在文莱斯里巴加湾会见美国国务卿克里。克里表示,美国欢迎中国的崛起,视中国为重要合作伙伴。奥巴马总统高度重视提升两国关系水平,美方愿与中方加强战略沟通与合作,共同应对挑战,不断丰富美中新型大国关系内涵。

美国总统奥巴马正式提名现任美联储副主席珍内特·耶伦(Janet Yellen)担任下届美联储主席。

美国国务院宣布,美国决定暂停部分对埃及援助,包括暂停向埃及交付一些军事装备和现金援助,直到埃及通过自由公正选举在民主过渡方面实现"可信进展"。

10月10日，韩美日联合海上演习在韩国南海海域启动，为期两天。韩国国防部表示，此次演习是一次人道主义搜救演习。美方派出"乔治·华盛顿"号航母等舰只参加演习。韩方和日方派出宙斯盾驱逐舰、护卫舰艇等参加演习。

10月11日，美国国务卿克里在喀布尔会见阿富汗总统卡尔扎伊。双方就美阿双边安全协定展开两天谈判，主要讨论2014年后美国在阿驻军问题。双方在美军留驻阿富汗的主要原则问题上达成初步协议，但在美方坚持的驻阿美军犯罪后由美国军事法庭审判的司法裁决权问题上未能达成一致。

10月14日，《华盛顿邮报》根据"棱镜"计划曝光者斯诺登披露的秘密文件报道，美国国家安全局为侦查恐怖活动等案件线索，每天通过雅虎、谷歌、脸谱和Hotmail的私人账户，在全球网络中截取数以亿计的电邮用户的通信录。

10月16日，伊朗核问题六国（美国、英国、法国、俄罗斯、中国和德国）与伊朗在瑞士日内瓦举行的伊核问题谈判结束，各方首次达成共同声明，称各方进行了两天"深入和具有前瞻性"的谈判。各方达成一致意见，当前不会公开讨论有关谈判和正在进行的工作方面的细节。

10月17日，美国白宫宣布，美国总统奥巴马已将国会参众两院刚通过的联邦政府临时拨款议案签署成为法律，标志着联邦政府非核心部门的"关门"风波结束。

《华盛顿邮报》根据"棱镜"计划曝光者斯诺登披露的秘密文件报道说，美国国家安全局广泛地参与了美国无人机定点清除计划。

10月18日，美国国防部长哈格尔在美国国防部会见罗马尼亚国防部长杜萨。双方签署了多项加强美罗军事关系的协议，罗将为驻阿联军进出阿富汗提供后勤支持。哈格尔感谢罗决定在罗境内建立宙斯盾导弹防御系统，称这将加强北约的集体防御，该系统将在2015年投入使用。

10月20日，德国《明镜》周刊根据"棱镜"计划曝光者斯诺登披露的秘密文件报道说，美国国家安全局曾侵入墨西哥总统府的主服务器，进而监控时任总统卡尔德龙及政府内阁成员的电子邮件。

10月21日，法国《世界报》根据"棱镜"计划曝光者斯诺登披露的秘密文件报道说，美国国家安全局于2012年12月10日至2013年1月8日这30天期间，录下法国7030万通电话；国安局代号"US-985D"计划自动撷取特定电话号码的通信内容，并记录文字讯息。根据这些档案，可以合理认为国安局不止锁定涉嫌参与恐怖主义的民众，也锁定全球商界或政界知名人物。

美国宣布在 2013 财年允入了 69930 名难民入境，接近 2013 年的 70000 名的最高限额。这是 1980 年以来最接近当年最高限额的一年。得到美国重新安置的难民前五位的来源国是伊拉克、缅甸、不丹、索马里和古巴。

10 月 23 日，美国总统奥巴马与德国总理默克尔就德国获得的默克尔手机可能被美国情报机构监听的情报通电话，奥巴马向默克尔保证，"美国现在没有、将来也不会窃听总理的通信"，但奥巴马没有提及过去美国情报机构是否窃听过默克尔的手机。

法国《世界报》根据其获得的美国国家安全局内部备忘录报道说，国安局进行过的一项名为"妖怪计划"的项目——将间谍软件秘密植入软件产品、路由器和防火墙，对多国电脑进行远程监控，其中包括多国大使馆。

10 月 24 日，英国《卫报》根据"棱镜"计划曝光者斯诺登披露的秘密文件报道说，美国国家安全局鼓励白宫、美国国务院、美国国防部等核心部门官员"分享通信录"，以便国安局能够将外国政治和军事要员的电话纳入监听系统。这份标注日期为"2006 年 10 月"的文件显示，有一位未署名的美国官员向国安局提供了 200 多个电话号码，其中包括 35 名国际政要的号码，国安局立即展开了监控工作。

美国"棱镜"计划曝光者斯诺登在通过网络发表的一份声明中说，美国国家安全局保留着在美国拨打的所有电话的记录。

10 月 25 日，意大利《快讯》周刊根据"棱镜"计划曝光者斯诺登披露的秘密文件报道说，英国和美国情报机构大规模窃听意大利的电话和网络数据。

10 月 26 日，德国《明镜》周刊报道，德国总理默克尔的手机号码早在 2002 年就被列入美国国家安全局的特别监控当中。报道还披露，国安局在美国驻德国大使馆内有"未经法律批准的谍报分支"，该谍报分支与美国中央情报局人员联手进行高科技监控。国安局在法国巴黎、西班牙马德里、捷克布拉格、意大利罗马、瑞士日内瓦及德国法兰克福等全球 80 个地点都设有类似间谍机构。香港、北京、上海、成都、台北等亚洲城市也名列其中。

10 月 28 日，西班牙《世界报》根据"棱镜"计划曝光者斯诺登披露的秘密文件报道说，美国国家安全局在 2013 年 1 月 8 日前的 30 天内秘密监听西班牙 6000 多万个电话记录。美国国安局收集了西班牙境内电话的致电方、接电方及通话时长，但是没有收集通话的内容。

10 月 29 日，美国国家安全局局长亚历山大在众议院情报委员会听证会上说，法国、西班牙和意大利媒体有关国安局收集成百上千万个电话信息的报道是"完全不真实的"。欧洲媒体误读了由美国前防务承包商雇员斯诺登所提供的部分机密文件。亚历山大说，这类情报并非由美方单独搜集，而是来自美国与其北约盟友为保障安全而共同实施的情报项目，由国安局的外国合作伙伴提供。他还否认这一情报监控项目针对欧洲公民。

10 月 30 日，《华盛顿邮报》根据"棱镜"计划曝光者斯诺登披露的秘密文件报道，美国国家安全局通过"棱镜"项目之外的另一情报监控项目潜入美国网络公司雅虎、谷歌的数据中心挖掘数据。国安局每天都会将数百万份来自雅虎、谷歌内部网络的数据发送到该情报机构位于马里兰州总部的数据存储库。

为期两天的美联储货币政策会议结束。美联储公开市场委员会发表货币政策声明宣布，维持每月采购 850 亿美元的量化宽松规模不变。

10 月 31 日，美国国务卿克里通过视频参加在伦敦举行的"开放政府伙伴关系年度峰会"（Open Government Partnership Annual Summit），讨论转变政府与公民社会关系问题。克里在回答听众提问时表示，在某些情况下，美国国家安全局的监听活动"太过火"，美国将保证这种情况不再发生。

澳大利亚《悉尼先驱晨报》根据"棱镜"计划曝光者斯诺登披露的秘密文件报道，在没有通知当地的情况下，澳大利亚位于北京、雅加达、河内以及帝力的大使馆，位于吉隆坡和莫尔斯比港的高级专员公署内部都设有监视设备，利用拦截电话信息等手段帮助美国收集各国情报数据。

11 月 1 日，美国总统奥巴马在白宫会见到访的伊拉克总理马利基。双方讨论的重点是近期"基地"组织活动在伊拉克仍然猖獗且有愈演愈烈之势的情况。双方同意，美方需要向伊拉克方面提供更多武器装备以便伊方打击恐怖组织，改善当地安全局势。

美国无人机空袭巴基斯坦西北部北瓦济里斯坦部族地区，造成包括巴基斯坦塔利班首领哈基穆拉·马哈苏德在内的 6 人死亡。

11 月 3 日，美国国务卿克里开始出访沙特、波兰、以色列、巴勒斯坦、约旦、阿拉伯联合酋长国、阿尔及利亚和摩洛哥。

11 月 5 日，美国国防部长哈格尔在战略与国际问题研究中心全球安全论坛上发表主旨演讲，称军事力量是 21 世纪美国对外政策至关重要的工具，美国必须明智、准确、审慎地使用军事力量。不过，他认为美国不应过分依赖军事实力，而应合理利用综合国力。哈格尔警告说，美国普遍存在傲慢自大问题，这种"内在的顽疾"将削弱美国的强大力量。

日本新闻网报道，"棱镜"计划曝光者斯诺登披露的秘密文件显示，日本一直遭到美国国家安全局的监视窃听，主要监视的领域为"新兴战略科学技术""外交政策""经济的安定与影响"。

11 月 6 日，美国对朝政策特别代表戴维斯在美国国务院与日本外务省亚洲大洋洲局长伊原纯一、韩国朝鲜半岛和平交涉本部长赵太庸举行会谈，就重启中断的六方会谈交换意见。三方一致认为，只有朝鲜展现无核化诚意才能重启六方会谈。

11 月 8 日，美国因拒绝缴纳会费，丧失在联合国教科文组织的表决权。美国国务院表示，总统奥巴马已请求国会准许美国支付教科文组织会费。

11 月 9 日，美国国防部长哈格尔命令美军太平洋司令部支持美国政府在菲律宾的人道救援行动，应对台风"海燕"的袭击。美军的救援行动包括海上搜救、直升机空运、海上雷达搜索、固定翼飞机空运和后勤供应。

11 月 11 日，美国和欧盟在布鲁塞尔举行跨大西洋贸易与投资伙伴关系（T—TIP）第二轮谈判，范围涉及服务、投资、能源、原材料和管理问题。双方还将在 11 月通过视频会议讨论 T—TIP 其他领域的问题。

11 月 12 日，中美两军在夏威夷举行首次人道主义救援减灾联合实兵演练。这也是中国军队首次派出实兵到美国领土举行演习。此次演练包括装备展示、技能交流、联合行动三个科目。

美国总统奥巴马与英国首相卡梅伦通电话，讨论包括伊朗、阿富汗和叙利亚在内的共同安全利益问题。

美国国务院文化事务司发布"2013 年国际教育交流开放报告"（The 2013 Open Doors Report on International Educational Exchange），称 2012—

2013 学年在美国高校的外国留学生增加了 7.2%，达到 81.9644 万人，同时在国外留学的美国学生增加了 3.4% 达到 28.3332 万人。在美留学生人数增加最多的国家是巴西、中国和沙特，分别比上一学年增加了 20.4%、21.4% 和 30.5%。2013 学年在外国学习的美国学生是 20 年前人数的四倍。

11 月 13 日，美国总统奥巴马与法国总统奥朗德通电话，讨论包括最近伊朗问题发展在内的共同安全利益。

美国白宫、国务院分别发表声明，将尼日利亚极端组织"博科圣地"和"安萨鲁"列为外国恐怖组织，同时宣布对其实施制裁。

美国能源信息署（EIA）宣布，10 月美国原油日产量同比增加 11%，达到 770 万桶，创 25 年来同期最高纪录，超过了日均原油 760 万桶的净进口量。这是近 20 年来的首次，标志着美国开始减少对外国原油供应的依赖。

11 月 15 日，中国国家主席习近平在钓鱼台国宾馆会见美国总统特别代表、财政部长雅各布·卢。雅各布·卢表示，希望通过美中战略与经济对话等机制，同中方加强沟通协调，扩大经贸、能源、气候变化、食品安全等领域合作。

美国国防部长哈格尔与埃及国防部长塞西通电话，哈格尔对埃及结束紧急状态法和停止宵禁表示欢迎，双方还讨论了埃及继续推进包容性民主的重要性。

11 月 18 日，美国国务卿克里在华盛顿美洲国家组织总部发表演讲，阐述美国的西半球政策。克里称门罗主义的时代已经终结，今天的美洲国家间关系建立在平等伙伴关系和共同责任基础上，美国不再致力于干预其他美洲国家事务。

美国总统奥巴马、国务卿克里、总统国家安全事务助理赖斯在白宫与参议院银行委员会、对外关系委员会、军事委员会和情报委员会主席及资深议员举行会谈，讨论伊朗核问题。奥巴马呼吁参议院暂缓出台制裁伊朗新举措，强调在诉诸军事手段等其他选项前他有责任寻求通过外交谈判解决伊朗核问题。

11 月 20 日，美国驻华大使骆家辉发表声明，宣布将于 2014 年初卸任回国。

美国"美中经济与安全评估委员会"发表年度报告称，中国军事现代化正改变亚太地区力量平衡，挑战美军优势。报告指责中国"指挥并实施大规模的网络间谍活动"，刺探美国政府和美国产业。

美国总统国家安全事务助理赖斯在乔治敦大学发表题为"美国在亚洲的未来"的演讲，称亚太再平衡仍然是奥巴马政府外交政策的一个基石，强调美国寻求与中国发展新型大国关系。

伊核六国（美、英、法、俄、中、德）与伊朗在日内瓦举行新一轮伊朗核问题对话会，美国副国务卿舍曼率美国代表团与会。

11月21日，中国国务院副总理刘延东在华盛顿与美国国务卿克里共同主持第四轮中美人文交流高层磋商，磋商主题为"青年与创新"。双方签署《中美人文交流高层磋商机制谅解备忘录》。

美国和澳大利亚发表《美澳原则声明》，重申加强两国军事关系的原则。

11月23日，美国国务卿克里发表声明，称中国宣布在东海设立防空识别区是试图单方面改变东海现状，只会增加该地区的紧张和造成发生意外的危险。美国国防部长哈格尔发表声明，认为这是改变该地区现状的破坏稳定的单方面做法，增加了误解和误判的危险。哈格尔重申《美日安保条约》适用于钓鱼岛。

11月24日，伊朗核问题六国（美、英、法、俄、中、德）与伊朗在日内瓦达成初步协议，各方同意作为伊核问题全面解决过程的第一步，在6个月内采取"初步的互让措施"。规定在未来的6个月时间里，伊朗将不再提炼浓度高于5%的浓缩铀，而目前浓度高达20%的铀库存也将被稀释到5%以下，与此同时，六国将提供"有限度、临时性、针对性"的援助，但是对伊朗的石油出口、金融和银行业的制裁依然没有松动。

11月25日，美国总统国家安全助理苏珊·赖斯在喀布尔与阿富汗总统卡尔扎伊举行会谈。赖斯表示，推迟签署"美阿安全协议"可能会导致美国在2014年将军队完全撤出阿富汗。阿富汗总统办公室表示，卡尔扎伊强调他的需求包括外国军队不能在居民区进行军事行动，（与塔利班武装分子）真诚地开始和平进程，以及举行透明公正的选举。

11月29日，美国国务院新闻发言人办公室表示，建议美国商业航班进入中国设定的东海防空识别区前向中方通报飞行计划，但拒绝承认中国设定的防空识别区。

12月1日，法国《世界报》网站报道，美国"棱镜"项目曝光者斯诺登提供的秘密文件表明，法国对外安全总局与美国国家安全局以及英国国家通讯总局保持着"密切关系"。以反恐的名义，法国对外安全总局建立了与英美两国的情报交流机制，其合作领域涵盖了技术与人力情报。

12 月 2 日，在白宫举行的"世界艾滋病日"活动中，美国总统奥巴马承诺美国将为抗击艾滋病提供新的援助。在未来三年里，其他国家每捐助两美元，美国将以一美元相配，直到总额达 50 亿美元。

12 月 3 日，美国副总统拜登在东京会见日本首相安倍晋三，双方就中国划设东海防空识别区、美日国际合作、跨太平洋伙伴协定（TPP）、日韩关系、驻日美军基地迁移等问题交换意见。拜登批评中国设定防空识别区是企图单方面改变东海现状，使地区局势更加紧张，也会增加误判的风险，他还呼吁中日两国为避免冲突，应该设立危机管理机制或有效的对话渠道。

美国皮尤研究中心公布的民调显示，近 40 年来，首次有多数美国人认为，美国在世界上的重要性在减弱；美国过多介入解决世界问题；美国应该管好自己的事情。

12 月 4 日，中国国家主席习近平在北京人民大会堂同美国副总统拜登举行会谈，就中美关系及共同关心的国际和地区问题深入交换意见。双方一致认为，中美双方要加强对话、交流、合作，努力推进中美新型大国关系建设。

《华盛顿邮报》根据美国情报机构前雇员斯诺登披露的秘密文件报道说，美国国家安全局每天收集全球高达近 50 亿份手机通话的位置记录。国安局能够通过这项计划，跟踪一个人在全球任何角落的行踪。

12 月 5 日，中国国务院总理李克强在中南海紫光阁会见美国副总统拜登。李克强表示，中美要以双边投资协定为突破口，开展更广范围、更高水平的合作，开创两国经济合作新局面。

美国副总统拜登在北京美国商会和美中贸易全国委员会举办的早餐会上发表讲话，强调中美需要不断发展实际合作，并驾驭双方看法不一致的领域。拜登提到，中国划设防空识别区给亚洲带来了"严重不安"。

美军一艘提康德罗加级导弹巡洋舰在南海海域试图接近中国"辽宁"号航母战斗群时，被一艘中国坦克登陆舰阻拦险些相撞。

12 月 6 日，韩国总统朴槿惠在首尔会见到访的美国副总统拜登，双方就韩国扩大防空识别区等地区局势、韩美深入发展全面战略同盟关系的方案等交换意见。在韩日关系方面，拜登表示，韩国和日本是美国的两个重要盟国，希望两国能尽快消除障碍改善关系。在朝核问题上，双方同意与六方会谈其他各方共同努力，促使朝鲜展现去核诚意。

美国副总统拜登在韩国首尔延世大学发表演讲，阐述美韩关系的重要性和美国亚太政策。拜登表示，国际社会不会接受或容忍朝鲜拥有核武器。美国绝对不会接受朝鲜半岛永久性分裂状态。关于美国重返亚洲政策，拜登说，外界不应怀疑美国将战略中心转向亚太的承诺。

12月7日，美国国防部长哈格尔在巴林举行的"麦纳麦对话会"上发表讲话，重申美国对中东热点问题的立场。他表示，美国不会因与伊朗签署核问题协议和美国政府实行财政紧缩而减少在海湾地区的驻军。美国将继续依赖其强大的军事力量，并通过与盟友的军事合作，为中东地区的盟友和合作伙伴提供安全保障。

12月9日，美国副总统拜登与乌克兰总统亚努科维奇通电话。拜登对乌克兰的局势和正在增加的发生暴力的可能表示深切关注，强调需要迅速缓解局势并与反对派领导人展开对话。

美国国防部长哈格尔在伊斯兰堡与巴基斯坦总理谢里夫和巴基斯坦新任陆军参谋长拉希勒·谢里夫举行会谈。双方就地区形势、巴美双边关系和阿富汗和平进程进行商讨。这是美国国防部长近4年来首次访问巴基斯坦。

美国国防部长哈格尔在利雅得会见沙特国防部长萨勒曼·本·阿卜杜勒－阿齐兹王储，双方表示对美沙关系的坚定承诺并讨论了实现地区安全和稳定的目标。双方讨论了伊朗核问题和最近伊核六国和伊朗签订的初步协议，哈格尔强调美国承诺阻止伊朗获得核武器，美国将继续在中东维持强有力的军事存在。美国《纽约时报》和英国《卫报》根据美国情报机构前雇员斯诺登提供的秘密文件报道说，美英情报机构派特工打入"魔兽世界""第二人生"等网络游戏平台，借虚拟身份掩护，秘密监视玩家通信，搜集玩家真实信息，甚至发展线人。

12月10日，美国总统奥巴马夫妇、前总统小布什夫妇、克林顿夫妇、卡特夫妇在南非约翰内斯堡出席南非前总统曼德拉的追悼大会。奥巴马还与在场多位国家政要握手寒暄，其中包括古巴领导人卡斯特罗。

美国环境保护署署长吉娜·麦卡锡（Gina McCarthy）在清华大学环境学院的演讲中表示，共同应对气候变化为美中合作提供了新的机遇。

美国国务卿克里就乌克兰局势发表声明，称对乌克兰当局决定使用防暴警察对基辅独立广场示威人群进行清场表示"恶心"，称乌当局的做法是不可接受的，而且对民主没有好处。

加拿大广播公司（CBC）"新闻"节目根据斯诺登提供的秘密文件披露，加拿大通讯安全局和美国国家安全局在监控活动上密切合作，甚至应美方要求在全球设立隐蔽的间谍站并实施间谍行为，并在"约20个高度优先的国家"参与美方的间谍活动。

12月12日，美国卡内基国际和平基金会发布调查报告，称中国和美国的民众普遍对对方国家持不信任态度，但大多数人不把对方视为敌人。仅有15%的美国民众把中国视为敌人，12%的中国民众把美国视为敌人。

印度驻纽约副总领事柯布拉加德在纽约送女儿上学时被美国警方逮捕，并被指控犯有签证欺诈和虐待佣人罪。柯布拉加德据称在纽约警察局被戴上手铐、遭到脱衣检查，和吸毒者关在同一牢房。

美国国务院和财政部宣布制裁一批躲避国际制裁和为伊朗核计划提供支持的公司，这些公司位于伊朗、新加坡、菲律宾和乌克兰等国。

12月16日，美国国务卿克里在河内会见越南副总理兼外长范平明。克里表示，美国将向东盟国家提供3250万美元，用于保护这些国家的领海。在这一援助款项中，越南可获得1800万美元，其中包括添购5艘巡逻快艇的经费，用于加强越南的海岸巡逻。

乌克兰总统亚努科维奇会见美国参议员麦凯恩和墨菲，讨论乌克兰和美国的双边关系以及乌克兰面临的挑战。亚努科维奇强调，乌克兰的欧洲一体化方针不变。

12月17日，美国国务卿克里在马尼拉与菲律宾外长德尔罗萨里奥举行双边会谈。克里宣布，美国将在今后3年向菲律宾提供4000万美元，用于加强菲律宾的"海洋安全"，提升其预警能力。

12月18日，美联储联邦公开市场委员会宣布，从2014年1月起将每月采购850亿美元资产的开放式量化宽松（QE）缩减100亿美元，其中国债和抵押贷款支持债券（MBS）的采购额各缩减50亿美元。

12月19日，第24届中美商贸联委会在北京举行。中国国务院副总理汪洋与美国商务部长普里茨克、贸易代表弗罗曼共同主持。美国农业部长维尔萨克与会。双方广泛深入讨论了贸易、投资等领域40多个议题。

美国国防部长哈格尔与美军参联会主席邓普西在五角大楼举行联合记

者会。谈及早前发生的中美军舰在南海相遇一事,哈格尔批评中国拦截美国导弹巡洋舰"考本斯"号的行为不负责任。哈格尔表示,中美需要在亚太地区建立双边机制缓解这类问题。"我们不希望发生误判。如果出现'考彭斯'号这样的事情,它可能会变成导火索,最终导致中美两军发生误判。"

12月20日,美国《纽约时报》与英国《卫报》根据"棱镜"项目曝光者斯诺登提供的秘密文件报道,美英情报机构主要监控目标包括欧盟高级官员、非洲国家领导人及其家属,联合国儿童基金会、联合国裁军研究所等多个机构及一些援助项目负责人、多国主管石油和财政的部级官员等。监控目标还包括全球重要石化企业道达尔公司和高科技企业法国泰雷兹集团,以及法德两国的驻外机构和大使等。美国国家安全局会在美国本土的监听站直接实施监控。美国情报部门对以色列政府官员的大规模监控也被披露,并特别提到了2009年对时任以色列总理奥尔默特的监控。

美国总统奥巴马宣布提名参议院财政委员会主席马克斯·鲍卡斯(Max Baucus)为下一任驻华大使人选。现年72岁的鲍卡斯是民主党人,1978年当选参议员,是迄今蒙大拿州任职时间最长的联邦参议员,也是参议院中第三位任职时间最长的议员。鲍卡斯曾8次访华,包括1997年陪同时任总统克林顿访华,2010年以参议院财政委员会主席身份访华并与时任国家副主席习近平会见。

12月21日,美国总统奥巴马强调迫切需要帮助支持通过对话解决南苏丹内部分歧的努力,任何通过武力夺取权力的企图都将导致结束美国和国际社会的长期支持。美国国务卿克里与南苏丹总统基尔(Salva Kiir)通电话,讨论结束南苏丹暴力问题。

12月24日,美国贸易代表办公室向国会提交2013年度关于中国遵守世界贸易组织规则情况的报告。报告着重指出中国在知识产权、产业政策、服务、农业和透明度等领域的政策和践行的情况。报告称,中国作为世界贸易组织成员的整体表现依然错综复杂,指责中国政府干预性经济政策和国有企业的重要作用。报告评估了中美两国通过2013年的双边接触在关键贸易议题上取得的重大进展和存在问题。

12月26日,美国总统奥巴马签署《2014财年国防授权法案》,批准总共超过6000亿美元的国防开支与战争费用。

美国驻日本大使馆就日本首相安倍晋三参拜靖国神社一事发布声明

称，美方对日方领导人的此次行为"表示失望"，此举可能"激化与邻国的紧张局势"。美国希望日本及其邻国能就敏感的历史问题找到"建设性"的解决方案，加强双边关系，并以合作姿态推进地区和平稳定。美国国务院发言人普萨基重申，美国对日本首相安倍晋三参拜靖国神社，可能加剧日本与邻国的紧张关系感到失望。

12 月 27 日，美国国防部长哈格尔发表声明，对日本冲绳县知事宣布批准中央政府在边野古海边填海造地建新机场，为冲绳市区普天间的美军基地搬迁做准备表示欢迎。声明称"在为实现驻冲绳美军重组而作出的努力中，这是最为重要、且具有划时代意义的事情"。

12 月 28 日，德国《明镜》周刊根据其获得的美国国家安全局绝密文件报道说，美国国安局通过截听连接欧洲、北非和亚洲的"SEA-ME-WE-4"海底通信电缆，取得大量敏感资料，并计划照此监听其他海底通信电缆。

12 月 31 日，中国外交部长王毅同美国国务卿克里通电话，就推进中美关系发展进行沟通。双方还就当前日本问题和朝鲜半岛局势、巴以和谈等交换了意见。

美国国防部宣布，美国已将在古巴关塔那摩基地关押的最后 3 名中国维吾尔族囚犯移交给斯洛伐克。声明说，这 3 名维吾尔族囚犯自愿选择在斯洛伐克生活。

美国负责东亚和太平洋事务的助理国务卿拉塞尔在《赫芬顿邮报》网站（Huffingtonpost.com）发表题为"亚洲再平衡是一项长期方略"的文章，称美国的安全和繁荣与亚太地区的和平发展密不可分，在亚洲的参与是美国的一项战略重点。

4. 2013 年美国科技教育大事记

2013 年 1 月

4 日，美国食品和药物管理局（FDA）科学家对美国食品安全表示担忧。

10 日，美国教育部长就加利福尼亚校园枪击案发表评论，对发生在校园的惨剧表示震惊。

11 日，联邦咨询委员会公布了国家气候评估报告。

16 日，奥巴马寻求移除联邦政府不得资助特定研究的相关限制。

16 日，美国教育部就减少枪支暴力案件提出若干建议，就校园安全及学生保护建议政府采取若干行动。

22 日，美国教育统计中心发布报告（NCES REPORT），称美国 2009—2010 学年公立大学的毕业率达到 78.2%，为 1974 年以来的历史最高水平。

25 日，美国教育部明确了学校需保障残障学生平等参与课外活动的各项义务。

31 日，美国教育部公布学生阅读和数学能力的校级评分数据，共包括 2008—2009、2009—2010、2010—2011 学年的数据。这是美国教育部首次公布全国性的校级测评数据，也是其推进信息公开的一个积极尝试。

2013 年 2 月

1 日，美国教育部发布了"通往最高点"的 12 条建议，对教育改革提出了若干意见。

3 日，饱受争议的教育人士亚琳·艾柯曼博士（ARLENE ACKERMAN）逝世，但她的勇气和执著留在了世间。

4 日，调查显示，燃气汽车的运营成本仍然高昂，亟须进一步努力。

11 日，美国教育部为芝加哥公立学校拨款 50000 美元用于多起校园枪击案的安抚工作。批评者称，这笔款项是对过去一年 35 起枪击案的微弱回应。

13 日，奥巴马称美国当利用科学技术优势应对气候变化。

13 日，美国教育部公布高校排位表并提供了丰富的相关信息，以便学生选择最好的学校。

14 日，"校园紧急情况处置工程"为康涅狄格、新泽西、纽约在飓风桑迪后的重建拨款 300 万美元。

25 日，美国宣布用 1500 万美元公开开支，设立一项用于改善全国最差学校的公共基金。

28 日，美国教育部敦促各级学校采取切实行动减少校园性别歧视并保障所有学生的安全。

2013 年 3 月

1 日，宾夕法尼亚、德克萨斯、怀俄明三州向美国教育部提出申请，就"不让一个学生掉队"（NCLB）的国家政策提出质疑，希望能把有限的教育资源集中用于最需要的学生，或者用于切实提高教育绩效。

5 日，美国教育部公布 2010—2011 学年高校毕业率。

7 日，美国教育部拨款 35000 美元用于马里兰校园枪击案的安抚工作。

7 日，美国教育部任命大卫·琼斯博士（David J. Johns）为改善非洲裔美国人教育水平的执行主管。

8 日，联邦机构出台新的科学政策。

8 日，美国教育部与南加州最大的高等教育机构达成协议，就残障人士使用互联网相关事项进行研究。

11 日，美国教育部宣布 11 个州将继续获得校园改善基金的资助，以改善这些州最差学校的环境。

18 日，美国教育部公布获得校园改善专项基金的十个州名单。

19 日，美国教育部发布教育指南，要求高等教育机构因材施教，着力让学生具备必要的竞争能力。

26 日，美国教育部启动学生贷款咨询工具，帮助本年毕业生规划偿贷事宜。

27 日，美国教育部启动 2013 年创新竞争活动，首期投入为 1500 万美元。

29 日，俄亥俄州参议员不再支持可再生能源标准。

29 日，研究发现，降低烟筒高度可能减少大气危害。

2013 年 4 月

8 日，13 个州获得持续改善校园工程专项资助。

8 日，科学家警示能源署：不要用粮食制造燃料。

10 日，2014 年预算草案向教育投资倾斜，此举或让中产阶级受益，也充分照顾了国家未来之所系的年少一代。

15 日，美国教育部举办听证会，就高校教育相关规则的制定征求意见。

16 日，美国教育部和卫生部宣布了新一轮的"通往最高处"计划，扩大投资规模并重点创造更多的早期学习机会。

19 日，美国教育部和劳工部联合宣布提供 4.745 亿美元用于改善社区大学和商业培训机构的伙伴关系。

25 日，奥巴马政府发布教育蓝皮书（RESPECT），就提升和转变教育专业指明方向。

25 日，参议院审议核废料议案。

26 日，"及早规划未来财务状况"的网络研讨会（WEBINAR）对高校的新老工作者提供了一系列预算建议。

29 日，美国教育部宣布自 2014—2015 学年始，联邦助学金表格将收集学生家长的收入信息，这是首次对学生家长收入进行调查，此举被斥为侵犯隐私、侵犯尊严（INTURSIVE）。

2013 年 5 月

1 日，美国教育部拨款 48000 美元，用于佛蒙特青年自杀事件的安抚工作。

6 日，第 49 届美国总统学人奖颁发给 141 位在学术或艺术领域做出贡献的高校工作者。

7 日，美国教育部开设谷歌空间——"为课堂中的非洲裔教师欢呼"。

8 日，公共人士获邀参加有关毕业生进入社会的角色转换的讨论，并重点对相关联邦条例和法案的作用进行评估。

9 日，美国司法部和教育部就惩治和预防学生性骚扰达成一致。

13 日，研究发现，科氏公司和埃克森石油公司在扩散气候变化虚假情报，而美国的媒体则起到了推波助澜的作用。

20 日，奥巴马政府批准阿拉斯加、夏威夷、西弗吉尼亚等三地的"不让一个学生掉队"灵活请求，迄今已有 37 地获准将有限的资源集中资助最迫切需要资助的学生。

20 日，亚利桑那州获得 1040 万美元的改善校园专款。

21 日，美国设立新的助学计划（PROMISE），为低收入阶层残障儿童改善教育和就业状况带来希望。

22 日，美国教育部长提醒国会，不要通过允许联邦助学贷款利息加倍的法案。

23 日，美国为现役军人设立教育资助贷款。

24 日，美国教育部拨款 130 万美元用于进一步支持康涅狄格的灾后重建。

24 日，美国教育部宣布不再因个人的性取向而拒绝年轻人加入美国童子军（BSA）。

31 日，FDA 的邮件记录显示，它更强调对于降压药的药效，药物的安全性则是次要考虑。

2013 年 6 月

3 日，美国教育部举办绿丝带学校及可持续发展社区颁奖会。

5 日，科学家认为有关生物燃料生产的联邦规定非常灵活，能够实现有效管理的目的。

12 日，美国司法部、教育部、卫生部就医学院、牙医学院、护理学院等医疗卫生学校的乙肝歧视发表联合公告。

19 日，科学家认为奥巴马可以将美国核武库削减到 1000 件而不损害国家安全。

21 日，亚拉巴马州获准执行"不让一个学生掉队"灵活方案。

24 日，美国最高法院就费舍尔诉德克萨斯大学案（Fisher v. University of Texas at Austin）做出裁决。

25 日，美国教育部发布 2010—2011 学年校际排名，对学校表现进行了总体评估。

25 日，美国教育部更新了 1991 年的做法，发文要求各校做好怀孕学生或带子学生的辅助工作，使他们能够安心学习并完成学业。

25 日，奥巴马政府公布了应对气候问题重要计划的相关细节。

26 日，新罕布什尔州获准执行"不让一个学生掉队"灵活方案，重点援助最有需要的学生。

27 日，最近通过的核废料法案并不能有效应对当前存在的现场管理难题。

27 日，美国教育部发布最新的高校教育成本数据，对各机构的最高学费、最高总体费用、教育成本上涨的学校进行了全面信息公开。

28 日，美国教育部长对参议院通过移民改革法案发表评论。

2013 年 7 月

2 日，教育界纪念 1964 年民权法案通过 49 周年。

8 日，来自 3 万余所学校的近 300 万学生获得总统助学金。

9 日，参议院劳工、卫生、教育等相关委员会投票通过早期学习（early learning）拨款计划。

16 日，科学家发现下一代发电站将会破坏水供应。

19 日，美国众议院通过 ESEA 授权法案（H. R. 5）

19 日，奥巴马总统要求全国范围内把高速运行网络引入课堂。

24 日，在全国大学生的努力下，奥巴马总统和参议院重要成员决定支持一项议案。该议案如果得到实施的话，近 1100 万贷款人将从中获益。

29 日，忧思科学家联盟粮食和环境研究人员获得詹姆斯·彼尔德奖。

31 日，美国行政部门和立法部门达成一项妥协，同意在全国范围内减免几百万学生和家庭的债务。新通过的法案降低了几乎所有新增联邦助学贷款的利率，本科学生因此可以每年人均节约 1500 美元的开支。这是降低大学教育成本的一个重要举措。

2013 年 8 月

1 日，一个任期四年的五人委员会被选出，并将负责统筹教育监管事宜。

6 日，加利福尼亚获准执行 NCLB 灵活政策。

6 日，科学家提醒美国能源署出台措施减缓粮食企业和燃料公司之间的恶性竞争。

8 日，科学研究显示果蔬摄入能增强机体活力和免疫力。

12 日，缅因州获准执行 NCLB 灵活政策。

12 日，奥巴马政府要求社区大学就提升退役老兵的职场竞争力贡献力量。

13 日，研究报告对海平面上升和雷暴天气将造成的沿岸影响进行了评估。

16 日，来自 17 个州的 35 所学校获得共计 1.23 亿美元资金，以促进相关工作的顺利开展。

19 日，科学家倡议新泽西州长否决可能带来海岸危害的相关议案。

20 日，宾夕法尼亚州获准执行 NCLB 灵活政策。

20 日，一项政府报告确认了联邦助学计划的重要性，并指出这是帮助学生实现美国梦、开启机会之门的重要途径。

27 日，42 个州的低收入家庭获得 2800 万美元以支付一项考试费用。

28 日，阿拉斯加、亚利桑那、加利福尼亚、蒙塔纳、达科他、华盛顿等地共 8 所学校获得 2000 万美元校园修缮款。

2013 年 9 月

9 日，加利福尼亚、密苏里、华盛顿等地部分残障学生获得 190 万美元资助以购置生活辅助设备。

11 日，各地校园组织"9·11"事件纪念活动。

12 日，北卡罗来纳、马里兰、德克萨斯等地的相关教育机构获得1500 万美元用于从事幼儿教育相关研究。

20 日，非营利组织 ALU LIKE 获得 280 万美元资助以推动夏威夷土著相关教育项目。

20 日，美国教育部向 WESTAT INC 注资 650 万美元以改进数字教育资源的质量。

20 日，研究显示，美国能源署的新规定将在一定程度上遏制碳排放。

23 日，非政府组织 FHI 获得 140 万美元政府资助以设立一个残障人士相关技术研究中心。

24 日，低收入家庭的婴儿照顾计划获得 920 万美元资助。

24 日，共计 286 所学校成为全美绿丝带学校。

25 日，印第安部落、组织及阿拉斯加土著等 31 个团体获得 1400 万美元拨款，主要用于改善相关教育项目。

25 日，卡耐基梅隆大学获得近百万美元资助以推进其在残障人士应用云计算方面的研究。

26 日，俄勒冈大学获得 160 万美元资助用于从事残障儿童生活改善相关研究。

26 日，研究报告指出，俄亥俄参议员提出的议案如果被通过，将使该州更加依赖非清洁能源（DIRTY ENERGY）。

26 日，科学研究显示，小型模块反应堆无助于提升核电站的安全性能。

27 日，8 个机构获得 200 万美元资助以推广其艺术教育经验。

27 日，美国教育部、司法部重申高等教育中，各类竞赛的开展应基于自愿原则。

27 日，国际报告显示，紧迫的气候问题亟须美国采取更负责任的立场。

28 日，美国教育部同波特兰、缅因州及公立学校就女生平等参加奥运会达成协议。

30 日，布法罗大学斥资近百万美元用于促进伤残恢复技术的推广。

30 日，教育部拨款 3200 万美元用于加强营养和卫生研究。

30 日，教育部拨款 2 亿多美元用于改善低收入家庭的教育计划。

30 日，德克萨斯州获准执行 NCLB 灵活政策。

30 日，5 所大学因为从事残障人士生活能力相关研究而获得 460 万美元资助。

30 日，美国政府关门导致农场法讨论延迟，从而让纳税人不得不承担几十亿美元的损失。

2013 年 10 月

11 日，尽管面临政府关门困境，众议院还是开始讨论制定新的农场法。

16 日，16 个州或特区申请进行早期学习竞赛。

17 日，报告显示，美国的核武器计划多有纰漏。

17 日，三名科学家因为转基因研究获得世界粮食奖。

17 日，科学家聚会庆祝欧佩克对美国禁运石油 40 周年，他们认为此举促使美国致力于提高能源利用的效率。

21 日，美国教育部抢在政府关门之前宣布拨款 180 万美元用于资助残障老年人。

21 日，五个相关机构因从事改善残障人士生活相关研究而获得 460 万美元资助。

21 日，美国教育部拨款 410 万美元用以资助 16 个富布莱特短期集体项目和 80 个博士论文研究项目。

21 日，聋哑人中心斥资 1050 万美元以改善聋哑儿童相关服务。

22 日，波多黎各获准执行 NCLB 灵活政策

23 日，报告显示，少一些谷物，多一些果蔬，让美国农户、消费者和农村都能获益。

24 日，多个州开始致力于为电动车开拓市场空间。

30 日，奥巴马政府提议公众广泛参与教育事业，以应对不断上涨的大学费用。

31 日，美国教育部拨款 27 万美元以帮助俄亥俄发生枪击案的学校进行安抚工作。

31 日，美国教育部与纽约州立大学就处置和防范学生性骚扰事宜达成协议。

2013 年 11 月

4 日，奥巴马政府为学生贷款者提供了更多种类的偿贷选择。

4 日，密歇根州将进一步制定更广泛的可再生能源标准。

6 日，美国教育部与加州 West Contra Costa 学区就防治学生性骚扰达成协议。

7 日，美国学生阅读与数学能力年度评估报告出炉。

8 日，教育界开展老兵纪念日相关活动。

8 日，威斯康星州 Sun Prairie 学校因涉嫌歧视黑人学生而受到审查。

8 日，25 份申请获得了总计 1.35 亿美元资助以推广它们提升学生能力的有效做法。

13 日，两党就扩大高质量早期教育工程的覆盖面达成一致。

13 日，报告显示位于加利福尼亚州的一处核电站防震保护未达标。

13 日，报告显示土地开发不当会造成极大浪费、留下卫生隐患并造成环境污染。

15 日，科学家提供了应用生物燃料的新途径，美国能源署继续予以支持。

19 日，美国教育部为 286 所全美绿丝带学校获得者颁奖。

21 日，非政府组织抗议华沙气候谈判

23 日，联合国气候框架公约华沙会议达成一项基本协议。

25 日，忧思科学家联盟成员就任美国能源署重要职位。

2013 年 12 月

4 日，奥巴马政府公布了扩大高校教育覆盖面、降低高校教育负担的新指南。

5 日，Wilmar 公司宣布将致力于不损害热带雨林、不侵犯人权的情况下进行棕榈油加工。

9 日，教育部长任命了新一届的高校教育监督委员会。

9 日，科学研究发现美国的火电站越来越没有经济效益。

11 日，研究发现普通家庭使用电动车的新途径。

11 日，美国农地出现对普通农药形成抗体的超级莠草，亟待科学解决方案。

13 日，美国教育部公布一份校园资助计划，近 2000 所高校自愿执行这一计划。

13 日，美国教育部宣布同性婚姻家庭也能平等获得联邦教育资助。

16 日，丹佛高中获得 5 万美元财政拨款以改善校园安全环境，此举也是为了安抚 14 岁学生被谋杀而引起的校园恐慌。

17 日，加利福尼亚校园枪击案发生的学校获得 22 万美元善后拨款。

19 日，6 个州受资助在州境内全面建设优质早期教育设施。

19 日，密西根州长宣布了未来数年该州的能源工作目标。

5. 2013 年有关美国外交和中美关系的重要讲话和文件

（1）奥巴马总统第二任期就职演说

美国国会山

2013 年 1 月 21 日

华盛顿哥伦比亚特区

美东时间上午 11：55

总统：拜登副总统、首席大法官先生、各位国会议员、各位嘉宾、同胞们：

每一次举行总统就职典礼，我们都共同见证了我国宪法经久不衰的力量。我们重申我们的民主制度的承诺。回顾历史，这个国家的团结不是源于我们的肤色、我们的宗教信仰或我们家族的来源地。我们卓尔不凡——我们美国人独具特色——的根本原因是我们对两个多世纪以前的一份宣言中所阐明的思想忠诚不渝：

"我们认为以下真理是不言而喻的：人人生而平等，造物主赋予他们某些不可剥夺的权利，其中包括生存、自由和追求幸福的权利。"

今天，我们仍在继续着这一永无终点的旅程——努力把这些话的含义化作我们时代的现实。历史告诉我们，这些真理虽然不言而喻，却从未自动降临；自由虽然是上帝的恩赐，却须上帝在普天之下的子民们加以捍卫（掌声）。1776 年爱国者们的奋斗不是为了用少数人的特权或是一群暴民的统治来取代一个君王的专制。他们给予我们的是一个共和国——一个民有、民治、民享的政府——并托付每一代人去捍卫我们的立国之本。

两百多年以来，我们做到了。

从皮鞭和刀剑留下的血迹中，我们认识到，建立在自由和平等原则基础上的任何联盟都不可能以半奴隶制、半自由的方式持续下去。我们浴火重生，并誓言一起向前迈进。

我们共同决定，一个现代经济体需要铁路和公路来加速旅行和商业活动，需要学校和学院培养我们的劳动者。

我们共同发现，只有在确立了能够确保竞争和公平活动的规则时，自由市场才会蓬勃发展。

我们共同认定，一个伟大的国家必须照顾弱势群体，保护其人民免受生灵涂炭及种种不幸。

在所有这些经历中，我们从未放弃对中央权威的怀疑，也没有屈从于社会的一切弊端仅通过政府便能解决的幻想。我们颂扬主动性和创业精神，我们坚持勤奋工作与个人责任——这些品质是我们的性格中始终存在的要素。

但我们一向知道，随着时代更替，我们也当改变；忠实于我们的建国原则要求我们对新的挑战采取新的应对措施；保护我们的个人自由最终需要集体行动，因为美国人民不能再像昔日美国士兵用步枪和民兵来对付法西斯主义或共产主义的力量那样单独行动来应对今日世界的要求。没有哪一个人能够培训出我们所需的所有数学和科学老师，以帮助我们的下一代为未来做好准备；也没有哪一个人能够建造道路、网络和研究实验室，为我们的国家带来新的就业机会和商机。现在比以往任何时候都更加需要我们作为同一个国家和民族齐心合力地去做这些事情（掌声）。

这一代美国人经历了危机的考验，练就了我们的钢铁意志，证明了我们的坚韧不拔。长达十年的战争逐步结束（掌声）。经济已经开始复苏（掌声）。美国的未来无可限量，因为我们具有这个无限的世界所需要的一切特质：青春和动力；多样性与开放性；永无止境的履险能力与自我重塑的天赋。美国同胞们，我们生逢其时，我们一定会抓住这个机会——只要我们齐心协力（掌声）。

因为我们的人民知道，如果越来越少的人得以锦上添花，而越来越多的人难以为继，我们的国家就不能成功（掌声）。我们相信，美国的繁荣必须建立在不断上升的中产阶级的基础之上。我们知道，如果每一个人都从自己的工作中获得独立性和自豪感，如果诚实的劳动所得能使家庭摆脱困境，那就是美国蓬勃发展之时。如果一名出身贫寒的小女孩知道，因为她是一个美国人，她和任何其他人一样有着相同的成功机会，就说明我们坚守了我们的信念；她是自由的、她是平等的——并非仅在上帝的眼中如此，而且在我们眼中也是如此（掌声）。

我们都知道，已经过时的项目和计划无法满足我们这个时代的需要。因此，我们必须利用新的思维和技术再造我们的政府，重订我们的税法，改革我们的学校，让我们的公民获得所需要的技能，从而更加努力地工作，掌握更多的知识，达到更高的水平。但是，虽然方式会发生改变，但我们的目的经久不衰：一个对每一位美国人的勤劳和努力都给予回报的国度。这是时代赋予我们的重任。这才能真正体现我们的信念之真谛。

我们的人民仍然相信，每一位公民都应享有基本的安全保障和尊严。我们必须作出艰难的抉择来降低医疗照顾的开支和赤字的规模。但我们摈弃这样的看法，即美国必须选择要么照顾建设起这个国家的那一代人，要么投资于将要建设这个国家的未来的那一代人（掌声）。因为我们记得我们过去的经验教训——暮年在贫困中度过，残疾儿童的父母求告无门。

我们认为，在这个国家，自由不专属于那些幸运儿，幸福也不专属于少数人。我们知道，不管我们对自己的生活多么负责，我们任何一个人都随时有可能面临失业，突发疾病，或者看到自己的住房被可怕的飓风摧毁。我们通过联邦医疗保险（Medicare）、医疗补助（Medicaid）和社会安全福利（Social Security）等计划对每一个人作出承诺，这些举措不会使我们的创造力衰竭，而是让我们更强大。（掌声）它们不会让我们成为一个依赖救济的国家，而是让我们敢于承担风险，使这个国家更加伟大。（掌声）

我们的人民依然相信，作为美国人，我们不仅仅对自己承担义务，而且还对子孙后代承担义务。我们将应对气候变化的威胁，因为我们知道，不这么做就是出卖子孙后代的利益。（掌声）有人可能仍然拒绝接受大量的科学论断，但没有人能够躲避肆虐的火灾、严重的干旱和更具破坏性的风暴所带来的毁灭性后果。

通往可持续能源的道路漫长而曲折。但是，美国不能拒绝这种转变，我们必须领导这种转变。我们不能把推动创造新就业机会和新行业的技术拱手相让给其他国家，我们必须抓住它所蕴含的机遇。这样，我们才能保持我们的经济活力、保护我们的国家财富——我们的森林与河流、农田与冰峰。这样，我们才能保护上帝托付我们照料的星球。这样，我们将能为建国先贤宣告的理念赋予意义。

我们——人民——依然相信，持久的安全与永久的和平不需要靠持续的战争来实现。（掌声）我们英勇的男女军人历经战火考验，能力和勇气举世无双。（掌声）我们的公民们铭记阵亡者，深知自由的代价。他们的牺牲将让我们对那些企图伤害我们的势力永远保持警惕。但是，我们的先辈不仅赢得了战争，也赢得了和平；他们把不共戴天的仇敌转变成我们最可靠的朋友——今天，我们也必须将那些经验在我们这个时代传承下去。

我们将通过武力与法治的力量保卫我们的人民、捍卫我们的价值观。我们将展示勇气，努力和平解决我们与其他国家的分歧——这不是因为我们对所面临的危险天真无知，而是因为接触交往能够更持久地化解疑虑和恐惧。（掌声）

美国将继续成为全球各地强大联盟的支柱。而且，我们将重振那些让我们更有能力应对海外危机的机制，因为对于一个世界最强大的国家来说，和平的世界与它的利益最为攸关。我们将支持从亚洲到非洲、从美洲到中东的民主，因为我们的利益和良心驱使我们为那些渴望自由的人采取行动。而且，对于那些陷入贫困、疾病、被边缘化、被歧视的人，我们必须成为他们的希望源泉——不是出于怜悯，而是因为我们这个时代的和平要求我们不断推进我们的共同信念所阐述的原则：宽容和机遇、人类尊严和正义。

我们——人民——今天宣布，最不言而喻的真理——人人生而平等——依然是为我们指引方向的星斗；如同它曾在塞尼卡福尔斯（Seneca Falls）、在塞尔玛（Selma）、在石墙（Stonewall）指引我们的先辈一样；如同它曾指引所有那些知名的、无名的男女公民一样——他们在这片壮观的草坪上留下足迹，聆听一位姓金（King）的牧师说我们不能独自前行，因为我们个人的自由与地球上每个灵魂的自由不可分割。（掌声）

继承先辈开创的事业是我们这一代人的任务。在我们的妻子、母亲和女儿能够挣得与她们的劳动等值的收入之前，我们的征途不会终结。（掌声）在我们的同性恋兄弟姐妹获得与其他人同样的法律待遇之前，我们的征途不会终结——（掌声）——因为，如果我们真正是生而平等的，那么我们对彼此的爱也应该是平等的。（掌声）在任何公民都不会被迫等待好几个小时才能行使投票权之前，我们的征途不会终结。（掌声）在我们找到更好的方式欢迎仍视美国为一块充满机会的土地、勤奋努力、满怀憧憬的移民之前——（掌声）——在聪颖的青年学生和工程师加入我们的劳动大军而不是被逐出美国之前，我们的征途不会终结。（掌声）在从底特律（Detroit）的街道到阿巴拉契亚（Appalachia）的山岭，再到纽顿

（Newtown）的安静小巷中的所有孩子都知道他们得到照护和珍视而且永远不会受到伤害之前，我们的征途不会终结。

这就是我们这一代人的任务——让这些有关生命、自由和追求幸福的言辞、权利和价值观对每个美国人而言都切实存在。忠实于我国的建国文献并不是要求我们对生活中的方方面面都看法一致。也不意味着我们所有人都以完全相同的方式去界定自由，或沿着一模一样的道路走向幸福。时代的进步并不要求我们彻底解决持续了几个世纪的关于政府作用的争论，但的确要求我们现在就采取行动。（掌声）

现在，我们必须作出决策，绝不能拖延。我们不能误把绝对主义当作原则，不能以作秀来取代政治，亦不能将谩骂视为理性的辩论。（掌声）我们必须采取行动，即便知道我们的工作将不尽完美。我们必须采取行动，即便知道今天取得的种种胜利并非大获全胜，还要有赖于4年、40年甚或是400年之后站在这里的人去推进当年在费城的一个简陋的大厅里传承给我们的永恒精神。

美国同胞们，我今天在你们面前宣读的誓词，如同在国会山任职的其他人宣读过的誓词一样，是对上帝和国家的誓词，而不是对政党或派别的誓词。我们必须在我们任职期间忠实地履行这些誓言。不过，我今天宣读的誓词与士兵报名参军或移民实现梦想时所宣读的誓词没有多少差别。我的誓词与我们所有人对着高高飘扬的、让我们内心充满自豪的国旗所发出的誓言没有多大差别。

这些是公民的誓词，代表着我们最伟大的希望。你和我，作为公民，都有为这个国家选择道路的权力。你和我，作为公民，都有义务打造我们这个时代的议题——不仅要用我们的选票，而且要用我们为捍卫我国最悠久的价值观和持久的理念而发出的呼声。（掌声）

现在，让我们每一个人都以庄严的责任感和无比的快乐来接受我们永恒的与生俱来的权利。让我们通过共同的努力和共同的目标，拿出热情与奉献，来响应历史的召唤，高举珍贵的自由之光去照亮充满变数的未来。

谢谢大家。愿上帝保佑你们，愿上帝永远保佑美利坚合众国。（掌声）

演说结束（东部标准时间中午12：10）

（2）奥巴马总统2013年国情咨文讲话（节选）

白宫新闻秘书办公室2013年2月12日

议长先生、副总统先生、各位国会议员、美国同胞们：

51 年前，约翰·肯尼迪（John F. Kennedy）曾在这个会议厅说"宪法决定了我们不是争夺权力的对手，而是争取进步的伙伴……我的任务是向国会汇报国情，而改善它是我们所有各位的任务。"

今晚，由于美国人民的勇气和决心，可述进展诸多。

* * * *

在多年的谈论之后，我们终于即将掌握我们自身能源的未来。……在过去的四年中，危害地球的危险的碳污染排放其实已经减少。

但是为了我们的子孙后代和我们的未来，我们必须为应对气候变化做更多的工作。确实，一例单一的事件并不代表一个趋势。但是事实是，有记录以来最热的 12 个年头都出现在过去 15 年。热浪、干旱、野火、洪水愈发频繁和严重。我们可以选择相信超级风暴"桑迪"（Superstorm Sandy）和几十年里最严重的干旱，以及有些州爆发的最大山火，都仅仅是离奇的巧合；我们也可以选择相信压倒性的科学判断——并且在尚未太迟以前采取行动。

好消息是，我们能够在这个问题上取得有意义的进展而同时推进强有力的经济发展。我敦促本届国会一起合作，寻求跨党派、基于市场的气候变化解决方案，就像约翰·麦凯恩（John McCain）和乔·利伯曼（Joe Lieberman）几年前所共同努力的那样。但是，如果国会不为保护我们的子孙后代迅速采取行动，那么我将去这样做。我将指示我的内阁制定我们可以采取的行政行动，在现在和未来减少污染，使我们的社区作好准备，应对气候变化带来的后果，并加速向更可持续的能源转型。

* * * *

我们的经济会因我们调动起努力奋斗和满怀希望的移民的才华和智慧而更加强大。现在，来自企业、劳工、执法和宗教团体的领袖一致认为，进行全面移民改革的时机已经来临。现在是完成它的时候了。

真正的改革意味着强有力的边境安全。我们能够扩大我的政府已经取得的进展，例如在南部边境部署了我们有史以来人数最多的执法人员，将非法入境降到了 40 年来的最低水平。

真正的改革意味着建立一个负责任的取得公民身份的通道，其中包括通过背景调查，纳税，支付有效力的罚款，学习英语，以及站到那些努力以合法途径来美国的人的后面排队。

真正的改革意味着修整合法移民制度，以减短等候时间，并吸引那些将会有助于创造就业机会和推动经济增长的高技能实业家和工程师。

换句话说，我们知道我们需要做什么。就在此时此刻，参众两院的一些跨党派小组正在辛勤地起草法案。我感谢他们的努力。因此，让我们来完成这项工作。在未来几个月内向我提交一项全面移民改革法案，我将立刻签署，美国会因为它而变得更好。让我们把它完成。让我们把它完成。

* * * *

今晚，我们同心一致向每天都在为保护我们而作出牺牲的军人和文职人员致敬。因为有他们，我们才能坚信美国将完成在阿富汗的使命，实现我们击溃"基地"组织（al Qaeda）核心势力的目标。我们已经让33000名英勇的男女军人返回家园。今年春天，我们的军队将转向发挥辅助作用，而阿富汗安全部队将发挥主导作用。今晚，我可以宣布，在未来一年内，还将有34000名美国军人从阿富汗返回国内。撤军将继续下去。到明年年底，我们在阿富汗的战事将会结束。

在2014年以后，美国将继续保持对一个统一和主权的阿富汗的承诺，但我们的承诺的性质将有所改变。我们正在与阿富汗政府商谈达成一项侧重于两大使命的协议：为阿富汗部队提供训练和装备以使阿富汗不会再次陷入混乱；展开反恐怖主义行动，使我们能够清剿"基地"组织及其同伙的残余势力。

今天，对我们发动"9·11"袭击的那个组织已名存实亡。的确，从阿拉伯半岛到非洲，现在出现了不同的"基地"组织分支和极端主义团伙。这些组织正在构成威胁。但是，为了应对这种威胁，我们不需要将我国成千上万儿女派遣到国外，也不需要去占领其他国家。我们需要做的是帮助像也门、利比亚和索马里这样的国家维护其自身安全，为向恐怖主义分子出击的盟友提供帮助，正如我们在索马里所做的那样。此外，在必要时，我们将运用一系列能力继续直接采取行动，打击那些对美国人民构成最严重威胁的恐怖主义分子。

与此同时，我们必须在斗争中运用我们的价值观。这就是为什么我所领导的政府一直在不懈努力，制定一个持久的法律与政策框架，以指导我们的反恐怖主义行动。我们自始至终都向国会全面告知我们的行动。我承认，在我们的民主制度中，任何人都不应只凭我说"我们做得正确"就予以相信。因此，在接下来的几个月里，我将继续与国会一起努力，不仅确保我们打击、羁押和起诉恐怖主义分子的做法符合我们的法律规章和制衡制度，还要使我们的行动对美国人民和全世界更加透明。

当然，我们所面临的挑战远不止于"基地"组织。美国将继续领导阻止世界上最危险的武器扩散的努力。朝鲜政府必须明白，他们只有通过履行其国际义务才能实现安全与繁荣。我们昨晚看到的那类挑衅行径只会进一步孤立他们，因为我们会与我们的盟友站在一起，加强我们的导弹防御系统，并为全世界采取坚定行动应对这些威胁发挥领导作用。

同样，伊朗领导人必须认识到现在是寻求外交解决的时机，因为一个团结一致的联盟正在要求他们履行其义务，并且我们将采取一切必要措施阻止他们谋取核武器。与此同时，我们将与俄罗斯保持接触；争取进一步削减我们的核武库，并继续引领全球性努力，绝不让核材料落入不法分子之手——因为我们影响他人的能力取决于我们有发挥主导作用并履行自身义务的意愿。

* * * *

即便在保护我们的人民的同时，我们也应当记住，今天的世界不仅带来危险或威胁，也带来机遇。为了增加美国出口，支持美国的就业，在不断增长的亚洲市场创造公平的竞争环境，我们准备完成跨太平洋伙伴关系（Trans-Pacific Partnership）的谈判。今晚，我宣布我们将与欧盟就一项全面的跨大西洋贸易和投资伙伴计划（Transatlantic Trade and Investment Partnership）展开磋商，因为跨大西洋地区公平和自由的贸易能为美国提供数以百万计薪酬优厚的就业机会。

我们还知道，世界上最贫穷地区的进步能增进我们所有人的福祉——这不仅因为它创造新的市场，让世界某些地区的秩序更稳定，还因为它是道义之举。在很多地方，人们每天只靠大约一美元维持生计。因此，美国将与我们的盟友一起，把更多的人纳入全球经济，增强妇女权能，为我们年轻而最聪明的人才提供新的服务机会，帮助社区实现粮食、电力和教育自立，让世界儿童免于可预防的死亡，实现没有艾滋病的一代人的承诺——这一目标已经触手可及——从而在未来20年里消除极端贫困。

你们认识到，对于在这一历史变革时期所有追求自由的人们，美国必须继续是一座灯塔。去年在缅甸仰光（Rangoon），当昂山素季（Aung San Suu Kyi）将一位美国总统迎进她曾被囚禁多年的家中时，当数以千计的缅甸人聚集街头，挥舞美国国旗，其中一个人说"美国有正义和法律；

我希望我们的国家也像那样"时，我看到了希望的力量。

为了捍卫自由，我们将继续在从美洲到非洲、从欧洲到亚洲的强大联盟中发挥坚不可摧的作用。在中东，我们将与追求普世权利的人民站在一起，支持向民主的平稳过渡。我们知道这一进程不会一帆风顺，我们也不会为埃及和其他国家决定变革途径，但是我们能够也必将坚持要求使所有人的根本权利得到尊重。我们将继续向屠杀本国人民的叙利亚政权施压，并支持尊重每一个叙利亚人的权利的反对派领袖。我们还将在寻求安全与持久和平的道路上坚定地与以色列站在一起。这些都是我下个月访问中东时将要传递的信息。

* * * *

我们也许从事着不同的工作，身穿不同的制服，持有与我们身边的人不同的观点。但是作为美国人，我们分享共同的令人自豪的称呼：

我们是公民。这个词不仅是形容我们的国籍或法律身份。它也说明了我们的本质和我们的信念。它反映了一个持久的理念：只有当我们都接受对彼此和对子孙后代的一定义务时，这个国家才能成功；我们的权利与其他人的权利密不可分。作为一个国家，这已经是我们的第三个百年，但身为美国公民，我们仍然有义务为美国历史谱写下一个伟大的篇章。

谢谢各位，愿上帝保佑你们，愿上帝保佑美利坚合众国。

（3）克里谈美国外交政策（2013 年 2 月 20 日弗吉尼亚大学）

克里国务卿：谢谢。非常、非常感谢大家。谢谢。早上好。感谢如此极为热烈的欢迎，夏洛特。我来到这里实在荣幸。

参议员蒂姆·凯恩（Tim Kaine），非常、非常感谢你的美言介绍。蒂姆，正如他提到的，才刚刚在对外关系委员会（Foreign Relations Committee）任职——我想，至今总共只有几个星期——但是根据他刚才的话，我绝对赞赏他的投票记录。（笑声和掌声）他的确——也已经为自己找到了新的工作保障，因为在弗吉尼亚，州长任期为一届 4 年，所以，他用一个 4 年任期换来了一个 6 年任期（参议员一届任期为 6 年——译注），而且还有可能连任。（笑声）鉴于我是用几个连任期换了一个 4 年任期，而后我就到头了，所以也许他懂得什么奥秘，我应该听他的。（笑声）我可以从他那里学到一点东西。

我们在职重叠时间不长，但我想告诉大家，副州长的职责经历和他任州长，让我们对彼此有了相当的了解。我也曾担任过我所在州的副州长，因此我们在成为参议员之前有着共同之处。

我来给大家讲一个小故事。我不知道弗吉尼亚州的副州长做些什么，但在马萨诸塞州（Massachusetts），卡尔文·柯立芝（Calvin Coolidge）曾担任过副州长。在一个晚宴上，他的同伴转身对他说："您从事什么职业？"他回答："我是卡尔文·柯立芝。我是马萨诸塞州副州长。"她说："哇，那肯定非常有意思。跟我详细讲讲这个工作。"他说："我刚讲完了。"（笑声）所以，我相信，既然他们这样支持了你和我，我们当时一定做得更多些。

但是我非常敬佩蒂姆·凯恩走过的历程。我知道，他所理解的美国对世界的意义是在早年形成的，也就是如同当年国会议员赫特（Hurt）在谈到他在洪都拉斯的天主教传教工作时所说，是要帮助他人过上更健康的生活。我之所以知道，是因为选举结束两周后，蒂姆打电话给我，询问他能否成为对外关系委员会成员。我要告诉大家，在参议院，这样的电话不常见，也就是说，以这样的方式毛遂自荐，加入一个没有机会为本州捞油水，也许不那么容易对连任有帮助的委员会。所以我知道，蒂姆·凯恩使弗吉尼亚州拥有了一位将在对外关系委员会产生影响的参议员，他将对弗吉尼亚州和我们的国家产生影响，我们非常感谢你的服务，蒂姆。非常、非常感谢你。（掌声）

我也特别感谢国会议员罗伯特·赫特（Robert Hurt）今天来到这里。我已经脱离了党派政治，能够完全以无党派的精神欢迎人，不仅是跨党派，而是无党派，这真让我感到高兴。我特别感谢他在州议会两院的服务，现在他任职于众议院，从你的表述和我们的谈话中，我相信你也将做出自己的贡献。我对你今天来到这里表示感谢。（掌声）

沙利文校长（President Sullivan），非常感谢你欢迎我来到这个历史悠久的非凡校园。当我与沙利文校长一起穿过草坪时，我饱享了这里的风景，我不得不说，你们所有来这里读书的人都非常幸运。（笑声）很荣幸和大家相聚在中心校园（Grounds）——（笑声和掌声）——它是人类思想潜能的一座非常、非常优美的丰碑。我要说，站在这里，在雅典圣贤们的注视下——是那些思想家赋予了我们民主的理念，我们不仅在我们自己国家，而且也在世界各地显然仍在继续完善着这些理念——令人心怀感激。

我还要告诉大家，很久以前，我曾作为一名本科生来过这里。我在那边的球场上和你们的校友进行过长曲棍球比赛，而我的首个外交举动就是名副其实地忘记胜负。我现在完全没印象，我不知道。（笑声）

我要感谢戎装军人。我要感谢预备军官训练团（ROTC）和所有已经和将继续以某种方式为国家效力的所有人。没有任何比这更了不起的对公民含义的宣示，而且我恰恰相信"公民"一词是美国最重要的词汇之一。

有人可能会问，为什么我要来弗吉尼亚大学，要站在这里，为什么以这里为起点？一位国务卿在美国发表他的首次讲话？你们可能会问："外交不是在那边，在海外，在远远超出我们自家范围的地方吗？"

那么，为什么我要站在蓝岭（Blue Ridge）脚下，而不是黑海（Black Sea）岸边？为什么我在老卡贝尔大厅（Old Cabell Hall）而不是阿富汗的喀布尔（Kabul）？（笑声）

原因很简单。我是特意来到这里强调，在当今的全球化世界中，外交政策已不再是外边异域之事。与以往任何时候相比，我们在自己安全的海岸内所作的决策，都不仅仅会向外产生涟漪，而且也会在美国这里引起波荡。我们如何实施外交政策对于我们的日常生活，对于所有我所遇见的站在外面——无论哪个年级——正在考虑未来的学生们的机会而言，比以往任何时候都关系重大。这种重要意义不仅是就我们所面临的种种威胁而言，而是也关系到我们所购买的产品，我们所销售的货物以及我们为经济增长与活力所提供的机会。它所关系的不仅仅是我们是否不得不将军队送往另一个战场，而是也关系着我们能否将我们的毕业生送入生机勃勃的劳动大军。这就是我今天来到这里的原因。

我来到这里是因为，比起以往任何时候，我们美国人的生活都与我们可能从未去过的世界各地的人的生活更紧密地交织在一起。在外交、发展、经济安全、环境安全等全球挑战中，大家会和那些你们从未遇到过的其他国家的人们一样，强烈地感受到我们的成功或失败带来的影响。虽然21世纪给我们带来各种收益，但我们失去了一样东西，那就是，不再有可能只关注自己。我们要放眼国外，而且我们看到了一批新的竞争者。我认为这给我们带来希望的理由。但这也给我们带来了一些决意要为自己自创造就业和机会的竞争对手以及一个有时失去道德和价值观的贪婪的市场。

我知道，你们中有些人和全国各地的许多人希望全球化会消失，或者留恋那较轻松容易的时代。但是,朋友们,任何政治人物,无论多么有实力,都无法将全球化的离弦之箭重新追回。因此,对我们的挑战是,在利用全球化带来的能力去传播信息和可能性的同时,控制全球化最恶劣的冲击,为世界上即使是最遥远的地方提供让我们变得强大和自由的同样选择。

所以,在我本周末启程,在下周到欧洲和中东各地倾听我们的盟友和伙伴以及在未来几个月访问亚洲、非洲和美洲之前,我要先与你们谈谈我们国内所面临的挑战,因为我们与世界其他国家和地区的交往,要从共同作出一些重大的选择开始,尤其是有关我们国家预算的选择。我们的共同责任感,我们对超越自身的更宽阔范围的关心,绝对是这所大学的精神核心。也是我们国家精神的核心。

正如大家所熟知,沙利文博士刚刚也对大家提到,这所伟大的学府是由我们的首位国务卿创立的。在他建校的那个年代,学生基本上只能攻读法律、医学或宗教。仅此而已。但是托马斯·杰斐逊(Thomas Jefferson)富有远见卓识,他认为美国人民需要有一个公共场所学习各种各样的学科——研究科学和太空,研究植物、动物和哲学。他是基于他所称的"人类思想的无限自由"的愿景来创办这所大学。

今天,在这里的学生和老师,以及纳税人、捐助人和对你们的潜力充满信心的家长,你们都在帮助将杰斐逊先生的远见卓识化为现实。现在,请稍加试想,这意味着什么。你们为什么花费那么多时间和通过贷款来这里或其他地方受教育?为什么杰斐逊希望这所大学继续保持公立并且不仅向弗吉尼亚人开放,而且可以成为世界各地人的前往之地?我知道,他所想的并不只是让大家获得一个学位和一份工作。这里的意义要更广。杰斐逊认为,如果不投资于这种能让我们成为优秀公民的教育,我们就不能变成一个强大的国家。这就是为什么杰斐逊先生将创立这所大学列入了他给自己写的墓志铭上的仅有几项成就之一。对于他来说,这所学校及其目标是他留下的比担任国务卿,甚至比担任总统更重要的业绩,担任国务卿和总统都不在他所列的成就之中。

正如杰斐逊所理解的,为培养优秀的公民我们需要投资于教育。今天我和奥巴马总统共同怀着紧迫感坚定表明,我们的公民应该得到维护我们在世界上的利益的强有力的外交政策。在外交政策上的明智投资可以为国家带来像教育给学生带来的那种回报。我们没有哪种如此之小的投资能够给我们自己和我们的世界公民同胞带来如此之大的收益。这就是我今天想和大家进行这次谈话的原因,我希望这个谈话将远远超出夏洛茨维尔的范围,超出这所学校的范围,让所有的美国人听到。

当我谈到对美国外交政策的小小投资时,我的确是这个意思。就在不久前,有一项对美国人的民意调查问:"我们的国际事务预算有多少?"大多数人认为占我们国家预算的25%,而且他们认为应该将国际事务预算削减到国家预算的10%。我要告诉各位,但愿真是这样。我会毫不犹豫接受10%,各位——(笑声)——因为10%是我们为努力在世界各地保护美国而进行的投资的整整10倍。

实际上,我们整个外交政策预算不过刚刚超过我们国家预算的1%。稍微想想。超过1%多一点点,用于资助我们所有的民间和外交事务工作——每个使馆、每个让儿童不喝脏水或不受艾滋病危害的项目,或去帮助建设村庄,传播美国价值观,每一个人。我们所说的不是一美元中的几分钱,我们说的是一美元中的一分钱稍多一点点。

那么,你们说,这种认为我们用了25%的预算的想法是哪里来的?好,让我告诉大家。很简单。作为一位复出的政治家——(笑声)——我可以告诉大家,没有什么能够比说:"我要去华盛顿,阻止他们花费那么多钱"更快地在许多地方获得人们的喝彩。有时候,他们会说得更具体得多。

如果想要找一句话博得喝彩,那么这句话十拿九稳。但你猜怎样?它丝毫不能保证我们的安全。它不能保证让国家更强大。它不能保证让经济更健康或就业市场更稳定。它不能保证维护我国的最佳利益。它不能保证不会再有美国男女青年因为我们不愿首先在这方面进行明智的投资而失去生命。

我们需要抵制那种追求最低公分母效应和简单口号式的政治,为保护我国利益作出切实的选择。必须这样做。(掌声)

遗憾的是,国务院没有自己的格罗夫·诺奎斯特(Grover Norquist)来要求人们签署保护誓言。我们没有美国退休人员协会(AARP)的数百万中老年会员缴纳会费和齐心支持美国在海外的投资。那些我们正在努力从艾滋病病魔中拯救的孩子,那些我们正在努力从性贩运的种种磨难中营救的妇女,那些第一次能够选择走进学校而不是加入短命的恐怖主义的学生——他们最强有力的倡导支持者是为数不多的坚定的美国人,是这些美国人为他们挺身而出，为他们争取我们提供帮助所需要的资源。我希望这包括你们在座的所有人以及正在听我讲话的许多人。

大家都明白其中的原因。每一次要作出艰难的财政抉择时，最容易成为众矢之的的就是——对外援助。正如罗纳德·里根（Ronald Reagan）所言，对外援助缺乏国内选民基础，这正是人人都以为对外援助的花费远远高于其实际花费的原因之一。因此，我们必须改变这种状况。我拒绝接受一种借口说，美国人对他们直接视野之外所发生的事情漠不关心。我不相信在座的任何一位是这样的人，我也不相信美国人是这样的人。

其实，如果人们能够看到其中的关联，能够充分了解我们正在作出的努力，那么实在是有大量的国内选民真正支持我们的工作。他们是 3.14 亿美国人，他们的生活因我们的工作而天天向上，一旦他们有时间驻足凝思便会深刻地理解，我们在国外的付出实际上使他们和国家更安全。

如今，朋友们，在这个时代，当一个日益缩小的世界与要求缩小预算的呼声冲突时——而这不单单发生在我国——我们的职责就是要将那些关联点连接起来，让美国人民看到我们在国外所做的工作与它对国内产生的影响程度的关联、为什么放弃我们的全球努力将会有极其高昂的代价、为什么我们闭关自守带来的真空将很快会被那些利益与我们完全不同的人所充填。

我们最近从马里的沙漠、2001 年从阿富汗的山区、直至今天仍在从巴基斯坦的部落地区，汲取了这一经验教训。想想看：当半个地球之遥的一小撮恐怖主义分子破坏了我们的安全感、稳定感以及我们的城市天际线时，今天弗大一年级的学生才刚刚升入小学二年级。因此，我知道你们肯定一直都清楚，国外的祸患会威胁到我们国内这里。

知道了这一点之后，问题就在于：我们怎样才能让大家都认清反之也是如此，即：如果我们在国外做应做的事、做有益的事、做明智的事，会让我们国内更强劲？

让我告诉你们我的答案：我认为我们要以两种方式来做这件事。首先，要说明我们如何支持美国的就业和公司企业——非常实际、非常直截了当、在日常生活中非常真切。其次要说明我们如何捍卫美国的价值观，一向使美国与众不同的地方。

我同意奥巴马总统的观点，目前的预算之争绝不是要求我们去做糟糕的决定，不是要求我们紧缩或退缩。这是一个为我们的国家安全和经济健康继续进行接触参与的时刻。这不是一种选择，而是一个必须。我相信美国人民理解这一点。我们的公司企业理解这一点。这很简单。他们向海外出口越多，将在国内雇用的员工就越多。由于全世界95%的消费者生活在美国以外，我们不能削弱我们自己在那些日益增长的市场中的竞争力。

弗吉尼亚和联邦的其他任何州一样理解这一点。我知道参议员凯恩在担任州长期间曾出国访问，努力实现这个目标。国际贸易在弗吉尼亚这里支持着100多万个就业岗位，占全州总就业岗位的五分之一以上，而这其实就是美国今天的情形。

在杜勒斯（Dulles）附近有个公司名叫轨道科学公司（Orbital Sciences Corporation）。在我们驻曼谷大使馆坚持不懈的帮助支持下，它击败了法国和俄罗斯竞争对手，承建了泰国最新的广播卫星。弗吉尼亚的轨道科学公司现在正在与加利福尼亚州制造卫星设备的太空探索技术公司（Space Exploration Technologies）联手。我国大使馆帮助达成的这笔合同价值1.6亿美元，直接造福于从东海岸到西海岸的许多美国社区。这是我们的驻外使馆切实能给国内带来的影响。

这些成功事例是在与世界各国进行合作的过程中出现的，基于我们为给美国带来业务和就业而投入的种种资源。朋友们，这些投资成本自付。我们每出口价值10亿美元的商品和服务就能创造5000多个就业机会。所以我们最不该做的事就是放弃这种能力。

这些成功事例正在加拿大出现，国务院驻加拿大的官员促使当地一家汽车公司在密歇根州（Michigan）投资数千万美元，该州的美国汽车产业正在强劲复苏。

在印度尼西亚，由于驻雅加达大使馆的帮助，该国最大的私营航空公司订购了波音（Boeing）公司的商用飞机，这是波音公司迄今为止最大的一笔订单。与此同时，印度尼西亚国家铁路公司正在向通用电气公司（General Electric）购买机车。

在南非，有600多家美国公司正在开展业务，海外私人投资公司（Overseas Private Investment Corporation）、进出口银行·（Export-Import Bank）和贸易发展署（Trade and Development Agency）刚刚开设了办事处，协助美国公司与非洲蓬勃发展的能源和运输部门洽谈更多的投资协定，这也是一种双向往来。南非的一家主要能源公司正计划在路易斯安那州（Louisiana）建造一座耗资数十亿美元的工厂，这将给更多美国人带来就业机会。

我要告诉大家，这种情形正出现在喀麦隆、波斯尼亚以及其他一些出人意料的地方。在第二次世界大战（World War II）的阴影下，如果你对什么人说，日本和德国今天会成为我们的第四大和第五大贸易伙伴，人家可能会觉得你疯了。在尼克松（Nixon）有胆识地开启与中国的关系之前，没有人能够想象今天中国会是我们的第二大贸易伙伴，但这的确发生了。

我们最大的 15 个贸易伙伴中有 11 个曾经是美国对外援助的对象。那是因为我们的目标不是让一个国家永远依赖美国，而是创造这些市场、打开这些机会，并且确立法治。我们的目标是通过援助和发展，帮助各国发挥其自身潜力，增强其自身的治理能力，并成为我们的经济伙伴。

美国的一个最难得的现实情况继续是，我们是没有永久敌人的国家。以越南为例。我永远不会忘记，在白宫东厅（East Room），我与约翰·麦凯恩（John McCain）站在一起，我们两人分别在克林顿总统两侧，他宣布了曾令人不可思议的我国与越南的关系正常化，我和约翰·麦凯恩为实现这一点进行了大约 10 年的努力。

过去 10 年来，在很大程度上归功于美国国际开发署（USAID）的工作，我们对越南的出口增加了 700% 以上。其中每个百分点都意味着美国的就业机会。在过去 20 年里，1000 名越南留学生和学者通过富布赖特计划（Fulbright program）到美国求学及讲学，其中包括越南外交部长——前几天我刚跟他交谈过——请相信我，当年的交流使他对美国产生了感情。

这样的例子不胜枚举。当世界上最大的民主国家印度的新兴中产阶级购买我们的产品时，这对我们自己的中产阶层而言意味着就业机会和收入。随着我们对巴西的传统援助减少，那里的贸易在增加。巴西是呈两位数增长的新老虎之一，它为美国国内带来更多的工作机会，其中很多是在美国的旅行和旅游业。

当杰斐逊为了促进贸易而增建我们的使领馆时，他绝对不会想到这在今天的重要性。他也不会预见在海外需要我们帮助解决护照、签证及其他种种问题的美国人的数量；我们提供的协助——为那些想通过领养来组成家庭的人或是为远在他方陷入法律纠纷麻烦的人；我们的外交官所扮演的角色——分辨潜在的安全威胁并在这些威胁可能以最糟糕的形式为人们所知之前将其排除；以及每 65 个经我们帮助来到美国的访客就能在美国创造一个新的就业机会。

因此，我的朋友们，我们必须继续努力。我们经不起正日益临近华盛顿的那种延误和干扰。奥巴马总统上周宣布美国和欧盟将开始的令人振奋的新贸易谈判，其结果将会带来世界上规模最大的双边贸易协定，一个在规模和魄力上与我们的跨太平洋伙伴关系谈判相媲美的跨大西洋伙伴关系。

但是，我们的工作远未结束。10个发展最快的国家中有7个在非洲大陆。中国认识到这一点，它在非洲正在进行的投资超过我们。仅在去年一年，新发现的五个最大的石油和天然气矿藏就有四个是在莫桑比克沿海地区。发展中经济体是增长的中心，他们对商贸开放，美国需要参与其中。

如果我们想有一批新的援助圆满结业——曾经接受我国援助的国家现在购买我国的出口产品，那么我们就不能后退。如果我们想抓住这个预算危机将其转化为一个巨大契机，我们就不能退缩，而是要向美国人民、向你们各自的国会议员以及向全世界说明这一点。

但我要强调指出：就业和贸易不是也不应该是全部因素。国务院和美国国际开发署的有益工作，并不是仅靠美元的价值来衡量，而是还要用我们最深层的价值观来衡量。我们珍视世界其他地区的安全与稳定，认识到衰败的国家是我们最大的安全威胁之一，而新的合作伙伴则是我们最大的资产。

我们所作的投资支持着我们打击恐怖主义和暴力极端主义的努力，无论恐怖主义和暴力极端主义在何处猖獗。我们将继续帮助各国保障其本国的安全，尽可能利用外交手段，并支持那些对恐怖主义分子主动出击的盟友。

请记住——我怎么强调这一点都不为过；我正看着一位坐在前排胸前佩戴绶带的军人——今天派遣外交官比明天派遣军队的花费要低得多。我们需要记住这一点。（掌声）正如参议员林赛·格雷厄姆（Lindsey Graham）所言："这是我们在购买国家安全保险。"

各位朋友，这听起来很昂贵，但归根结底，并非如此。国务院用于稳定冲突的预算目前为每年6000万美元左右。这是电影《复仇者联盟》（The Avengers）在去年5月仅一个星期天的票房收入。（笑声）而区别在于，我们派到实地正在从事这项工作的人是真正的超级英雄。

　　我们尊重人权，我们也需要讲述美国在这方面进行的有益工作。我们知道，促进所有人的普世权利及宗教自由的最有效方式并非是通过讲坛，也不是来自宾夕法尼亚大道的两端（指白宫和国会——译注），而是来自自由和基本人类尊严被剥夺的前沿地区。这是蒂姆·凯恩当年奔赴洪都拉斯时所理解的。

　　国务院和美国国际开发署勇敢的雇员们——还有保护我们在海外工作的文职人员的外交安保人员——他们工作在地球上一些最危险的地方。他们充分认识到，与我们有着对民主价值观和人权的共同承诺的国家，同我们有着更有力的合作伙伴关系。他们在尼日利亚展开反腐败斗争。他们在缅甸支持法治。他们在吉尔吉斯斯坦和格鲁吉亚支持民主制度。基于我们的自身经验，他们深知完善民主制度需要很长时间，很少一蹴而就。

　　最终，他们付出的所有努力及其承担的全部危险和风险都使我们更加安全。我们的确崇尚民主，你们弗吉尼亚大学培训新兴民主国家领导人的总统选区项目（Presidential Precinct program）就是一个例证。

　　10 年来，由于我们与合作伙伴的密集外交努力，［结束了］一场夺去了 200 万人生命的冲突——人们会想到二次世界大战期间导致 600 万人死亡的大屠杀——而在我们过去这些年里，有 200 万人在非洲历时最长的战争中丧生。战后出现了一个自由国家南苏丹。为了确保南苏丹的未来及其全体公民的和平，必须继续与非洲联盟（African Union）等合作伙伴共同展开外交努力。我们越能帮助非洲联盟增强能力，美国需要担心的事情就越少。

　　我已去过南苏丹。我亲眼看到了那些挑战，这个世界上最年轻的国家及其政府仍面临这些挑战。这些挑战可能使来之不易的进步和稳定发生逆转。因此，我们与南苏丹紧密合作，帮助它为自己的公民提供饮水、保健、教育及农业方法等至关重要的服务。

　　我们重视健康和营养，也重视帮助人们自力更生这一原则。通过"保障未来粮食供给计划"（Feed the Future）这样的关键举措，我们不仅帮助那些国家种植和收获更好的粮食，也帮助他们打破贫困、营养不良和饥饿的循环。

　　我们寻求降低产妇死亡率、根除小儿麻痹症并保护人们免受疟疾、结核病及大流感的侵袭。我要自豪地告诉你们，通过全球健康行动计划（Global Health Initiative）以及我亲自参与创建的"总统防治艾滋病紧急救援计划"（PEPFEA）这样的项目，美国人付出的努力已经在非洲挽救了 500 万人的生命。今天（掌声）——今天，非常惊人的是，无艾滋病一代人的目标可能已近在咫尺，因为我们知道，这些疾病没有国籍，而且我们相信减轻可预防的痛苦不需要理由。我认为，这是我们的价值观的一部分。

我们珍视男女平等，并且知道，当女性被赋予充分权利和平等机会时，国家实际上更加和平与繁荣。（掌声）在过去 10 年中，接受高等教育的阿富汗女性比例从接近零上升到 20%。2002 年，阿富汗的男学生人数不足 100 万，基本上没有任何女生。在美国的帮助下，现在阿富汗有近 800 万在校生，其中三分之一以上是女生。议会代表中超过四分之一为女性。我们应为此感到骄傲，因为这有助于产生长期的影响。

我们重视教育，开展多种活动，如国务院管理的富布赖特交流计划。这些交流让才华横溢的公民分享在外交与和平领域的志向，以及他们的希望、友谊和这样一种信念，即地球的所有儿女均应有机会奋发向上。今天，这些交流活动让数十万外国留学生来到美国，也把美国的许多学生送往其他国家。仅在去年，就有超过 10000 名外国公民在弗吉尼亚参加了国务院的学术、青年、专业和文化交流项目。弗吉尼亚的学生也通过国务院的项目到海外留学。在当年富布赖特参议员主持的听证会上——我很荣幸地作为一名从越南归来的年轻退伍军人作证——他深知，分享我们最值得骄傲的价值观会在未来开花结果。他说："让人们理解你的想法远比增加一艘潜艇更有助于安全。"

我要非常清楚地说明一点。对外援助不是馈赠，也不是慈善，而是对一个强大的美国和一个自由的世界的投资。对外援助改善人们的处境，使他们更愿意与我们携手合作。我们帮助其他国家打击腐败，会使我们自己更容易保持廉洁，也会使美国公司更容易开展业务。

当我们与其他国家共同致力于减少核威胁时，我们建立起合作伙伴关系，这意味着我们不必单枪匹马地进行斗争。这包括在世界范围内与我们的伙伴合作，确保伊朗绝无法获得危及我们的盟友及美国利益的武器。当我们帮助他国争取实现其社会稳定所需要的缓冲空间时，我们实际上是在帮助勇敢的人们建设一个更好、更民主的未来，从而确保美国人民今后不付出更多的鲜血和宝贵资源。

我们需要就支持美国的就业和企业以及支持美国价值观作出的说明，

与我们在当前紧迫时刻面临的机遇极其相辅相成——这就是，在全球邻邦所共同关心的气候问题上发挥领导作用。作为一个国家我们必须具有远见和勇气，为保护我们留给子孙后代的最神圣的遗产进行必要的投资，不让环境被海平面上升、致命的超级风暴、毁灭性干旱以及急剧变化的气候带来的其他后果所摧毁。奥巴马总统承诺朝这一目标迈进，我本人也是如此，因此你们必须做好准备，和我们一起为此努力。（掌声）

我们可以一起对我们的手语翻译说声谢谢吗？（掌声）

因此，请思考我列出的所有这些。想一想今天你们看到的这个世界。让我们面对事实：我们的命运息息相关。没有哪一个国家可以单独存在。地球是我们最完全共有的东西。当我们与其他国家——无论大小——共同开发和应用作为新世界的动力的清洁技术时——机会就在眼前，6 万亿美元的市场，大量的就业机会——当我们这样做时，我们知道，我们是在帮助美国举世无双的创新者和创业者开辟新市场和创造新机会，从而使我们能够在下一次更大的市场变革中获得成功。我们需要承诺去做明智及正确的事情，真正迎接此项挑战，因为如果我们不奋起迎战，那么气温和海平面的上升必将使我们在未来付出持续上升的代价。问问任何一家美国的保险公司。如果我们浪费了这个机会，那它可能是我们留给这一代甚至几代人唯一的记忆。我们必须拿出勇气，留下与之截然不同的业绩。

另外，在谈论我们的星球正在发生的史无前例的变化时，不可能不谈到史无前例的人口变化，而这是我们触手可及的另一个巨大机会。在北非和中东国家，大部分人口在 30 岁以下——60% 的人口在 30 岁以下，50%在 21 岁以下，40% 在 18 岁以下，大约一半的人口在 20 岁以下。你们知道这意味着什么？他们和你们一样寻求同样的机会，寻求同样的东西：机会。帮助这些年轻人掌握必需的技能，解决对他们的社会造成沉重负担的失业问题，使他们能够实际开始为社会做贡献，重建衰败的经济，而不是参与恐怖分子或其他极端分子的活动，这符合我们的利益。全球年轻人，包括今天在座的许多人在内，形成了一个全球性群体，这在人类历史上尚属首次。他们的思想更开放。他们更精通技术——使他们能以历史上任何一代人不曾有过的方式联系起来的技术。我们需要帮助他们所有人和我们自己以积极有益的方式利用这种了不起的网络。

一些人可能会说现在不行，因为我们预算有限，它费用太高。请相信我，朋友们，这些挑战不会随着时间流逝而变得容易。对未来无法按暂停键。我们无法选择什么时候停下和重新启动我们的全球责任，或者等到日历上显出更方便的时间。这不是轻而易举的事情，但是予以回应是美国的做法。我告诉你们，这是值得的。

我们对这些项目进行的相对少量的投资——促进全球和平、安全及稳定的项目；帮助美国公司在海外竞争的项目；通过为美国商品开辟新市场而在国内创造就业机会的项目；协助海外美国公民，为他们提供最急需帮助的项目；通过征服疾病和饥饿而建设稳定社会和拯救生命的项目；捍卫所有人的普世权利并推动世界各地的自由、尊严及发展的项目；使人民和国家走到一起，为解决问题建立跨洋跨境伙伴关系的项目；为我们的子孙后代保护星球的项目；把希望带给相互联系的新一代世界公民的项目——我们在所有这些方面的投资，正如我刚刚提到的，仅仅占每一美元投资中的大约一美分。美国，你在任何地方都不会找到比这更值的交易了。

我尤其意识到，从很多方面而言，今天美国外交政策所面临的最大挑战不是掌控在外交官而是国会中决策者的手中。人们常说，如果我们在世界上不强大，我们国内就不可能强大，但是在预算封存临头的今日——这种情况实际上每个人或大多数人都想要避免，除非我们在国内强大，否则我们就不可能在世界上强大。如果美国最终将自己的财政问题处理好，我作为一名外交官，才能拥有帮助其他国家建立秩序的最大可信度，现在就必须这样做。(掌声)

试想一下。如果我们不解决自己的问题，就很难对任何国家的领导人说，他们必须解决他们的经济问题。让我们达成负责任的协议，避免这些毫无意义的预算削减。让我们不要因政治原因而错失这个机会。

正如我已经多次说过的，美国并不是因为说自己非同一般而非同一般。我们之所以非同一般，是因为我们做非凡的事情，既在有问题的地方，也在有希望的地方，既在有危险的地方，也在有民主的地方。我们将继续做这些非凡的事情，对此我感到乐观。我知道我们有能力。我知道那是我们的本色，我们一直如此。

当我们问，我们的下一步该怎么走时，我们可以通过学习我们自身历史中的一课获得答案。第二次世界大战后，面对战争带来的巨大损失，美国可以选择——正像今天我们一样——转向国内。但是，国务卿乔治·马歇尔（George Marshall）在战败国和同盟国都看到了由破产、住房和铁路被毁、人民食不果腹和经济奄奄一息带来的威胁。

他的先见之明告诉他，如不重振经济，将不可能有政治稳定与和平。他知道，我们有义务与欧洲合作，帮助它重建和走向现代化，提供它所需要的推助，从而使它变成了今天这样强大、和平的贸易伙伴。战后，我的朋友们，我们没有摔球触地（橄榄球用语，这里指庆贺自身胜利——译注），而是开辟了一个更公平的竞技场，今天我们因之而更强大。

我12岁的时候曾有幸在柏林生活，当时我的父亲是外交官，他被派去履职。有一天，我去了一趟东柏林，当时那部分地区没有得到美国和大胆的马歇尔计划的任何援助。

即使在12岁的我看来，差别也无可否认。街上人很少，仅见的一些人脸上鲜有笑容。我看到了希望和绝望、自由和压抑、有机会和无机会做事给人们带来的差别。如果说重建中的欧洲西半部正在重新变得色彩斑斓，那么我去的地方仍只是黑白两色。

在我回到西柏林后，发生了两件事情。第一件，我因未经允许前往城市的另外一边而立即被家长惩罚。（笑声）第二件是，我开始特别留意一些建筑上标有美利坚合众国字样的牌子，它们意味着美国为这些建筑的重建提供了帮助。我感到非常骄傲。

马歇尔计划、国际货币基金组织（IMF）、世界银行（World Bank）及其他由美国领导的战后组织证明，我们有能力适时做出正确决定，为了明天而在今天承担风险。

现在我们面临一个类似的十字路口。我们可以漠视，我们也可以竞争。随着新的市场在全球每一个角落蓬勃发展——无论有我们与否，它们都会蓬勃发展——我们可以或者在那里帮助播种，或者将这种力量让与他人。

面对引领第二个伟大美国世纪的机会，让我们不仅只坐观今天周围世界的风景，而是放眼未来，让目光超越地平线，展望15年和50年后的时刻；让我们拿出马歇尔计划的勇气，从而有可能获得一个自由的崭新未来。

让我们记住，杰弗逊时代——国家正在适应自身独立的时代——的原则，仍然在我们这个时代——世界正在适应相互依存的时代——继续回响。在这个世界，发挥强大领导作用继续符合美国的国家利益。

因此让我留给你们这样一个思绪。当我们全球邻邦遭遇悲剧和恐怖侵袭时——无论天灾还是人祸，很多国家伸出援手。但只有一个国家被期待这样做。

在奥巴马总统的领导及合作下，我将努力争取得到国会的支持，我们将继续作为一个不可缺少的国家发挥领导作用,这并不是因为我们寻求这个角色,而是因为世界需要我们担当这个角色。这不是选择而是责任。不是因为我们视此为负担,而是因为我们知道这是一种荣幸。

这就是美国独特的地方。也是作为一个美国人独特的地方。我将在代表你们进行的出访中展现我们共同拥有的这种独特品质。但是,我们的责任感不能仅在应对紧急情况时体现。它必须在预防灾害、加强联盟、建设市场、促进普世权利及支持我们的价值观中得到践行。

在未来四年中,我请你们本着这样一种理解支持我们的总统及国家继续从事我们的工作,即国外发生的情况关系到国内,而正确把握这一点事关重大。

谢谢。(掌声)

(4) 美国国务院负责朝鲜政策事务的特别代表戴维斯谈美国对朝鲜政策

(在参议院外交委员会发表的证词)

2013 年 3 月 7 日

梅嫩德斯(Menendez)主席、考克(Corker)参议员及委员会各位委员,感谢诸位今天邀请我就美国对朝鲜民主主义人民共和国(下称“朝鲜”)的政策进行说明。

从结束韩战(Korean War)敌对行动的停战协议签署至今,已经近 60 年过去了,但是,朝鲜仍然是美国和国际社会面临的棘手挑战之一。2 月 12 日,平壤宣布进行了第三次核试验——公然无视联合国安理会的要求——并在随后威胁采取更多后续“措施”。这不过是一长串警告信号中最新的一个,即朝鲜的核武器、弹道导弹项目和核扩散活动对美国国家安全、亚太地区的安全以及全球防扩散机制构成了严重威胁。

平壤继续违背其包括去核化在内的各项国际义务和承诺。其人权状况依然糟糕,经济停滞不前,人民困苦不堪,却不惜投入大量财力进行被联合国禁止的核试验和弹道导弹项目。朝鲜最高层的决策正在使其孤立于国际社会。与此同时,国际上对朝鲜及其挑衅和威胁行为的愤慨也日益高涨。

朝鲜始终未能善用摆在其面前的其他选择。美国再三提出改善与朝鲜的关系,并帮助其融入国际社会,前提是朝鲜必须表现出履行去核化承诺和解决其他问题的意愿。对此，朝鲜不仅断然拒绝，而且以一系列挑衅行为作为回应，招致国际社会的广泛谴责。

2011 年中期，平壤一度作出准备认真开展外交接触的姿态，作为回应，美国做出一项近一年之久的积极外交努力，以推动去核化进程，为改善双边关系奠定基础。从 2011 年 7 月开始，美国在 10 个月里同朝鲜在三个洲进行了三轮双边去核化会谈。会谈过程中，美国努力为恢复 2008 年中止的六方会谈（Six-Party Talks）创造必要条件。金正恩（Kim Jong Un）上台后不久，两国达成了适度的但可能非常重要的双边共识，并于 2012 年 2 月 29 日宣布了这一共识。

平壤作出了数项承诺，包括暂停核试验、远程导弹发射以及在宁边核设施（Yongbyon nuclear complex）进行的包含铀浓缩在内的所有核活动。朝鲜还承诺允许国际原子能机构（International Atomic Energy Agency）的核查人员重返宁边，监视停止铀浓缩生产并对钚实验设施的废止进行确认。

然而，仅仅 16 天后，朝鲜就背弃了这些承诺，宣布其有意发射卫星进入太空轨道。此类发射使用的是多项联合国安理会决议严令禁止的弹道导弹技术。我们在谈判中再明确不过地表示，此类发射行为——即便是归类为卫星发射——也将被视作破坏谈判的行为。尽管如此，朝鲜政府仍于 4 月 13 日进行了发射，结果受到国际社会的强烈谴责。六方会谈的所有其他五方——中国、俄罗斯、美国、韩国和日本——与许多国家一起，公开谴责了朝鲜政府的挑衅行为。联合国安理会一致通过主席声明（Presidential Statement），谴责朝鲜的行径"严重违反"了联合国安理会第 1718 及第 1874 号决议，同时加大了现有制裁的力度，并明确承诺：倘若朝鲜再次进行此类发射，安理会将"采取相应措施"。

2012 年 12 月 12 日，朝鲜再度公然对抗国际社会，无视国际社会的公开要求及私下劝导，公然违反联合国安理会第 1718 及第 1874 号决议，又一次进行了其称为卫星发射的远程导弹发射。60 多个国家和国际组织发表声明谴责这一行为。联合国安理会一致通过第 2087 号决议，谴责该次发射行动，进一步扩大了对朝鲜的制裁范围，并承诺若朝鲜再次发射导弹或进行核试验，将采取"重大措施"。

2 月 12 日，朝鲜宣布进行了一次核试验，并宣称此次试验系针对美国，对美国国家安全、地区稳定和全球防扩散机制构成更为明目张胆的威

胁。国际社会反响空前。全球共有 80 多个国家和国际组织公开谴责此次
核试验，其中有许多国家是首次对朝鲜的挑衅行为提出公开抗议。随着表
示反对的组织和国家的增多，我们越来越清楚地看到，国际社会正逐步达
成共识，一致反对朝鲜破坏全球稳定的举动。

美国正与国际社会共同努力，明确指出朝鲜核试验会有代价巨大的后
果。在 2012 年 12 月朝鲜发射卫星后于 1 月通过的第 2087 号决议中，联
合国安理会承诺将对今后的核试验采取"重大措施"；美国正在努力促成
安理会兑现这一承诺。美国也正与六方会谈的其他方、联合国安理会成员
以及其他联合国成员国紧密合作，促使国际社会对此作出有力的、具有公
信力的回应。

在采取坚定的行动方面，中国的支持仍然至关重要。美国正在与中国
就做出适当回应进行深入磋商。我们也在努力加强我们与六方会谈合作伙
伴和地区盟友的密切协调。我们还通过整个政府通力合作的做法，与国防
部及其他部门的合作伙伴紧密合作，采取必要措施保卫自己和盟友，尤其
是韩国和日本。我们已经向韩国和日本政府的最高层保证，将通过美国的
核保护伞、常规力量和导弹防御计划来扩大威慑力。

朝鲜的大规模毁灭性武器（Weapon of Massive Destruction，WMD）、
弹道导弹、常规武器以及核扩散活动对美国的国家安全构成了严重且难以
接受的威胁，对全球数代人努力建立、维护和实施的全球反核扩散机制的
完整性更是如此。因此，有效、明确的多边制裁和国家制裁措施将继续是
我们制约朝鲜推进其核武器和弹道导弹项目及核扩散活动努力的重要组成
部分。安理会第 2087 号决议便是加强制裁的重要一步，它将和第 1718 及
第 1874 号决议共同发挥作用，进一步阻止朝鲜购买武器零部件、外派特
工、偷运军民两用物资、在核武器及弹道导弹项目上取得进展。

包括中国在内的所有联合国成员国需要充分、透明地执行这些决议，
这一点至关重要。美国正在积极与国际社会联手，强调充分实施这些措施
的重要性。

同时，美国还在继续行使国家机构的权力，对协助朝鲜开展威胁美国
人民的项目的朝鲜实体、个人以及为他们提供支持的所有人员实施制裁。
不久以前，就在 1 月 24 日，美国国务院和财政部（Department of Treasur-
y）根据旨在制裁涉嫌大规模毁灭性武器扩散的人员及其支持者的第
13382 号行政命令（Executive Order 13382）将一批朝鲜个人和企业列为制

裁对象，其中包括朝鲜空间技术委员会（Korean Committee for Space Technology）——即朝鲜的航天局——以及数名直接参与 2012 年 4 月及 12 月两次发射活动的官员，这些发射活动推进了朝鲜远程弹道导弹的开发。美国财政部宣布制裁数名派驻北京、与朝鲜端川商业银行（Tanchon Commercial Bank）有关联的朝鲜官员，该银行因其在促进常规武器、弹道导弹及相关物资的出售中的作用而被联合国和美国列为制裁对象。财政部还宣布制裁与朝鲜矿业发展贸易公司（Korea Mining Development Trading Corporation）有关联的亿达（香港）国际贸易有限公司（Leader（Hong Kong）International Trading Limited）。朝鲜矿业发展贸易公司是朝鲜第一大军火交易商和导弹、武器相关产品的出口商。

美国将继续采取各类适当的措施。我们正在与联合国安理会朝鲜制裁委员会及其专家小组（Panel of Experts）、欧盟、志同道合的合作伙伴以及世界其他国家和组织密切合作，协调制裁项目，确保全面而透明地执行继续是多边制裁机制核心的第 1718、第 1874 及第 2087 号联合国安理会决议。

制裁的目的并非施行惩罚，而是阻止朝鲜发展核武器、导弹项目以及与扩散相关的出口行为的一种手段，同时也明确展示朝鲜必须为其无视国际义务付出的代价。要以可核查的方式和平实现朝鲜半岛去核化的最终目的，就必须打开与朝鲜展开有意义对话的局面。但是，真正的选择在于平壤。

我们继续致力于展开真正的和具有公信力的谈判，以落实 2005 年 9 月的六方会谈联合声明，促使朝鲜采取不可逆转的措施实现去核化，以履行其国际义务。奥巴马总统在去年 11 月已经申明了这一点，他说："放下你的核武器，选择和平与进步的道路。如果你这样做，你将会发现美利坚合众国伸出的善意之手。"但是我现在要明确的是：朝鲜不计后果的挑衅行为已经提高了重返对话的门槛。

美国不会为了对话而对话。我们所希望的是能够真正解决朝鲜核武器问题的谈判。因此，要进行真实可信的谈判，朝鲜必须严肃认真地改变其首要目标，表明平壤已经做好准备，愿意履行 2005 年 9 月联合声明核心目标所要求的承诺和义务——以可核查的方式和平实现朝鲜半岛去核化。

这将涉及其他几条重要原则。首要的一点是，美国不会接受拥有核武器的朝鲜。我们不会因朝鲜没有不良行为而予以奖励。我们不会因为朝鲜重返对话就提供补偿。我们也已经清楚地表明，在朝鲜半岛南北双方关系和人权未取得可持续进展的情况下，美国和朝鲜的关系不会有根本性的改善。我们也不会容忍朝鲜向邻国发出挑衅。这些立场不会改变。

与此同时，美国针对朝鲜开展的围绕广泛议题的积极外交活动将继续进行。与我们的重要条约盟友——韩国和日本——密切协作仍然是我们的核心原则。

奥巴马总统与韩国总统朴槿惠（Park Geun-hye）一致认为美韩两国有必要在包括朝鲜问题在内的一系列安全议题上保持协调。我们对朴槿惠总统所作的保持美韩同盟的承诺抱有信心，并期待着同韩国政府就其朝鲜战略进行密切磋商。与日本的密切磋商也将继续。在日本首相安倍晋三（Shinzo Abe）2月底访问华盛顿期间，他与奥巴马总统一致同意继续密切协作，应对来自朝鲜的威胁，包括在制裁措施方面协调一致。

一些在世界上举足轻重的国家最近加入了地区性及全球性行动，呼吁朝鲜信守其承诺、履行其国际义务、克制破坏地区安全和全球核不扩散体制的挑衅行为，我们也通过与这些国家开展有关朝鲜的新对话扩大了接触。

但是，要改变朝鲜对得失的盘算，中国依然是关键。地域和历史因素使中华人民共和国与朝鲜有着独特的——尽管日益具有挑战性——外交、经济和军事关系。在我们进一步对朝鲜施加压力并在长期内寻求真正的外交机会推动去核化的过程中，美中之间在朝鲜问题上的密切磋商将是未来数周和数月我们外交努力的关键所在。

虽然去核化继续是美国政策的关注焦点，但我们也同样关注朝鲜近2500万人民的福祉，他们中的绝大部分人承受着朝鲜政府决策的恶果——即坚持不可持续、自陷贫困的军事优先的政策。在朝鲜将有限的资源投入核武器和弹道导弹开发并寻找方法逃避制裁的同时，根据联合国儿童基金会（UNICEF）2009年的一份数据，大约有三分之一的朝鲜儿童长期处于营养不良的境地。据报道，该国复杂的政治犯监狱网估计关押着10万—20万名囚犯，他们被强迫服劳役，遭受酷刑和饥饿。有报道称，在一名家庭成员被控犯罪时，整个家庭都会被定罪——大多数情况下未经审判。布莱恩·哈登（Blaine Harden）在其优秀作品《逃离第14号集中营》（Escape from Camp 14）中描述了申仁根（Shin Dong-hyuk）的亲身经历，这位勇敢且有感召力的人出生在一所臭名昭著的政治犯集中营内，一生中的前 23 年都在那里度过。他不但饱受折磨、被迫做苦役，甚至还在14 岁时被毫无人性地强制目睹母亲和哥哥被处决的过程。

即使在集中营系统以外，朝鲜政府也利用被称为"家庭出身"（song-bun）的高度结构化的社会归类制度管束着人民生活的几乎所有方面。这一制度决定着一个人是否有资格接受教育和医疗服务、是否能够获得就业机会和住处、及其婚姻前景等。改善人权状况是我们对朝鲜政策密不可分的一部分，朝鲜如何处理人权问题将对美国和朝鲜改善关系的前景具有重大影响。

世界正日益注意到朝鲜严重、广泛和系统性侵犯人权的情况。联合国人权事务高级专员纳维·皮莱（Navi Pillay）呼吁国际社会深入调查，记录侵犯人权的行为。我们支持这一呼吁，下个星期，我的同事——朝鲜人权事务特使罗伯特·金（Robert King）——将前往日内瓦参加联合国人权理事会（UN Human Rights Council）第 22 次会议，届时他将呼吁关注朝鲜的人权纪录，并敦促加强一个调查机构，对朝鲜政权侵犯朝鲜人民人权的行为进行调查。

同时，我们将继续与世界各国接触，帮助它们了解朝鲜的情况，让他们为有关行动助推。我们还与国际组织和非政府组织共同努力，帮助改进朝鲜人民的状况，包括支持独立信息向朝鲜的传播。我们计划协同广播理事会（Broadcasting Board of Governors）、美国之音（Voice of America）、自由亚洲电台（Radio Free Asia）以及韩国的独立广播电台，向朝鲜人民提供信息，为在长期内发展公民社会耕耘播种。

奥巴马政府对朝鲜采取的"接触与施压"双轨政策反映出两党的一项共识，即只有实行一项在可能时进行对话、在必要时通过制裁施加持续、强大的压力的政策，才能为实现朝鲜去核化的前景取得最大进展。

在这个已经存在数十年的问题上不会轻而易举地或迅速地获得进展。我们不能也不应该接受——更糟糕的是助长——朝鲜有关"美国的行动决定朝鲜的行为"的言论。朝鲜自行作出决定，选择自己的时机，并独自为其行动负责。同样，我们必须记住，即使事实上这曾经是美国与朝鲜的双边问题，如今也肯定不仅仅是我们双方之间的问题，甚至不能认为这主要是双方之间的问题；相反，它日益成为一个全球性问题，解决这个问题需要创造性的方法、多边外交以及——的确——由美国发挥持续而有力的领导作用。

　　但最重要的是，真正的进步需要朝鲜的战略考量发生根本性的转变。朝鲜领导层必须在挑衅与和平、孤立与融入之间做出选择。如果朝鲜继续追求核武器，威胁邻国，践踏国际准则，践踏本国人民的权利，并拒绝履行其长期以来的义务和承诺，它就不会实现安全和经济繁荣，也将不会融入国际社会。

　　国际社会对此有越来越清醒的认识，我们亦然。平壤的朝鲜领导层面临截然不同的选择。我们正致力于使这些选择更加明朗化。如果朝鲜政权尚能作出明智的决定，那么，为了朝鲜人民、东北亚地区和世界的利益，它将重新走上去核化的道路。

　　再次感谢邀请我出席今天的听证会。我将非常乐意回答各位提出的任何问题。

（5）总统国家安全事务助理汤姆·多尼隆（Tom Donilon）谈美国的亚太政策

亚洲协会（The Asia Society），纽约州纽约市

2013 年 3 月 11 日（星期一）

　　谢谢你，亨利埃塔（Henrietta），感谢你的热情介绍，也感谢你在政府和在亚洲协会的服务。谢谢你，苏珊（Suzanne），谢谢你今天让我们聚在一起。很荣幸能和你们一起，尤其是在这样优美的环境中。近六十年来，亚太协会一直维系着亚洲和美国在文化、思想、领导人和人民之间的纽带。

　　当然，在所有这些人中，有一位曾在亚太协会发挥了真正的影响力，那就是你们的前任会长和我 30 年的老朋友，理查德·霍尔布鲁克（Richard Holbrooke）。从巴尔干（Balkans）到南亚（South Asia），理查德出色的工作使他享有盛誉。不过，他也是真正的亚洲通，是历史上最年轻的主管东亚事务的助理国务卿（Assistant Secretary of State for East Asia）。理查德坚信进步与和平是可能实现的——我们继承了这一理念，不仅在他辛勤工作过的西南亚（Southwest Asia）地区，而且在整个亚太地区。我今天来到这里，是因为这项事业从来没有像今天这样意义如此重大——美国的未来从来没有如此紧密地与亚太地区新兴的经济、战略和政治秩序相连。

　　去年 11 月，我在华盛顿发表演讲时概述了美国如何对我们的全球态势进行再平衡，以体现亚洲日益增加的重要性。随着奥巴马总统第二任期

的开始，我想重点谈一谈摆在我们面前的一些具体挑战。

目前正是讨论这个议题的恰当时机，因为亚洲正处于过渡时期。东京（Tokyo）和首尔（Seoul）各自迎来了新任领导人。中国领导层的换届也将于本周在北京完成。奥巴马总统以及我们这些他的国家安全团队的成员已经同每一位新任领导人进行了建设性对话。马来西亚、澳大利亚和其他国家也将进行选举。这些变化提醒我们，持续不断地参与这一充满活力的地区的事务对美国而言非常重要。

为何向亚洲重新平衡

请允许我在开头回顾一下向亚洲重新平衡这一决策的背景。历届政府都面临相同的挑战：如何确保连续不断的危机不会妨碍我们制定长期战略，以应对跨时期的挑战和机遇。

在经历了"9·11"事件、两场战争和一场金融危机的十年后，奥巴马总统走马上任，决心恢复奠定美国全球领导地位的基础——我们国内的经济实力。自那以来，美国已经推行了一系列政策，使我们的经济走上了复苏之路，并且在过去 35 个月里帮助在美国境内创造了 600 万个就业机会。

与此同时，重振美国的领导地位也意味着我们的努力和资源不仅要用于应对当今最重大的挑战，而且要用于将在未来几十年改变全球秩序的地区。因此，总统从一开始——甚至在他就任之前——就指示他的国家安全团队进行战略评估，对我们的全球存在和首要任务进行实质性的审议。我们提出的问题是：美国在世界各地的影响和形象如何？我们应当有什么样的影响和形象？我们着手确定我们需要追求的关键的国家安全利益。我们环顾全球并问自己：我们在哪里投入过大？我们在哪里投入不足？

基于这次评估，我们得出了一组重要结论。很明显，美国力量的投射和重心存在着不平衡。总统的判断是，我们在某些地区和区域投入过大，包括我们在中东的军事行动。同时，我们在其他一些区域投入不足，例如在亚太地区。确实，就地域而言我们认为这是主要的不平衡之处。

在某个层面上，这反映了对美国几十年来在亚洲发挥的重要作用的认识，美国为这一地区前所未有的社会和经济发展提供了稳定基础。此外，我们的指导思想是，亚洲的未来和美国的未来日益紧密相连。在经济上，亚洲已经占全球国内生产总值的四分之一以上。在未来五年，预计美国以外的增长总量有接近一半将来自亚洲。这一增长正在催生强大的地缘政治力量，而这些力量正在重塑这一地区：中国崛起、日本成功地应对危机、韩国走向世界舞台、印度发展战略东移、东南亚国家之间的联系比以往任何时候都更为紧密，也带来了更大繁荣。

在这些变化发生的同时，亚洲的经济、外交和政治规则正在形成。这关系到太平洋两岸人民的重大利益。美国向亚太地区的再平衡也是对整个亚太地区领导人和公众发出的强烈需求信号的回应，他们需要美国发挥领导作用，参与经济发展，持续关注亚太区域机制，维护国际规则和准则。

再平衡所包含（或不包含）的内容

在这一背景下，奥巴马总统已经清楚地表明了美国所追求的未来。如果有人尚未看过总统于 2011 年在堪培拉（Canberra）向澳大利亚议会（Australian parliament）发表的演讲，我希望你们能够看一下。该演讲是对美国亚太政策的明确阐述，是呼唤自由的号角，也是在涉及亚太时美国"倾囊下注"的另一个例子。

正如奥巴马总统在堪培拉所述，美国在亚太的总体目标是要长期维持一个稳定和安全的环境以及以经济开放、和平解决争端和尊重普世权利和自由为基础的区域秩序。

为了实现这一愿景，美国正在实施一项全面的多方位战略：加强盟国关系，深化与新兴国家的伙伴关系，与中国建立稳定、富有成效和建设性的关系，增强区域机制的权能，帮助建立能够保持共同繁荣的区域经济结构。

这些就是美国战略的支柱，而再平衡意味着投入必要的时间、精力和资源来实现这一切。再平衡不包含下列各项。它不意味着削弱与任何其他地区的重要伙伴的关系。它不意味着遏制中国或试图支配亚洲。它并不只是关系到我们的军事存在，而是寻求利用美国的各种力量——军事、政治、贸易与投资、发展和我们的价值观。

或许最能说明问题的是，这一再平衡战略体现在华盛顿最有价值的商品中——即总统的时间。例如，奥巴马总统决定美国每年都参加东亚峰会（East Asia Summit）的国家首脑会议，并主办美国与东盟（U. S. -ASEAN）峰会，总统已经在东南亚或在华盛顿与几乎每一位东南亚领导人进行了双边会晤，而且还以前所未有的频率同中国接触，包括与胡锦涛主席举行的十二次面对面会谈。这些做法非常能够说明问题。

下面我谈一下美国战略的每一个支柱以及我们在 2013 年面临的一些

挑战。

　　盟友

　　首先，我们将继续加强与盟友的关系。尽管亚洲发生了许多变化，但有一点没有改变：我们在这一地区的同盟过去始终是并将继续是美国的战略之基础。我可以有把握地说，如今我们的同盟比以往任何时候都更为牢固。

　　我们与日本的同盟仍然是区域安全和繁荣的基石。我确信，美日友谊比起两年前的今日——即 3 月 11 日日本发生海啸和福岛（Fukishima）核危机之前——更为彰显。作为盟国和朋友，美国政府和民间都迅速伸出援助之手，帮助日本救灾和重建。

　　日本新首相安倍晋三（Shinzo Abe）是奥巴马总统在第二任期首先接待的外国领导人之一，这也展示了同样的团结精神。他们就贸易、扩大安全合作和重新调整驻日美军的后续步骤进行了卓有成效的讨论。展望未来，在奥巴马总统第二任期的议程中，对于几乎所有的区域性或全球性挑战，美国都希望日本发挥重要作用。

　　美国正同大韩民国一起，在我们的共同愿景之上继续努力，以建立全球联盟和更深入的贸易伙伴关系。我刚刚从首尔回来，我到那里参加了韩国第一位女总统，朴槿惠总统（President Park）的就职典礼。我们两国领导人在重要议程和愿景上有那么多的共识，这让我赞叹。在我们会面时，我向朴槿惠总统转达了奥巴马总统对保卫大韩民国的坚定承诺，朴槿惠总统则表示全力支持两国同盟的现代化，以及继续努力在广泛的区域和全球问题上进行合作。在我访问韩国期间，朴槿惠总统接受了奥巴马总统发出的访问华盛顿的邀请，我今天可以宣布，我们期待着朴槿惠总统在五月前往白宫访问。

　　美国可以期待日本和韩国的新领导人坚定地致力于同美国展开密切的安全合作。这并非偶然，也不令人意外，因为两国的民意调查显示，有大约 80% 的公众支持与美国的同盟。同时，放眼未来，维护一个充满活力的地区的安全将需要日本、韩国和美国进行更广泛的三边协作，这是显而易见的。

　　至于澳大利亚——在奥巴马总统访问澳大利亚并与澳大利亚总理吉拉德（Gillard）就美国轮流部署海军陆战队（U. S. Marines）发表联合公报后——两国的军事关系更进了一步。在我们努力促进亚太地区的繁荣和安全方面，吉拉德总理始终是一位杰出的合作伙伴。美国为与泰国和菲律宾的长期同盟关系注入了新的活力，以应对恐怖主义、人道主义救援和灾难救助等问题。菲律宾总统阿基诺（Aquino）访问华盛顿，以及奥巴马总统访问泰国并与泰国总理英拉（Yingluck）会晤，都说明了我们战略的另一关键方面——美国不仅仅是向亚太再平衡，美国还在亚洲范围内进行再平衡，以反映东南亚日益增长的重要性。正如我们发现美国在东亚的投入不足一样，我们发现美国在东南亚的投入尤其欠缺。我们正在纠正这种状况。

在如今财政比较困难的时期，我知道有人质疑这一再平衡能否持续。经历十年的战争后，美国的国防预算正在减少是很自然的事情。但毫无疑问，奥巴马总统已经明确表示，我们将保持我们在亚太地区的安全部署和对亚太事务的参与。具体来说，我们的国防开支和计划将继续支持我们的首要议程——从我们在朝鲜半岛（Korean Peninsula）的持续存在到我们在西太平洋的战略部署。

这意味着，在未来的几年里，我们的军事力量中将有较大一部分部署在太平洋地区。到 2020 年，美国海军舰队的 60% 将以太平洋地区为基地。我们的空军在未来五年也会逐步将重心转到太平洋地区。我们正在加强陆军和海军陆战队的力量。五角大楼（Pentagon）正在制定计划，为太平洋司令部（Pacific Command）优先配备我们最为现代化的军事能力，包括潜艇、F-22 和 F-35 等第五代战机和各种侦测平台。而且我们正与盟国合作，以在扩建雷达和导弹防御系统方面取得快速进展，为我们的盟国和整个亚太地区提供保护，以应对其面临的最紧迫威胁：朝鲜破坏稳定的危险行为。

朝鲜

让我稍谈一下朝鲜。

60 年来，美国一直致力于确保朝鲜半岛的和平与稳定。这意味着防止朝鲜的侵略和保护我们的盟国。这也意味着朝鲜半岛完全去核化。美国不会接受朝鲜为有核国家，也不会在其试图发展可以打击美国的携带核弹头的导弹时袖手旁观。国际社会也已经明确表态，朝鲜将为公然违反其国际义务付出代价，如联合国安理会（UN Security Council）就在上周又一次一致通过了多项新的制裁措施，以回应朝鲜最近的核试验挑衅。

美国对朝鲜的政策以下面四个关键原则为基础：

　　首先，与日本和韩国展开密切和更广泛的合作。我们三个国家面对朝鲜的挑衅形成的团结——朴槿惠总统和安倍首相重申了这一团结——不仅对朝鲜起着威慑作用，对寻求外交途径解决问题也同样至关重要。朝鲜可以指望离间我们三国政府的日子已不复存在。

　　我要补充一点，若要在将来达成和平解决方案，还需要美国与中国新政府的密切协作。我们认为任何国家——包括中国——都不应与威胁邻国的朝鲜"照常"往来。朝鲜半岛的稳定与中国利益攸关，这需要有结束朝鲜核计划的明确途径。对于中国在联合国安理会和对继续要求朝鲜以完全、可以核查和不可逆转的方式放弃大规模毁灭性武器和弹道导弹计划所给予的支持，美国表示欢迎。

　　其次，美国绝不允许朝鲜从恶劣行径中得到好处。美国绝不会接受空口承诺或向威胁让步。正如前国防部长鲍勃·盖茨（Bob Gates）所说，同一匹马我们不会买两次。我们已经表明了与朝鲜进行真正谈判的开放态度。然而，我们得到的回应只是挑衅和极端言论。朝鲜若要获得其迫切需要的援助及其希望得到的尊重，就必须改弦更张。否则，美国将继续与盟国及合作伙伴一起，加强国家和国际制裁，以阻止朝鲜的核计划和导弹计划。今天，美国财政部（Treasury Department）宣布美国对朝鲜外贸银行（Foreign Trade Bank of North Korea）——朝鲜办理外汇结算的主要银行——实施制裁，因为该银行为朝鲜实施大规模毁灭性武器计划提供协助。

　　到目前为止，朝鲜领导人的挑衅、把事态升级的做法和不明智的选择显然不仅让朝鲜处于更危险的境地，还把朝鲜人民置于贫困之中，与韩国及其他所有东亚国家形成天壤之别。

　　再次，我们明确重申，美国将坚决保卫我们的国家和我们的盟国。最近，朝鲜官员发表了具有极大挑衅性的言论。朝鲜可能在虚张声势——但就美国的政策而言，毋庸置疑的是：我们将调动一切力量保卫我们自己和我们的盟国，回应朝鲜的威胁。这不仅包括朝鲜使用任何大规模毁灭性武器的情况——还包括朝鲜向其他国家或非政府实体转移核武器或核材料，关于这一点总统已做出明确表示。上述行为将被视为对美国和我们的盟国的严重威胁，朝鲜将要为由此造成的后果承担全部责任。

　　最后，美国将继续鼓励朝鲜选择更好的途径。正如奥巴马总统曾多次说过，他在就任总统时已做好准备，愿意向松开拳头的人伸出友谊之手。

美国做好了帮助朝鲜发展经济和满足人民粮食需要的准备——但朝鲜必须改弦更张。美国随时准备与朝鲜进行谈判并履行双方达成的承诺。我们只要求平壤（Pyongyang）采取有意义的步骤，表明它将遵守承诺、履行诺言、尊重国际法，以此证明其诚意。

任何怀疑总统承诺的人只需看看缅甸，那里的新领导人已开始了改革进程。奥巴马总统对仰光（Rangoon）的历史性访问证明了我们随时准备把敌对的关系转变为更大的合作。缅甸已经获得了数十亿美元的债务减免、大规模发展援助和大量的新投资。虽然改革工作还在进行，缅甸通过与其邻国和美国合作，已经打破了孤立局面，并且为缅甸人民开启了通向更美好未来的大门。而且，正如奥巴马总统在向缅甸人民发表的演讲中所说，我们将继续帮助那些继续支持人权、民主和改革的国家。因此，我敦促朝鲜领导人思考一下缅甸的经验。

新兴大国

我们在保持强大的同盟关系以应对诸如朝鲜的挑战的同时，也在继续实施亚太战略的第二个支柱：打造与新兴大国更深入的伙伴关系。

为此，奥巴马总统认为，美国与印度——世界上最大的民主国家——的关系是"21世纪具有决定性的伙伴关系之一"。从2009年辛格总理（Prime Minister Singh）访问美国到2010年奥巴马总统的印度之行，美国处处表明，我们不仅接受印度的崛起，我们还坚决支持这一崛起。

美国和印度的利益强有力地汇合于亚太地区，在这里印度可以有巨大的贡献和收获。东南亚始于印度东北部，我们欢迎印度"放眼东方"的努力——从支持缅甸的改革到与日本的三边合作再到促进海上安全。例如，在过去一年，印度与东盟（India-ASEAN）的贸易增长了37%，达到800亿美元。

美国还努力帮助印度尼西亚实现其作为全球合作伙伴的潜力。我们已结成了广泛的全面伙伴关系（Comprehensive Partnership）。我们欢迎印度尼西亚大力参与这一地区的多边论坛，包括主办亚太经济合作组织（APEC）会议和促进东盟团结。我们也正与印度尼西亚和文莱就一项重大的新行动计划进行合作，以调动资本来帮助亚太地区引进清洁和可持续能源。当然，没有任何美国总统与亚太国家的个人关系像奥巴马总统与印度尼西亚这般紧密——这种充满温情的关系在奥巴马总统于2010年11月访问雅加达（Jakarta）时得到充分展示。

中国

我们战略的第三个支柱是与中国发展具有建设性的关系。奥巴马总统非常重视与中国的关系，因为世界上的外交、经济或安全难题很少能在没有中国的参与或在美中两国没有广泛而富有成效的建设性关系的情况下获得解决。在过去四年，我们已经在发展这种关系方面取得了重大进展。

随着中国完成领导层换届，奥巴马政府已经做好充分准备，与习近平、李克强和其他中国高层领导人一起加强我们现有的关系。中国领导层的换届和奥巴马总统的再次当选共同标志着美中关系进入新的阶段——充满了新的机遇。

当然，美中关系具有并且将继续具有合作与竞争的双重元素。我们一贯的政策是提高两国合作的质与量，促进良性的经济竞争，同时适当处理分歧，以确保美国利益受到保护，普世人权和价值受到尊重。正如奥巴马总统所明确表示，美国之所以宣扬普世价值，是因为历史证明维护本国人民权利的国家最终会更加成功、更加繁荣、更加稳定。

正如奥巴马总统曾多次强调，美国欢迎一个和平而繁荣的中国的崛起。我们不希望两国关系被定义为竞争和对抗关系。我不同意某些历史学家和理论家提出的这一论点，即出于某种原因崛起中的大国和老牌大国注定要发生冲突。这种结果并不具有必然性。这不是物理定律，而是领导人的一系列抉择导致大国的对抗。另有人呼吁采取遏制手段。我们也拒绝这种做法。更好的结果是可能的。但是，这有待双方——美国和中国——在现有大国和新兴大国之间构建一种新型关系。习近平主席和奥巴马总统都赞同这一目标。

为了构建这种新型关系，我们必须不断改善两国的沟通渠道，并在对双方意义重大的问题上表现出务实的合作。

为此，更为深入的美中两军对话是消除两国之间许多不安全和潜在竞争根源的关键。这仍然是我们所寻求的新型关系的必要成分，而它在我们目前的关系中严重不足。中国军方正在对其能力进行现代化改造并扩大在亚洲的存在，这给两国军队带来更近距离的接触，加大了发生意外或误判的风险，从而可能破坏两国总体关系的稳定。我们需要有开放和可靠的渠道来管理围绕我们各自短期内的活动以及在西太平洋的长期存在和态势产生的看法和紧张因素。

加强我们广泛的经济关系的基础也至关重要，这一关系具有日益相互依存的特征。我们已经向北京表明，随着中国在越来越多的国际事务中坐拥一席，中国需要承担与其经济实力和国家能力相称的责任。在我们与中国新领导人接触的过程中，美国将鼓励他们推进中国的第12个五年计划中申明的改革，包括努力将中国对出口的依赖转变为更平衡且可持续的以消费为导向的增长模式。美国将敦促中国进一步开放市场并提供公平的竞争环境。此外，美国将寻求与中国共同努力，通过20国集团（G-20）来促进国际金融的稳定并应对诸如气候变化和能源安全等全球性挑战。

另一个此类问题是网络安全问题，这个问题已经成为对两国经济关系一个日益严重的挑战。美国和中国这样的大型经济体在确保因特网保持开放、互操作性、安全、可靠和稳定方面有着巨大的共同利益。在保护个人数据和通信、金融交易、重要基础设施或对创新和经济增长至关重要的知识产权和商业秘密等方面，美中两国都面临着风险。

对于这最后一类问题，我们的关注已被提到我们议程的最前列。我说的不是普通的网络犯罪或黑客入侵。而且，这不仅仅是国家安全问题或美国政府的担忧。美国企业越来越多地表达的严重担忧是，通过源自中国的规模空前的网络入侵所进行的手段高超、有针对性的窃取商业机密信息和专有技术的活动。国际社会无法容忍来自任何国家的此类活动。正如奥巴马总统在国情咨文（State of the Union）中所说，我们将采取行动，保护我们的经济不受来自网络的威胁。

从总统到各级领导人，这已成为我们各级政府部门的一个重要关注点和与中国进行讨论的问题，并且将继续如此。美国将采取一切必要措施来保护我们国家的网络、关键的基础设施和我们公共和私营行业的宝贵财产。但是，关于网络入侵盗窃问题，我们具体希望中国做到三点。首先，我们需要中国认识到这一问题的紧迫性和规模，以及这一问题给国际贸易、中国产业的声誉和我们的总体关系带来的风险。其次，北京应认真采取措施调查并制止这些活动。最后，我们需要中国与我们开展建设性的直接对话，以建立可接受的网络空间行为规范。

我们为发展具有建设性的双边关系、从而使我们能够就双方关注的首要问题坦率接触付出了辛勤的努力。作为世界上最大的两个经济体，美国和中国都依赖于因特网，因此必须带头解决这一问题。

区域架构

接下来我要谈的是我们的战略的第四大支柱——加强区域机制，这也反映了亚洲迫切需要与经济、外交和安全相关的种种规则和谅解。

奥巴马政府从一开始就着手进行协调一致的努力，以发展并加强区域机制——也就是说，构建亚洲的结构体系。这样做的原因显而易见：有效力的区域架构能减少各国采取集体行动以应对共同挑战的障碍。这项努力能够创造鼓励合作、维护稳定、通过外交途径解决争端的对话和机制，并有助于确保国家能够和平崛起。

这一地区的战略重要性不可低估。印度洋和太平洋沿岸的东盟10国拥有6亿多人口。诸如泰国等国家令人赞叹的增长率——以及2011年国际投资增长25%的幅度——表明东盟各国在政治和经济上只会变得更加重要。

奥巴马政府自就职以来已经签署了《东盟友好合作条约》（ASEAN's Treaty of Amity and Cooperation），并且任命了首位常驻东盟的美国大使。我已经说过，奥巴马总统每年都前往会晤东盟国家领导人——而且今后还会继续这样做。总统还决定每年都出席东亚峰会（East Asia Summit）国家首脑会议，这与美国将东亚峰会提升为应对亚洲政治和安全问题的首要论坛的目标是一致的。

展望未来，资源丰富的南中国海和东中国海（South and East China Seas）的领土纠纷显然将会考验这一地区的政治和安全架构。这类紧张局势对亚洲繁荣的和平根基构成挑战，并且已经对全球经济造成损害。虽然美国在这一地区没有领土要求，而且对其他国家提出的要求不持立场，但美国坚决反对通过胁迫或使用武力来伸张领土要求。只有通过符合国际法的和平、协作、外交努力，才能达成持久的解决方案，促进这一重要地区的各个领土声索方及所有国家的利益。这也包括中国在内——随着中国在全球经济中的地位日益上升，它对海上安全公益物以及畅通的合法商贸的需求也日益增加，正如中国企业家迫切需要一个开放、安全的因特网所提供的公益物一样。

经济架构

最后，美国将继续推行我们的战略的第五个要点：构建一种经济架构，让亚太地区的人民——包括美国人民在内——能够从更强劲的贸易和增长中获益。我们的观点是——而且我相信历史会证明这一点——能够实现这一地区所需的下一阶段基础广泛的增长的经济秩序有赖于各经济体的开放和透明以及自由、公平、具有环境可持续性的贸易和投资。美国经济的活力也有赖于在美国以外开辟新市场和新客户，尤其是在那些增长速度最快的地区。

因此，奥巴马总统一直在与这一地区的领导人共同努力，支持以增长为导向并能创造就业机会的政策，《美韩自由贸易协定》（U. S. - Korea Free Trade Agreement）就是一个例子。美国政府还努力通过亚太经济合作组织和双边渠道来降低国际和国内的经济壁垒，增加并保护投资，扩大关键领域的贸易以及保护知识产权。

我们的经济再平衡的核心是"跨太平洋伙伴关系"（Trans-Pacific Partnership，TPP）——一项美国正与从智利和秘鲁到新西兰和新加坡等亚太地区经济体共同制定的高标准协定。"跨太平洋伙伴关系"建立在其成员共同致力于遵循高标准、消除商品和服务方面的市场准入壁垒、解决21世纪的新型贸易问题以及尊重基于规则的经济框架的基础之上。我们始终将"跨太平洋伙伴关系"设想成一个不断扩大的区域经济融合的平台。现在，我们正在实现这一目标——在奥巴马总统上任时，"跨太平洋伙伴关系"有7个伙伴国，此后又接纳了4个伙伴国：越南、马来西亚、加拿大和墨西哥。这11个国家每年的贸易总额合计达1.4万亿美元。"跨太平洋伙伴关系"的不断壮大已经朝着亚太经济合作组织建立一个覆盖整个地区的亚太自由贸易区（Free Trade Area of the Asia-Pacific）的愿景迈进了一大步。

"跨太平洋伙伴关系"的吸引力在于它虽然雄心勃勃，却又是力所能及的。我们能够实现这项计划。事实上，美国正在与其他各方共同努力争取到2013年年底完成谈判。我想补充一句，"跨太平洋伙伴关系"旨在成为一个向其他国家开放的平台——只要它们愿意并且能够达到"跨太平洋伙伴关系"的高标准。

"跨太平洋伙伴关系"是全球经济议程的一个组成部分，该议程还包括我们力求与欧洲达成的一项新协定——"跨大西洋贸易和投资伙伴关系"（Transatlantic Trade and Investment Partnership）。跨大西洋贸易总额每年高达近1万亿美元，投资总额达3.7万亿美元。即便是小小的改善也能让我们的人民获得实实在在的好处。这两项协定加在一起——从太平洋到大西洋——再加上我们与世界各国现有的自由贸易协定，将能达到全球贸易的60%以上。但我们的目标既是经济目标，同时也是战略目标。很多人认为，经济实力是21世纪的权力通货。在整个大西洋和太平洋地区，美国将致力于建立与我们的外交和安全联盟同样强大的经济伙伴关系网络——同时还要加强多边贸易体系。"跨太平洋伙伴关系"也绝对明确地阐述了美国要在亚太地区长期存在的战略承诺。而美国与欧洲的协定带来的增长将有助于巩固北约（NATO）这个有史以来最强大的联盟。

结束语

综上所述，我相信奥巴马总统将战略重点置于亚太地区的决策已成为一项具有代表性的成就。但全面发挥其影响力必须要靠今后几年的持续投入。

我想让大家思考一个简单的问题，这个问题在很大程度上说明了美国在开拓未来的道路中将发挥的作用。我想应该可以这样提问：假如在过去70年里没有美国的参与及其稳定作用，那么亚太地区今天会是什么局面？

假如没有美国保障安全与稳定，东北亚（Northeast Asia）地区的军国主义会被和平取代吗？会有推动太平洋地区商贸活动的安全海上航道吗？韩国会从受援国崛起为贸易强国吗？小国会得到保护不受强大邻国的支配吗？我想答案是显而易见的。

亚太地区在最近几十年里所取得的非凡成就理应归功于该地区勤劳能干的人民。但与此同时，我认为可以公平地说，美国为亚洲的崛起奠定了至关重要的基础，这一地区的许多领导人和民众也会对此表示赞同。

因此，美国将继续努力确保亚太地区发展成新兴强国和平崛起的地区，海洋、天空、太空和网络空间的自由开放推动贸易蓬勃发展的地区，多国论坛帮助促进共同利益的地区，公民的普世权利——无论他们生活在何处——得到捍卫的地区。

奥巴马政府正在努力让我们向亚太再平衡的目标成为现实，因为这一地区在今后这个世纪的成功——以及美国在 21 世纪的安全和繁荣——仍将取决于美国在亚洲的存在和参与。我们是一个长期驻留的太平洋大国，坚忍顽强而且不可或缺。在奥巴马总统的第二个任期内，这个至关重要、充满活力的地区将继续是一个战略重点。谢谢大家。

（6）《北极地区国家战略》概要

2013. 05. 17

以下是奥巴马总统于 5 月 10 日签署的《北极地区国家战略》的概要（Executive Summary of the National Strategy for the Arctic Region）。美国及加拿大、挪威、丹麦、冰岛、芬兰、俄罗斯和瑞典等北极理事会（Arctic

Council）成员共同阐明在这个至关重要的地区的战略重点。详情请见
《北极地区国家战略》报告的英文全文。

白宫

新闻秘书办公室

2013 年 5 月 10 日

北极地区国家战略

概要

"美国是一个北极国家，在北极地区拥有广泛和根本的利益。我们在
该地区谋求满足我们国家安全的需要，保护环境，负责任地管理资源，照
顾到原住民社区，支持科学研究，在范围广泛的问题上加强国际合作。"
（《国家安全战略》，2010 年 5 月）

《北极地区国家战略》明确规定了美国政府在北极地区的战略重点。
北极地区海冰减少以及一个新的北极环境的形成使得北极地区的活动大量
增加，这项战略旨在为美国确定方针，以有效应对由此产生的各种挑战和
新出现的机遇。它界定了美国在北极地区的国家安全利益并阐明了重点行
动路线，以联邦、州、地方、部落当局、私营部门和国际伙伴现有的行动
为基础，力争将我们的努力集中于存在机遇并需要采取行动的方面。该战
略旨在应对北极环境正在不断变化的现实，我们同时争取实现与导致这些
环境条件形成的气候变化作斗争的全球性目标。我们的战略建立在 3 条行
动路线之上：

1. 增进美国的安全利益——我们将根据国际法，让我们的船只和飞
机能够在北极的空域和水域之中、之下和之上运行，支持合法商贸，更好
地了解北极地区的活动，明智地发展我们在北极的基础设施和各种能力，
包括根据需要建设抗冰平台。美国在北极的安全涉及一系列广泛的活动，
包括从支持安全商贸和科研活动到国防工作。

2. 力争负责地管理北极地区——我们将继续保护北极的环境并保护
北极的资源；建立一体化的北极管理框架并使其制度化；绘制北极区域
图；运用科学研究和传统知识加深对北极的了解。

3. 加强国际合作——通过双边关系和包括北极理事会在内的多边机
构的努力，我们将努力作出安排，以增进共同利益，促进北极国家共享繁
荣，保护北极环境及加强地区安全。我们将努力让美国加入《联合国海
洋法公约》（United Nations Convention on the Law of the Sea）。

我们采取的方针将依据下列指导性原则：

· 维护和平与稳定——争取维护和保护北极地区成为一个无冲突区，与盟友、合作伙伴和其他有关各方协调行动。支持并保护：自由航行和飞行的国际法原则以及与自由航行和飞行相关的利用海域和空域的其他方式，合法商贸不受阻碍，和平解决各国间的争端。

· 利用现有的最佳信息进行决策——在所有各项行动中，必须依据最新的科学和传统知识进行决策。

· 力争作出创新安排——同阿拉斯加州、北极各国、其他国际伙伴和私营部门建立伙伴关系，以便在适当和可行的情况下更有效地开发资源及管理各种能力，并在目前财政紧缩的环境中更好地推动我们的战略重点。

· 与阿拉斯加原住民磋商和协调——同阿拉斯加原住民进行磋商，承认部落政府与美国的独特的法律关系，并确保为影响阿拉斯加原住民社区的联邦政府决策提出建议的切实及时的机会。

（7）奥巴马总统谈未来反恐怖主义斗争

2013. 05. 29

白宫

新闻秘书办公室

2013 年 5 月 23 日

总统关于未来反恐怖主义斗争的讲话

国防大学（National Defense University）

华盛顿特区麦克奈尔堡（Fort McNair）

美国东部夏令时间下午 2：01

总统：各位下午好。请就座。

非常荣幸回到国防大学。麦克奈尔堡自 1791 年起就有美国戎装军人驻扎——在共和国的最初岁月执行守卫，在 21 世纪的今天思索军事未来。

两个多世纪以来，美国的建国文献将这个国家凝聚为一体，界定了我们作为美国人的含义；这些文献也是引导我们经历各种变化的指南针。战争与和平的内涵不曾改变。美国人对于战争怀有深刻的矛盾心理，但我们为赢得独立而进行的战争让我们知道，要自由就必须付出代价。从南北战争（Civil War）到反法西斯斗争，直至旷日持久的朦胧冷战（Cold War），战场发生了改变，技术有了发展。但是，我们对宪法原则的承诺经受住每一场战争的考验，每一场战争最终得以告终。

随着柏林墙（Berlin Wall）倒塌，海外展现着新的民主的曙光，国内迎来了十年的和平与繁荣。一时间，21 世纪似乎将成为安宁的时代。然而，2001 年 9 月 11 日将我们从这种安逸自得中震醒。在那个阳光明媚的早晨，烈火浓烟、金属尘埃铺天而至，夺走了我们身旁数千人的生命。这是一种不同的战争：没有敌军登陆我们的海岸，我们的军队不是首要目标；它来自一群要最大程度杀害平民百姓的恐怖主义分子。

由此，我国进入战争状态。如今，我们的战争已经持续超过十年。我不准备在此回顾整个历史。显然，我们迅速将"基地"组织（al Qaeda）赶出了阿富汗，但随后转移注意力，在伊拉克打响了新的战争。这对我们打击"基地"组织、我们的世界地位以及——迄今为止——我们在一个关键地区的利益产生重大了后果。

与此同时，我们加强了防御——坚定目标、加强交通安全、为执法部门提供防范恐怖活动的新工具。这些改变大多数合理有效。有些造成了不便。但还有些，例如扩大监视，则提出了在安全利益和隐私价值观之间如何平衡的难题。而且在某些情况下，我认为我们损害了我们的基本价值观——即在审讯敌方人员时使用酷刑，以及以违背法治的方式拘留人员。

因此在我上任后，我们扩大了打击"基地"组织的战争，但我们也力求改变路线。我们毫不留情地打击"基地"组织领导层。我们结束了在伊拉克的战争，让将近 15 万军人返回家园。我们在阿富汗实行新的战略，增强了对阿富汗武装力量的培训。我们明文禁止了酷刑，申明我们对民事法庭的承诺，着力让我们的政策合乎法治，并且扩大了我们与国会的协商。

如今，乌萨马·本·拉登（Osama bin Laden）已经死亡，他手下的大多数高级头目也遭到同样下场。再也没发生过针对美国的大规模袭击，我们的国土更加安全。我们让更少的部队置身险境，而且在未来 19 个月内，他们将陆续返国。我们的同盟强大，我们的世界地位亦是如此。总之，由于我们的努力，我们变得更加安全。

毫无疑问，我们的国家仍然受到恐怖主义分子的威胁。从班加西（Benghazi）到波士顿（Boston），不幸的悲剧在不断提醒我们这一事实。但我们必须认识到，自"9·11"事件以来，威胁发生了改变和转化。基于十年积累的经验，如今是我们向自己提出一些尖锐问题的时候了，即当今威胁的性质是什么，以及我们应该如何应对。

这些问题关系到每一个美国人。

过去十年里，我们国家在战争上耗资逾1万亿美元，这使我们的赤字激增并制约了我们的国内建设能力。我们的军人及其家人为国家作出了巨大牺牲。近7000名美国人献出了生命。更多的人将一部分肢体留在了战场，或带着战争的阴影回到家乡。从我们使用无人机到拘留恐怖主义嫌疑分子，我们现在的决策将界定我们将给后代留下什么样的国家——和世界。

因此，美国正处于十字路口。我们必须界定这场斗争的性质和范围，否则我们将被它界定。我们必须记住詹姆斯·麦迪逊（James Madison）的警告："没有哪个国家可以在持续的战争中保持自己的自由。"无论我或是任何一位总统，都不能保证完全挫败恐怖活动。我们永远无法消除某些人心中的邪恶，也无法杜绝危及我们开放社会的一切危险。但是，我们能做的——我们必须做的——是，捣毁对我们构成直接危险的网络，减少新团伙站住脚的可能，同时维护我们所捍卫的自由和理想。要确定这一战略，我们必须让决策基于艰苦习得的智慧而不是恐惧。而这要以理解我们当前所面临的威胁为起点。

如今，阿富汗和巴基斯坦的"基地"组织的核心势力正节节败退。其余成员在用更多时间考虑他们自己的安全，而不是策划攻击我们。班加西或波士顿的袭击并非来自他们。自"9·11"事件以来，他们未能在袭击美国本土中得逞。

我们所看到是"基地"组织各路分支的出现。从也门到伊拉克，从索马里到北非，今天的威胁更为分散，"基地"组织阿拉伯半岛（Arabian Peninsula）分支——阿拉伯半岛基地组织（AQAP）——是最积极策划攻击我国本土的一个势力。虽然阿拉伯半岛基地组织没有哪次攻击接近"9·11"事件的规模，但他们一直在密谋恐怖活动，例如企图在2009年圣诞节炸毁一架飞机。

阿拉伯世界的动荡也使极端主义分子在利比亚和叙利亚等国取得立足之地。但这些也与"9·11"事件不同。在有些情况下，我们在继续对抗像真主党（Hezbollah）这样由国家资助的恐怖主义网络为实现政治目标而进行的恐怖活动。其他一些组织则只是当地民兵或极端主义分子组成的对夺取领土感兴趣的乌合势力。虽然我们对这些组织可能构成跨国威胁的迹象保持警惕，但他们大多数集中在其大本营所在国家和地区活动。这意味着我们将面临像我们在班加西或者像在阿尔及利亚英国石油公司（BP）石油设施看到的那种更为地方化的威胁，这些地方势力——也许与区域网络有着松散的联系——不时发动针对西方外交人员、公司和其他软目标的攻击，或诉诸绑架和其他犯罪集团行动来为其活动提供资助。

最后，我们面临来自美国国内激进分子的切实威胁。无论是威斯康星州锡克庙（Sikh Temple）的冷枪手、得克萨斯州撞楼的飞机、还是在俄克拉荷马市（Oklahoma City）联邦大厦（Federal Building）造成 168 人丧生的极端分子，美国在历史上经历过多种形式的暴力极端主义。精神失常或孤僻离群者——通常是美国公民或合法居民——可能造成巨大的伤害，尤其是在受到暴力圣战思想鼓动时。极端主义的吸引看来成为导致胡德堡（Fort Hood）射击案和波士顿马拉松（Boston Marathon）爆炸案的因素。

因此，这就是当前的威胁——致命但能力较小的"基地"组织分支；对在国外的外交设施和企业的威胁；本土出现的极端主义分子。这是未来的恐怖主义。我们必须严肃对待这些威胁，尽一切可能对抗这些威胁。但我们在制定应对措施时必须认识到，这种威胁的规模与我们在"9·11"事件以前面临的那些攻击非常相似。

20 世纪 80 年代，在我们驻贝鲁特（Beirut）大使馆、在我们驻黎巴嫩（Lebanon）的海军陆战队军营（Marine Barrack）、在一艘海上游轮上、在柏林（Berlin）的迪斯科舞会上以及在飞越洛克比（Lockerbie）上空的泛美航空公司（Pan Am）航班——103 号航班（Flight 103）——上，美国人都因恐怖主义而遭受生命损失。20 世纪 90 年代，在世界贸易中心（World Trade Center）、在我们位于沙特阿拉伯的军事设施以及在我们驻肯尼亚大使馆，也有美国人被恐怖主义夺走了生命。这些袭击都很残酷，都造成生命损失，而且我们知道，如任其发展，这些威胁会愈演愈烈。但是，如果处理得明智得当，这些威胁将必不上升到我们在"9·11"事件前夕所见到的程度。

此外，我们必须认识到，这些威胁并非产生于真空。我们所面对的大多数恐怖主义——尽管并非全部——都是由一种共同的意识形态所驱动——一种某些极端主义分子认为的伊斯兰教（Islam）与美国和西方相冲突的信念，以及认为对包括平民在内的西方目标发起暴力是为了追求一个更大的事业。当然，这种意识形态建立在谎言之上，因为美国并不与伊斯兰教交战。这种意识形态遭到经常沦为恐怖袭击受害者的绝大多数穆斯林的否定。

尽管如此，这种意识形态依然存在，而在一个思想和图像可以即时传向全球的时代，我们应对恐怖主义不能仅仅依靠军事或执法力量。我们需要用国家实力的所有元素来赢得意志的战争，理念的战争。因此，我今天想在这里讨论的是这样一个全面的反恐战略的内容。

首先，我们必须完成击败"基地"组织及其相关势力的使命。

在阿富汗，我们将完成把阿富汗的安全交由阿富汗人负责的过渡。我们的军队将归国。我们的作战使命将结束。我们将与阿富汗政府共同努力训练安全部队，并且维持一支反恐部队，确保"基地"组织再也不可能重建安身之地来对我们或我们的盟友发起攻击。

在阿富汗之外，我们一定不能将我们的努力定义为无止境的"全球反恐战争"，而是要作为一系列持久而有针对性的努力，旨在瓦解威胁美国的暴力极端主义分子的具体网络。在许多情况下，这将涉及与其他国家建立伙伴关系。巴基斯坦已经有数千军人在打击极端主义分子的斗争中丧生。在也门，我们正在为已从阿拉伯半岛基地组织手中夺回领土的安全部队提供支持。在索马里，我们帮助非洲国家联盟将青年党（al-Shabaab）赶出其盘踞的地方。在马里，我们向以法国为首的干预行动提供军事援助，以在马格里布（Maghreb）击退"基地"组织，并帮助马里人民重新掌握自己的未来。

我们许多最佳的反恐合作使我们能够收集和共享情报，逮捕并起诉恐怖分子。正因为如此，在也门近海被逮捕的一名索马里恐怖主义分子现在得以被关押在纽约一处监狱。正因为如此，我们能够与从丹麦到德国到英国的欧洲盟友共同挫败阴谋。正因为如此，经沙特阿拉伯收集到的情报帮助我们阻止了一架货运飞机在大西洋上空爆炸。这些伙伴关系卓有成效。

然而，尽管我们非常希望拘留和起诉恐怖主义分子，但有时无法采用这种方法。"基地"组织及其同伙企图在地球某些最遥远和条件极其恶劣的地方建立据点。他们躲避到偏远的部落地区。他们隐藏在洞穴和围居区内。他们在空旷的沙漠和嶙峋的山地中训练。

在有些地方——例如索马里和也门某些地区——可及国家权力极其薄弱有限。在另一些情况下，国家缺乏采取行动的能力或意愿。美国也不可能派遣特种部队（Special Forces）去抓获每一个恐怖主义分子。即使这种方法有可能，在有些地方也会给我们的部队和当地平民带来重大风险——例如在有些地方，要攻入恐怖主义分子的驻地不可避免地要与周围的部落社区交火，而这些社区对我们没有构成威胁；还有些时候，派遣美国军队进入可能会引发重大国际危机。

换句话说，我们在巴基斯坦对付乌萨马·本·拉登的行动不能成为常规。当时的风险巨大。尽管我们倾向于抓获，但鉴于我们的人员必将面临抵抗，抓获的可能性很小。我们没有遇到平民伤亡或卷入大范围交火的情况，这证明了我们特种部队的计划精密和他们的专业能力，但也依靠了一定的运气。而且行动得到了阿富汗境内大规模基础设施的支持。

即使那样，这给我们与巴基斯坦的关系所带来的代价——以及巴基斯坦公众对领域被入侵产生的反弹——都极为严重，以至我们现在才正在开始重建这一重要的伙伴关系。

因此，正是在这样的背景下，美国对"基地"组织及其相关势力采取了致命的有针对性的行动，包括动用遥控飞机，即通常所称的无人机。

正如以前的武装冲突一样，这种新技术提出了一些深刻的问题——涉及谁是目标，为什么；涉及平民伤亡及树新敌的风险；涉及在美国和国际法律下实施这种打击的合法性；涉及承担责任和道义。因此，让我谈一谈这些问题。

首先，我们的行动是有效的。不是仅听我说。我们从在本·拉登的藏身之处获得的情报中发现，他曾写道："我们可能在敌人的空袭下失去后备资源。我们无法用炸药对抗空袭。""基地"组织行动人员的其他通信也证实了这一点。数十名技术娴熟的"基地"组织指挥官、教官、炸弹制造者和行动人员均被清理出局。本来针对国际航班、美国交通系统、欧洲城市和我们在阿富汗的驻军的阴谋被我们挫败。简而言之，这些打击行动挽救了生命。

此外，美国的行动是合法的。我们在"9·11"遭到袭击。一周之内，国会以压倒性多数授权使用武力。根据国内法和国际法，美国与"基地"组织、塔利班（Taliban）及其同伙势力处于交战状态。我们对这个组织开战，而如果我们不首先阻止他们，这个组织现在会尽其一切可能最大程度的杀害美国人。因此，这是一场正义的战争——作为最后的手段、以适度的方式、为自卫而进行的战争。

　　然而，随着我们的斗争进入新阶段，美国对自卫的合法伸张并不能被作为一劳永逸的定论。说一项军事策略是合法的，或者甚至是有效的，并不等于说其在任何情况下都是明智或道义的。人类进步既带给我们向地球另一端出击的技术，也要求具有对这一威力予以约束的克制——否则便可能导致滥用。为此，过去 4 年来，本政府积极努力制定一个指导我们使用武力打击恐怖主义分子的框架——要求具有明确的方针、监管和问责，这些已在我昨天签署的《总统政策指导》（Presidential Policy Guidance）中得到规范。

　　在阿富汗战区，我们必须——并且将——继续支持我们的军队，直到 2014 年底完成过渡。这意味着，我们将继续打击"基地"组织的重要目标，并且打击正在集结起来支持对联军发动攻击的势力。但是，到 2014 年底，我们将不再需要相同程度的武力保护，我们在打击"基地"组织核心势力上所取得的进展将减少对无人机攻击的需要。

　　在阿富汗战区外，我们只将"基地"组织及其同伙势力作为打击目标。而且即便如此，也对使用无人机给予严格制约。美国在有能力捕获具体恐怖主义分子时，不会实施打击；我们的首选方式始终是拘留、审问和起诉。美国不会任意在任何地方实施打击；我们的行动受到与合作伙伴磋商以及对国家主权予以尊重的约束。

　　美国实施打击不是为了惩罚个别人；我们的行动针对的是对美国人民构成持续和迫在眉睫威胁的恐怖主义分子，而且是在其他政府没有能力有效解决这种威胁时才会采取行动。而且，在实施打击之前，我们必须近于完全肯定不会造成平民死亡或受伤——这是我们可以设定的最高标准。

　　最后这一点至关重要，因为，可以理解，对使用无人机实施打击提出的诸多批评——无论是国内还是国外——都围绕着有关平民伤亡的报告。美国对这类伤亡的评估与非政府方面的报告出入很大。然而，美国的打击造成了平民伤亡是实在的事实，这是所有战争都存在的风险。对于这些平民的家人，任何话语或法律规定都不能构成其损失的正当理由。对于我和我的各层指挥而言，那些亡魂将使我们余生不安，正如在阿富汗和伊拉克常规战争中死伤的平民在折磨着我们一样。

　　但是作为全军统帅，我必须权衡这些令人心碎的悲剧和其他选择。面对恐怖主义分子网络无所作为将会招致更多平民伤亡——不仅在我们国内的城市和我们在国外的设施，而且就在恐怖主义分子寻求立足的萨那

(Sana'a)、喀布尔（Kabul）和摩加迪沙（Mogadishu），等等地方。请记住，我们所追击的恐怖主义分子针对的是平民，与他们针对穆斯林的恐怖活动所造成的死亡人数相比，任何无人机打击造成的估计伤亡人数都相形见绌。因此，无所作为不是我们的选择。

如果外国政府不能或不愿在其领土上有效阻止恐怖主义，那么替代有针对性的致命打击行动的主要选择就是诉诸常规军事打击。正如我已经说过的，即使是小规模特种行动也存在巨大风险。常规空中力量或导弹的精确度远逊于无人机，而且很可能导致更多平民伤亡，引起当地更强烈的义愤。侵入这些领土让别人认为我们是占领军，引发无数不期后果，而且难以控制，导致大量平民伤亡，并且最终助长借暴力冲突发威的势力。

因此，称动用地面部队较不可能造成平民伤亡或较不可能在伊斯兰世界树敌是错误的。其结果会让更多美国人丧生，更多"黑鹰"（Black Hawks）被击落，与当地人口发生更多对抗，而且为支持这类袭击而难免扩大的使命很容易会升级为新的战争。

是的，与"基地"组织的冲突，像所有武装冲突那样，会招致悲剧。但是，通过将我们的行动严格限于打击那些想杀害我们的人，而不是恐怖主义分子借以藏身的人群，我们选择的是有最大可能不导致无辜者丧生的行动方案。

我们必须用曾将美国军队派往异国置身在敌对人口的历史来评判我们的努力。在越南，几十万平民在战场界线模糊的战争中丧生。在伊拉克和阿富汗，尽管我们的军队勇气非凡、纪律严明，但仍有数千平民死亡。因此，常规军事行动或者坐等袭击上门都无道义安全可言；在缺乏有效警察或安全力量——而且其实没有有效法律——的领土上仅仅依靠执法功能也行不通。

这不是说没有切实风险。美国在异国土地上的任何军事行动都存在树立更多敌人和影响海外舆论的风险。此外，我们的法律即使在战时也限制总统的权力，我宣过誓要捍卫《合众国宪法》（Constitution of the United States）。无人机的非常精确打击和这类行动经常具有的必要保密性最终可以使政府免受如部署军队则招致的公众审视。它也会使总统及其团队可以将无人机打击视为反恐的万全之计。

因此，我坚持要求对所有致命打击行动进行强有力的监督。在我上任后，本政府开始向相关国会委员会通报在伊拉克和阿富汗之外实施的一切打击行动。我再重申一遍：使用武力不仅得到了国会的授权，而且美国的每一次打击都向国会通报。每一次打击。这包括我们针对一名美国公民——安瓦尔·奥拉基（Anwar Awlaki）——阿拉伯半岛基地组织对外行动负责人。

本周，我授权对这次行动进行解密，公布了其他三名在无人机打击中丧命的美国人，以促进有关这一问题的透明度和辩论并消解有人提出的稀奇古怪的说法。我郑重声明，我不认为政府不经正当程序攻击并杀害任何美国公民——使用无人机或猎枪——是符合宪法的，任何一位总统也不应将武装无人机部署在美国本土。

但是，当一个美国公民跑到国外发动针对美国的战争，并积极密谋杀害美国公民，而且当美国或我们的合作伙伴无法在其实施阴谋前将其抓获时，他的美国公民身份不应再是他的保护伞，正如一个射杀无辜群众的射手不应受特警队（SWAT team）保护。

这就是安瓦尔·奥拉基的面目——他不断地企图杀人。他帮助监督策划了 2010 年引爆两架飞往美国的货运飞机上的爆炸装置的阴谋。他曾参与 2009 年炸毁一架客机的计划。当法鲁克·阿卜杜穆塔拉布（Farouk Abdulmutallab）——"圣诞节爆炸案"主犯——2009 年去也门时，奥拉基招待了他，批准了他的自杀行动，帮助他录制了准备在攻击后播放的殉道视频，而且下达了在飞机飞越美国本土时引爆炸弹的最后指令。如果我们在奥拉基执行此策划前抓到他，我本是可以拘留并起诉他，但我们无法做到这点。作为总统，如果我没有授权实施打击将他消灭掉，那就是我的失职。

当然，针对任何美国人的行动会提出其他打击方式不存在的宪法问题——这就是为什么我的政府要在奥拉基被杀前几个月向司法部（Department of Justice）提交与他有关的信息，并且在实施打击前向国会作通报。但是，我们为动用致命打击力量设定了很高的门槛，这适用于所有潜在的恐怖主义分子目标，无论他们是否是美国公民。设定的门槛尊重每个生命固有的尊严。与决定将我们的男女将士送入险境一样，决定对个人或群体动用武力——即使是针对美国的死敌——也是我作为总统最难作出的决定。但是，鉴于我有责任保护美国人民，我必须做出这些决定。

接下来，我已经要求我的政府审议各种方案，以扩大对超出战区范围的致命打击行动的监督，使之不仅限于向国会呈报。每种方案在理论上都有优点，但实践起来却有困难。例如，成立特别法庭来评估和授权致命打击行动具有让政府的第三分支参与决策过程的好处，但带来有关总统权力和司法权力的重大宪法性问题。另一个提出的设想——在行政分支内成立一个独立的监督委员会—可以避免那些问题，但可能使国家安全决策多了一层官僚机制，并且不会增加公众对决策过程的信心。但尽管存在这些挑战，我期待与国会积极协商，探索这些和其他加强监督的方案。

然而我认为，武力的使用必须被视为我们制定全面的反恐战略所需进行的更大规模讨论的一部分——因为尽管有对使用武力的各种关注，但单靠武力并不能保障我们的安全。我们不能在激进意识形态根深蒂固的每一个地方都动用武力；而且，如果缺乏可以削弱极端主义根源的战略，一场无休止的战争——无论通过无人机或特种部队或部署军队——最终将适得其反，并且会以令人担忧的方式改变我们国家。

因此，我们的战略的下一个要点涉及解决滋生极端主义的深层不满和冲突——从北非到南亚。正如我们十年来所认识到的，这是一项庞大而复杂的努力。我们对迅速解决贫困和教派仇恨等根深蒂固的问题的期望必须脚踏实地。此外，没有哪两个国家是相同的，有些国家需要经历动荡的变革后才会出现好转。但是，我们的安全和价值观要求我们必须做出这些努力。

这意味着要耐心地支持埃及、突尼斯和利比亚等地的民主过渡——因为和平地实现个人的理想抱负将是对暴力极端主义分子的反驳。我们必须增强叙利亚的反对派力量，同时孤立极端主义势力——因为一个暴政的终结切不可成为恐怖主义施虐的开始。我们正在积极推动以色列和巴勒斯坦之间的和平——因为这是正确的，而且因为这样的和平有助于给这一地区的态度带来转变。我们还必须帮助有关国家实现经济现代化、提高教育水平并鼓励创业——因为美国一向是通过我们与人们的希望而不是恐惧连接在一起的能力而提高领导作用。

在所有这些方面取得成功需要持续的参与，也将需要种种资源。我知道，对外援助是最不受欢迎的支出项目之一。对民主党和共和党而言都是如此——我已经看到民意调查数据——即便对外援助在联邦预算中还占不到1%。事实上，如果你走上街头去问一问，许多人会认为它占到了25%。其实还不到1%——但仍然大大不受欢迎。然而，对外援助不能被视为施舍。它对我们国家安全具有根本意义，也是任何一项打击极端主义的明智的长期战略的根本。

此外，与我们的战争开支相比，对外援助是极小的一笔开支，而且我们的援助最终有可能防止战争。我们在伊拉克战争高峰时期一个月的支出，可以被用来训练利比亚的安全部队、维护以色列及其邻国之间的和平协议、给也门的饥饿人口提供粮食、在巴基斯坦修建学校以及积累能将极端主义分子边缘化的友好善意。这必须成为我们的战略的一部分。

另外，如果没有在一些非常危险的地方工作的外交人员，美国也无法开展这项工作。在过去十年里，我们加强了我国使馆的安全，而且我正在落实问责审查委员会（Accountability Review Board）的各项建议，委员会指出了在班加西出现的种种不可接受的失误。我已经敦促国会为这些工作全面拨款，以加强安全及加固设施、改善情报工作，并促使我国军队在危机发生时作出更快速的反应。

但是，即使在我们采取这些措施后，我们的外交人员依然会面临一些无法减轻的风险。这是作为全世界最强大的国家所付的代价，尤其是在变革的浪潮冲击阿拉伯世界（Arab World）之际。在权衡保障安全和积极展开外交这两方面时，我坚信任何从具有挑战性的地区撤出的举动只会增加我们所面临的长期风险。这就是为什么我们应当感谢那些愿意为国效力的外交人员。

针对恐怖分子的有的放矢的行动、有效力的伙伴关系、外交接触和援助——通过这样一项全面的战略，我们能够大大减少针对美国本土的大规模攻击发生的概率，并能减轻在海外的美国人所面临的威胁。但是，在我们防范来自国外的危险之时，我们也不能忽视我国境内的恐怖主义所构成的艰巨挑战。

正如我前面说过的，这种威胁并非新生。但是，技术和因特网增加了出现这种威胁的频率，在某些情况下使之更具杀伤力。今天，一个人足不出户就能接触到仇恨宣传，从事暴力谋划，并学会如何行凶。为了应对这种威胁，本政府两年前进行了全面审议并与执法部门建立合作。

防止暴力圣战者煽动暴力极端主义的最佳方式，是与一贯摈弃恐怖主义的美国穆斯林社区共同努力，发现激进化的迹象，并在有人出现暴力倾向时与执法部门合作。这些伙伴关系只有在我们认识到穆斯林是美国大家庭的一个基本组成部分时才会起作用。事实上，美国穆斯林的成功和我们决心保护他们的公民自由不受任何侵犯是对那些声称我们正在与伊斯兰教交战的人的最根本驳斥。

挫败国内滋生的阴谋带有特殊的挑战，其中部分原因在于，我们对保障所有以美国为家的人的民权自由有着自豪的承诺。因此，今后我们必须不断努力，在满足我们的安全需要与保护体现我们本色的各项自由之间取得适当的平衡。这意味着审查执法部门的权能，以使我们既能够拦截新型通信信息，也建立起防范侵权的对隐私的保护。

这意味着——即使在发生波士顿爆炸案之后——我们也不会在没有证据的情况下将某人驱逐出境或投进监狱。这意味着对政府用来保护敏感信息的工具给予谨慎约束，例如"国家机密原则"（state secrets doctrine）。这意味着最终成立起强有力的隐私和公民自由委员会（Privacy and Civil Liberties Board），审议那些令我们的反恐努力和我们的价值观可能发生冲突的问题。

司法部对国家安全泄密事件的调查就是一个最新实例，体现了我们在安全和开放社会之间取得适当平衡所面临的挑战。作为全军统帅，我认为我们必须保守机密，以保护我们的行动和我们的实地工作人员。要做到这一点，我们必须让那些违反法律并违背保护机密信息的承诺的人承担后果。但是，新闻自由对于我们的民主也至关重要。这就是我们的根本。令我担忧的是，泄密事件调查可能会给向政府问责的调查性新闻报道泼凉水。

新闻记者不应由于从事本职工作而面临法律风险。我们的重点必须放在那些违反法律的人身上。因此，我已敦促国会通过一部媒体保护法，以防政府过度追究。我也已经向司法部长提出这些问题，他与我有相同的关切。因此，他同意审议司法部管理调查工作的现行指导方针中涉及新闻记者的内容，并将在审议过程中召集一批媒体组织，听取他们所关心的问题。我已经指示司法部长在7月12日前向我汇报进展。

所有这些问题提醒我们，我们对于战争作出的选择会影响到——有时会以意想不到的方式——我们的生活方式所依赖的开放和自由。这就是为什么我计划与国会商议现行的《使用军事力量授权》（Authorization to Use Military Force），简称AUMF，以确定我们怎样才能继续打击恐怖主义，同时不让美国处于永久战时状态。

《使用军事力量授权》已实行了近12年之久。阿富汗战争即将结束。"基地"组织的核心已是徒有其名。我们必须应对诸如阿拉伯半岛基地组织等团伙，但是未来并非每一个自称是"基地"组织的暴徒团伙都会给美国带来切实威胁。我们必须严格把握我们的思维、定义和行动，否则我们就可能被卷入我们无须参与的更多的战争，或继续授予总统更适用于民族国家间的传统武装冲突的无限权力。

因此，我期待与美国国会和美国人民一道改进并最终废止《使用军事力量授权》的规定。我将不会签署旨在进一步扩大此项授权的法律。我们瓦解恐怖主义组织的系统性努力必须继续。但这场战争与所有战争一样必将结束。这是历史的教诲；这是我们民主制度的要求。

由此引出我要谈的最后一点：拘押恐怖主义嫌疑分子的问题。我要再重申一遍：从政策上讲，美国更倾向于抓获恐怖主义嫌疑分子。当我们确实拘捕了恐怖主义嫌疑分子时，我们会对他们进行审讯。如果能对嫌疑分子提出起诉，我们会决定是通过民事法庭还是特别军事法庭对其进行审判。

过去十年间，绝大多数被我军拘押的恐怖主义嫌疑人都是在战场上被俘。在伊拉克，我们在结束战争时向伊拉克当局移交了数千名囚犯。在阿富汗，作为恢复阿富汗主权进程中的一个步骤，我们将拘押设施移交给阿富汗政府。我们以此终止战争拘押法，并致力于在任何能够起诉恐怖主义分子的地方起诉他们。

对这个经过时间检验的方法，一个显著例外是关塔那摩湾（Guantanamo Bay）的拘押中心。开设关塔那摩设施的最初理由——被拘押者不能对受拘押提出质疑——在5年前被裁定违宪。与此同时，在世界各地，关塔那摩成为美国藐视法治的象征。我们的盟友如果认为一名恐怖主义分子最终会被关进关塔那摩，就不会与我们合作。

在预算削减的情况下，我们关押166名囚犯每年花费1.5亿美元，即几乎每名囚犯100万美元。国防部估计，我们还必须再投入2亿美元维持关塔那摩，与此同时我们正在削减对美国国内教育和研究的投入，五角大楼也在努力克服自动减支和预算削减造成的困难。

作为总统，我曾努力关闭关塔那摩。在国会施加有关限制进而实际让我们无法将被拘押者转送其他国家或在美国囚禁之前，我已将67名被拘押者转交给其他国家。

这些限制没有任何意义。毕竟，在布什总统（President Bush）任职期间，在国会的支持下，曾有530名被拘押者被从关塔那摩转移到其他地方。在我第一次竞选总统期间，约翰·麦凯恩（John McCain）支持关闭关塔那摩——这是一个两党一致的问题。从来没有人从美国哪个防守超级严密的监狱或军事监狱逃跑——从来没有。我们的法院宣判了数百名犯有恐怖主义罪行或与恐怖主义相关罪行的人，其中一些人远比大多数被关押在关塔那摩的人更危险。他们现在都在我们的狱中。

鉴于本届政府坚持不懈地追捕"基地"组织头目，在政治因素以外，国会没有任何理由阻止我们关闭本来就不该设立的关塔那摩设施。（掌声）

（8）哈格尔在新加坡谈美国在亚太地区的安全政策

美国国防部助理国防部长办公室（公共事务）

2013 年 6 月 1 日

国防部长哈格尔在国际战略研究所亚洲安全峰会上的讲话（Remarks by Secretary Hagel at the IISS Asia Security Summit）

女士们、先生们，正如约翰（John）所说，我对国际战略研究所（International Institute for Strategic Studies）深怀感激。正如约翰提到的，我曾出席过峰会的创始会议。我很高兴和自豪地，特别是满怀希望地看到，这些年来这一机制有了多么大的发展和变得多么重要。

我今天的视角与 2002 年我在首届亚洲峰会上讲话时不同，但我今天要谈的有关亚太地区至关重要的信息和我 12 年前的信息相似。新世纪的第一个十年再次肯定，亚太地区正在日益成为世界人口、全球商贸和安全的重心。

我对这一地区的理解是基于对这里的危险因素和希望前景的亲身体会。我在早年就懂得，美国是一个太平洋国家——我见到的第一个海洋就是太平洋（Pacific Ocean）——而且我了解到，美国的安全和这一地区的其他国家息息相关。

我小时候就听我父亲——一位"二战"（World War II）退伍军人——说起他在南太平洋战区（South Pacific theater）作为 B-25 轰炸机的无线电话务员和机尾射手的经历。我记得在 20 世纪 50 年代初朝鲜半岛（Korean peninsula）爆发战争时，他被从后备役转为现役军人。虽然他没有被派往战场，但内布拉斯加州（Nebraska）各地小镇有许多人都被派遣到朝鲜半岛。

最终，轮到我为国服役。作为美国陆军（United States Army）的年轻士兵，我和弟弟汤姆（Tom）一起志愿参加越南战争（Vietnam War）。对于那时的决策或全球政治——为什么决定派遣美国军队去越南——我不甚了解。我只是在履行职责。但从那段经历中，我了解到美国在亚洲和世界各地明智地参与——明智地参与——是多么重要。

在结束服役后的那些年里，我作为商人、世界联合服务组织（World United Service Organization，USO）主席和美国参议员，从近距离看到了这一地区的前景。作为联合服务组织的主席，我在我们位于韩国和日本——冲绳（Okinawa）——以及美国关岛（Guam）的基地，目睹了美国发挥的安全作用及其与太平洋地区的伙伴关系。

我在 20 世纪 80 年代初与人合伙创立一家便携电话公司时，我和商务伙伴去过北京、天津和广州。我们前往中国推广这种新技术。我对在中国各地遇见的年轻中国技术员和工程师的技能、干劲和勤劳印象深刻。于是我非常清楚，中国有潜力在未来年月里建起强劲和充满活力的经济。

我在 20 世纪 90 年代后期以美国参议员身份重返中国，看到中国的发展已经为公民开辟了一条新的、更富于希望的经济道路。美国和中国之间的贸易促进了两国的理解和相互尊重，建立了人民之间的联系，使我们具有了稳定的关系……通过这种关系也可以讨论其他问题。1999 年，我和弟弟汤姆一起，自 1968 年在越南服役 30 多年后重返那里，看到了同样的情景。后来，我还重返过澳大利亚。

作为美国参议员，我走访了亚太地区的许多国家。通过所有这些经历，我坚信，21 世纪的发展趋势将取决于亚洲的动态。美国两个多世纪以来一直是一个太平洋大国。我们与这一地区的联系——经济、文化和安全——是牢不可破的，并得到美国两党人士的广泛支持。然而，这些长期的两党共同支持的关系需要得到更新并被注入新的活力——在历经了中东和中亚十年的战争后，这是有必要的。

基于这些原因，当我 2009 年从美国参议院卸任时，我很清楚，随着美国正从那两场战争和种种问题中逐步退出，美国将需要针对亚太地区重新平衡能力和资源，并检视美国的全球利益和在世界各地的责任。

但是，这种再平衡不应该被曲解。美国在世界各地都有盟友、利益和责任。对亚太再平衡并不等于退出世界其他地区。

然而，世界正在经历一个历史性的转变时期，亚洲处在这种转变的中心。21世纪的特征将是新兴大国的崛起；信息、商品和技术的快速传播；创新和经济融合；迎接共同挑战的新安全联盟；贸易、能源和环境问题；以及所有国家的所有人民有更大机会对打造自身未来拥有发言权。

伴随这些令人惊叹的前景，也会出现问题和挑战。在亚洲，我们看到了一系列始终存在和正在显现的威胁。它们包括：

·朝鲜的核武器和导弹计划及其持续的挑衅；

·持续不断的领土和海洋纠纷和在自然资源问题上的冲突；

·自然灾害的持续威胁，贫困的祸害和流行性疾病的威胁；

·环境恶化；

·非法贩运人口、武器、毒品和其他危险材料——包括大规模毁灭性武器的扩散；

·太空和网络空间破坏活动带来的日益严峻的威胁。

这些都是21世纪的挑战。今天上午，我想从我作为美国国防部长的角度，谈谈我们能为应对这些严峻挑战共同做出什么样的努力。尤其是，美国和亚太地区其他国家必须继续加强现有同盟，构筑新的伙伴关系，并在共同利益的基础上建立联盟，以确保这一地区未来的和平与繁荣。

为了支持这一目标，美国正在实施再平衡——这主要是一项外交、经济和文化战略。奥巴马总统正在增加用于亚洲外交和发展的资金，包括把对亚太地区的外援增加7%。美国正在为湄公河下游行动计划（Lower Mekong Initiative）等区域性努力提供新的资源，以帮助改善水资源管理、灾后恢复和公共卫生。我们通过跨太平洋伙伴关系（Trans-Pacific Partnership）谈判建立了实施下一代贸易和投资协议的强劲势头。我们正在通过我们在亚太经合组织（APEC）中的努力和我们对东盟（ASEAN）的支持，促进区域贸易和投资。

美国国防部对确保实现总统的再平衡愿景发挥着重要作用。我们的方略在总统2012年的"国防战略指导方针"（Defense Strategic Guidance）中得到概述。美国军方在重新调整能力和实力以便更加适应未来全球安全需要的过程中，正在继续以这项方针为指南。

确实，我们在贯彻这项战略时，美国国防部的资源会比过去少。然而，若由此得出结论说，我们的再平衡承诺难以为继，那是不明智也是短见的——尤其是考虑到即使在最极端的预算方案下，美国在全球防务开支中也仍将占近40%这一事实。就像运用所有的资源时一样，这里关系的是一个如何明智、审慎和战略性地运用最重要和最具持久影响力的资源的问题。

事实上，新的财政现实提供了进行一次彻底和十分必要的审议机会，从而可确保我们是将资源投到最重要的地方。

基于这一目标，我最近指示整个国防部进行战略选择和管理审议（Strategic Choices and Management Review）。虽然审议不是最后定论，但我的指示是，按照总统的国防战略指导方针，将新能量、新思维集中于解决长期的挑战，并且使我们的国防事业更好地反映 21 世纪的安全现实——包括亚洲的崛起。

对于这一地区而言，这意味着我可以向大家保证，经过这番审议，美国将继续实施再平衡，并有重点地确定我们在亚太地区的态势、活动和投资。我们已经在采取许多实际行动来支持这一承诺。

例如，伊拉克战争结束后，以及随着我们撤出阿富汗，美国正在增加我们驻太平洋地区地面部队的能力。美国海军陆战队第一和第三远征军（The 1st and 3rd Marine Expeditionary Forces）以及美国陆军第 25 步兵师（Army's 25th Infantry Division）都正在返回他们在太平洋战区的基地。美国陆军也在将第一军（1st Corps）确定为亚太地区的"区域定向"部队。

我们除了决定到 2020 年将 60% 的海军实力用于太平洋前沿基地外，美国空军（U. S. Air Force）也将 60% 的驻海外力量调往亚太地区——包括从美国大陆调遣的战术飞机和轰炸机部队。空军还将调集同样比例的太空和网络力量到这一地区。这些实力使我们能够利用空军固有的速度、范围和灵活性。

美国军方不仅正在将更多实力转移到太平洋地区，我们也在以新的方式运用这些实力，以新的方式加强我们的态势和伙伴关系。例如，我们正在这个地区推进有创意的轮换〔部署〕计划。去年，我们在这个论坛上提到，美国海军已做出承诺，最多将有四艘濒海战斗舰轮换部署在新加坡。最近几周，第一艘濒海战斗舰"自由"号（USS Freedom）抵达了新加坡，就有关区域海上事务展开繁忙接触。我期待着明天访问"自由"号。与此同时，美国海军陆战队进行了第二次连级换防，人员最近已抵达达尔文（Darwin）。他们在那里是为了深化我们与条约盟国澳大利亚和其他区域伙伴的合作。最终，每年将会有 2500 名海军陆战队员部署在澳大利亚。

美国对亚太地区和平与安全的持久承诺取决于我们始终保持对侵略活动具有威慑力，并有能力在包括空、海、陆、太空和网络空间在内的所有领域展开有效行动。

我们今年向国会提交的五年预算计划高度重视可快速部署的有自我维持能力的部队。这些部队——例如潜艇、远程轰炸机和航母战斗群——具有远程军事投射力并可执行多种任务。将来，在我们优先将最先进的平台部署到太平洋时，这一地区将看到更多这种能力，包括将 F-22 猛禽（F-22 Raptor）和 F-35 联合攻击战斗机（F-35 Joint Strike Fighter）部署到日本，以及四艘"弗吉尼亚"级（Virginia-class）快速攻击潜艇前置［部署］到关岛。

在更远的将来，我们将对前景广阔的技术和能力进行投资，从而使我们的决定性军事优势一直保持到未来。例如，上个月，美国海军首次成功进行了遥控飞机从航空母舰上的起降试飞，开启了海军航空的新时代。

美国海军已经在特定能源领域取得了一系列技术突破，明年将首次在"庞塞"号（USS Ponce）上装配固态激光装置。这项能力为解决费用高昂的诸如抵御导弹、成群小型船艇和无人机等非对称威胁的问题提供了经济可行的方案。

我们将把综合运用这些新技术和其他打破格局的能力的新概念、理论和计划相结合，从而在未来很长时期内在整个亚太地区确保行动自由。

我们在亚洲的投资不仅仅致力于最尖端的技术和平台，也致力于培育我们人员之间更深厚的关系，以及在整个亚太地区建设专业军事人员和安全专家网络。

我们已列出人员投资的重点，包括：

·扩大美军太平洋司令部（PACOM）的演习规模和范围，拨款 1 亿多美元用于美军太平洋司令部辖区的联合演习；

·为国防教育拨出新的资金，使我们可以大幅增加就读夏威夷（Hawaii）亚太安全研究中心（Asia-Pacific Center for Security Studies）的学生人数。

这些对人员、技术和能力的投资对于我们的战略和亚太地区的和平与稳定至关重要。更为重要的是，美国继续投资于我们的同盟和伙伴关系，以及这一地区的安全架构。

关系、信任和信心对于所有人民、所有国家，包括这一地区，最为重要。美国的伙伴必须对与我们的双边关系和同盟,以及我们对他们和这一地区的承诺,包括对我们条约盟国的承诺,具有信心。这些继续是亚太地区和平与稳定的长期愿景的关键。

这就是为什么我们已经同每个条约盟友启动了一个程序,旨在以增强我们的盟友和伙伴的安全、加强无缝军事合作能力和建立他们增进地区安全的能力为基点,界定一个新的前瞻性议程。

·与日本,我们已经同意审议作为两国同盟合作基础的防务指针,并正在就重新调整我们的军事态势和增强联合导弹防御能力取得实质性进展;

·与韩国,我们正在努力实施《战略同盟 2015》(Strategic Alliance 2015),并正在讨论到 2030 年实现更加面向全球的同盟的共同构想;

·与澳大利亚,我们正在扩大有关网络安全和太空状况认识的合作。美国和澳大利亚海军最近达成协议,同意将一艘澳大利亚战舰部署到美国西太平洋(Western Pacific)航母战斗群中,使我们的海军可以获得无缝协同行动的新的实际经验;

·与菲律宾,我们正在讨论增加美军的轮流驻防,并帮助菲律宾武装部队实现现代化和建设更大的海上能力;

·与泰国,我们在 6 个月前宣布了联合构想声明(Joint Vision Statement),这是 50 年来第一份这样的双边文件。

我们的盟友也正在进行更密切的合作。在这方面,日益增强的三边安全合作,尤其是在美国、日本和韩国以及在美国、日本和澳大利亚之间的合作,使我们备受鼓舞。美国也正在寻求三边训练机会,例如美国和泰国之间的丛林训练可能会扩大纳入韩国。同样,美国正在努力与日本和印度建立三边合作。

美国和我们的盟友面临的复杂的安全威胁——超出了传统领域和边界——需要有这些新型联盟合作方式,同时也需要新的和进一步的伙伴关系。

在新加坡这里,我期待着推进根据我们的《美国—新加坡战略框架协议》(U. S. -Singapore Strategic Framework Agreement)而展开的新型实际合作,这份框架协议不仅指导了在这一地区,而且指导了在亚丁湾(Gulf of Aden)和阿富汗展开的安全合作。

我们与新西兰签署的《华盛顿宣言》(Washington Declaration)及相

关的政策变化开辟了在海上安全合作、人道主义救援和救灾等领域展开防务合作的新途径。本周,一艘新西兰海军军舰正在广岛访问美国海军设施——这是近 30 年来的第一次。

与越南,我们正在扩大合作——如一份新的谅解备忘录所设定的那样——扩大在海上安全、训练机会、搜救、维和、军事医学交流和人道主义援助及灾难救助等领域的合作。

在马来西亚,我们正在扩大海上合作,包括美国航空母舰有史以来第一次访问沙巴(Sabah)。

在缅甸,我们正在开始有针对性的、精心平衡的两军接触,旨在确保军方支持正在进行的改革、尊重人权并成为一支对国家领导层负责的专业化军队。

美国也正在努力加强我们合作伙伴的能力,以保障他们自己的安全和这一地区的安全。最终,美国在这一地区的目标是鼓励盟国共同努力设计下一代平台。我们已经在与最紧密和最强大的盟友及伙伴共同联合开发和部署最尖端的技术,以应对新出现的安全挑战。

这种合作的一个重要范例即是我们与印度的合作,印度是更广大亚洲地区的大国之一,我们在这里正将合作扩大到除单纯防务贸易之外的技术共享、技术贸易与联合生产。

随着印度洋和太平洋之间贸易和航行往来的增加,世界上最大的民主国家印度作为一个稳定的大国所发挥的作用日益重要。美国认为,印度努力增强其军事能力是对这一地区安全的值得欢迎的贡献。

我们对亚太地区的愿景是开放而具有包容性的。除印度外,随着其他崛起中的大国承担更多的与地区稳定更加利益攸关的责任,它们也对未来的安全秩序发挥着特殊作用。为此,我们在亚洲的长期战略的一个关键要素是寻求与崛起中的大国建立强有力的关系——包括印度、印度尼西亚和中国。

美国和印度尼西亚这个世界上最大的穆斯林人口占主体的国家正在建立新型合作常规。这一合作反映了对这一地区和平与繁荣的共同构想。作为一个多元化的民主大国,印度尼西亚对帮助引领这一地区具有关键作用。美国和印度尼西亚在人道主义援助和救灾应急准备、海上安全、国际维和以及打击跨国威胁方面正在共同努力。

与中国建立积极和建设性的关系也是美国亚洲再平衡的重要组成部

分。美国欢迎并支持一个繁荣和成功的中国，一个为解决地区和全球问题做贡献的中国。为此，美国一贯支持中国在地区和全球经济和安全机制中发挥作用，例如 20 国集团（G20）。我们鼓励我们的盟国和伙伴也这么做。

美国坚决支持中华人民共和国大陆和台湾近年来改善两岸关系的努力。我们始终希望台湾海峡（Taiwan Strait）和平与稳定。美国依然坚守基于美中三个联合公报（three joint U. S. -China communiques）和《台湾关系法》（Taiwan Relations Act）的一个中国的政策。

虽然美国和中国——在人权、叙利亚和亚洲地区安全问题上——存在分歧，但关键是要在持续和相互尊重的对话基础上解决这些分歧。这也需要建立互信并减少误判的风险，尤其是在我们两军之间。

奥巴马总统和习近平主席很快将在加利福尼亚州举行首脑会议，他们都表明要寻求建立更强有力的两军关系。我很高兴两军之间的对话正在稳步改善。在过去一年中的积极进展包括：

·我们在五角大楼（Pentagon）接待了时任中国国家副主席习近平，而后又接待了中国国防部长；

·前国防部长帕内塔（Panetta）、登普西将军（General Dempsey）和海军上将洛克利尔（Admiral Locklear）最近率领代表团访问了中国；

·中国有史以来第一次观察美国—菲律宾肩并肩（U. S. -Philippine Balikitan）演习；有史以来第一次在亚丁湾举行联合反海盗演习；

·美国邀请中国参加太平洋最大的多边海军演习环太平洋演习（RIMPAC）；

·与中国达成协议第一次共同主办太平洋陆军参谋长会议（Pacific Army Chiefs Conference）。

今年下半年，我期待着欢迎中国国防部长访问五角大楼。

虽然我们对这样的进展感到高兴，但美国和中国彼此就各自当前和未来的战略意图提供透明度和可预测性非常重要。

因此，中国、美国和这一地区的所有国家都有责任共同努力，确保形成充满活力的区域安全架构来解决问题。美国的双边关系和同盟将继续是这一地区安全和繁荣的支柱，而多边机制则为各国合作提供重要的平台和机会。

美国大力支持这样一个未来的安全秩序，即区域机制不再仅是一种意愿而是产生了实际结果，并从谈论合作走向达成解决共同问题的切实具体方案以及解决分歧的共同框架。我们正在努力迈向这样一个未来，即各国军队能够共同迅速、无缝地应对一系列突发事件，例如提供紧急人道主义援助和救灾。

东盟通过建立一个可行的机构网络，已经为区域合作创造了条件。东盟国家在这一地区的安全架构中发挥着至关重要的作用，而且将来继续如此。除了东亚峰会（East Asian Summit）和东盟地区论坛（ASEAN Regional Forum）外，相对较新的东盟国防部长扩大会议（ASEAN Defense Ministers Meeting Plus）提供了一个重要的框架——它是这一地区各个国家追求共同安全目标的重要框架。

在东盟国防部长扩大会议框架下进行具体和实际安全合作的一个令人鼓舞的例子是中国、越南、新加坡和日本在本月联合主办与文莱的人道主义援助/灾难救助和军医演习（Humanitarian Assistance/Disaster Relief and Military Medicine exercise）。美国将参加这次演习，并且还将与中国同行举行双边军事医学交流。

美国支持亚洲各国带头促进这一地区迈向更大的合作，我并期待今年夏天晚些时候在即将在文莱举行的东盟国防部长扩大会议部长级会议（ADMM + Ministerial）上与东盟各国的同行们会晤。

我们与东盟国家的关系非常重要，而东盟国家领导人每年都热情款待我国政府的成员，而且每天都在与我国政府的成员密切共事。这个周末，我要在新加坡的会议上回报他们的热情款待，我邀请东盟国家的国防部长明年在夏威夷举行会晤。我相信，这个有史以来第一次由美国主办的东盟国防部长会议将为我们提供又一个机会，讨论对这一地区生机勃勃的和平安全未来的共同愿景。

只有当我们共同努力创造一个所有人都可以繁荣和成功，一个摒弃胁迫和冲突而支持公开对话的环境时，才可以实现这样的未来。这要求继续致力于某些已经使这一地区获得几代人的成功的基本原则。这些原则包括自由和开放的贸易；强调国家的权利和责任以及遵守法制的公正国际秩序；各方均有开放的海域、空域、太空和如今的网络空间；以及不使用武力解决冲突的原则。

对这些原则的威胁即是对 21 世纪和平与安全的威胁。不幸的是，某些国家继续无视这些价值并坚持走破坏性道路——最明显的是朝鲜。

60 年来，美国一直致力于确保朝鲜半岛的和平与稳定。这意味着遏制朝鲜的侵略行径，保护我们的盟国，并实现朝鲜半岛完全去核化。美国不会在朝鲜试图发展可用于攻击美国的携带核弹头的导弹时袖手旁观。

美国已经阐明，我们将采取所有必要措施来保护我们的国土和我们的盟国不遭受危险的挑衅，这些措施包括大力增强我们在整个太平洋地区的导弹防御。任何国家都不应与一个对邻国构成威胁的朝鲜"往来如常"。我们正在与我们的盟国韩国和日本紧密合作，增强我们应对来自朝鲜的威胁的态势和能力。实现和平解决的前景也要求我们与中国密切协作。

除朝鲜半岛外，美国还继续关注这一地区互有争议的多方领土主张可能造成的危险的误判和危机。

美国一贯明确表示，我们对这些主权案不持立场。然而，这并不意味着如何处理和解决这些争端与我们的利益无关。美国坚决反对任何通过胁迫改变现状的企图。我们坚决认为，应以维护和平与安全、遵守国际法并保护畅通无阻的合法贸易以及航行和飞行自由的方式解决这类事件和争端。

在南中国海（South China Sea），美国继续敦促各索求方如他们在 2002 年公开承诺的那样保持克制，并寻求以和平方式解决这类事件。在这方面，我们支持中国与东盟新近达成的开通危机热线以帮助管理海事事件的协议。美国还对就《南中国海行为准则》（Code of Conduct for the South China Sea）启动对话的努力表示欢迎。我们鼓励各索求方探索各种和平途径解决领土争端，并利用《海洋法公约》（Law of the Sea Convention）提供的争端裁定解决机制。这些努力不应阻碍向制定一项具有约束力的《行为准则》迈进。

我们在力争维护有规范的领域中的各项原则的同时还必须认识到，我们有必要在新的领域制定共同的行为规则。

美国和这一地区的所有国家在网络空间的诸多领域有着共同的利益和关切，网络空间对我们的经济安全、公司企业和产业基础所构成的威胁日益加剧。为了应对威胁，美国正在增加对网际安全的投资，并正与这一地区和全球各地的盟国深化网络空间合作。下周，我将与今天上午在座的许多北约同事一起参加一个关于网络问题的北约国防部长会议。

我们对网络空间存在的种种挑战也有清醒的认识。美国已经表达了我们对日益严重的网络入侵威胁的关注，其中一些看来与中国政府和军方有关联。作为世界上两个最大的经济体，美国和中国在许多领域有着共同的利益和担忧，而建立网络工作小组是推动美中关于网际对话的积极一步。我们决心与中国及其他伙伴方进行更有力的合作，制定负责任的网络空间行为的国际准则。

美国和东盟成员国、太平洋地区盟国以及所有国家在一个由牢固的经济纽带、共同的安全利益以及对规则、惯例和支撑它们的机制的尊重将我们紧密相连的世界中会更有可能共享和平与繁荣。

这是至关重要的，因为我们生活在一个具有决定性意义的时代。对于美国人民而言，富兰克林·德拉诺·罗斯福（Franklin Delano Roosevelt）1945年1月20日在第四次就职典礼上所说的话在今天产生更大的共鸣。他说："我们懂得，单凭我们自己是无法生活在和平之中的，我们自身的福祉有赖于相距遥远的其他国家的福祉。……我们懂得要做世界的公民，成为整个人类社会的成员。"

在20世纪，美国在国际社会发挥的领导作用曾帮助这一地区发展和繁荣。我们为此付出了代价——这是我父亲、我弟弟和我被派往亚洲战场给我的亲身经历。今天上午在座的来自这个地区其他国家的许多人远比我更懂得这么多人为我们享有的和平与繁荣所付出的高昂代价。

我们不能让这些宝贵的牺牲付诸东流。我不希望我的孩子、你们的孩子或其他任何人的孩子要去面对与这个地区在上个世纪的经历同样残酷的现实。我，与各位一样，希望他们所有人都有机会生活在一个和平与繁荣的世纪。这是我们对子孙后代应尽的责任。

这是一个错综复杂、充满挑战的时代，但也是一个充满希望的时代。这个时代充满希望，因为它有着许多国家及其数百万人民的共同牺牲带来的巨大历史建树。这个时代充满希望，因为今天切实存在着让有史以来最多的人民繁荣发展的可能性。这些可能性是否能付诸实现将取决于我们。

全世界70亿人民之间的联系比人类历史上以往任何时期都更为紧密，而且我们在今后25年还将使地球人口增加20亿人。我们携起手来，便有机会创造一个安全、繁荣、具有包容性的未来。我们今天的决策将帮助确定这个毋庸置疑的太平洋世纪的未来走向。

谢谢大家。

（9）国家安全事务助理苏珊·赖斯（Susan E. Rice）在乔治城大学的讲话

白宫新闻秘书办公室

2013 年 11 月 20 日星期三

"美国的未来在亚洲"（America's Future in Asia）

维克多（Victor），谢谢你为推动美国的亚洲政策所做的一切卓越努力——从你任职于国家安全事务助理的工作班子到目前担任外交学院亚洲研究专业主任。我要感谢德吉奥亚校长、格罗夫斯教务长和我以前的同事兰开斯特院长今天给我在此讲话的机会以及使乔治城大学为培养美国未来领导人取得了无与伦比的成就，特别是培养了我们如此众多的决策者。

奥巴马总统坚决致力于留给子孙后代一个更稳定、更安全、更自由和更繁荣的世界。你们当中今天在座的学生具有独特优势，可以在我们迅速变化的世界中抓住明天的变革机遇。我们在亚太地区面临的挑战和机遇比在任何地区都大。两年前，奥巴马总统在阐述他对美国在该地区的作用的设想时说："亚洲将在很大程度上界定未来一世纪是以冲突还是合作、是以无谓的痛苦还是以人类的进步为标志。"

因此，对亚太的再平衡仍然是奥巴马政府外交政策的一个基石。无论其他地区出现多少热点，我们都将继续深化我们对这个至关重要地区持久的承诺。我们在亚洲的朋友应该得到并将继续得到我们的最高层关注。国务卿约翰·克里已经几次前往该地区，仅几个星期后将再次重返亚洲。

上个月，商务部长普利茨和美国贸易代表弗罗曼率领重要的美国代表团前往该地区。12 月初，拜登副总统将访问中国、日本和韩国。虽然政府的关闭迫使总统取消了 10 月的亚洲之行，令我们大家失望，但今天我很高兴地宣布，奥巴马总统将于明年 4 月重返亚洲，继续加强我们在该地区的纽带。

我想利用这次机会概述我们未来 3 年在亚太地区致力于实现的目标。最终，美国的目的是在亚洲建立一个更加稳定的安全环境，一个开放和透明的经济环境，一个尊重所有人普世权利和自由的公允的政治环境。实现这样的未来将必须是连续几届政府持久的努力。在近期内，奥巴马总统将继续在四个关键领域为持久的进步奠定关键的基础——加强安全、扩大繁荣、增进民主价值观以及促进人类尊严。

加强安全

让我从安全开始，安全是每个地区一切进步的基础。我们与美国盟国一道—加之美国的军力态势——正在让亚太更加安全；我们也正在将盟国关系现代化，以便迎接时代的挑战。到 2020 年，我国 60% 的海军舰队将以太平洋地区为基地，我国的太平洋司令部将获得我们更多的最尖端能力。如我们今天在菲律宾所见，我们在这一地区的军事存在至关重要，不仅仅是为了对威胁构成威慑和保护盟友，也是为了快速提供人道援助和前所未有的救灾援助。

我们在提升并多样化发展在该地区的安全关系，以便以与我们对传统威胁构成威慑的同样有效的方式，应对新出现的挑战。我们敦促我们的盟友和伙伴为保卫我们的共同利益和价值观承担更大的责任。到明年，我们将完成逾 15 年来与日本双边防御指针的第一次重要修订。日本也在建立它有史以来的第一个"国家安全委员会"，我期待与我的日本同行在地区和全球挑战事务中紧密合作。在韩国，我们正在加强我们联盟的军事能力，确保我们两国的联合军队能够威慑和全面回应朝鲜的挑衅。与澳大利亚，我们正在通过海军陆战队在达尔文的换防使两军关系更加紧密，并加深在导弹防御、太空和网络安全等较新领域的合作。我们还在与泰国和菲律宾开展更多工作以处理海洋安全和救灾援助事务。为了使该地区的安全关系网多样化，我们在加强与盟友及安全伙伴的三边合作，并鼓励它们之间开展更紧密的合作。

在中国问题上，我们寻求实施一种新型大国关系。这意味着驾驭必然会有的竞争，同时在我们的利益重合的领域深化合作——无论在亚洲还是亚洲以外。我们双方都寻求朝鲜半岛的无核化，伊朗核问题的和平解决，阿富汗的安全和稳定，以及结束苏丹的冲突。我们有机会在非洲撒哈拉沙漠以南等地方协同行动来促进和平和发展，这些地区的可持续发展将给非洲人民和我们两国带来长期的利益。

随着我们加强我们的战略安全对话和在打击海盗及海洋安全等事务上展开合作，我们也在增进与中国军方对军方关系的质量。更多的军方接触和透明度可以帮助我们掌控现实中的不信任和竞争，同时扩大高层沟通——这始终是本届政府与中国交往的做法。

在发展多种途径与中国往来的同时，我们将继续捍卫对法治、人权、宗教自由和民主原则的尊重。这些是所有人的共同愿望。我们将这么做，即使在、并且特别是在不容易或并非便利的时候。我曾在安理会与中国在许多这些事务上工作了四年半。我非常清楚，我们有一些不容忽略的根本分歧。但是，我也知道我们在我们时代的许多重大挑战上的很多利益是可以并且应该一致的。

这在对抗朝鲜对国际和平与安全构成的威胁方面再明显不过。朝鲜政权威胁它的邻国。平壤扩散危险物资和技术。它悍然违反国际法律，谋求扩充核武器军火库和扩大远程导弹项目。因此，我们四个最紧迫的安全目标之一是减少朝鲜的核武器和其他大规模毁灭性武器（WMD）项目造成的威胁。

为此，我们为谈判做好了准备，前提是谈判真实可信，针对朝鲜的整个核项目，并朝无核化达成具体且不可逆的步骤。平壤企图在进行对话的同时保持其武器项目的关键部分运转，这是不能接受也不会成功的。我们将继续与我们的国际伙伴，特别是中国，一起增加对朝鲜的压力以实现无核化。我们将采取一切必要的手段保护我们自己和我们的盟友免受来自朝鲜的任何威胁，我们将保持并在必要时扩大对朝鲜的国家和多边制裁。未来的挑衅行为仍将招致巨大代价。

平壤有一个选择：一方面是更加孤立和严重的经济贫困；另一方面是得到一个真正的和平、发展和融入国际社会的机会。地区和平与安全——以及美国利益——面临的另一个日益增长的威胁是在东中国海和南中国海出现的海洋争端。我们的目标是帮助这一地区的各政府相互间更好地沟通，从而海洋事件不会无意地引发更大范围的冲突。我们鼓励所有各方拒绝胁迫和侵入行为，并通过建立和平、外交程序依据国际法律和惯例来谋求解决各自的诉求，以避免海洋冲突。一个良好的开端是在达成南中国海行为准则方面取得进展。亚太地区国家和机构处理这些争端将预示着它们是否有能力打造共同安全的未来。

确实，亚洲大部分最棘手的安全挑战是气候变化、海盗、传染病、跨国犯罪、网络盗窃和现代人口贩运奴役等超越国界的跨国安全威胁。没有一个国家能够单独应对这些挑战。这也就是我们之所以正在增加与东南亚国家联盟和东亚峰会等地区性机构接触的部分原因。这些机制使各国可以发展设想、分享最佳规范、建设性地应对争端和培养一种共有的责任感。亚洲的地区性机构在提供比任何单一国家能够自己提出更为有效的解决方案方面至关重要。

扩大繁荣

这些安全目标构成我们亚太战略的一个关键要素。然而，我们在该地区还有同样重要的经济议程。我们的目标是，到 2016 年年底，通过以下措施改变我们与该地区的经济关系：大幅增加美国的出口；落实几十年来最宏大的美国自由贸易协定；与中国、印度和其他新兴经济体为寻求全球经济可持续增长更加紧密地合作。

我们自己的经济前景与亚太地区的经济前景密不可分。美国出口的商品和服务有整整四分之一去往亚洲，而我国大约 30% 的进口来自该地区。我们对亚洲的出口与 100 多万美国人的就业直接相联。而且这一数字在过去 10 年中上升了 50%。我们致力于提高这些数字，同时确保这些惠益得到广泛分享。作为一个太平洋国家，美国正在努力通过助推美国企业及建立新的商业关系为整个亚太地区打造一个更具活力的未来。

如果亚洲要继续做全世界经济增长的引擎，它就需要有开放和透明的经济体以及对国际经济规范的区域性支持。推动全球经济复苏，进而在美国创造就业机会并纠正最初导致经济衰退的种种贸易不平衡，将需要太平洋两岸共同大力努力。对美国来说，这意味着增加我们的出口并继续降低我们的预算赤字。对亚洲国家来说，这意味着将重点从海外市场转到扩大国内需求。

我们在该地区最重要的经济目标是完成跨太平洋伙伴关系（Trans-Pacific Partnership）谈判并获得国会的批准。12 个跨太平洋伙伴关系谈判成员国代表了 40% 以上的全球贸易。因此，我们通过跨太平洋伙伴关系协定确立的规则将为未来贸易协定设定标准。它将致力解决国有企业采取的不公平做法以及商品在国界和国界内所遭遇的监管壁垒。这将有助于为各方创造公平的竞争环境。跨太平洋伙伴关系将促进劳工权利和环境保护，并建立对知识产权更强有力的保障，从而改善所有人而不仅仅是少数人的经济状况。

我们欢迎任何愿意秉持跨太平洋伙伴关系协定高标准的国家加入跨太平洋伙伴关系并分享其带来的惠益，这也包括中国在内。跨太平洋伙伴关系可以成为一个扩展至整个亚太地区国家的广泛得多的协定的核心。为了帮助实现这一构想，我们正在努力与东盟谈判达成一系列协议，使东盟国家有更好的准备加入跨太平洋伙伴关系等高标准的贸易协定。东盟代表了一个 2.5 万亿美元的经济区，其中包括亚洲一些增长最快的国家，但也包括一些最贫穷的国家。

帮助这些充满活力的经济体改善在投资原则等关键问题上的政策将使他们受益。这也将为美国带来在东南亚从事贸易和投资的更大的机会。预计到 2030 年，印度将成为世界上人口最多的国家和第三大经济体。在过去 10 年里，印度和美国已建立起重要的全球伙伴关系，而奥巴马总统的目标是使未来 10 年更具变革性。从东向政策（Look East Policy）到印度对海上安全的贡献及其不断扩大参与区域组织事务，印度能对亚洲和世界作出诸多贡献。我们两国共同发起了新的清洁能源伙伴关系，调动了数十亿美元的公共和私人投资用于印度的太阳能、风能和替代性能源项目。并且，我们两国政府已经联合两国的私营行业合作伙伴启动了一个 20 亿美元的基础设施债务基金——这是第一个，希望今后还会有许多旨在为印度基础设施项目吸引融资的基金。我们期待加深在两国关系的广泛领域中的合作。

美国也力求在近年提升我们与中国的经济关系。上周，中国领导人宣布了大刀阔斧的改革计划，如果计划的目标能够实现，将大大有助于为民营和外国投资者创造公平的竞争环境，并有助于推动中国经济转向市场原则。这是我们必须抓住的机会。

但是，即使在我们扩大贸易并努力达成双边投资条约时，我们仍将继续坚持在对美国企业和员工非常重要的领域取得具体的进展。这包括：中国继续转向由市场决定汇率；扩大美国在中国市场的准入；以及加强对美国企业的知识产权和商业机密的保护，尤其是防范得到国家支持的网络窃取行为。

以网络为手段的经济间谍活动既损害美国，也损害中国，因为美国企业日益担忧在中国开展业务的代价。如果现在不采取有意义的行动，那么网络窃取行为便将破坏使两国受益的经济关系。作为世界上最大的两个能源消费国、能源生产国和温室气体排放国，美国和中国也有责任共同带头应对气候变化并推动全球向低碳能源未来转型。去年 6 月，奥巴马总统和习近平主席达成了逐步减少某些主要温室气体的历史性协议。

7 月，我们通过美中气候变化工作组发起了若干行动计划，以推广重型车辆、智能电网和碳捕集与封存方面的成功技术和政策。鉴于亚洲经济体在未来几十年将是能源需求的最大驱动力，亚洲地区如何满足其能源需求将对全球能源供应和气候安全产生至关重要的影响。我们在将全球能源结构转向更清洁、更高效的低碳能源技术方面有着既得利益。在我们努力在亚洲实现这一目标的过程中，我们将与印度、中国台湾、日本和韩国等可持续及清洁能源技术的区域领导者合作，将这些技术推向市场。

我们也正在推广清洁燃烧型天然气和安全可靠的核能，以低碳替代品满足亚洲地区不断上升的能源需求。全球经济增长和发展的另一个关键驱动力是扩大整个亚太地区女性参与劳动市场的程度。单单这项变革就有可能让最多的人口得到最大的惠益。在像日本这样的发达国家，女性更充分地加入劳动市场可将人均国内生产总值（GDP）提高 4 个百分点。绝非巧合的是，菲律宾在缩小性别差距方面正在取得重大进展，而它也是亚洲增长最快的经济体之一。世界经济论坛已经表明这两个因素密切相关。简而言之，性别差距越小，经济增长就越强劲。

增进民主价值观

加强我们的共同安全并促进我们的共同繁荣是美国对亚太地区所做承诺的至关重要的组成部分。增进对我们所珍视的权利和价值观的尊重也是如此。自第二次世界大战（World War II）以来，美国在促进过去一个世纪中最重大的进展之一——推进亚洲的民主方面——发挥了关键作用。在这个新世纪初期，我们必须帮助巩固和扩大亚洲各地的民主，使越来越多的人能够充分参与各自国家的政治生活。

我们在过去短短两年里在缅甸看到的飞速变化就这种可能性的预示。缅甸曾是一个由军政权统治、严重侵犯人权的受谴责国家，与朝鲜没什么两样。在奥巴马总统就任时，昂山素季已被软禁 14 个年头，数百名缅甸公民仅仅因为行使言论自由权便遭到监禁。缅甸领导人曾面临巨大的经济压力和严重的国际孤立——直到他们选择了另一条道路。过去几年来，在他们作出历史性变革的过程中，我们与吴登盛总统和昂山素季以及缅甸政府和人民进行了密切合作。

今天，超过一千名政治犯获得释放，而且我们正在帮助缅甸在 2015 年全国大选来临前建立一个可信的选举机制。我们正在支持缅甸的宪法改革和民族和解进程。随着缅甸进一步走向开放和变革，我们正在放宽制裁，同时鼓励负责任的投资，以及对长期以来在独裁统治铁拳下遭受苦难的民众和公民社会活动人士提供有力的支持。

在缅甸完全过渡到民主体制之前，我们还有大量工作要做。克服民族紧张关系和暴力——以及保护罗兴亚族等弱势少数民族的挑战要求我们时刻都不能松懈。但是，如能继续取得进展，到奥巴马总统第二任期结束时，我们希望已经帮助缅甸重新确立起区域领导者的地位，并成为一个蓬勃发展、繁荣昌盛的民主国家。

并非所有国家都能取得如此大幅度进展，但该地区各国的政治改革正在稳步向前。美国将支持从柬埔寨到斐济的那些正在努力让民主之门敞开得更大一点的人士。我们将继续帮助各国加强体制建设，以维护公正和法治，并满足各国人民的基本需求。通过与开放政府伙伴关系（Open Government Partnership）和民主共同体（Community of Democracies）的共同努力，我们将帮助保护公民社会，并支持其对该地区发展的作用。我们将打击给普通公民竞选公职、创业或让子女上学读书造成重重困难的腐败现象。并且，在该地区的每一个国家，我们将努力改善对民族和宗教少数群体的保护，并帮助各国认识到本国人民的多样性正是深厚实力的源泉。

我们在寻求与亚太地区国家，包括与我们存在分歧的国家建立更密切关系时，将以忠实我们的价值观为指导。我们将继续倡导表达个人意见的自由以及自由地获取信息和无所畏惧地践行自己的信仰的能力。并且，若有政府践踏或无视人人与生俱来的基本权利和自由，我们必将大声疾呼。

促进人类尊严

接下来我要谈的是我们的最后几项目标——帮助该地区改善最弱势群体的福祉。他们和全人类一样都渴望获得尊严。我们希望亚太地区贫穷继续减少、公民更加健康、儿童获得教育、环境得到保护，妇女可以全面和平等地参与社会事务。我们正与该地区各国共同努力实现这个目标。

我们知道我们能够在亚太地区抗击艾滋病，减少可预防的儿童死亡和提高食品安全，因为在过去 5 年我们在所有这些领域看到了真正的进展。只要各国展示有为本国发展进行投资的政治意愿，齐心协力共襄盛举，就有可能取得更大的进步。我们的保障未来粮食供给计划已帮助该地区400000 多种植水稻的农民通过更有效地使用肥料提高了产量。

我们正通过"经济增长伙伴合作关系"与菲律宾共同努力，提高他们减轻未来灾难影响的能力，同时改善其经济发展的基础。

在太平洋诸岛，我们正与各地政府合作迎接发展面临的挑战——从适应快速的人口增长，到降低高度贫穷和失业率。此外，我们正与印度尼西亚等国合作，为 2015 年及更远的将来制订可度量的宏大发展议程。由于进行了明智和有针对性的投资，亚太国家正率先大力改善发展事务。在整个地区，我们正与各国为解决影响所有人的问题展开合作，其中包括公共健康构成的挑战。在早餐时在雅加达登机，午饭时即可到达洛杉矶的时代，我们日益重视全球性流行病带来的威胁。同时，我们继续支持该地区的政府和医护人员改善公共健康。

例如，我们正与孟加拉国密切合作，努力实现我们有关结束可预防的儿童死亡现象的共同承诺。我们正与印度尼西亚共同改善农村社区孕妇和婴幼儿的健康。亚洲儿童成长为有益于社会的成员与美国利益攸关。正是出于这个原因，我们正在该地区投资于儿童早期教育并扩大在大学和职业学校获得高等教育的渠道。我们特别与东南亚国家联盟各国为实现这个目标密切合作，要求建立多个新项目，帮助东南亚年轻人发展新的技能和机会。

同样，我们也有经济和道义上的利益要求提升亚太地区妇女的地位，让妇女全面参与生活各方面的事务。因此，我们正在帮助防范和应对性别暴力以及打击人口贩运的祸害。通过"平等未来伙伴关系"（Equal Futures Partnership）计划，我们正在与该地区各国、世界银行、联合国和其他方面共同推进改革，为妇女参与本国政治和经济生活创造更多机会。在缅甸、柬埔寨、泰国和越南，我们鼓励更多的妇女帮助本国更好地管理自然资源、应对流行病、推进教育改革和改善食品安全。

最后，我们将开展更多的工作，通过保护环境和保护亚洲的自然资源支持可持续增长，同时采取措施帮助各社区适应气候变化的影响。我们正与亚太经合组织（APEC）等地区性论坛展开合作，加倍努力保护受到威胁的野生生物并减少贩运濒危物种的现象。我们的星球是一个不可再生的资源，支持着约70亿人口的生活——其中一半在亚太地区。我们有义务为继承这个地球的后人制定有助于维持并改善子孙后代生活的措施。

结语

在我今天讲话的最后，我想重点介绍一个地方。最近在这个地方，所有这些因素——安全、联盟、经济关系、发展、制度和普世价值都高度集中地体现了美国对这一地区的支持。菲律宾是我们在亚洲最早的盟友。我们两国共同抛洒的热血、共同建立的家庭和共同书写的历史永远把我们紧密联系在一起。上星期，一场超强台风袭击了菲律宾，造成数以千计的人员伤亡，数百万人亟须援助。正如奥巴马总统所说，"当朋友有难时，美国伸手相助。"

在风暴来临前,我们美国国际开发署(USAID)的救灾援助专家已经抵达现场。太平洋司令部闻风而动。我们几乎立即从冲绳岛派出数百名海军陆战队队员到塔克洛班市实地协助搜救工作。数日内,"乔治·华盛顿"号航母战斗群抵达灾区,携带了直升机、小型船只、净水设施、医疗服务和清除道路以及向偏远地区运送援助物资的设备。在周末,我们和联合国儿童基金一道帮助菲律宾政府恢复了塔克洛班市的市政水净化和生产系统,现正向 275000 多人供应洁净饮用水。

我们正与该地区盟友展开密切合作,特别是日本和澳大利亚,它们在邻国身处困境时伸出了援手。我们共同夜以继日处理紧急的危机事件,帮助菲律宾人民开始重建他们的国家。恢复将是一个漫长的过程,但是在这一过程的每一步——让人们重返工作、重建家园、重新开放学校——美国都将和菲律宾站在一起。

我们对菲律宾人民的承诺反映了我们对亚太人民更广泛的承诺。美国的承诺决不会在今后几个月或者几年失效。美利坚合众国将永远不离不弃,忠实可靠、始终如一、坚强稳健。我们将与亚太人民一道,继续推进我们所有的人都珍视的共同安全、繁荣和人类尊严。

谢谢。

(10) 东亚—太平洋再平衡:扩大美国参与

美国国务院公共事务局(Bureau of Public Affairs)

2013 年 12 月 16 日

"作为一个重视太平洋伙伴关系的太平洋国家,美国将继续加强我们积极和持久的参与。"——国务卿约翰·克里(John Kerry)

考虑到美国未来的繁荣和安全与东亚—太平洋地区(East Asia-Pacific)息息相关,奥巴马总统做出了关于再平衡我们在亚洲的行动和投资的战略承诺。美国将继续作为该地区一个强有力、可靠和活跃的伙伴,目前正以符合我们全面参与的方式投入外交、公共外交、军事和援助资源。我们继续在我们的项目中强调经济发展、能源合作、人文交流、青少年和教育。

美国的目标

·美国同盟关系的现代化和巩固;

· 发展和增强与新兴伙伴的关系;

· 支持根据国际认可的规则和惯例努力解决问题的有效的地区性机构；

· 增加贸易和投资，扩大广泛的经济增长；

· 确保我们在该地区的军事存在有效地支持我们的全面参与；

· 推进民主发展、良好治理和人权；

· 扩展人文交流纽带。

美国的利益

通过再平衡，我们正在确定美国的方位，在全球政治、经济和人口增长的中心继续向东亚—太平洋地区转移之际，更好地推进本身的利益。通过增加我们在这一地区的参与，美国：

· 支持在美国创造并维持就业机会的努力（2012 年，美国对该地区的货物和服务出口额为 5550 亿美元，估计支持了多达 280 万个美国工作岗位）；

· 让美国更安全和更有保障；

· 努力扩大民主和繁荣国家的队伍。

东亚—太平洋地区的利益

美国参与东亚—太平洋事务，继续支持和平和繁荣。在经济方面，美国是该地区首屈一指的主要投资国，美国与该地区的贸易正在扩大，我们广泛参与各类经济和商贸议题。2012 年，美国在东亚—太平洋地区的外国直接投资约为 6220 亿美元，自奥巴马政府开始以来增长了 35%。这些来自我们充满活力的私营企业的投资支持了该地区和美国的就业和经济增长，说明东亚—太平洋地区的经济增长和发展关系到我们长期的利益。

美国援助重点：

· 支持经济一体化和贸易；

· 加强地区安全；

· 推进包容性经济发展；

· 增强地区性机构，有效地解决问题；

· 应对影响该地区和全球的健康和环境问题。

我们与东亚和太平洋地区的盟友有着深入且持久的关系，并在该地区拥有牢固的新兴伙伴关系。60 年来，我们在该地区的军事存在和战略联盟遏制了冲突并保障了安全。我们将继续支持经济增长和政治进展。

东亚—太平洋地区：

·拥有占全球近三分之一的人口和大量易受气候变化影响的多样化生物；

·国内生产总值（GDP）占全球四分之一以上；

·占全球增长的很大份额，并正日益增长；

·占美国出口的 26%，包括美国农业出口总量的 40%，与美国的双向贸易约为 1.2 万亿美元。

（11）负责东亚和太平洋事务的助理国务卿丹尼尔·拉塞尔（Daniel R. Russel）撰文：亚洲再平衡是一项长期方略（2013 年 12 月 31 日发表在 Huffingtonpost. com 网站）

美国的安全和繁荣与亚太地区的和平发展密不可分。正是出于这一原因，奥巴马总统在近五年前决定把在该地区的参与作为美国的一项战略重点。也正是出于这一原因，2013 年我们在亚洲开展了紧锣密鼓的外交活动，以继续落实上述愿景。

美国致力于让更多亚洲国家实现稳定、民主和繁荣。同我们的合作伙伴一道，我们能够在促进教育、安全和机会方面发挥至关重要的作用，使亚太地区可能数以亿计的人享有更大的自由。通过扩大与太平洋伙伴们的自由贸易和促进经济增长，我们能够创建惠及各方的共同繁荣。

事实上，去年美国对该地区出口额达 5550 亿美元，为美国国内提供了大约 280 万个就业机会。正如约翰·克里（John Kerry）国务卿一贯指出，经济政策和外交政策具有同一性，因此，他就职以来始终把进一步落实奥巴马总统提出的在亚洲的战略再平衡作为一项明确的首要任务。

克里国务卿最近刚刚结束对越南和菲律宾的访问，这是他在过去九个月内第四次出访亚洲。在担任国务卿的第一年里，他会见了东南亚国家联盟（ASEAN）所有十国的国家元首和外交部长以及澳大利亚、中国、日本、韩国和许多太平洋岛国的国家领导人；与国防部长哈格尔（Hagel）、财政部长卢（Lew）和商务部长普利茨克（Pritzker）共同主持了多次部长级会议；与美国贸易代表弗罗曼（Froman）一道接待了跨太平洋伙伴关系（Trans-Pacific Partnership）成员国的领导人；并参加了多次地区性多边会议。

作为负责东亚和太平洋事务的助理国务卿，我主管负责实施这一再平衡的局机构，并出席了上述各次会议。我可以证实，与约翰·克里一道参加会谈绝不是走形式——他决意取得成效，需要果断决策时绝不迟疑。

但我们的参与远远不止这些会议。美国政府机构和私营行业之间的团队协作使美国能够迅速、有效地应对超级台风海燕（Super-Typhoon Haiyan）在菲律宾造成的严重灾情，克里国务卿上周在塔克洛班（Tacloban）目睹了救灾情况。

克里国务卿于本月在越南宣布的数百万美元的扩展区域性海事能力的项目，进一步扩大了我们为增进东南亚地区的繁荣与安全所做的大规模努力。

我们的可再生能源、环境和气候变化项目针对着克里国务卿上周在湄公河（Mekong River）地区所看到的挑战，如可持续发展及粮食安全等。

我们新的教育交流和青少年行动计划让我们与将改变该地区人口面貌的"青年旋风"（youthquake）保持同步，克里国务卿在今年秋天的全球创业峰会（Global Entrepreneurship Summit）上向他们讲了话。

而且，正如克里国务卿在每次访问该地区时从众多合作伙伴那里听到的，我们作为安全保障者的作用——再加上我们坚持以符合国际法律及准则的和平方式解决纠纷——制止了南中国海和东中国海的紧张局势升级变成冲突，并保障了稳定以及商务的自由流动。

美国正在全面利用相辅相成的政治、外交和经济手段在这个充满活力的地区推进我们的价值观和各项利益。这有助于解释我们为什么同澳大利亚、日本和韩国有如此良好的伙伴关系。这有助于解释中国之所以在朝鲜、伊朗和气候变化等关键议题上提供前所未有的合作。而且，从他最近访问河内（Hanoi）和马尼拉（Manila）的成果来看，这个方针正在取得成效，将使美国及该地区通过增进经济增长、加强安全合作、扩大教育及民间联系并在治国和人权方面取得进步而双双受益。有了我们的盟友以及新出现的合作伙伴，我们的参与正在与日俱增。

克里国务卿显然正在推进奥巴马总统于2009年年初提出并在第一个任期内得到发展的再平衡战略。再平衡战略依然是在总统主导下的一项团队努力，他在整个一年中主持了一系列同亚洲领导人的重要会晤，其中包括首次同中国国家主席习近平在加利福尼亚州森尼兰（Sunnylands, California）举行首脑会晤。而仅在2013年一年内，副总统也访问了新加坡、日本、中国和韩国。

一些地区合作伙伴可能会在美国国内政治因素导致总统无法出席在亚

洲举行的会议时感到焦虑，但没有多少严肃认真的人对美国参与亚太地区事务的决心或美国政府的这一承诺感到怀疑。

有些人可能会对美国的持久力提出质疑，但我所知道的每个亚洲国家的领导人都渴望美国的创新和创业精神，并兴奋地——如果不说是羡慕地——注视着美国的能源革命。美国在该地区的存在从未像现在这样受到欢迎，而且很少——如果不说是从未——像现在这般重要。

总之，2014 年伊始，美国蓄势待发，将在与我们的未来和全球增长日益重要的地区——亚太地区——开始密集接触和投入的一年。

（12）克林顿国务卿（Hillary Rodham Clinton）就成立"10 万人留学中国计划基金会"发表讲话（2013 年 1 月 24 日）

本杰明·富兰克林厅（Ben Franklin Room），华盛顿哥伦比亚特区（Washington, D. C.）

克林顿国务卿：谢谢。我们大家在这里都有点激动和动感情——（笑声）——再过一个多星期我就要离任了。我非常高兴欢迎各位到来。我在你们当中看到许许多多熟悉的面孔，还有些好朋友。

我要特别感谢助理国务卿库尔特·坎贝尔（Kurt Campbell）不仅为这个项目，而且为在过去四年中我们为深化和加强我们与中国及该地区其他国家——但主要是中国——的关系取得的许多成就所发挥的推动作用，因为这是如此意义重大的关系，我们对它如此深信。张大使，再次欢迎您光临国务院。因为，这以一种方式表明我们的关系——政府对政府的关系——明显地极其重要。然而，决定这一关系未来质量的将是那些人民对人民的联系。

我们今天与中国的接触涉及多方面最迫切的挑战以及最令人兴奋的机遇。当我们开始寻求如何才能使与中国的交流更有成效时，我们当然增加了外交接触。我们带投资者和企业家代表团到中国。我们将战略与经济对话（Strategic and Economic Dialogue）制度化。我们非常明确，我们在努力建立的——一种无论两国各自国内动态如何能够经得起时间考验的架构——是一项根本性的努力。

2010 年，我们发起了"10 万人留学中国计划"（100000 Strong Initiative）。正如库尔特所说，这项计划旨在四年时间内将美国学生到中国留学的人数增加到 10 万人。我们把重点放在学生交换上，因为我们相信，未来显然掌握在我们两国的年轻人手中。而我们越是能够增进交流和理解以及相互信任，就越对不仅两国关系、而且对我们两国各自有益。我们必须大大超越与外交官、记者、领导人或企业家对话的范畴。对学生和其他年轻人而言，没有什么比努力在我们之间建立一个交流结构来得更重要。

自 2010 年以来，我们已经取得了巨大的进展。我们扩大了海外留学计划。我们为奖学金提供了支持，帮助来自缺少机会的社区的美国学生到中国学习。我们与美国教育咨询中心（EducationUSA）合作，为中国学生提供来这里学习的手段和资源。我们两国间互往的学生人数持续增长。但是，我们仍然有很多改进的余地。

因此，我今天很高兴看到我们将成立一个永久性的、独立的非营利性组织，不仅致力于到 2014 年使美国学生在中国留学人数达到 10 万的目标，而且将不断在未来岁月中增进学生交换。我在此衷心感谢今天在座的曾帮助共同创立"10 万人留学中国计划基金会"的国务院的所有合作伙伴。

回顾过去四年我有幸担任国务卿的岁月，有些时刻会立即显现在眼前。其中之一是，在我抵达我们在上海世博会（Shanghai Expo）的展馆——此事你们不少人都知道－－每当我到访中国——由于展馆诞生的经历——我都会被冠以妈妈的称呼（笑声）。但是当我确实到了那里，参观那个建有世界各地展馆和一座宏伟的中国馆的世博会时，让我感到极其兴奋的是，我们美国馆最吸引人的是那些一直在学汉语的美国学生，他们是我们指定的展馆接待员和礼宾员。

观看排长队等候参观我国展馆的中国人是让我非常开心的经历，那些前来参观所有展馆的人在看到一位非洲裔美国小女孩走上前去开始用汉语同他们说话时一脸惊讶，或某个高大的西班牙裔小伙子为他们指路，告诉他们如何在展馆里参观，或其他哪个孩子——孩子，因为我这么大年纪，所以他们都是些孩子（笑声）——某个学生会走上来，说些类似的事情。目睹这些交流真是好极了。我同其中的一些学生聊起来。"你从哪里来？""哦，洛杉矶。""你从哪里来？""哦，纽约市。"这些年轻人中，有许多是刚刚被中国吸引的美国第一代大学生，他们正在学习汉语，而此刻他们成了美国政府在那里的正式代表。

我说这些，是因为这就是我们希望能更多看到的情况。我们希望在这里看到中国的年轻人，而在中国能看到美国的年轻人，我们希望他们能够打破任何存在于不同文化、经历、历史、背景的人之间的障碍。我认为这会实现，因为中美两国的年轻人已经以仅在短短几年前还不可想象的方式变成全球公民。他们在用十年前想都想不到的新技术工具进行交流。因此他们已经在建立网际或因特网关系了，而我们希望给他们一个机会去形成一种货真价实的关系——相互认识，相互理解。

所以我们宣布这个基金会的成立让我特别高兴。我感谢国务院在座各位以及所有促成此事的所有合作伙伴。另一个令我兴奋的原因是，这是政府—民间伙伴关系的一个完美实例，没有谁比美国做得更好。这一点的确是我们所擅长的，因为我们有着悠久的传统，即理解我们必须既有政府行动也有政府参与，但我国的大部分生活并不在政府范畴内，而是在政府之外，是在其他机制中——高等院校、基金会和慈善机构，以及通过个人的种种努力。因此，我们对于你们理解我们的"10 万人留学中国计划"愿景并正在使其成为现实深表感谢。

就此，让我把话筒还给助理国务卿坎贝尔。谢谢大家。（掌声）

（13）美中气候变化问题联合声明

美国国务院发言人办公室 2013 年 4 月 13 日

美中气候变化问题联合声明

美利坚合众国和中华人民共和国认识到，气候变化在全球应对努力不足的情况下造成日益加剧的危害，必须要有一个更具针对性和紧迫性的行动计划。过去几年里，双方通过多种双边和多边渠道，其中包括联合国气候变化框架公约（UN Framework Convention on Climate Change）进程和经济大国论坛（Major Economies Forum），一直在开展富有建设性的讨论。双方还认为，关于气候变化强有力的科学共识强烈要求采取对气候变化有全球性影响的重大行动。

美中两国特别注意到，对于人为气候变化及其日益恶化的影响已形成强有力的科学共识，包括过去 100 年全球平均温度显著上升、令人警觉的海洋酸化、北冰洋海冰迅速消失，以及世界各地极端天气事件频发。双方都认识到，有鉴于气候变化不断加速的最新科学认识和加强全球温室气体减排努力的紧迫需要，美中两国采取强有力的适合国情的行动——包括大规模的合作行动——比以往任何时候都至关重要。这些行动对于遏制气候变化和树立可以鼓舞世界的强有力榜样都极为重要。

为了把气候变化挑战提升到更高的优先地位，美中两国将在 2013 年美中战略与经济对话（Strategic and Economic Dialogue）举行之前启动一个气候变化问题工作组（Climate Change Working Group）。根据两国领导人的共同愿景，工作组将立即着手确定并落实双方在技术、研究、节能以及替代能源和可再生能源等领域进行合作的方式。双方将通过拟于今年夏天举行的下一轮美中战略与经济对话加快推进这项工作。工作组将由美国气候变化问题特使（U. S. Special Envoy for Climate Change）托德·斯特恩（Todd Stern）以及中国国家发展和改革委员会副主任解振华担任组长。气候变化问题工作组旨在为美中战略与经济对话做准备，评估在气候变化方面现有的合作情况以及通过适当的部长级渠道加强合作的潜在机会，并确定促进绿色低碳经济增长的具体合作行动的新领域，包括适当运用公共和私营部门合作伙伴关系。气候变化问题工作组应吸收相关政府部门参加，并于即将召开的美中战略与经济对话会议上向两国领导人的特别代表报告工作成果。

双方也注意到加强气候变化行动与合作所带来的显著的互惠利益，包括能源安全得到加强、环境更加清洁、自然资源更为富足。双方还重申，在多边谈判领域和推进应对气候变化的具体行动方面携手努力，能够成为双边关系的一个支柱，增进彼此信任和相互尊重，为更强有力的全面协作铺平道路。两国注意到双方有共同兴趣来开发和应用新的环保和清洁能源技术，以减少温室气体排放，同时促进经济繁荣和创造就业机会。

考虑到已发布的联合声明、现有相关安排和正在开展的工作，双方同意，非常有必要提升就气候变化问题展开合作的规模和影响，以应对解决我们共同面临的气候挑战的与日俱增的迫切要求。

（14）第五轮中美战略与经济对话框架下战略对话具体成果清单（2013 年 7 月 10 日至 11 日）

在 2013 年 7 月 10—11 日举行的第五轮中美战略与经济对话期间，中国国家主席习近平的特别代表国务委员杨洁篪与美国总统贝拉克·奥巴马的特别代表国务卿克里共同主持了战略对话，两国政府有关部门负责人参加。双方就重大双边、地区和全球性问题深入交换意见，再次确认通过战略与经济对话机制的作用，深化战略互信，拓展务实合作，以构建中美新型大国关系。战略对话就以下具体成果和拓展合作领域达成一致。中美双方：

一、加强双边合作

1. 高层交往：认识到高层交往对两国关系发展的重要作用，同意进一步加强两国高层交往。双方回顾了第四轮中美战略与经济对话以来其他高层交往取得的成果，强调今年 6 月习近平主席和奥巴马总统在加利福尼亚州"阳光之乡"举行了建设性和成功的会晤。双方注意到 2013 年将举行的多边会议为两国提供了进一步开展高层交往的机会。

2. 战略安全对话：双方于 2013 年 7 月 9 日举行了第三轮战略安全对话，就一系列对两国均具有战略重要性的安全问题建设性、深入、坦诚地交换了意见。对话由中国外交部副部长张业遂和美国常务副国务卿伯恩斯共同主持，中国人民解放军副总参谋长王冠中、美国国防部负责政策事务的副部长米勒及两国其他相关部门人员参加。双方对战略安全对话日益增长的重要性和在战略安全对话框架下设立网络工作组予以积极评价，决定就有关问题保持更深入、持久的对话，构建稳定、合作的中美战略安全关系。双方决定今年适时举行一次非正式会议。

3. 网络工作组：双方欢迎在中美战略安全对话框架下举行第一次网络工作组会议，积极评价双方在会议中进行的坦诚、深入、建设性对话。在此次会议中，双方就共同关心的问题深入交换了意见，同意采取务实行动，就网络空间国际规则加强对话，并加强两国互联网应急中心的协调与合作。双方将在未来的会议中继续探讨其他合作措施。双方认为网络工作组是中美政府间就网络事务开展对话的主渠道，同意就网络事务进行可持续对话，在今年年底前再举行一次会议。

4. 两军关系：致力于加强两军关系，并努力将其提升到新的水平，包括重申中国国防部长将于 2013 年访美，美国国防部长将于 2014 年双方方便时访华。决定积极探讨重大军事活动相互通报机制，继续研究有关中美海空军事安全行为准则问题，包括在下一轮海上安全磋商就此进行讨论。

5. 中美战略与经济对话元首特别代表热线：决定建立中美战略与经济对话两国元首特别代表热线，以便双方保持沟通。

6. 人权对话：确认将继续致力于建设性的双边人权对话，决定于 2013 年 7 月 30—31 日举行新一轮人权对话。

7. 法律专家对话：确认法律合作与交流符合两国利益，决定继续共同努力，推动各自国家的法治。在此背景下，双方决定于2013年11月7日至8日举行下一轮法律专家对话。

8. 防扩散对话：重申愿在相互尊重、平等互利的基础上，加强在防扩散、军控及其他重大国际安全问题上的沟通与合作。双方注意到去年以来双边防扩散合作领域的进展。认识到该合作对于根据联合国安理会有关决议防止大规模杀伤性武器和导弹技术扩散的重要性，重申上述合作是双边关系的重要部分。双方呼吁制定加强未来合作的路线图。

9. 安全对话：自去年重启安全对话以来，双方已举行两轮对话，最近一次是在今年6月，讨论了战略安全、多边军控和地区问题。在最近一次对话中，双方认识到就有关议题保持经常性对话的重要性，同意在明年战略与经济对话之前举行新一轮安全对话。

10. 反恐磋商：决定适时举行中美副部长级反恐事务磋商。

11. 领事磋商：于2013年5月16日在华盛顿举行了领事磋商，并决定于2014年举行下轮磋商。

12. 中国国家计算机网络应急技术处理协调中心与美国计算机应急响应组织磋商：中国国家计算机网络应急技术处理协调中心与美国计算机应急响应组织决定举行磋商，以加强双方合作。

13. 执法合作：决定继续在相互尊重、平等互利的基础上，就共同关心的问题深化和加强执法合作，特别是通过中美执法合作联合联络小组渠道。根据中美执法合作联合联络小组于2012年12月在广州举行第十次全会所讨论的情况，双方决定本年度在追逃追赃、禁毒、打击枪支走私犯罪、知识产权保护、打击网络犯罪和儿童色情犯罪等优先领域开展合作；共同努力开展执法响应合作；同意于2013年晚些时候在华盛顿举行中美执法合作联合联络小组第十一次全会。双方还决定加强合作，努力减少亚太地区对非法药品的需求。双方决定在今年下半年举行的中美执法合作联合联络小组反腐败工作组第八次会议上继续讨论反腐败、打击跨国商业贿赂和其他非法贸易和商业行为等问题，加强在二十国集团、联合国反腐败公约、亚太经合组织等多边框架下关于反腐败问题的交流。美方宣布支持中方举办2014年亚太经合组织反腐败工作组会议及相关活动。双方重申在二十国集团所作打击外国贿赂、拒绝提供安全庇护和资产返还的承诺。

14. 中国海关总署与美国移民与海关执法局的合作：中国海关总署与

美国移民与海关执法局决定开展执法合作，打击现金、毒品及其他违禁品走私。

15. 中国海关总署与美国海关与边境保护局"集装箱安全倡议"合作：中国海关总署与美国海关与边境保护局决定就"中美集装箱安全倡议"加强合作。双方有意在现行《原则声明》范畴内探讨向美方港口派驻中国海关"集装箱安全倡议"官员事宜。

16. 入境旅行文件生物识别问题：中国公安部和美国国土安全部确认将继续就入境旅行文件中所涉生物识别问题的最佳做法进行交流。

17. 联合渔政执法：今年是中美两国渔政合作关系建立 20 周年。双方认识到对于公海流网破坏性开采活性海洋资源的共同关切。自建立伙伴关系起，81 名中方官员参与了美国海岸警卫队的巡航，双方合作对违反《禁止公海流网捕鱼保护法》捕鱼的渔船成功进行了 18 次拦截和执法行动。美国海岸警卫队和美国国家海洋和大气管理局渔业处期待中国渔政指挥中心的执法官员于 2013 年夏季再次加入美国海岸警卫队在太平洋的巡航活动。此外，中美两国共同采取措施打击北太平洋公海的非法、不管制、不报告渔业捕捞行为，取得良好进展。

18. 海事安全合作：支持中国海事局与美国海岸警卫队继续推进"中美海事安全对话机制"。双方于 2013 年 4 月就海事安全合作举行了工作层会议，决定于 2013 年 9 月再次举行会议，探讨海上无线电导航、卫星导航领域的技术交流与合作，特别是北斗及其他全球卫星导航系统的海上应用。

19. 中国海关总署同美国海关与边境保护局供应链安全行动计划：完成了对 200 家中国企业联合验证的目标，并启动了关于"经认证的经营者"互认磋商。双方寻求于 2013 年底前在华完成更多联合验证，并在 2014 年和 2015 年开展新的联合验证。同时，中国海关总署和美国海关与边境保护局将通过进一步开展最低安全标准比较分析和实地验证观摩，协调双方"经认证的经营者"制度。

20. 中美海关联合培训：签署了关于实施中美联合培训意向书的行动计划，旨在推动交流最佳做法、探讨联合行动演练、加强海关间识别、拦截非法空运和海运货物的合作。双方注意到海运货物拦截、布控和风险管理培训班的成功举办，有意继续执行行动计划，并根据中国海关总署和美国海关与边境保护局的联合评估结果举办新的培训班。

21. 中国园：重申对全美中国园基金会在美国国家树木园建造一个中国园的支持，双方正在努力尽快完成中国园项目设计、咨询、筹资和招标程序。中国园将在完成建设评估并筹集到足够资金后开工建设。双方在第五轮中美战略与经济对话期间就此举行了联合工作组会议。

22. 对口磋商及双边会见：决定建立两国外交部国际经济事务磋商和外交部法律顾问磋商。决定适时举行下轮外交政策、非洲、拉美、南亚和中亚事务分对话，以加强在地区和国际问题上的双边协调与合作。在今年战略与经济对话期间举行了有关对口磋商，讨论了联合国维和、南亚、拉美事务、打击野生动植物贩运、海关及其他事务，两国高官并就中美关系中的广泛议题举行了一系列双边会见。

二、应对地区和全球性挑战

23. 地区和全球性问题：决定加强在地区和全球性问题上的沟通与协调，一起应对共同挑战，维护和平与稳定。

24. 朝鲜半岛问题：就朝鲜半岛局势进行了深入磋商，同意以和平方式实现朝鲜半岛无核化至关重要，这也是六方会谈的目标及2005年"9·19"共同声明中所指出的。双方重申共同致力于落实"9·19"共同声明，并就实现这一共同目标及维护朝鲜半岛和平与稳定保持高层磋商。双方认识到六方会谈所有成员在实现这一目标方面都发挥重要作用，强调共同努力以确保联合国安理会第2094号决议和其他相关决议得到联合国全体会员国全面执行的重要性。双方呼吁各方采取必要步骤，为重启关于无核化及其他相关问题的六方会谈创造条件。

25. 伊朗核问题：重申2011年《中美联合声明》关于伊朗核问题的谅解，再次确认将致力于寻求全面、长期的解决办法，以恢复国际社会对于伊朗核计划仅限于和平目的的信心，同时尊重伊朗在《不扩散核武器条约》下与其义务相符的和平利用核能的权利。双方同意伊朗应履行其在《不扩散核武器条约》下的国际义务，呼吁全面执行联合国安理会第1696、第1737、第1747、第1803、第1835和第1929号决议。中美双方再次确认将致力于积极参与六国与伊朗对话进程，呼吁伊朗在与六国对话进程中采取实际行动满足国际社会关切。双方积极评价在伊朗核问题上的建设性合作，同意在相互尊重、平等互利基础上继续加强合作。

26. 叙利亚问题：双方就叙利亚问题进行了深入讨论。中美重申共同致力于筹备召开叙利亚问题日内瓦国际会议，推动叙危机的政治解决，以开启叙人民主导的和平的政治过渡进程，建立双方认可的过渡管理机构并行使全部行政权力。双方重申反对化学武器的使用和扩散。双方对叙人道主义状况深表关切，呼吁采取措施缓解叙人民苦难。双方敦促叙有关各方保护平民，避免平民伤亡。

27. 阿富汗问题：决定在 2014 年美国自阿富汗撤军前加强协调，以支持中美在实现阿富汗政治稳定和经济复苏方面的共同利益。双方决定在2013 年继续推进 2012 年启动的阿富汗外交官联合培训项目，并寻求开展卫生领域联合援助项目。双方愿继续共同努力支持"伊斯坦布尔进程"等地区性合作倡议。美方欢迎中方决定举办 2014 年"伊斯坦布尔进程"部长级会议。

28. 南北苏丹问题：重申应鼓励南北苏丹保持各自国内和两国间和平，鼓励两国政府就所有双边问题开展有效对话，包括全面落实联合国安理会相关决议和 2012 年 9 月 27 日达成的《全面和平协议》。双方同意就有关南北苏丹的问题保持沟通磋商，在尊重相关方关切的基础上协调行动，支持南北苏丹和平共处，维护地区安全稳定，包括在当地全面落实联合国维和行动。

29. 亚太事务：认识到双方在亚太地区有着共同利益和挑战，在维护地区和平、稳定与繁荣具有共同目标。美国重申欢迎一个强大、繁荣、成功的中国在亚太和世界事务中发挥更大作用。中方欢迎美国作为亚太国家为地区和平、稳定和繁荣作出贡献。双方决定共同努力，维护本地区的和平、稳定与繁荣。建设性的中美关系对两国亚太政策均至关重要。双方重申努力构建更加稳定、和平、繁荣的亚太地区，加强在亚太地区的沟通和协调，以应对紧迫的地区性挑战。双方讨论了亚太地区局势的最新发展。双方决定加强在亚太经合组织、东亚峰会、东盟地区论坛等地区性多边框架下的沟通与协调，加强在太平洋岛国地区的合作。第四轮中美战略与经济对话后已举行亚太事务磋商，双方决定今年秋天在华举行新一轮磋商。

30. 中东事务磋商：回顾了第四轮中美战略与经济对话期间建立的中东事务磋商前两轮磋商进展情况，决定于 2014 年适时举行第三轮磋商。

31. 海洋法和极地事务：于 2013 年 4 月 8—9 日在加利福尼亚阿拉米达举行了第四轮中美海洋法和极地事务对话。双方决定在华举行第五轮对话，以深化国际海洋法律和政策、北极和南极领域的合作。

32. 罗斯海：确认双方致力于就在南极罗斯海建立海洋保护区问题密

切合作，特别是在将于 2013 年 7 月 15—16 日在德国不来梅港举行的南极海洋生物资源养护委员会第二次特别会议前和会议期间。

33. 气候变化工作组：2013 年 4 月，根据《中美气候变化联合声明》建立了中美气候变化工作组，以提出并实施两国在气候变化领域开展双边合作的重要建议。中国国家发展和改革委员会副主任解振华和美国气候变化特使托德·斯特恩共同担任工作组组长。在中美战略与经济对话气候变化特别联席会议上，工作组提交了《中美气候变化工作组向战略与经济对话的报告》，并受权落实所提出的合作倡议。双方决定，通过在载重汽车及其他汽车，智能电网，碳捕集、利用和封存，温室气体数据的收集和管理，建筑和工业能效等领域开展新的务实合作，加强应对气候变化的行动。工作组还将探讨开展双边气候变化合作的其他可能领域，并将继续就多边谈判进程及国内气候政策加强我们的政策对话。工作组将落实习近平主席和奥巴马总统就氢氟碳化物达成的共识。

34. 发展合作：根据在阿富汗和东帝汶三方合作的经验，决定在其他第三国拓展新的联合发展项目，首先就受援国提出要求、得到各方同意的项目进行联合可行性研究。未来潜在合作领域包括非洲、拉美和亚洲的区域一体化、粮食安全和营养保障、金融稳定以及包容、可持续的经济增长。

35. 全球发展对话：决定建立由中国商务部和美国国际开发署共同主持、双方相关政府部门和机构共同参加的全球发展对话。该对话将为双方就发展议题交换意见、分享经验和探讨合作提供一个框架，以保持双方向着减贫、经济增长和可持续发展等共同目标前进的势头。在此框架下，双方拟评估中美双方正在实施的发展合作项目，并探讨进一步合作的可能性。双方愿讨论国际发展议题，包括旨在有效发展合作的包容性全球伙伴关系。

36. 抗疟疾合作：决定继续通过技术对话和信息分享就疟疾和耐药疟疾防控战略开展合作。

37. 联合国维和：就现有联合国维和行动交换了意见，重申共同致力于就维和问题加强对话，决定开展相关部门间的维和交流，强化在这一重要领域的能力。

三、地方合作

38. 地方合作：决定根据《关于建立中美省州长论坛以促进地方合作

的谅解备忘录》精神，继续加强双边地方关系，包括 2013 年 4 月在北京和天津举行的省州长论坛。中美已建立 200 余对友好城市/友好省州关系，双方欢迎新的地方合作关系，这将培育创新，创造新的商机，拓展人员往来。两国代表参加了 2012 年 9 月在成都举行的中国国际友好城市大会，见证了美国国际姐妹城协会同中国人民对外友好协会签署谅解备忘录。这一备忘录夯实了双方正在发展的合作伙伴关系，推动中美在地方层面建立新的友好城市和友好省州关系，以促进各自地方的相互了解和繁荣。中国人民对外友好协会和美国国际姐妹城协会正共同努力，筹划 2014 年在美国举行的中美友好城市大会。

39. 绿色合作伙伴签字仪式：在第五轮中美战略与经济对话期间，举行了由国务委员杨洁篪和常务副国务卿伯恩斯见证的绿色合作伙伴计划签字仪式，宣布新增 6 对新的绿色合作伙伴。双方于 2012 年 12 月举行了有关会议，并于 2013 年开设了新的网站，旨在提升信息共享和有关工作的透明度并促进绿色合作伙伴之间的合作。绿色合作伙伴计划通过促进中美地方政府、研究机构、大学、企业和非政府组织等的结对，鼓励在两国能源和环境领域进行创新并开展投资与合作项目。绿色合作伙伴在地方层面开展的重要投资活动及务实合作项目将中美能源和环境十年合作框架下各行动计划的战略目标转化成具体的成果。

40. 绿色合作伙伴计划研讨会：决定在第五轮中美战略与经济对话后举行中美绿色合作伙伴计划研讨会，中国国家发展和改革委员会解振华副主任和美国国务院霍马茨副国务卿共同出席会议。研讨会将分享绿色合作伙伴在成功开展绿色合作项目方面的经验和做法，讨论绿色合作伙伴计划作为有效促进务实合作的平台，如何继续为中美在绿色、低碳发展方面的合作做出贡献。

41. 生态城项目：宣布 6 个生态城试点项目。美国能源部与中国住房和城乡建设部在 2011 年所签附件的基础上，共同发起了该项目，旨在研究制定可比较的生态城指导规则及标准，确定技术和项目开展需求，并对城市可持续发展的效果及最佳做法进行评估。

42. 市长培训项目：欢迎中方第四个市长代表团于 2013 年 6 月成功访美。美方第二个市长代表团计划于 2013 年 9 月访华。年度培训项目由中国住房和城乡建设部与美国能源部于 2010 年倡议发起，得到了美国贸易发展署和环境基金的支持，美国能源部与中国住房和城乡建设部一起牵头组织市长们赴两国培训，探讨生态城发展的最佳做法，以促进思想交流和绿色技术应用。

四、能源合作

43. 能源安全：重申中美能源安全合作联合声明所作承诺，即两国作为世界最大的能源生产国和消费国，在确保能源安全、直面共同挑战方面拥有共同利益和责任。双方决定加强在该领域的对话与规划。双方讨论了实现供应来源多元化和进一步开发国内能源的途径，以满足不断增长的需求。双方认识到对加强全球能源安全具有共同目标。承诺继续讨论中国在能源安全与能源需求方面的关切。中美双方承诺在稳定国际能源市场、应急反应、确保能源供应多样化、合理有效利用能源等诸多领域加强合作、对话和信息共享。

44. 能源透明度：欢迎中方在二十国集团承诺基础上，继续改善能源数据的及时性、完整性和可靠性。中方将开展石油和天然气地质储量数据的研究工作并公布有关数据。中美双方承诺加强沟通、交流，并扩大在石油储备政策、管理及技术方面的合作。

45. 非常规油气领域的法律和监管框架：欢迎中方有意加快建立非常规石油和天然气领域的法律和监管框架。该框架应包含：（1）加强相关部门之间的协调；（2）为天然气基础设施建设（如处理设施和管线）提供监管激励；（3）采取措施推动天然气定价市场化，以促进国内生产；（4）并针对天然气生产和输送过程中的逸散性甲烷排放和生产过程中的水资源使用加强监管；（5）欢迎外国企业根据商业原则参与中国非常规油气行业。为加快中国燃料清洁化进程和减少电力生产过程中的排放，中美双方承诺通过在华举行一系列页岩气开发技术研讨会等，积极推进在页岩气等非传统能源资源领域的技术和环保合作。

46. 能源政策对话：正式签署谅解备忘录，将中美能源政策对话升格为部长级，作为审议和指导能源合作的更高协调机制，由中国国家能源局局长与美国能源部部长分别担任双方主席。新一届中美能源政策对话将于2013 年下半年在中国举行。

47. 培训交流项目：中国国家能源局和美国能源部签署关于制订百人培训交流项目行动计划的谅解备忘录，扩大双方在能源行业，特别是更清洁利用化石能源领域的信息交流与相互学习。未来四年（2014—2017年），两国将各派约 100 名能源官员和行业领袖参加本培训项目。

48. 能源监管：签署《美国能源监管委员会与中国国家能源局加强能源监管合作谅解备忘录》，以扩展在电力、石油、天然气等问题上的合作。

49. 中美清洁能源联合研究中心：决定在中美清洁能源联合研究中心框架下，积极为执行既定项目提供必要条件，鼓励两国企业建立合理商业活动，以推动研究成果的产业化示范和应用。中美双方均欢迎成立面向未来的清洁能源联合研究中心融资工作组。

50. 中美辐射探测培训中心商品识别培训合作：中国海关总署和美国能源部/国家核安全署正在合作开展一期打击大规模杀伤性武器相关设备及部件非法贩运的商品识别培训。

51. 核安全与核管制合作：决定加强核安全领域合作，包括持续开展有关 AP1000 核反应堆的法规与技术交流。中美核监管部门将在未来几年开展长期的人员轮换工作交流，加深工作层联系，分享 AP1000 核反应堆的建设与许可方面的专业技术。

52. 防范核及其他放射性物质非法贩运合作：决定签署中国海关总署与美国能源部关于防范核材料及其他放射性物质非法贩运合作的谅解备忘录。决定深化中国海关总署与美国能源部/国家核安全署在打击核材料及其他放射性物质非法贩运问题上的合作；在为优先港口配备辐射探测设备方面开展技术合作；加强中美合建中国海关辐射探测培训中心的合作，提升辐射探测培训的专业化水平，逐步提高辐射探测中心为亚洲及其他国际伙伴提供研讨及培训的能力。

53. 中美民用核能研发（能源局项目）：决定继续在中美民用核能研究与发展行动计划与和平利用核技术等框架下开展合作，更有效整合与优化双方合作。下一次行动计划工作组会议计划于 2013 年 8 月举行。2014 年初开始，行动计划指导委员会与和平利用核技术联委会会议将同时进行。

54. 中美民用核能研发（中国科学院项目）：决定继续根据中国科学院和美国能源部签署的备忘录开展合作，更有效整合与优化双方合作。

55. 中美核安保合作：欢迎中美核安保合作取得的积极进展，尤其是中美核安保示范中心及微型反应堆低浓化项目。双方同意于 2013 年举行中美核安保示范中心奠基仪式。两国决定继续合作，对中国原子能科学研究院微型反应堆进行低浓化改造，继续支持国际原子能机构在民用领域减少使用高浓铀的努力，并就协助其他国家改造微型反应堆问题开展讨论。

56. 中国国际太阳能竞赛：宣布22支参加中国国际太阳能十项全能竞赛队伍的最终详细情况。赛事将于2013年8月2—11日在中国大同举行。2011年，美国能源部、中国国家能源局、美国应用材料公司和北京大学签署协议，将该赛事引入中国。除教育意义外，中国国际太阳能竞赛将突出可在中国应用和推广的先进技术和工艺。

57. 智能交通：为支持汽车减排，宣布在广州市番禺区启动智能交通系统试点项目，并进行可行性研究。

58. 航空节能减排：宣布实施航空节能减排计划，以航空减排为重点。美国贸易发展署宣布将通过培训支持该计划。

59. 能源合作项目：宣布中国国家能源局和美国联邦能源监管委员会、贸易发展署及能源合作项目成员组织考察团，这将为双方讨论监管实践提供机会，以鼓励可再生能源和能效技术，考察团还将实地考察可应用技术和示范项目。

五、环保合作

60. 清洁大气行动计划：中美双方在大气质量方面开展合作已有十余年历史，双方决定下一步继续合作，加快长期可持续的大气质量改善工作。此项工作以双方正在开展的合作为基础，包括分享有关电厂技术、实践和激励性措施方面的战略和信息，以便能以成本效率较高的方式实现多种污染物协同减排。中国环境保护部与美国环境保护署、美国贸易发展署将继续开展区域空气质量管理和挥发性有机物治理等方面的合作，开展一个合作项目，制定空气质量模型，分享美国各州市的成功经验并在中国选择的一个省使用美国的污染控制经验和技术。此外，中国环境保护部、美国环境保护署和美国贸易发展署将在空气质量监测预警预报、空气质量模型研发、监测技术质量控制与质量保障及空气质量监测技术等方面开展合作。

61. 水质量行动计划：在中美能源和环境十年合作框架下，双方将在水源地湖泊保护领域开展合作，同时考虑饮用水对于气候变化适应的议题。此外，双方还将促进湖北省和明尼苏达州之间的姊妹湖结对项目。双方决定继续加强地下水开采与利用的合作，在相关的监测、修复、标准制定及其与能源相关领域（例如页岩气）开展交流。美方政府官员与业界专家将参加今年的中美环保产业论坛，与中方合作开展地下水污染防治示范项目，以改善地下水水质并促进相关政策规范的制定。

62. 绿色港口：通过合作增强中国港口关于环境保护和溢油应急反应的知识与能力。于2013年6月4—6日在青岛共同举办"中美港口安全生产与水上应急管理研讨班"和展览，支持中国运输行业领袖赴美考察美国港口环境友好实践。

63. 环境法律与制度：2011年11月17—18日，中美环境立法第一次研讨会在北京召开，标志着中国环境保护部与美国环境保护署在中美环境合作谅解备忘录附件6"环境法律与制度"下正式开展合作。2012年5月和12月分别召开了第二次、第三次研讨会，并决定在2013年底召开第四次研讨会。这些研讨会已形成中美之间就一系列问题进行深入、有效沟通的强有力合作机制。中美环境立法交流与经验分享已经成为中美环境合作的重要内容。

64. 环境审判、法庭和相关机构：加强在环境保护领域的合作与沟通。通过美国国际开发署资助项目，美国佛蒙特法学院的"美中环境法伙伴关系计划"、美国环境保护署与中国国家法官学院合作培养15名环境审判法官，并开发环境法课程，在中国培训法官。美环保署于2012年与中国法官合作组织两期环境法赴美考察团，于2013年与中国海事法庭法官组织一期赴美考察团。

65. 森林经营：继续开展森林经营合作，包括通过在地区层面各自参与政府间国际组织和非政府组织的方式，促进区域可持续经营。2013年4月，中国国家林业局、美国林业局以及孟菲斯动物园在中国泰安举办了森林健康十年评估研讨会。

66. 打击野生动植物贩运：承诺打击全球野生动植物非法贸易，在对全球野生动植物走私形势和现有机制作出评估的基础上，寻求更有效的打击野生动植物非法贸易的合作机制；加强国家、地区和全球层面的执法合作，包括加强执法机构间合作；努力消除对非法获取和交易的野生动植物及其制品的非法来源和需求；促进技术创新以推动上述努力；通过与其他国家包括物种分布国政府合作的方式，加强野生动植物保护的国际合作。此外，决定进一步探讨推动上述活动的最佳平台。

67. 重型汽车领域合作：同意美国贸易发展署邀请由中国工业和信息化部、环境保护部及其他相关部门官员赴美，就提高重型汽车燃油效率和减少重型汽车温室气体排放的政策和项目进行交流。

六、科技与农业合作

68. 海洋科学协议：美国国家海洋和大气局和中国水产研究院确认对海洋生物资源专家组的承诺，包括 2014 年 2 月将在西雅图和华盛顿召开的会议以及正在进行的项目和研讨会，包括对西部灰鲸的共同研究、就水产养殖的替代饲料的交流信息、海龟研究、关于增殖和水产养殖的科研人员交流和关于漏油对海洋生物资源影响的研讨会。

69. 对灾害性天气监测的联合研究：联合加强飓风（台风）、强对流天气、干旱、高温热浪等灾害性天气气候监测预警及风险评估技术交流与研发合作，共同提升应对极端天气和气候事件能力。

70. 中国气象局和美国国家海洋与大气管理局的联合研究：重申共同致力于加强中国气象局与美国国家海洋与大气管理局在《中美科技协定》框架下的联合研究，包括开发双方准确、可靠观测和理解大气中温室气体活动的能力。

71. 南印度洋的气候观察、再分析和预报：中国国家海洋局与美国海洋和大气局正在共同制定关于南印度洋气候观察、再分析和预报的科学计划。

72. 中国气象局和美国海洋和大气局温室气体监控：继续通过中美科技协议加强中国气象局和美国海洋和大气局的联合研究，加强观察、理解大气中温室气体行为的准确、可靠能力。

73. 农业科技交流：继续加强中美之间的政策交流与合作，推动在农业问题上的双边务实合作，包括积极落实生物科学试点项目。

七、卫生合作

74. 全球清洁炉灶联盟：作为全球清洁炉灶联盟的成员并根据 2013 年 4 月中国国家发展和改革委员会与联合国基金会签署的谅解备忘录，中美双方决定加强在该领域的合作。为支持联盟完成其使命，实现在全球大规模使用清洁炉灶和燃料烹饪、取暖的雄伟目标，中方将在当前的五年规划下进一步加强其国内推广清洁炉灶和燃料的努力，支持有关企业和机构开发安全、高效、清洁的产品和技术。美方将通过联盟与中方合作，为中方开展这些活动提供直接的技术支持。双方强调在有关机构之间协调涉及清洁炉灶一系列广泛议题的努力的重要性，并决定讨论协调清洁炉灶相关研究的机会。

75. 传染病防控合作：美方对中方在处置 H7N9 流感疫情过程中保持透明与合作表示欢迎。为保护全球公共卫生安全，中美双方决定继续加强在包括流感、耐多药结核病和疟疾等新发和再发传染病领域开展广泛、透明的科学合作。双方将签署《中华人民共和国国家卫生和计划生育委员会与美利坚合众国卫生与公众服务部关于医学及公共卫生科学技术领域合作议定书》。

76. 公共卫生应急准备、响应和部署：为应对最近的流行性疫情和自然灾害，致力于继续开展公共卫生领域应急准备、响应以及医疗管理方面的合作，包括由美国贸易发展署资助中方于今年 7 月和 10 月两次赴美考察。

77. 健康产出与医疗质量：为支持卫生合作计划，宣布由美国贸易发展署向中国医院捐赠成套信息技术解决方案，以提高健康产出和医疗质量。

78. 无烟工作场所：成功启动中美创建无烟工作场所伙伴项目。该项目系 2011 年联合国非传染性疾病峰会之后提出，通过公共和私营部门合作推动工作场所禁烟。两国正努力继续在公共和私营部门宣传、扩大和推进这一项目。双方将设立一个适当的秘书处，负责募集公共和私营部门资源，执行项目管理委员会决议，为该项目运转提供便利。

八、双边能源、环境、科技对话

79. 能源和环境合作 10 年工作框架：继续推进中美能源和环境十年合作框架下清洁水、清洁大气、清洁高效交通、清洁高效电力、保护区、湿地合作、能效等 7 个行动计划下的具体合作取得进展，进一步实施绿色合作伙伴计划。双方决定对十年合作进行中期评估，拓展新的优先合作领域，更多地吸引地方政府、企业、研究机构和社会各界参与十年合作。今年将适时举行十年合作联合工作组第九次会议。双方将继续开展饮用水安全、地下水保护和湖泊水环境管理方面的合作，计划联合召开饮用水安全法规标准政策圆桌会议；继续在大气污染防治领域开展形式多样的合作；已联合召开第八届中美区域空气质量管理研讨会；继续实施宜居交通项目第二阶段工作；在中美保护区和避难所开展保护管理人员、学生、青年专业人士之间的交流项目，推动于 2014 年共同出版湿地亚洲专刊；继续通过多种方式开展能效、电力领域的交流与合作。

80. 能源工业论坛：决定于 2013 年秋在西安举办第十三届油气工业

论坛；于 2013 年 7 月在中国举办第三届可再生能源论坛。决定于 2013 年
10 月在华举行第三届先进生物燃料论坛。

81. 能效论坛：决定将于 2013 年 9 月在美国举行第四届中美能效论
坛，就工业能效、消费品能效、建筑能效标准标识、可持续城市等方面的
进展以及双方政府和企业的潜在合作机会进行评估，并将邀请两国企业参
会，会前将组织有关企业进行实地参观，探讨进一步开展合作的机会。

82. 能源科学合作第二届联合协调委员会会议：注意到中国科学院和
美国能源部于 2013 年 5 月在美举行的能源科学合作第二届联合协调委员
会会议上取得的成果。中国科学院与美国能源部在会上讨论了双方现有及
潜在合作项目。同意继续推进在高能物理、核物理、聚变能以及基础能源
科学等领域的合作。

83. 中美和平利用核技术：于 2013 年 4 月在北京举行了第 8 届中美和
平利用核技术联委会会议。双方认识到中美和平利用核技术工作组取得的
进展，探讨了新的潜在合作领域；鉴于核能在满足全球能源需求方面将继
续发挥重要作用，双方确认有必要加强相关技术合作。下一届中美和平利
用核技术联委会会议将于 2014 年春在美举行。

84. 中美化石能源议定书协调会议：在华举行 2013 年中美化石能源
议定书协调会议，由中国科技部和美国能源部共同主持，回顾去年工作并
讨论新的活动安排。

85. 亚太经合组织能源部长会议：宣布美方支持中方主办 2014 年亚
太经合组织能源部长会议及能源工作组会议。美方期待同中方一道，推进
和支持中方在担任亚太经合组织主席国期间提出的合作倡议和项目。

86. 木材非法采伐论坛：决定于 2013 年 7 月举行中美打击木材非法
采伐及相关贸易双边论坛第 5 次会议，继续推进在论坛下的合作，包括中
美林产品贸易木材合法性认定方案和中美林产品贸易战略等研究项目，鼓
励私人部门和民间组织参与论坛。双方决定以恰当方式，通过地区进程及
与第三方合作推进打击木材非法采伐和相关贸易合作。

87. 环境研究联合工作组：根据中国科技部与美国环保署签署的备忘
录，宣布在以下领域开展合作：基础设施和可持续发展、地表水质量、空
气质量和化学检测。

88. 环境合作联委会：宣布中国环保部与美国环保署将于 2013 年晚
些时候在华举行环境合作联委会第四次会议。

89. 2013 年海洋科学论坛：决定于 2014 年初召开中美海洋与渔业科技合作第 19 次联合工作组会议和第 3 届中美海洋科学论坛。

90. 科技合作联委会会议：欢迎科技合作联委会为加强两国科技合作所作不懈努力。2012 年 5 月举行的联委会会议推动了农业、清洁能源、核安全、环境研究、测量学及生物多样性等领域双边合作。在联委会资助下，中国科技部和美国白宫科技政策办公室于 2013 年 7 月举行了创新对话会议，并向战略与经济对话作了成果报告。创新对话为中美双方探讨创新政策提供了框架，得到了双方有关部委、非政府创新专家、私营部门代表的参与。在联委会框架下，中国科技部与美国国务院将于 2013 年 10 月在美召开 2013 年科技合作行政秘书工作层会议。

91. 农业联合工作组：决定于 2013 年 8 月在美国召开第 11 届中国科技部—美国农业部农业科技合作联合工作组会议，将由中国科技部副部长张来武和美国农业部副部长兼首席科学家渥特基博士共同主持。双方将启动中美农业研究旗舰项目下农业生物技术、节水技术、基因库采集技术与实践等优先领域合作项目。

（15）架友谊之桥 筑交流之窗——在第四轮中美人文交流高层磋商闭幕式上的致辞

刘延东（2013 年 11 月 21 日）

尊敬的克里国务卿，

女士们、先生们，朋友们，

非常高兴与克里国务卿共同主持第四轮中美人文交流高层磋商。中国国家主席习近平先生对本次磋商高度重视，专门发来贺信。下面，我宣读习主席的贺信全文：

"值此第四轮中美人文交流高层磋商闭幕之际，我谨表示热烈的祝贺。

中美关系是当今世界最重要的双边关系之一。中国是世界最大发展中国家，美国是世界最大发达国家，中美又同为联合国安理会常任理事国，两国在应对事关世界和平与发展的一系列问题上面临着共同挑战，也肩负着重要责任。

构建不冲突不对抗、相互尊重、合作共赢的中美新型大国关系，必须依靠两国民众和各界积极支持和广泛参与。多年来，中美人文交流为促进中美关系发展发挥了积极作用，成为推动中美关系发展的一个重要支柱。特别是过去3年，中美人文交流高层磋商框架下的近百项成果得到落实，有效提升了中美人文交流水平，为中美关系发展注入了新的活力。

希望中美人文交流高层磋商机制承前启后、继往开来，拓宽交流区域、深化合作内涵，不断为中美两国人民搭建心与心沟通的桥梁、为推进中美新型大国关系建设做出新的贡献！"

女士们、先生们，朋友们，

习近平主席与奥巴马总统的贺信，体现了两国元首对深化中美人文交流的重要共识，必将有力促进中美新型大国关系的构建。

刚才，我和克里国务卿签署了中美人文交流高层磋商机制谅解备忘录，双方协调人分别汇报了分领域工作磋商成果，两国青年代表也就如何构建新型大国关系、加强青年交流等问题提出了很好的建议。听了大家的发言，我感到十分高兴。谨此对磋商取得的成果表示祝贺，对双方团队辛勤的工作，对克里国务卿及美方同仁的热情、周到安排表示衷心感谢！

中美人文交流源远流长。早在200多年前，"中国皇后"号商船驶离纽约港前往中国，拉开了中美友好交往的序幕。近70年前，中美两国人民在反法西斯战争中并肩战斗，结下了深厚友谊。42年前，举世瞩目的中美"乒乓外交"，重新打开了一度尘封的中美交往大门。1979年初邓小平先生访美时，在西蒙顿小镇竞技场戴上牛仔帽的瞬间，定格为中美交往史上的经典镜头。28年前，时任县委书记、现为国家主席的习近平先生访美期间，在艾奥瓦州一个小镇的居民家中住过两晚，与当地居民建立了友谊。去年2月，习主席访美专程重访那个小镇，与老朋友们围炉话旧，成就了中国领导人与美普通民众的一段"友情佳话"。两国民众日趋密切的友好往来、发自内心的友好感情，像细流汇成江河，推动着中美关系不断前行。

女士们、先生们，朋友们，

中美人文交流高层磋商机制的建立，是两国关系发展历程中的一件大事。三年多来，磋商机制不断发展，落实了教育、科技、文化、体育、妇女和青年等六大领域100余项重要成果。美方"十万人留学中国计划"推动6.8万名美国学生来华留学，中方"三个一万"项目已累计派出近万名中国学生赴美攻读或联合培养博士，邀请一万多美国青年来华研修。中美文化论坛、妇女领导者对话、中国文化系列活动及中国武术、健身气功等传统体育项目交流，引起热烈反响。在乳腺癌防治和清洁炉灶推广方面取得积极进展。可以说，中美人文交流的基础更加牢固、内涵更加丰富、覆盖更加广泛、主体更加多元、影响更加深远。

当前，中美关系正站在新的历史起点上，面临新的发展机遇。习近平主席与奥巴马总统在安纳伯格庄园和圣彼得堡两次会晤，就构建中美新型大国关系达成重要共识。人文交流作为推动中美关系发展的三大支柱之一，在构建中美新型大国关系过程中发挥着不可替代的战略性作用。持续推进中美人文交流，才能更有力地增进双方了解与信任，维护共同利益，让相互尊重、合作共赢的精神真正深入民心，为中美新型大国关系厚植民意和社会基础。我们期待着与美方共同努力，发挥好人文交流机制的引领作用，全面深化和拓展人文交流的深度与广度。在此，我愿提出三点倡议：

第一，求同存异，进一步发挥文明互鉴的桥梁作用。世界文明是多样的，丰富多彩是世界的本来形态。正是五彩斑斓的不同树叶，才使秋色中的华盛顿如此美丽。世界上没有两片相同的树叶。中美两国作为国情、历史、文化、制度不同的大国，存在差异和分歧是正常的。美国人民有"美国梦"，中国人民也有"中国梦"。尽管我们的发展道路、实现方式不同，但在追求人民幸福、社会和谐、经济繁荣、世界和平等方面，有着很多"共通之处"。人文交流就是紧密连接中美"共通之美"的坚实桥梁。要进一步加强双方文化机构、组织和产业交流，相互借鉴，取长补短，在多样中求大同，在差异中求包容，在交流中求发展，共同推动人类文明进步。

第二，增信释疑，进一步增强中美互信的催化作用。美国前总统富兰克林·罗斯福有句名言："实现明天理想的唯一障碍是今天的疑虑"。中美间的一些分歧、矛盾，很大程度上缘于两国相互了解不够、互信不足。人文交流"润物细无声"，能够拉近两国人民距离，增进相互信任，化解偏见和分歧，使两国关系更具韧性、更富活力。要进一步鼓励两国各界别、各年龄段、各种形式的人员交往，落实好青年政治家、科学家、工程师、艺术家交流及大学生社区实践等项目，增进双方对彼此国情、社情、民情的了解。

第三，与时俱进，开拓中美人文交流事业的新局面。我欣喜地看到，本轮磋商呈现出三大亮点：一是启动了"青年与创新"主题系列活动。

中美关系可持续发展的希望在于青年。青年是创新的生力军，代表着国家的光明未来。希望两国青年共同携手，加强合作，应对全球面临的共同挑战，为世界和平进步作出新贡献。二是引入了智库交流。今天下午我将赴美国和平研究所，与美国智库学者进行互动交流。希望中美两国学者就如何构建中美新型大国关系、加强人文交流等课题开展更多联合研究，为中美人文交流提供智力支持、政策建议和思想保障。三是拓展了机制框架下省州层面人文交流的深度和广度。我们应把工作重心深入到基层，充分发挥友好省州与城市机制作用，让人文交流更贴近社会和民众，真正"接地气""惠民生"，使越来越多的两国人民成为参与者、受益者和推动者。我们今天播撒下的友谊、信任、合作的种子，明天一定会长成参天大树，收获丰硕的果实！

女士们、先生们，朋友们，

我相信，中美人文交流高层磋商机制这一平台，将不断加深两国人民的相互理解、信任与友谊，推动中美关系这艘巨轮越驶越稳、越驶越远。我期待着与克里国务卿一道，与大家携手努力，开创中美人文交流的美好未来！

谢谢大家！

（16）美中人文交流高层磋商简报

美国国务院发言人办公室 2013 年 11 月 21 日

（U. S. -China Consultation on People-to-People Exchange）

2013 年 11 月 21 日，美国国务卿约翰·克里和中国国务院副总理刘延东共同主持了在华盛顿举行的第四轮美中人文交流高层磋商。该磋商机制旨在巩固和加强美中两国公民在文化、教育、科技、体育以及妇女等领域的交流合作。

文化领域：自 1979 年双边关系重新建立以来，文化交流在美中人文交流中一直担任着重要的角色。今天的会议中，文化领域的工作团队决定通过表演和视觉艺术不断努力深入青少年观众，并继续美中两国文化机构、代表和学者之间的合作。

·美国政府倡议：美国国务院将通过举办美国电影放映、美国音乐在海外和艺术使者项目，继续致力于建立相互理解。此外，史密森尼学会（Smithsonian Institution）将与中国文化部合作，在 2014 年史密森尼民俗节中举办中国主题活动。

·美国民间领域合作：美国的机构和公司是文化外交事业的有力伙伴。向美国介绍中国文化的合作伙伴包括高盛公司和印第安纳波利斯儿童博物馆，高盛公司于 9 月主办了中国中央民族乐团的演出，印第安纳波利斯儿童博物馆将于 2014 年举办"带我去中国"系列活动，向美国青少年展示中国丰富的文化遗产。美国博物馆联盟和泰拉美国艺术基金会的跨文化专业联系蓬勃发展。纽约大学全球亚太美国学院，正在通过面对面的以及网上的合作，帮助形成一个学者网络，研究在海外的全球亚洲人艺术。

·中国文化部：文化部支持包括文化对话、表演和视觉艺术交流以及两国艺术制作合作等在内的文化项目。文化部和美国国家人文基金会开始讨论在美国举办第四届美中文化论坛。文化部将继续支持中国的艺术团组参加美国的艺术节和其他活动，以增进美国民众特别是青少年对中国文化的认识。其他中国机构继续与美国艺术机构开展合作，包括中国故宫博物院与弗吉尼亚美术馆；中国国家话剧院与肯尼迪表演艺术中心；苏州昆剧院与林肯中心艺术节等。

·文化合作文件：2013 年 11 月 22 日在纽约，美中机构，包括 2013 年美中人文交流高层磋商会议的代表机构，将签署五项文化合作文件。

·青年领导者交流计划：2014 年将面向美中青年政治家、学生领袖、青年职业人士和青年企业家展开大量以公民教育、领导力建设、社会创新和社区服务等为主题的交流和培训项目。

教育领域：美中在教育领域的合作表现出强劲活力，帮助为两国全面双边关系的发展打下更加牢固的基础。中国是美国最大的留学生来源国；美国是中国第二大留学生来源国。两国教育机构间的合作持续扩大，包括中国高职院校和美国社区学院的合作。

·交流项目：美国政府的双边"富布赖特项目""十万人留学中国计划"、中国政府的'三个一万'奖学金项目"是教育领域的三个突出项目，显示了双方对双向学生交流的承诺。"苏世民学者"等民间交流项目得到双方赞赏。

·教育合作工作计划：美中两国教育部续签了教育合作备忘录。双方同意继续推进州省教育合作，分享最佳实践。

·美中友好志愿者项目：美国和平队和中国国际教育交流协会共同庆祝了美中友好志愿者项目实施 20 周年。双方同意继续探讨向不发达地区增派人员。

科技领域：科技合作是美中双边关系中一个重要而活跃的领域，可追溯至 1979 年签署的《美中科技合作定》。美中双方利用多种方式加强两国社会之间在科技领域的公共对话，向社会公众普及科学知识，并探索青年科技工作者感兴趣的课题。

·美中青年科技论坛：第二届"美中青年科技论坛"于 2012 年 8 月 3 日在北京举行，由中国科技部和美国驻华大使馆赞助，美国国家科学基金会东亚太平洋暑期学院项目提供合作。第三届论坛于 2012 年 10 月 18 日在华盛顿特区举办，其中一个项目邀请来自中国的 10 名青年学者与在华盛顿特区、亚利桑那州菲尼克斯市和加州旧金山市的美国青年学者相互交流。论坛不仅增进了理解，而且促进了青年科技工作者的职业发展。过去两年中，美中两国近 200 名青年科学家通过美中人文交流高层磋商机制参与了青年科技论坛。美中双方一致同意，下一届"美中青年科技论坛"将聚焦推进妇女在科学、技术、工程和数学领域的发展。

体育领域：40 多年前，"乒乓外交"为美中关系重建铺平了道路。从诸如奥林匹克运动会的大型国际体育赛事到美国国务院支持的在广州和成都举行的交流活动、到中国武术团 2011 年在纽约和华盛顿的巡演、再到 2013 年 10 月在北京和上海举办的 NBA 季前赛，体育在两国受到高度关注。

美国国务院与中国国家体育总局之间的协商包含来自体育界广泛领域的领导人——从美中奥运单项运动协会到残疾人体育组织以及业界。

·体育活动机会：配合今天的青少年与创新主题，体育领域注重给青少年和残疾人带来接触体育活动的机会。双方决定通过创造有新意的体育活动机会促进健康，增强体质。

·残疾人体育：今年 5 月，美国国务院开始派出残疾运动员体育使者。在今年的磋商会议上，中国残疾人联合会的代表与美国同行同意促进中国残奥委会、美国残奥委会、美国聋人体育协会以及中国特奥会和美国特奥会未来的交流和访问。

·可持续性合作：今年与会人员也就建立年度交流论坛——美中体育研讨会事宜交换了意见。论坛将汇集来自中国国家体育总局、美国政府以及来自学界和业界的合作伙伴，促进就体育涉及的各类问题进行信息交流。

妇女领域：由美国国务院全球妇女事务办公室和中国全国妇联共同举办的美中妇女领导者交流对话会于 2011 年启动。该对话会促进两国女性领导者讨论、解决共同关心的话题。今年的主题是"妇女与科技工程数学"。双方同意开展下列活动：

·妇女领导者交流对话会：2014 年，全国妇联将邀请美国国务院全球妇女事务无任所大使拉塞尔大使率团访华，双方将在北京共同举办以"反对对妇女暴力"为主题的第六届美中妇女领导者交流对话会。

·青年女性人才培养：2013—2015 年，中华女子学院将在福特基金会支持下，继续参与威尔逊中心在中国举办的"妇女参与公共服务项目"的两期面向中国各地新起妇女领袖的培训班。

·万向集团和 10 万强基金会在全国妇联和美国国务院全球妇女事务办公室的协助下，将在中国举办一个针对美中两国女学生的"女学生科技夏令营"。

·妇女健康：美国国务院全球妇女办公室、全国妇联和全球清洁炉灶联盟将为推广清洁高效炉灶合作推出计划，致力于提高意识和进行能力建设，并改善妇女及其家庭的健康与生活，减少影响气候变化的因素。

（17）拜登副总统（President Biden）在北京美国商会（American Chamber of Commerce）和美中贸易全国委员会（U. S. -China Business Council）举办的早餐会上的讲话（节选）

中国北京国际俱乐部饭店

2013 年 12 月 5 日

……

我首先想就竞争发表一点看法。这一点我每次见到习主席时都会提到，从他任副主席时直至今天，这就是，过去 20 年世界发生的变化之一是竞争日趋激烈，它在美国唤醒了竞争精神。竞争是印在我们的 DNA 中。只要有一个还算得上公平的竞争环境，我们就会做得不错——做得不错。

……

到这里以后，我有机会——这是一次快节奏的访问，每天的日程长达 14 小时，但很有收获——我有机会与李副主席会谈，我还将用几个小时——我想我与习主席在一起——包括与他独自会谈和在更大的场合——

有将近四个半小时。他花这么多时间和我进行如此深入的谈话，我感到很荣幸。他还为我和我的几位同事举办了一场非常精美的晚宴。接下来，我还将与李总理会晤。

我想对各位谈一下其中的许多内容——我与他们所有的人谈到的一些内容，以及我认为今后一段时间内美中关系的一些步骤。

我们正在努力打造大国之间的一种新型关系，这种关系与以往的关系不同，其特征是建设性合作、健康的竞争，以及共同尊重各方一致同意的新的行路规则和 21 世纪的国际规范。

二次世界大战以后，我们的祖辈和父辈建立了一个适合世界经济变化的结构，并为 20 世纪的后来年月制定了一套新的行路规则。我们今天所处的环境已经发生变化。这一点你们比我更清楚。在世界上各个国家，我们都在使用"全球经济"这个表达法，但它的确是一个全球性经济——一个全球性的经济。

我的同事们总爱开我的玩笑，说我不厌其烦地引用爱尔兰诗人的作品。他们认为我之所以这样做，是因为我是爱尔兰人后裔。其实我这样做是因为他们是最好的诗人。（笑声）威廉·巴特勒·叶慈在 1916 年写过一首关于 20 世纪第一次爱尔兰起义的诗，题为《复活节星期日》。在我看来，其中有一行与其说是 1916 年诗人的故乡爱尔兰的写照，不如说更恰当地描述了 2013 年的环太平洋地区。他写道："一切都改变了，彻底改变了，一位令人生畏的美人诞生了。"

我们处于一个时刻，即人们所说的，一个机遇的窗口。这个窗口将敞开多久还有待观察——让我们有可能确立一套行路规则，确保我们两国和这个地区都从中受益并共同增长，铺下 21 世纪进步的轨道。我视它的意义如此深远。我认为，这是目前我们在我们的关系中所处的位置及转折点——不仅是同中国，而且是同整个地区。

因此，实现这一未来愿景的唯一途径是进行实质性的、务实的合作并有效地驾驭我们之间的分歧。我们过去没有进行过这种尝试。我们过去没有进行过这种尝试。这将是艰难的。但如果我们正确应对，就能为我们的子孙后代带来深远——深远的积极成果。

若要推进这种关系，领导人之间直接的、亲自往来是无可替代的。习主席向我指明了这一点，因为在他担任副主席期间我曾有机会在当时的胡主席和奥巴马总统的要求下同他相处了相当一段时间。他间接地提到——

一位名叫蒂普·奥尼尔（Tip O'Neill）的著名美国政治家，我十分敬仰他，而且在我 29 岁成为一名年轻的国会议员时曾将他视为导师。他的一句名言是"所有政治都是地方政治"。而我则相信，所有政治都要亲力亲为，包括国际政治在内。

个人关系是能够建立信任的唯一途径。这并不意味着你们观点一致，但你会相信在桌子对面的那位先生或女士是在确切地向你表述他们的意思，即使那不是你想听到的。正因为如此，奥巴马总统让我进行这次访问；也正因为如此，习主席和我昨天花了那么长时间一起极其详尽地商讨我们共同面对的一系列各种问题，这些问题都是双方在我们各自的政治体制中难以解决的。

这些对话非常坦率。我知道你们对于我说自己坦率感到震惊。我知道这么说令人震惊。没有人怀疑过我绝对意在所言。问题是我有时会将我的意思全盘托出。（笑声）但由于我们的关系如此错综复杂，正确处理这种关系并非易事，这要求我们必须开诚布公地向对方说明我们的利益、我们的关切以及——非常坦率地说——还有我们的期望。这就是昨天的会谈的性质。

请让我首先谈谈经济问题，并不是因为今天在座的是商界人士，而是因为归根结底，对于双方而言最重要的是，我们有能力更好地服务于我们的人民，而且不被视为一场零和游戏。我自从作为一名年轻的参议员同邓小平会面后就说过，当时有非常资深的参议员在场，中国的经济增长非常符合美利坚合众国的利益——非常符合我们的利益。在我同习主席会谈时，他和我花了很长时间讨论中国共产党的三中全会的各项结果。中国领导人表明了他们使中国向一个让市场发挥"决定性作用"的体制迈进的雄心。这是对这个国家的领导人和国家主席——我确信他具备这种能力——提出的一个极其宏大的目标。

然而，事实上，中国领导人提议进行的很多改革都与我们多年来向中国提出的重点相符。为私营公司和外国所有的公司创造公平的竞争环境——这将是一个困难重重的过渡。保护知识产权和商业机密，这是至关重要的。一些美国公司正在回到国内从事生产，这并不出人意料。为什么呢？因为我们拥有生产力极高的工人，而且我们还有完全透明的法院系统。知识产权得到了保护。这很要紧。而且我认为，对于我们在世界各地的竞争对手越来越明显的是，这对他们自己的经济增长也很重要。向私人及外国投资开放服务部门以及走向市场——一种由市场决定的汇率。

这些都是令人欢迎的步骤，但它们将是困难的，而且没有必要等到2020年。我要再次说明，中国领导人在不公开场合非常坦率地向我表明了其中的困难，但他们有决心实现这个以任何标准来衡量都是非常宏大的目标。当然，最终最为重要的是落实工作。有一句古老的撒克逊谚语——布丁好不好，吃了才知道。但我毫不怀疑，习主席及其领导班子和高级顾问想要、是要、致力于将三中全会结果变为现实。但这必须要有重大承诺，还要坚持到底。

在任何地方推行改革都充满挑战。总会存在强烈的利益。我知道你们大家都对我们有关华尔街改革的看法感到非常高兴——并非易事，但只是一个小改革——一个小改革——如果与中国领导人着手推行的改革相比的话。然而，中国的改革计划落实得越多，我们的双边贸易和投资关系就会越牢固。

还有很多工作有待完成，而且我知道你们很多人抱有种种关切，需要在这个过程中得到解决。在今后两年中，我们能够而且应当在几个领域中立刻取得进展。我们有机会改善知识产权保护，解决阻碍我们前进的悬而未决的贸易争端。我们有机会显著扩展我们在能源和气候变化方面的合作——我们在这方面有着巨大的共同利益。这个星期，我们已承诺帮助中国达到新的车辆排放标准和能源透明度目标。

执行我们有关氢氟碳化合物（HFC）的协议——我们有机会通过进一步保障食品和药品安全来保护我们人民的健康和福祉。今天，我们已同意增加在中国工作的美国检验员的人数。

在今后几个月，我们有机会就谈判达成一项协议、一项双边投资条约等许多事项取得重大进展。

三中全会还提到社会和政治改革，并指明了他们希望落实的一些重要的近期步骤——废止中国的劳动教养制度，放宽独生子女政策，承诺进行深入的司法和法律改革。以我的拙见，对于21世纪的任何一个经济大国而言，这些都将是在21世纪上半叶维持增长的至关重要的必备条件。

就像昨天主席指出的，他反引了我的话，我总是说，我从来不对他人的事情指指点点，或是向其他领导人建议什么是他的国家利益所在。但是，三中全会阐述的利益似乎与我们有着很大共同利益。中国可以采取更多步骤，既开放经济也开放政治和社会。正如我以前说过，从我们的观点来看，这其实符合中国的利益，尽管中国的利益要由他们自己来决定。历史告诉我们，创新是 21 世纪成功的货币。在人民能够自由呼吸，自由讲话，挑战正统和报纸能够无后顾之忧地报道真相的地方，创新会生机勃勃。

我们有许多分歧，在目前有些问题上，在对待美国新闻工作者方面，存在深刻分歧。但是我相信，如果中国尊重普世人权，中国会更加强大，更加稳定，更能够创新。

我被问到为什么我们总是谈人权。无论我在世界上走到哪里遇到这个问题时，我都要指出，我们是一个移民国家。你们祖辈中的绝大多数人来美国就是因为他们的人权受到践踏。它印在了美国人的基因中。没有任何一位总统，无论他/她多么希望回避，都不可能在这个问题上保持沉默而不丧失美国民意。这是我们的本性。这并不意味着我们是人权的安全堡垒；我们自身 仍需要有长足的进步。

工商界熟知，繁荣兴旺极其有赖于可预见性和稳定性。美国和我们的盟友 60 多年来保障了这一地区的和平与安全，为这个地区，特别是中国的巨大经济发展提供了条件。但是我们与中国的关系是复杂的 。我们有分歧，它们真实存在。但是，并没有什么会让我们必然同中国发生冲突——没有什么会让我们必然同中国发生冲突。健康的竞争和强力的竞争与冲突有着根本的不同。

事实上，我们在安全方面看到相当大的共同利益。一个安全与和平的亚太地区能够带来整个地区的经济发展。这个地区将是世界 21 世纪的经济引擎；从阻止大规模杀伤性武器的扩散——包括对朝鲜——到稳住核导弹项目方面，我们有真实的合作；也在扩大使用价格合理的清洁能源方面。在美国和在中国比较容易谈论这点，因为——就像总统开我的玩笑——我常说，现实自有其侵入之道。现实自有其侵入之道。全球变暖和它对空气的影响，以及风暴和自然灾害就是侵入我们两国的现实。我们分享彼此具有的能力来争取更健康的环境极其绝对符合我们的共同利益。

我们需要不断发展实际合作，并驾驭我们看法不一致的领域。大家都把注意力放在我们与中国有分歧的地方。我们与世界其他地区的盟国也有分歧。但是，中国最近突然宣布建立一个新的 防空识别区，众所周知，给这个地区带来了严重不安。

我在与习主席的谈话中，非常直截了当地表达了我们的坚定立场和我们的期待。但是我也将它置于一个更宽的背景下。亚太地区将是 21 世纪世界经济的动力——我重复自己的话；随着中国经济的发展，它与地区和平与稳定越来越利益攸关，因为它的损失会更大得多。这就为什么中国将具有越来越大的责任为和平与安全作出积极贡献。

这意味着采取步骤，减少发生意外冲突和误判的风险，并且重申——重申我们希望有更好的可预见性并克制采取加剧紧张的步骤。这意味着谋求——这意味着谋求处理危机的机制和有效地与邻国沟通的渠道。

以上是我与中国领导人讨论的部分内容。美国与这里发生的情况利益极其攸关，因为我们需要，我们是，并且将继续是一个太平洋大国——在外交上、经济上和军事上。这是陈述事实。

在我 1979 年第一次访问中国时——前面提到过——我就得出结论，而且至今仍这样认为，即中国的经济发展——当时我认为将对——现在我确信是对美国和世界有益。但这从来不是必然的。需要通过努力才能建立信任和形成合作的习惯，在有分歧时做到彼此明了、可知和坦率，并且不陷入以前将其他大国引上冲突之路的境地。

这些是领导人和外交官的工作，但也是公民和像我面前在座各位这样的业界人士的工作。我认为，我们能否成功建设这个将对我们子孙后代的世界具有决定意义的美中关系，将不仅取决于政治领导人，也取决于你们。我相信，你们帮助创造的共同繁荣是把这一关系结合在一起的黏合剂。因此，我谢谢各位。我感谢你们的投入。我感谢你们的辛勤努力。我感谢你们继续参与。我祝愿你们所有人好运亨通，因为你们的成功让整体关系更强大。

如果我们正确处理这一关系，中美两国在一起，将会使这个地区和世界长久更加受益，这并不是夸张。用美国一部西部老片里的话说——夫人，这不是吹牛。这是事实。如果我们做得正确，21 世纪的和平、安全和所有人共享日益繁荣的前景将成为现实。这是事实。

感谢各位的努力。愿上帝保佑各位，愿上帝护佑我们的部队。多谢大家。诚谢各位。（掌声）